新工科交通运输类专业"十四五"创新教材

机车车辆与
列车牵引计算

张书增 向超群 伍钒 编著

Locomotive Vehicle and
Train Traction Calculation

中南大学出版社
www.csupress.com.cn
·长沙·

图书在版编目（CIP）数据

机车车辆与列车牵引计算／张书增，向超群，伍钒
编著．—长沙：中南大学出版社，2023.8
ISBN 978-7-5487-5473-2

Ⅰ．①机… Ⅱ．①张… ②向… ③伍… Ⅲ．①机车车
辆②列车—牵引—计算 Ⅳ．①U26

中国国家版本馆 CIP 数据核字（2023）第 137403 号

机车车辆与列车牵引计算
JICHE CHELIANG YU LIECHE QIANYIN JISUAN

张书增　向超群　伍钒　编著

□**出 版 人**	吴湘华	
□**责任编辑**	刘颖维	
□**封面设计**	李芳丽	
□**责任印制**	唐　曦	
□**出版发行**	中南大学出版社	
	社址：长沙市麓山南路	邮编：410083
	发行科电话：0731-88876770	传真：0731-88710482
□**印　　装**	长沙印通印刷有限公司	

□**开　　本**	787 mm×1092 mm 1/16	□**印张** 17.25	□**字数** 440 千字
□**版　　次**	2023 年 8 月第 1 版	□**印次** 2023 年 8 月第 1 次印刷
□**书　　号**	ISBN 978-7-5487-5473-2	
□**定　　价**	62.00 元	

内容简介 ◀◀◀ Brief introduction

　　本书主要阐述国内新型电力机车、内燃机车及客货车的结构知识，以及列车牵引计算的相关内容，主要包含两篇内容：机车车辆篇主要是机车与车辆的结构、作用与工作原理等内容；列车牵引计算篇主要是牵引力、制动力、运行阻力及其相关的列车运行时分、制动距离以及能耗计算等内容。读者通过学习本书内容，在全面了解和掌握机车车辆基本知识以及列车牵引计算问题的同时，能够具备一定的列车运行选线设计优化、提出列车操纵和节能方法、研究高速重载方案的能力。

　　本书主要用作高等院校铁路交通相关的交通运输专业的教材，也可用作从事铁道机车车辆运维及研究的技术人员、从事铁路客货运的管理人员、大专院校师生、短训班学员的参考书。

前 言 ◀◀◀ Foreword

2005 年以来，我国铁路大面积提速，高速铁路蓬勃发展，高速电动车组和交流传动的电力、内燃机车及新型车辆大量投入运营，列车制动技术也有了巨大进步，铁路货运重载以及客运高速逐步实现并持续发展。铁路的发展对人才的需求量增加，同时也对人才的要求提高。高校承担着培养人才的重任，教材是学生在学校进行学习、获得系统知识的主要材料，同时也是教师进行教学的重要依据。随着国家"双一流"(世界一流大学和一流学科)建设重大战略决策的推进，教材的建设成为支撑一流学科建设的重要一环。在上述背景条件下，我们开展了《机车车辆与列车牵引计算》教材的编写。

"机车车辆与列车牵引计算"课程是以铁路交通为主的交通运输及相关专业重要专业课程之一，是这些专业最具专业特征的一门课程。本书主要包含两篇内容：机车车辆篇主要是机车与车辆的结构、作用与工作原理等内容；列车牵引计算篇主要是牵引力、制动力、运行阻力及其相关的列车运行时分、制动距离以及能耗计算等内容。学生通过本课程的学习，在全面了解和掌握机车车辆基本知识以及列车牵引计算问题的同时，应具备列车运行选线设计优化、提出列车操纵和节能方法、研究高速重载方案的能力。

《机车车辆与列车牵引计算》的主要特点如下：

(1) 集成性。"机车车辆与列车牵引计算"课程前期需要使用包括机车、车辆以及列车牵引计算在内的多本教材，在本书的编写中，不仅将机车与车辆进行了整合，同时也包含了列车牵引部分，并对所有内容进行了梳理和编排。

（2）前沿性。紧紧围绕我国铁路运行发展现状，主要以和谐型交流机车相关的机车结构及牵引特性等内容为主，并包含对国内外发展情况及未来发展趋势等的总结内容。

本书由中南大学张书增、向超群和伍钒老师编写完成。其中伍钒主要负责机车车辆篇第二章、第三章和第五章的编写工作；向超群主要负责机车车辆篇的第六章、列车牵引计算篇第七章和第十三章的编写工作；其余部分由张书增编写。本书由张书增统稿。在编写时，得到了中车戚墅堰机车有限公司，中车株洲电力机车有限公司，中车集团株洲车辆厂，广州铁路（集团）公司长沙车辆段、机务段、货运中心等单位的帮助，同时得到了中南大学交通运输工程学院领导及同事们的支持，交通运输专业的学生也提出了不少宝贵意见，人员众多不再一一列举，在此谨向他们表达衷心感谢。

本书作为反映机车车辆工程最新技术成果和发展趋势以及讲解列车单位合力计算、运行时分解算、制动问题的解算方法的科技类图书，主要用作高等院校铁路交通相关的交通运输专业的教材，也可用作从事铁道机车车辆运维及研究的技术人员、从事铁路客货运的管理人员、大专院校师生、短训班学员的参考书。

由于编者水平有限，书中难免有错误和不足之处，恳请读者批评指正。

作者

2023 年 4 月

目 录 ◀◀◀ Contents

下篇 列车牵引计算

机车车辆

铁道机车是牵引或推送铁道车辆运行，而本身不装载营业载荷的自推进车辆，俗称火车头。铁道车辆是铁路运输部门用以运输旅客和货物的运载工具，本身不含动力，分为客车和货车两大类。因为机车和车辆在构造上有一定的差异，早期一些院校分出了机车专业与车辆专业，对应的采用机车和车辆两种不同的教材。但是机车与车辆又具有很多相似之处，现今很多院校已不再区分机车专业和车辆专业，有关机车和车辆的教材或者其他书籍又包含了很多相似的内容，因此本篇整合有关机车和车辆相关的内容，实现了两者的统一。

本篇共分为六章，其中：

第一章为机车车辆基础知识，介绍机车车辆的特点、分类、代码、标记、技术参数以及铁路限界等方面的基础知识。该章教学目的是希望学生了解铁道机车车辆的相关标准和应该遵循的规范。

第二章为转向架，介绍转向架的基本知识，包括转向架的组成、分类和特点等，并针对当前铁路应用较为广泛和典型的货车、客车和机车转向架进行重点介绍。该章教学目的是希望学生掌握转向架的结构和工作原理等内容。

第三章为车体，介绍车体的基本结构和承受载荷情况，并以典型敞车、25T 型客车、HX_D3 电力机车和 HX_N5 内燃机车四种车体结构为例进行探讨。该章教学目的是希望学生能够掌握关于车体设计方面的基本知识。

第四章为制动系统，主要内容包括制动系统的基本知识，重点介绍货车 120 型制动机、客车 104 型制动机、机车 CCB Ⅱ 制动机的知识。该章教学目的是希望学生能够掌握制动方面的基础知识，为后续列车制动计算的学习奠定基础。

第五章为车端连接装置，介绍车钩缓冲装置、风挡和牵引杆等车端连接装置的组成和作用，重点介绍 13 号车钩和 MT-2 型缓冲器的主要结构和作用原理等。该章教学目的是希望学生能够掌握车钩和缓冲器的组成、作用和工作原理。

第六章为机车总体，以 HX_N5 型内燃机车和 HX_D3 型电力机车为主，对交流传动机车的整体进行介绍，重点介绍机车不同于车辆的部分。该章教学目的是希望学生了解机车的相关知识，为后续列车牵引等内容的学习奠定基础，并能为重载铁路发展献计献策。

由于我国铁道机车车辆种类繁多，本篇选取一些典型的机车车辆进行编写，每章最后除设置了基础知识问题，还包含一些探究性思考题，以期达到启发式教学的目的。本篇关于机车车辆的内容，有一部分适宜课堂教学，有一部分需要结合实物和模型等进行现场教学。

第一章

机车车辆基础知识

我国幅员辽阔、人口众多，资源分布及工业布局不平衡，作为国家的重要基础设施、国家的大动脉、大众化交通工具，铁路在各种运输方式中优势突出，在经济和社会发展中具有特别重要的地位和作用。铁道机车车辆是运输货物和旅客的基本工具，技术装备现代化是增强铁路综合运输能力的重要基础，是确保运输安全的关键环节，是提升铁路服务质量的基本条件，是提高铁路运输效益的重要手段。

随着我国"一带一路"倡议的推进与"交通强国、铁路先行"发展纲要的实施，我国铁路运输行业取得了飞速发展，以客运高速和货运重载为重点，我国铁道机车车辆技术逐渐达到国际先进水平。与此同时，对轨道交通领域人才的需求和培养也愈加重视。作为铁路行业的从业人员，需要全面地掌握铁道机车车辆的基本知识，熟悉铁道机车车辆相关的行业标准、规范、方针和政策。本章将从机车车辆特点、分类、代码、标记、技术参数以及铁路限界等方面对机车车辆的相关基础知识进行介绍。

第一节　机车车辆的特点及组成

一、铁道机车车辆的基本特点

铁道机车车辆与其他车辆的最大不同点，在于其车轮必须沿专门为它铺设的钢轨运行。这种特殊的轮轨关系成了铁道机车车辆结构上最大的特征，并由此衍生出许多其他特点，如下所述。

①自行导向：除铁路上运行的机车车辆之外，其他各种运输工具都要有操纵运行方向的机构。铁道机车车辆通过其特殊的轮轨结构，车轮即能沿轨道运行而无须控制运行的方向。

②低运行阻力：除坡道、弯道及空气对车辆的阻力之外，运行阻力主要来自转向架的轴与轴承、车轮与轨面的摩擦阻力。由于车轮及钢轨都是含碳量较高的钢材，轮轨接触处的变形较小，而且铁道线路的结构状态也尽量使其运行阻力减小，故铁道机车车辆运行中的摩擦阻力较小。

③成列运行：以上两个特点决定它可以编组、连挂组成列车，为了适应成列运行的特点，

3

车与车之间需设连接缓冲装置；且由于列车的惯性很大，每辆车均需设制动装置。

④严格的外形尺寸限制：铁道机车车辆只能在规定的线路上行驶，无法像其他车辆那样主动避让靠近它的物体，为此要制定限界，严格限制机车车辆的外形尺寸以确保运行安全。

二、铁道机车车辆的组成

1. 铁道车辆的基本组成

铁道车辆从出现初期直至现在，不同的目的用途及运用条件使车辆形成了多种多样的类型与结构，但均可以概括为由以下五个基本部分组成，如图1-1所示。

①车体：车体的主要功能是容纳运输对象(旅客、货物)和整备品，也是安装与连接其他四个组成部分的基础。绝大部分车体均有底架，视需要添加端墙、侧墙及车顶等。

②转向架：介于车体与轨道之间，引导车辆沿钢轨行驶，承受来自车体及线路的各种载荷，并缓和动作用力，是保证车辆运行品质的关键部件。

③制动装置：它是保证列车准确停车及安全运行所必不可少的装置。由于整个列车的惯性很大，不仅要在机车上设制动装置，还必须在每辆车上也设制动装置，这样才能使运行中的车辆按需要减速或在规定的距离内停车。车辆常见的制动装置是通过列车主管中空气压力的变化而使制动装置产生相应的动作。此外，车辆上还设有手制动装置，货车在编组调车作业中常要用到它，其他车辆的手制动装置作为一种辅助装置以备急需。

④连接和缓冲装置：车辆要成列运行必须借助于连接装置，主要为车钩缓冲装置，其功能是将机车与车辆、车辆与车辆相互连接，组成列车或车列，并传递牵引力和冲击力，缓和机车车辆的冲击。此外还包含空气、电器等管路部分，风挡和车端阻尼装置等。

⑤车辆内部设备：是一些能为运输对象提供良好服务而设于车体内的固定附属装置，如客车上的电气、给水、取暖、通风、空调、座席、卧铺、信息显示、行李架等装置，货车中的冷藏车内装设的制冷降温等设备和乘务人员的生活设施等。

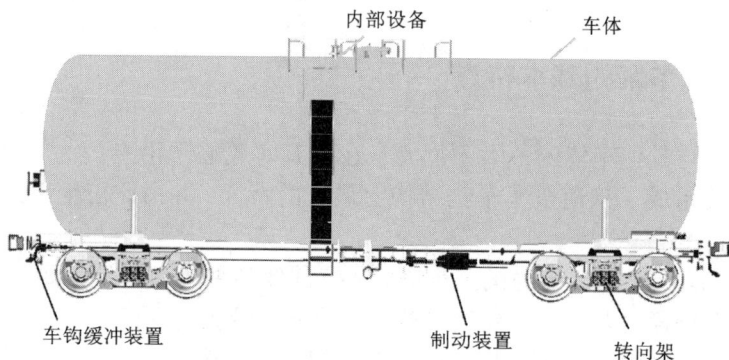

图1-1　铁道车辆的基本组成

2. 内燃机车的基本组成

内燃机车主要由发动机部分、传动装置、车体及车架、转向架、辅助装置和车钩缓冲装置等部分组成,如图 1-2 所示。

①发动机部分:机车的动力装置,作用是将燃料(柴油)的化学能转变为机械能。

②传动装置:将发动机的机械能传给转向架,通过其传动装置使发动机的功率能充分发挥,使机车具有良好的牵引性能。

③车体及车架:安装机车其他部件的平台,承受、传递各种载荷,保护机车设备免受风吹雨淋及其他外界干扰,也是乘务人员的工作场所。

④转向架:承受机车上部的质量,将传动装置传递来的机械能转变为机车牵引力,保证机车平稳、安全地运行。

⑤辅助装置:保证机车动力装置、传动装置和走行部正常可靠地运行,保证燃油供应,具有预热及冷却水系统,具备机油润滑功能,还应具有空气管路制动及撒砂、空气过滤及牵引电机通风、电控和照明等功能。

⑥车钩缓冲装置:与车辆的车钩缓冲装置功能相似。

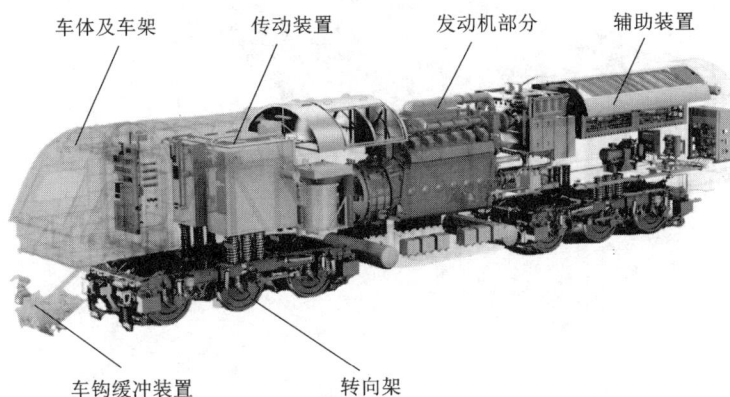

图 1-2　内燃机车的基本组成

3.电力机车的基本组成

电力机车在构造上由机械部分、电气部分和空气管路系统三大部分组成,如图 1-3 所示。

①机械部分:包括车体、转向架、车体支承装置和牵引缓冲装置。车体用来安设司机室和绝大多数的电气设备、辅助机组。车体支承装置是车体和转向架的连接装置。转向架和牵引缓冲装置与内燃机车相关部分功能一致。

②电气部分:包括牵引变压器、整流硅机组、牵引电机、辅助电机组和牵引电器等,其功能是将来自接触网的电能转变为牵引列车所需要的机械能,或将列车的机械能转变为电能反馈回电网,实现能量的转换;同时,电气部分还实现机车的控制。

③空气管路系统:包括空气制动机管路系统、控制气路系统和辅助气路系统三部分,分别实现机车的空气制动、机车上各种设备的风动控制,并向各种风动器械供风。

（a）机械部分

（b）电气部分

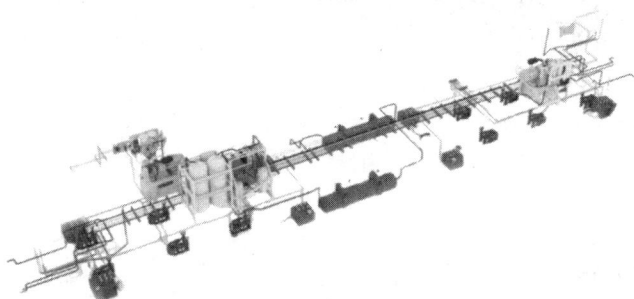

（c）空气管路系统

图 1-3　电力机车的基本组成

第二节　机车车辆的用途及分类

　　铁道机车车辆分为机车和车辆两部分，其中具有动力的为机车，按照动力来源可分为蒸汽机车、内燃机车和电力机车；没有动力来源的为车辆，分为货车和客车。相关分类情况如图 1-4 所示。

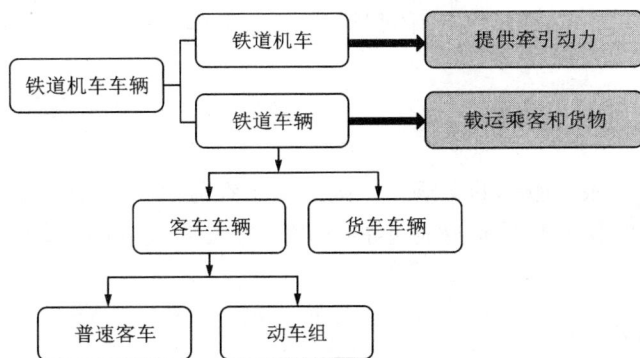

图 1-4 铁道机车车辆的分类

一、货车

货车是供运送货物的车辆,原则上编组在货物列车中使用。按用途货车可分为通用货车和专用货车两种。

1.通用货车

①平车(N):底架承载面为一平面,通常两侧设有柱插,用来装运钢材、机器设备、集装箱、汽车、拖拉机等。有的平车还设有可向下翻倒的活动矮侧墙和端墙,用来装运矿石、砂土等块粒状货物。

②敞车(C):车体两侧及端部设有 0.8 m 以上的固定墙板,无顶棚,主要用以装运散粒状货物,如煤、焦炭等;可装运木材、集装箱等无须严格防止湿损的货物;也可加盖篷布,运输怕湿损的货物;还可装运质量不大的机械设备。

③棚车(P):车体具有顶棚、车墙及车窗,可防止雨水浸入车内,用于装载贵重器材及怕日晒和潮湿的货物,如布匹、粮食等。有的棚车,车内还设有烟囱、床托等装置,必要时可运送人员和马匹。

2.专用货车

①罐车(G):车体为一圆筒形,专门用于装载液体、液化气体或粉状货物的车辆。

②保温车(B):车体夹层装有隔热材料,车内装有冷却和加温装置,使车内保持货物所需的温度,也称冷藏车。

③集装箱车(X):只具有车底架,但比平车底架强度大,专门用于装运集装箱。

④矿石车(K):专供运送各种矿石,一般为全钢车体。为卸货方便,有的车体下部做成漏斗形,设底开门;有的整个车体能借助液压或空气压力的作用向一侧倾斜,并自动开启侧门,把货物倾卸出来(此种车辆也称为自翻车)。

⑤长大货物车(D):供运送长大货物用,一般载重为 90 t 以上,长度 19 m 以上,无墙板。有的车为一平板,有的车中部凹下或设有落下孔,便于充分利用限界高度装载高大货物;有

7

的将车辆分为两节，运货时将货物夹持和悬挂在两节车之间或通过专门支架跨装于两节车上，称为钳夹车或双联平车，用以装运体积特别庞大的货物。

二、客车

凡供运送旅客和为旅客服务的车辆或原则上编组在旅客列车中使用的车辆均称为客车。客车按其用途不同，可分为直接运送旅客的车辆、为旅客服务的车辆及特种用途的车辆 3 大类。

1. 直接运送旅客的车辆

①硬座车(YZ)：旅客座位为半硬制品或木制品的座车，相对的两组座椅中心距离在 1800 mm 以下的座车。

②软座车(RZ)：旅客座位及靠垫设有弹簧装置，相对的两组座椅中心距离在 1800 mm 以上的座车。

③硬卧车(YW)：卧铺为 3 层，铺垫为半硬制品或木制品，卧室为敞开式或半敞开式的卧车。

④软卧车(RW)：卧铺为 2 层，铺垫有弹簧装置，卧室为封闭式单间，单间定员不超过 4 人的卧车。

2. 为旅客服务的车辆

①餐车(CA)：供旅客在旅行中饮食就餐用的车辆。车内设有厨房、餐室及储藏室(同时还有小卖部)等。

②行李车(XL)：供运输旅客行李及物品的车辆。车内设有行李间及办公室等。

3. 特种用途的车辆

①邮政车(UZ)：供运输邮件使用的车辆，设有邮政间及邮政员办公室等，常固定编挂于旅客列车中。

②空调发电车(KD)：专给集中供电的空调车供电的车辆，车内设有柴油发电机组、变压器等电气设备和值班人员办公室。

此外还有轨道检查车、轨道探伤车、隧道摄影车、限界检查车、锅炉车等特种用途的车辆。

三、机车

机车按动力来源分为蒸汽机车、内燃机车和电力机车，按用途主要可分为以下 5 类。

①客运机车：用于牵引旅客列车，其特点是运行速度高，牵引力不大，对机车的安全性能要求较高。

②货运机车：用于牵引货物列车，其特点是牵引力大，运行速度不太高。

③调车机车：用于站场上列车编组、解体及车辆调送作业，其特点是运行速度较低，牵

引力也不大，但有较大的起动加速度和制动减速度，起动和制动频繁。因对调车机车灵活性要求较高，通常采用内燃机车作为调车机车。

④动车组：高速列车均采用动车组形式，包括动力集中型和动力分散型动车组，其特点是有较大的起动加速度和制动减速度，运行速度高。

⑤工矿机车：用于大型工厂、矿山等的内部运输，特点是运行速度低，牵引力的大小视具体使用情况而定。

第三节　机车车辆的代码及标记

一、机车车辆代码

为了对机车车辆识别与管理，特别是因全国铁路采用计算机联网管理的需要，必须对使用中的每一辆车进行编码，且每一辆车具有唯一的代码。代码分车种、车型、车号三段。货车车辆的车种、车型、车号编码标记一般涂在外侧墙或车门上，客车涂在两侧墙的两端靠近车门处和客室内端墙上部，机车在车前端及侧墙上均涂有代码。

（一）货车车辆代码

1. 货车车种编码方法

货车车辆车种代码原则上在该车汉语拼音名称中选取一个大写字母表示，具体如表1-1所示。

表1-1　货车车种名称及代码

序号	车种	代码	序号	车种	代码
1	敞车	C	10	家畜车	J
2	棚车	P	11	水泥车	U
3	平车	N	12	粮食车	L
4	罐车	G	13	特种车	T
5	保温车	B	14	矿翻车	KF
6	集装箱车	X	15	活鱼车	H
7	矿石车	K	16	通风车	F
8	长大货物车	D	17	守车	S
9	毒品车	W			

2.货车车型、车号编码方法

（1）货车车型编码方法

货车车型代码作为车种代码的后级，车型代码用大写汉语拼音字母和数字混合表示，它为区分同一车种因结构、装载量等的不同而设，车型代码必须与车种代码连用，必要时其后还可再加大写拼音字母，附在车种代码的右下角。原则上车种、车型代码合在一起不得超过5字符。车种、车型代码依次由下面3部分组成：

第一部分为货车所属车种编码，用一位大写字母表示，作为车型编码的首部。

第二部分为货车的质量系列或顺序系列，用一位或两位数字或大写字母表示。

第三部分为货车的材质或结构，用一位或两位大写字母表示。

（2）货车车号编码方法

①货车车号采用七位数字代码，可编的容量为9999999辆。

②同一车种、车型的货车，其车号编码必须集中在划定的码域内，以便从车号代码上反映货车的车种、车型信息。

③每辆货车的车号编码在全国范围必须唯一。

④车号编码的基本规律：车号的7位数中，前1~4位表示车型车种，后3~6位一般表示生产顺序等。

例如，货车代码标记为C_{80EH} 4000001，C表示车种为敞车，80为质量序列，表示载重80吨序列，EH为结构区别，表示该车应使用转K5转向架，4000001表示车号。货车代码标记为N_{17A} 5009999，N表示车种为平车，17表示顺序系列，A表示结构区别，5009999表示车号。

(二)客车车辆代码

客车车辆代码由基本型号、辅助型号和制造顺序号码三部分组成，涂在两侧墙的两端靠近车门处和客室内端墙上部。在客车车辆代码标记的左侧或右侧，还用汉字标明该车车种，如"硬座车"等，以便旅客识别。

1.客车车种编码方法

客车的车种代码即客车车辆的基本型号，一般用2个大写汉语拼音字母表示，如表1-2所示。

表1-2　客车车种名称及代码

序号	车种	代码	序号	车种	代码
1	软座车	RZ	5	行李车	XL
2	硬座车	YZ	6	邮政车	UZ
3	软卧车	RW	7	餐车	CA
4	硬卧车	YW	8	公务车	GW

续表1-2

序号	车种	代码	序号	车种	代码
9	卫生车	WS	14	维修车	EX
10	空调发电车	KD	15	文教车	WJ
11	医疗车	YL	16	特种车	TZ
12	试验车	SY	17	代用座车	ZP
13	简易座车	DP	18	代用行李车	XP

这里需要说明的是，合造车(由两种或两种以上结构与用途合造成一辆车)的基本型号，由组成合造车的车种汉字和拼音字头合并，如软硬座车为"RYZ"。有特殊结构和用途的客车，在车种基本型号中增添汉语拼音字头，如双层客车加"S"，市郊客车加"J"，内燃动车加"N"，电力动车加"D"。

2. 客车车型、车号编码方法

(1)客车车型编码方法

客车车型代码即客车的辅助型号，为表示同一种型号的客车的不同结构系列及内部有特殊设施时，用一位或两位阿拉伯数字及汉语拼音字母表示，附在基本型号的右下角。将这些阿拉伯数字和汉语拼音字母称为车辆的辅助型号。例如 YZ_{22}、YZ_{25B} 等中的 22、25B 均为辅助型号。

(2)客车车号编码方法

客车车号代码即客车的制造顺序号码，表示按预先规定的规则而编排的某一车种的顺序号码，用以区分同一类型的不同车辆，用阿拉伯数字表示，标记在基本型号和辅助型号的右侧。客车制造顺序号码的编码一般由 6 位数字组成，且同一车种、车型的客车，其车号编码集中在划定的码域内。

例如，客车代码标记为 YZ_{25B} 387888，YZ 表示基本型号(硬座车)，25B 表示辅助型号(非空调型或本车供电空调型)，387888 表示客车制造顺序号码。客车代码标记为 YZ_{25G} 484799，YZ 表示基本型号为硬座车，25G 表示辅助型号为集中供电空调车，484799 表示客车制造顺序号码等。

(三)机车代码

机车的种类主要有蒸汽、内燃和电力机车三种，机车代码包含基本型号和辅助型号，此处仅涉及内燃和电力机车两种。

1. 机车车种编码方法

早期直流型号的机车，如东风和韶山系列的机车，其车型由基本型号和辅助型号两部分组成，我国制造的机车的基本型号采用基本名称或者基本代号表示，也可同时使用。机车的基本型号即机车的车种编码，其中基本名称用汉字表示，基本代号用车型名称中每个汉字的第一个大写汉语拼音字母表示。如车型的基本名称为东风，基本代号为 DF。

2. 机车车型、车号编码方法

机车车型代码即机车的辅助型号，机车车号代码即机车的制造顺序号码。机车辅助型号由车型顺序号和车型变型号组成，其中车型顺序号用阿拉伯数字表示，车型变型号用大写的英文字母表示。车型变型号位于车型顺序号之后，两者均写在基本型号的右下角。如韶山型电力机车 SS_{8B}，其中 8 表示车型顺序号，B 表示为该车型的改进型号。

机车车号用四位阿拉伯数字表示，表示机车的制造顺序号码，车号由铁路总公司编排给定。按一台机车编定车号的双节机车，应分别在两节机车车号后缀以节号，节号分别用大写英文字母 A 或 B 表示。如 SS_{4B} 0032A 和 SS_{4B} 0032B，其中 0032 表示制造顺序号码，A 和 B 表示双机中的节号。

我国新造的和谐型交流机车的代码编制与上述直流机车稍有差别，主要体现在：①车型右下角增加了 D 或者 N，分别表示电力机车和内燃机车；②辅助型号中的顺序号表示生产厂家，如和谐电力机车的 1 代表株洲电力机车厂，2 代表大同机车制造厂，3 代表大连机车制造厂。如机车代码为 HX_D1C 0001，HX_D 表示和谐型电力交流机车，1 表示株洲电力机车厂生产，C 表示改进型号，0001 表示车号。

二、机车车辆标记

习惯上把机车车辆标记分为运用、产权、检修、制造 4 类，但实质上这些标记主要是为运用及检修等情况下便于管理和识别所设置的。

1. 运用标记

（1）自重、载重及容积：自重为车辆本身的全部质量；载重即车辆允许的正常最大装载重量，均以 t 为单位。容积表示可以载货的最大体量，以 m^3 为单位，并在括号内注明"内长×内宽×内高"，尺寸以 m 为单位。

（2）全长及换长：全长为该车两端钩舌内侧面间的距离，以 m 为单位。换长等于全长除以 11，保留一位小数，尾数四舍五入。换长也可以称为计算长度，说明该车折合成 11 m 长的车辆（以中华人民共和国成立初期 30 t 敞车平均长度为计算标准）时，相当于它的多少倍，以便在运营中估算列车的总长度。

（3）方位标记：以阿拉伯数字 1 或 2 标记，货车涂在车体两侧端部下角，客车涂在脚蹬的外侧面及车内两端墙上部，机车涂在车体两侧端。

（4）表示车辆（主要指货车）设备、用途及结构特点的各种标记，如表 1-3 所示，各顺号内标记表示的含义为：

①国际联运标记，表示该车辆各部分符合国际联运的技术要求，可以参加国际联运。

②禁止通过装有车辆减速器的驼峰标记，表示该车辆下部尺寸与机械化驼峰的减速器尺寸相抵触，或受车内设备的限制等，禁止通过装有车辆减速器的驼峰。

③拴马环标记，表示具有拴马环或其他相关拴马装置的货车。

④人字标记，表示具有车窗、床托等的棚车，必要时供运送人员使用。

⑤特字标记，表示可以装运坦克及其他质量较大的特殊货物的车辆。

⑥卷字标记，表示该车辆(部分敞车、矿石车等)两侧梁端部设有挂卷扬机钢丝绳的挂钩(牵引钩)，以便进行卷扬倒车作业(利用卷扬机钢丝绳牵引车辆移动位置)。

⑦顶车位置标记，表示顶车作业的指定部位。

⑧吊车位置标记，表示吊装作业的指定部位。

⑨危险标记，表示运送危险品货物的罐车。

⑩救援列车标记，在车辆两侧中央涂刷白色色带，表示救援列车。

表 1-3　车辆设备、用途及结构特点的标记

序号	标记符号	序号	标记符号
①	MC	⑥	卷
②	 ⊗	⑦	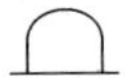 ⌂
③	 ⊕	⑧	 ↕
④	人	⑨	危险
⑤	特	⑩	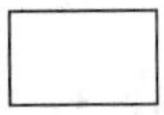 ▭

(5)客车车种汉字标记及定员标记：为了便于旅客识别，在客车侧墙上的车号前必须用汉字涂刷上车种名称，如硬座车 YZ_{25G} 461888 和软卧车 RW_{25Z} 316888。有车门灯的客车还可以在车门灯玻璃上涂刷车种汉字名称，以便旅客夜间识别。在客车客室内端墙上方的特制标牌上标明车号及按座席或铺位可容纳的定员数，如图 1-5 所示。

YZ_{25G}461888	RW_{25Z}316888
定员:128 人	定员:36 人

图 1-5　客车客室内特制标牌信息

2.产权标记

①国徽：凡参加国际联运的客车须在侧墙中部悬挂特制的国徽。

②路徽：凡产权归中国国家铁路集团有限公司的机车车辆，均应在侧墙或端墙适当部位涂刷路徽，对于货车，还应在侧梁适当部位安装中国国家铁路集团有限公司的产权牌(用金属制作的、椭圆形的路徽标志牌)。参加国际联运的货车虽无国徽，但离开产权所有国，可凭路徽标志回送至产权国内而不会混淆使用。

③路外厂矿企业自备车辆的产权标志：我国各路外厂矿企业的自备车因运送货物或委托路内厂、段检修而须在正线上行驶，为避免铁路运输部门混淆使用，必须有明显的产权标志。一般在侧墙上或其他相应的部位用汉字涂刷上"××企业自备车"字样，并注明该企业所在地

的特殊到站。

④配属标记：凡配属给指定局、段和有关单位管理的车辆，应涂刷配属单位简称的配属标记。如"沈局沈段"代表中国铁路沈阳局集团有限公司沈阳车辆段的配属车。

3.检修标记

检修标记是便于机车车辆计划预修理制度执行与管理的标记，共有两种。它记下本次修程类型及检修责任单位并提醒下一次同类修程应在何时进行等，且车辆一旦发生重大行车事故，可据此追查与车辆检修有关的责任单位及责任者。

检修标记：分段修、厂修两栏。例如图1-6所示。

17.09	17.03	成成东
24.09	17.09	眉厂

图1-6　检修标记信息

上述标记中，第一栏为段修标记，第二栏为厂修标记，左侧为下次检修年月，右侧为本次检修年月及检修单位的简称。若为新造车，也须在第二栏右侧填写制造年月及单位简称。此种标记规定：货车涂刷在两侧墙左下角；客车涂刷在两外侧端墙右下角。

4.制造标记等其他标记

①制造标记：新造机车车辆应安装金属的制造厂铭牌。其内容包括制造厂名和制造年份，式样由制造单位确定。此外，车辆的主要零部件，如车轮、车轴、转向架车钩及制动分配阀等，在其上一般均有该零部件生产厂家的某种代号，锻件常打出数码代号，铸件常铸出铸造代号。这些标记的基本作用是在发生事故后可据此追查责任。

②红旗列车标记：进京红旗旅客列车竞赛优胜者，在列车中部某车厢的侧墙中央相当于悬挂国徽的部位悬挂此标记。

第四节　机车车辆的方位及主要技术参数

一、机车车辆的方位

为了便于使用、检修机车车辆，中国国家铁路集团有限公司对机车车辆方位及配件位置有统一规定。

1.车辆方向称呼的规定

中国国家铁路集团有限公司规定机车车辆两端分别称1位端、2位端。为便于检修，每辆车都涂刷1（或Ⅰ）、2（或Ⅱ）位方位标记，以表示车辆的1位端、2位端。确定1、2位端的方式,机车和车辆有所差别。其中车辆按制动缸活塞杆推出的方向来确定,即制动缸活塞杆推出的方向为该车的 1 位端(手制动机一般装设在 1 位端),如图 1-7 所示,另一端为 2 位端。对于多制动缸的车辆,以手制动机的一端为 1 位端。机车通常以司机室靠近电气室的部分为 1 位端,另一端为 2 位端。

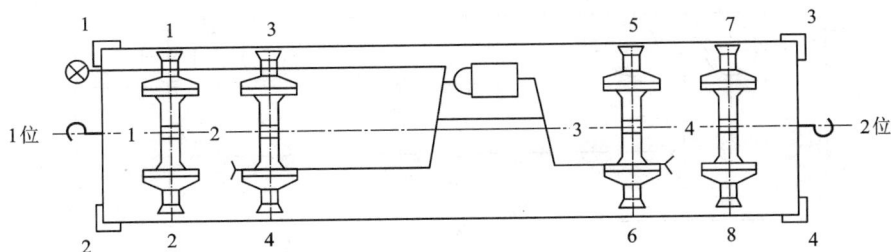

图 1-7　车辆方位

2.机车车辆左右两侧装设的配件称呼规定

如轴箱、车轮等配件,规定为:站在 1 位端,面对车,从 1 位端的配件开始由左向右交互数到 2 位端,如(第)1 位车轮、(第)2 位车轮、(第)3 位车轮、(第)4 位车轮等。

3.非左右两侧装设的配件称呼规定

如车钩、车轴、转向架等,规定由 1 位端开始,顺次数到 2 位端,如(第)1 位车钩、(第)3 车轴、(第)2 位转向架等。

4.列车中车辆前、后、左、右的确定

编挂在列车中的车辆,其前、后、左、右的确定方法是按照列车运行方向规定的。其前进的一端称为前部,相反的那一端称为后部,面向前部站立而定出其左、右。

二、机车车辆主要技术参数

1.尺寸参数

①车辆全长:车辆两端两个车钩均处于闭锁位置,钩舌内侧面之间的距离,如图 1-8 中 A,用此作为车辆全长。车辆全长和列车全长一般用换长表示。

②全轴距:任何车辆最前位和最后位车轴中心线间的距离,如图 1-8 中 B 所示。

③车辆定距:底架两端支承处,即两转向架心盘中心或两转向架中心之间的距离,如图 1-8 中 C 所示。

④转向架固定轴距:同一转向架上的各轴,相互之间保持固定的平行位置,其最前位和最后位轮轴中间的距离,称为转向架固定轴距。如图 1-8 中 D 所示。

⑤最大宽度、最大高度:最大宽度是指车体最宽部分的尺寸,最大高度是指车顶部最高点和钢轨水平面之间的距离。这两个尺寸均需要符合机车车辆限界的要求。

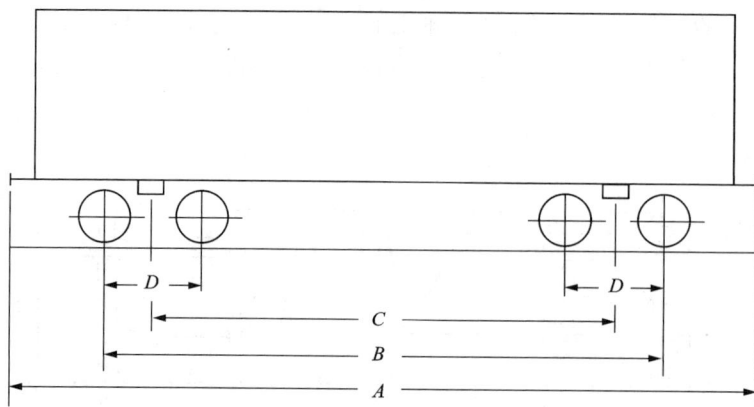

图 1-8　机车车辆的尺寸参数

⑥车钩高：车钩钩舌外侧面的中心线距离轨面高度。列车中机车与车辆的车钩高一致，我国规定新造或者修竣后的标准车钩高为 880 mm。

2. 机车车辆的性能参数

机车车辆的结构和使用是否合理，应根据其经济效果来判断。表明车辆技术经济的指标除自重、载重、容积、定员外，主要还有以下几项：

①自重系数，是指车辆自重与设计标记载重的比值。在保证强度、刚度和使用寿命的条件下，自重系数越小越经济，因此它是衡量货车设计合理性的一个重要指标。客车自重系数是指客车自重与旅客定员之比值。

②比容系数，是指设计容积与标记载重的比值。它可以衡量车辆装运某种货物时是否合理地利用了它的载重和容积。

③轴重，是指车辆总重(自重+载重)与全车轴数之比。其值一般不允许超过铁道线路及桥梁所允许承载的数值。

④每延米长度线路载荷(每延米轨道载重)，是指车辆总重与车辆全长之比。其值不允许超过铁道线路及桥梁所允许承载的数值。

⑤构造速度，是指允许机车车辆正常运行的最高速度。它取决于车辆的构造强度、运行品质、制动性能等。

⑥单位容积，是指车辆设计容积和标记载重之比。这是说明车辆载重力与容积能否充分利用的指标，可供铁路部门办理货物发送作业时参考。

此外，机车特有的主要技术参数还包括：

⑦机车轴列式，是指用字母表示机转向架结构特点的一种方法。

⑧机车轮周功率，是指考虑传动效率后，牵引电机传递到各动轮轴上的实际功率。

⑨机车持续速度，机车以额定功率，全负荷长时间连续运行时的最低速度，是机车的一项重要性能参数。

⑩机车持续牵引力，是指在持续速度下的牵引力。

第五节 铁路限界

一、设置限界的意义

铁路限界由机车车辆限界(简称车限)和建筑限界(简称建限)两者共同组成,两者间相互制约与依存。铁路限界是铁路安全行车的基本保证之一,为了使机车车辆能在一定范围的路网内通行无阻,不会因机车、车辆外形尺寸设计不当,货物装载位置不当,或建筑物、地面设备的位置不当而引起行车事故,必须用限界分别对机车、车辆和建筑物等地面设备的空间尺寸或空间位置加以制约。因此,限界是铁路各业务部门都必须遵循的基础技术规程。限界制定得是否合理、先进,也关系到铁路运输总的经济效果。

二、制定限界的原则

一般机车车辆限界和建筑限界均指在平直线路上两者中心线重合时的一组尺寸约束所构成的极限轮廓,如图1-9所示。

实际的机车车辆与靠近线路中心线的建筑物之间必须留有一定的为保证行车安全所需的空间。这部分空间应该包括:

①车辆制造公差引起的上下、左右方向的偏移或倾斜。

②车辆在载荷作用下弹簧受压缩引起的下沉,以及弹簧由于性能上的误差可能引起的超量偏移或倾斜。

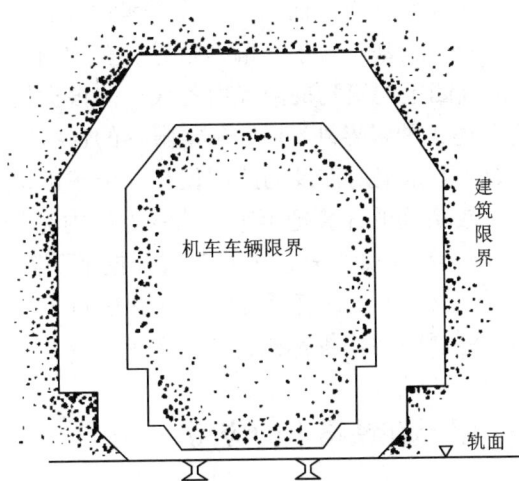

图1-9 机车车辆限界和建筑限界

③由于各部分磨耗或永久变形而造成的车辆下沉,特别是左右侧不均匀磨耗或变形而引起的车辆倾斜与偏转。

④由于轮轨之间以及车辆自身各部分存在的横向间隙而造成车辆与线路间可能形成的偏移。

⑤车辆在走行过程中因运动中力的作用而造成车辆相对线路的偏移。它包括曲线区段运行时实际速度与线路超高所要求的运行速度不一致而引起的车体倾斜,以及车辆在振动中也会产生上下、左右各个方向的位移。

⑥线路在列车反复作用下可能产生变形,轨道一般会产生轨距、水平、高低和方向四种随机不平顺现象。

⑦运输某些特殊货物时可能会超限。

⑧为应对可能出现的特殊情况，还应该有足够的预留空间。

以上最后两点指的是由铁路承运的某些不宜分解的大型、重型机器设备（可看图 1-11 超限货物装载限界参考图），以及某些特大型的机器设备，如大型发电设备及化工设备等。

理论上，机车车辆限界根据以上提到的 8 种空间的大小，可以分成 3 种不同的限界：

①无偏移限界：当车限仅考虑上述第①点内容时的限界称为无偏移限界，又可称为制造限界。此时，车限与建限之间所留的空间应该很大。

②静偏移限界：当车限考虑了上述第①至第③点内容时称静偏移限界或静态限界。此时，车限与建限之间的空间可以压缩一些。

③动偏移限界：当车限考虑了第①至第⑤点内容时，则车限与建限之间的空间可以留得很少，这种限界称为动偏移限界或动态限界。

3 种限界虽然都应考虑以上 8 点内容，但以无偏移限界空间利用率最低，这是因为各种不同的机车、车辆可能发生的最大偏移量各不相同。要把除了制造公差以外的全部内容都包含在车限与建限之间的空间内，所以这个空间只能留得尽可能大些，以免发生意外。而以动偏移限界的空间利用率最高，因为可以在车限内考虑各种机车、车辆发生不同的偏移状况，而把车限与建限之间的不定因素减到最低限度，所以车限与建限之间所留的空间可以小。

根据我国的《标准轨距铁路限界 第 1 部分：机车车辆限界》（GB 146.1—2020），在横向基本属于无偏移限界；而在垂向除需考虑车钩高的变化外，尚需考虑弹簧的平均静挠度及垂向均匀磨耗，故基本属于静偏移限界。在欧洲的国际铁路联盟（UIC）制定了机车车辆动态限界，而沿线固定建筑物的限界由各成员国根据情况自行确定必要的安全裕量。

除上述 3 种限界外，根据制定限界的这些原则，在某些特殊的路网上还可以使用特殊的限界，如地下铁道所涉及的路网仅在一个城市范围内，而所使用的车辆型式又比较单一，故可以通过较精确的计算把第①至第⑥点的内容均包括在车辆限界内，这样的限界可称为"动态包络线限界"。如此便能大量节省开挖地下隧道的土方工作量，我国香港的地铁基本采用此类限界。又如，高速客运专线上在考虑行车安全时必须考虑空气动力学问题，因此复线的线间距及隧道截面积等都比普通线路大。

三、限界在铁路上的应用

1.定义机车车辆限界的基本尺寸

机车车辆限界是一个和线路中心线垂直的极限横断面轮廓。机车、车辆无论是空车或重车，无论是具有最大标准公差的新车还是具有最大标准公差和磨耗限度的旧车，当其停放在水平直线上且在无侧向倾斜及偏移时，除电力机车升起的受电弓外，其他任何部分均应容纳在限界轮廓之内，不得超越。

在使用中把一个直角坐标系固定在极限图中，所有竖直高度均从轨面算起；所有横向宽度均从中垂线向两侧计算。若一辆车在某横截面处的总宽虽不超限，但只要某侧半宽超限即为超限。

我国的机车车辆限界经过多次修改，目前实施的标准为《标准轨距铁路限界 第 1 部分：机车车辆限界》（GB 146.1—2020）。机车车辆限界尺寸如图 1-10 所示。其是机车、动车组、客车、货车等机车车辆外形设计的依据，指导所有机车车辆的设计、制造、检验及维修。

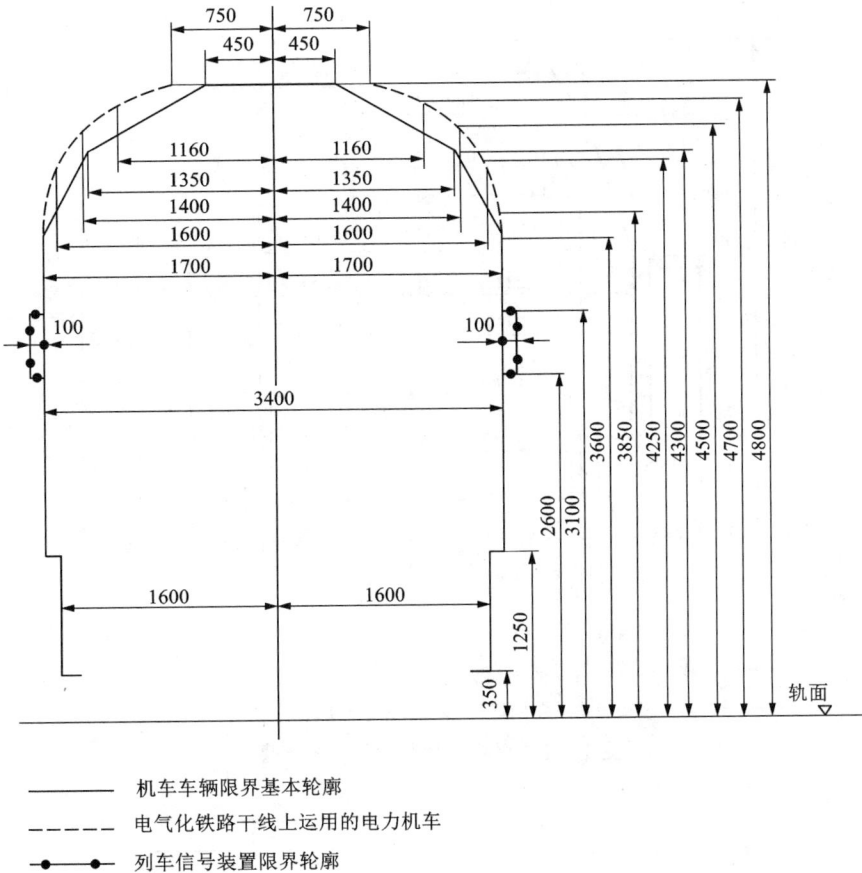

图 1-10　机车车辆的基本限界

机车车辆有时装运某些特大型的机器设备，如大型发电设备和化工设备，装车后的尺寸超过机车车辆限界。《标准轨距铁路限界 第 1 部分：机车车辆限界》（GB 146.1—2020）还附有超限货物装载限界参考，如图 1-11 所示。

2. 限制机车车辆在曲线上的静偏移量

图 1-12 为一辆由 2 个二轴转向架的车在曲线上的偏移状况。假定轮对与钢轨之间没有间隙，车体与轮对之间在水平面内也没有相对运动，此时圆弧 AB 表示曲线半径为 R 的曲线区段的线路中心线，MM' 为车体纵向中心线，L 为车体长度，l 为车辆定距。

由图可知，车体的纵向中心线与线路的中心线仅在转向架中心位置处重合，其余位置均存在偏移。在两转向架以外的部分，车体偏向曲线外侧，且以车体端部的偏移量 δ_1 最大；在两转向架之间的部分，车体偏向曲线内侧，且以中心点的偏移量 δ_2 最大。

为了充分利用限界，希望车辆的 $\delta_1 = \delta_2$，此时车体长度与车辆定距之比等于 1.4，限界利用较为合理。

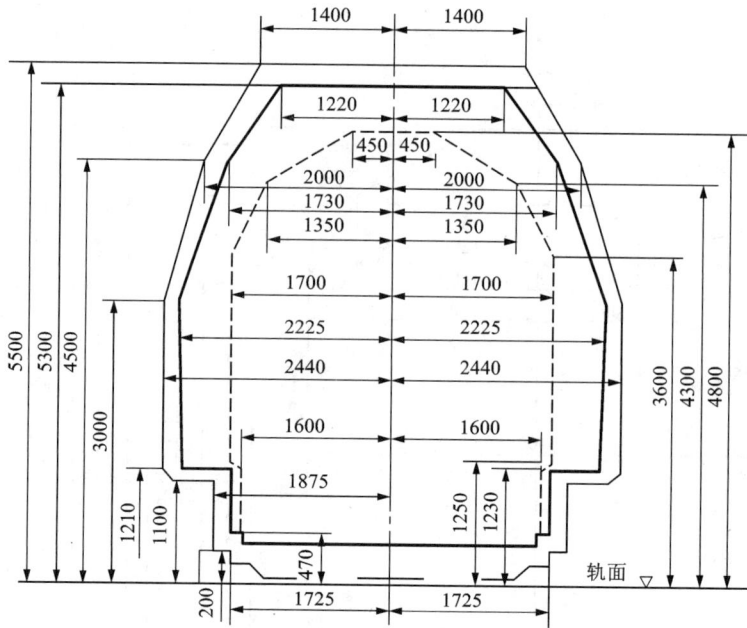

基本建筑限界（建限—1）

最大级超限货物装载限界

基本货物装载限界（机车车辆限界基本轮廓）

图 1-11 超限货物装载限界参考图

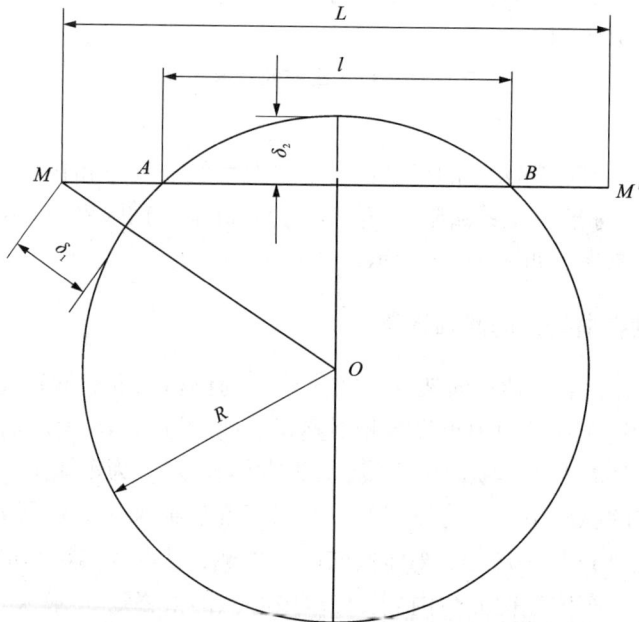

图 1-12 车在曲线上偏移状况

3. 确定车辆最大宽度的允许值

车辆在曲线上将产生偏移量，为了保证车限与建限之间仍有足够的安全行车所需的空间，铁路技术管理规程规定，在曲线上自线路中心至建限两侧轮廓线之间的距离将依据曲线半径 R 及超高 h 分别予以扩大。但车辆两端及中部的偏移量不仅与线路的曲线半径 R 有关，还与车辆本身的几何尺寸 L、l 及车体宽度有关，故当车辆几何尺寸偏大时，若不采取削减车宽的措施，仍然不能保证安全行车所需的空间。在确定包含制造公差在内的车辆最大容许制造宽度时，《标准轨距铁路限界 第 1 部分：机车车辆限界》（GB 146.1—2020）为了方便计算，引入了"计算车辆"与"计算曲线"。我国计算曲线半径规定为 300 m，计算机车车辆在计算曲线的中部和端部的静偏移量。如果设计车辆或实际车辆在计算曲线上的静偏移量小于或等于计算车辆的值，则可按车限的极限轮廓在计入制造公差后设计车宽；如果设计车辆的静偏移量大于计算车辆的值，则应把中部及端部偏移量差值中较大的一个作为削减设计车辆半宽的值。

4. 校核处在复线曲线区段相邻两车间隙

在图 1-13 所示的位置上，当两列车运行在同一曲线区段上时，内侧曲线上车辆的端部与外侧曲线上车辆的中部相距最近，它们是否会相碰，可通过计算车体端部和车体中心的偏移量进行校核。

一般选用常见的较长的车辆来作此类校核计算，如 25 型客车、载重 100 t 左右的长大平板货车等。一些载重吨位很大的特种长大货物车由于使用率低，可作特殊处理。

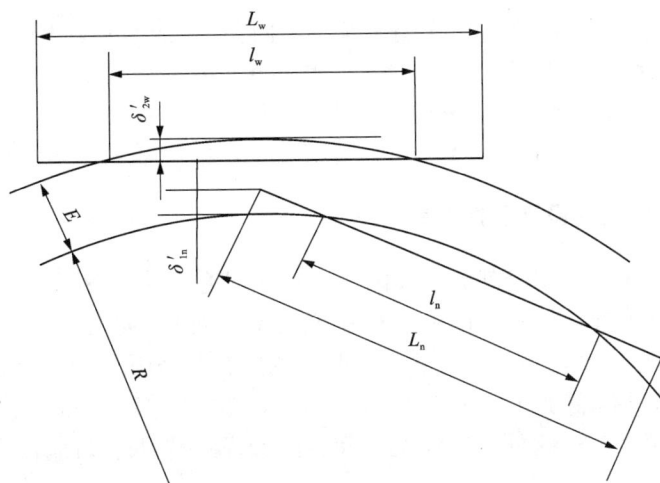

图 1-13　复线的曲线处两车最小间隙校核

第六节 机车车辆的发展概述

一、铁道车辆的发展概述

中华人民共和国成立以前，我国虽然已有铁路，但在线路上行驶的都是美、日、法、英、德、比等外国车辆，没有中国自己制造的车辆。这些车辆的种类杂，运行性能差，技术指标落后，安全性和舒适性差，零部件不能互换，检修不方便。中华人民共和国成立后，对原有车辆修理工厂进行调整充实、技术改造和扩建的同时开始制造车辆。当时铁道部（今中国国家铁路集团有限公司）成立了车辆局，各铁路局成立车辆处或科，建立车辆段，逐步形成我国完整的车辆制造、修理和养护体系。我国铁道车辆的发展可以概括为以下几个阶段。

1. 1949—1957 年仿制阶段

1949 年，我国开始制造货车，首先仿制了敞车。1952 年开始制造 21 型全钢客车，虽然这些车辆的结构不是很先进，但开始了我国自己制造车辆的历程。1954 年，有计划地从全国各地抽调工程技术人员和熟练工人组成设计队伍和形成批量生产车辆的力量，并确定四方机车车辆厂（今中车青岛四方机车车辆股份有限公司）和齐齐哈尔车辆厂（今中车齐齐哈尔车辆有限公司）分别为客车和货车设计主导厂，两厂率先成立了车辆设计科。1954 年、1955 年、1966 年分别新建的长春客车厂（今中车长春轨道客车股份有限公司）、株洲车辆厂（今中车株洲车辆有限公司）、眉山车辆厂（今中车眉山车辆有限公司）成为专业客车、货车制造工厂。

自此，我国先后制造了平车、棚车、罐车、漏斗车、家畜车和保温车等，货车的吨位也逐渐由 30 t、40 t 增加到 50 t，同时也仿制三大件式铸钢货车转向架。我国自己制造的 21 型客车也逐渐配套，有硬座车、硬卧车、软座车、软卧车、餐车、行李车和邮政车等近 3000 辆。

2. 1958—1977 年独立设计制造阶段

1958 年，四方机车车辆厂研制成功我国第一列双层客车并配备了 U 形转向架，对国产客车的设计和制造起到了推动作用。1960 年研制成功了一列低重心旅客列车，其结构特点是重心低，自重轻，采用铝合金车体，外表呈流线型。我国客车经历了 21 型、22 型、23 型、24 型车之后，1969 年，成功研制了新一代长 25.5 m 的 25 型客车、餐车和行李发电车，并逐步取代其他客车成为主型客车，此外，各种发电车、试验车、特种车和地铁车辆也得到了同步发展。

3. 改革开放以来车辆技术迅速发展阶段

1978 年我国进入了以经济建设为中心的新时期，伴随着改革开放、国民经济的大发展，铁道车辆也进入了一个大发展的新阶段。通过国家重大科技攻关项目和全国科学技术发展规划的实施，铁道车辆面貌出现了重大变化。

在货车方面，为了实现晋煤外运，研制了专用运煤敞车，开发制造了 70 t 级的通用货车、

60 t 级的大容量棚车和滑动侧墙棚车、70 t 级有盖和无盖漏斗车、重型超限货车、长大货物车、总重 100 t 的运煤单元列车，促进了我国重载运输的快速发展。齐齐哈尔车辆厂和株洲车辆厂研制成功了 350 t 和 280 t 的钳夹式大型货车，承担大型发电设备如定子、变压器的运输任务。此外还研制了一批专用货车，如毒品车、冷板冷藏车、家畜车、集装箱平车、四层长钢轨列车、运输小轿车的双层平车等。

在客车方面，为了扩大客运能力，浦镇车辆厂（今中车南京浦镇车辆有限公司）于 20 世纪 80 年代中期成功设计和制造了第二代双层客车。国家"八五"重点攻关项目的 3 种速度为 160 km/h 的准高速客车投入广深线使用，其中有浦镇车辆厂的双层准高速客车，四方机车车辆厂和长春客车厂的单层准高速客车，实现了大城市之间夕发朝至或朝发夕至，方便了旅客。

20 世纪 90 年代，成功研制了 25Z 型准高速客车，为客车的提速打下了基础，为速度 200 km/h 及以上高速客车的开发拉开了序幕。为满足 1997 年客车提速需要，我国又设计制造了 25K 型快速客车。其转向架基本采用准高速转向架技术，车体基本采用 25G 型车的技术，将我国新造客车的构造速度由 140 km/h 提高到 160 km/h，最高运营速度由 120 km/h 提高到 140 km/h。其间，我国相继研制了"新曙光""神州"等内燃动车组和"春城""蓝箭""先锋""中华之星"等电力动车组，其中，"先锋"号动车组在秦沈客运专线山海关-绥中区段试验速度达 292.2 km/h，"中华之星"电动车组在秦沈客运专线山海关-绥中区段最高速度达 321.5 km/h。

2004 年以来，按照"引进先进技术、联合设计生产、打造中国品牌"的基本原则，我国成功引进、消化了日本川崎重工业株式会社、加拿大庞巴迪公司、法国阿尔斯通公司和德国西门子公司的动车组先进技术，通过几年的发展，我国已形成了完善的动车组技术和生产体系。我国铁路发展有 CRH_1、CRH_2、CRH_3、CRH_5 共 4 个动车组系列，形成了速度为 200～380 km/h 的动车组产品体系，随后 CRH380 型、CR 型问世，具有完全自主知识产权的"复兴号"动车组也打造了闪亮的中国品牌。

4. 展望铁道车辆的未来

根据《中长期铁路网规划》，我国将打造以沿海、京沪等"八纵"通道和陆桥、沿江等"八横"通道为主干，城际铁路为补充的高速铁路网，建设以铁路客站为中心、衔接其他交通方式的综合交通体，扩大集装箱中心站、末端配送等货物集散服务网络，形成配套便捷、站城融合的现代化综合枢纽。

为全面提升我国高速铁路动车组设计、软件开发、制造技术水平，打造适合我国国情、路情的高速动车组设计制造平台，实现我国高速铁路动车组自主化、标准化和系列化，促进动车组由中国制造到中国创造的跨越，2012 年以来，我国开始设计研制中国标准动车组工作。2017 年，我国自主研发的具有完全知识产权的"复兴号"动车组在京沪高铁率先实现 350 km/h 速度运营，我国成为世界上高铁商业运营速度最高的国家，标志着我国高速动车组研发进入新的历史阶段。

在货运方面：在列车到发线有效长度为 850 m 条件下，开行 3000～4000 t 的货物列车；在列车到发线有效长度为 1050 m 的条件下，开行 5000 t 以上的重载列车；在运煤专线开行 10000 t 以上的重载列车。

提高列车速度和增加列车载重将是我国车辆发展的主要方向，我国铁路行业立足于自主创新，产、学、研、用相结合，目前已经形成了涵盖管理、设计、制造、验证与评估、运用与维护、检修、安全监测、信息化 8 个方面的技术标准体系，为我国铁路货车创新发展及中国铁路货车"走出去"奠定了可靠的技术基础。展望未来，我国铁道车辆有着广阔的发展前景。

二、铁道机车的发展概述

20 世纪 70 年代，世界上主要发达国家已经先后完成了铁路牵引动力现代化，即以内燃机车和电力机车来替代蒸汽机车。铁路牵引动力现代化，究竟是以内燃牵引为主还是以电力牵引为主，是同各国国情分不开的：美洲一些国家和澳大利亚，以内燃牵引为主，不再对铁路进行电气化改造；西欧一些国家则以电力牵引为主，这些国家的铁路以客运为主，旅客列车主要开行高速列车，因此需要采用电力牵引。

内燃机车的优点是机动、灵活，一次投资少。但内燃机车自身要装备柴油机来提供牵引动力，因此机车的功率受柴油机的限制。电力机车的功率只受牵引电机的限制，同样质量的机车，内燃机车的功率不如电力机车大。因此对于高速和重载铁路，内燃机车不如电力机车。内燃机车的机动灵活性特别适合做调车机车，这是电力机车望尘莫及的。

我国铁路牵引动力改革始于 20 世纪 60 年代，牵引动力改革初期，内燃机车的发展比电力机车快；但是在 20 世纪 90 年代，我国加快了电气牵引的发展。如今，铁路电气牵引已占主导，尤其是高速列车的发展主要采用电气化铁路。

1. 我国内燃机车发展概况

我国 1958 年开始试制内燃机车，20 世纪 60 年代，先后有 DF 型等型号内燃机车投入批量生产，采用直流电力传动或者液力传动。1969 年后，开始批量生产交–直流电传动的 DF_4 型系列客货运内燃机车及液力传动的北京型和东方红系列客运内燃机车，柴油机的可靠性和经济性得到了明显的提高。20 世纪 80 年代开始，我国干线内燃机车均采用电传动。

为了满足铁路客运提速的需求，20 世纪 90 年代研制成功快速客运内燃机车 DF_{11} 型及 DF_{4D} 型客运内燃机车，最高速度 170 km/h。为了满足铁路货运重载的需求，20 世纪 90 年代研制成功 25 t 轴重的 DF_{8B} 型货运内燃机车，是我国当时功率最大的内燃机车。

2006 年以来，和谐型大功率交流传动 HX_N3 型和 HX_N5 型内燃机车诞生并批量投入运营，标志着我国内燃机车成功实现了由交–直传动向交–直–交流传动的转换。和谐型内燃机车采用大功率交直交传动方式，牵引电机为交流异步电机，具有功率大、质量轻、结构简单、可靠性高、维护工作量小等特点。牵引变流器采用先进的大功率 IGBT 器件，控制性能优良，可靠性高。采用先进的计算机网络控制系统，数据传输量大，牵引及制动控制性能优良，设备状态检测与系统自诊断功能完善。

和谐型内燃机车是我国内燃机车今后主要的发展方向，如改进型 HX_N5 型内燃机车、快速客运 HX_N5K 型内燃机车均已研制成功。

2. 我国电力机车发展概况

1958 年我国电力机车制造开始起步，主要仿造国外电力机车。1968 年起，我国跳出仿造的框框,对试制的电力机车进行重大的技术改造,机车各项经济指标明显提高,可靠性提高,并能够正式运行。改造设计的机车命名为 SS_1 型电力机车。20 世纪 70 年代开始设计新型的 SS_3 型电力机车,并于 1978 年开始批量生产,逐步取代 SS_1 型电力机车,成为主型电力机车。

1979 年以后,我国发展了 SS_4 型重载货运机车,由两节相同的四轴机车连接而成,并逐步批量生产。20 世纪 90 年代,设计生产了客运 SS_8 型客运电力机车,最高运行速度达 160 km/h。

所有韶山型电力机车均采用交-直流传动装置,2006 年以来,各种和谐型大功率交流传动电力机车研制成功并投入生产使用,标志着我国电力机车成功实现了由交-直流传动向交流传动的转换。

大功率交流电力机车主要有 HX_D1 型、HX_D2 型和 HX_D3 型三种型号,前两者为八轴机车,即由两台四轴机车组成,主要在运煤专线大秦线运行;后者为六轴机车,在繁忙的干线单机牵引重载列车。

和谐型电力机车采用大功率交-直-交流传动方式,牵引电机为交流异步电机,具有功率大、质量轻、结构简单等优点,牵引变流器采用先进的大功率 IGBT 器件,控制性能优良,可靠性高;采用先进的车载计算机网络控制系统,牵引及制动控制性能优良,设备状态检测与系统自诊断功能完善,采用再生制动,节能效果显著。

和谐型电力机车是我国电力机车今后主要的发展方向,如在 HX_D1 型、HX_D2 型和 HX_D3 型的基础上,我国已成功研制了 HX_D1B 型和 HX_D3B 型单机大功率货运机车,是世界上单节功率最大的电力机车,同时我国也成功研制了 HX_D1D 型和 HX_D3D 型等大功率客运电力机车,运行速度可达 160 km/h。

复习思考题

1. 从现代管理的角度思考,设置机车车辆代码的意义是什么?关于机车车辆代码有没有进一步的优化方法?

2. 根据机车车辆的组成,思考机车车辆能否有统一的组成方式?

3. 根据所学的机车车辆的用途,思考各种类型的机车车辆会有怎样的发展趋势?

4. 我国对铁路限界的车限和建限都进行了规定以保证铁路的安全运输,思考对于超限的货物是否可以运输,以及如何进行运输?

5. 思考铁路未来的发展情况,以及未来世界交通的发展情况。

第二章
转向架

铁道车辆发展的初期，载重量小，容积也不大，一般采用二轴车的结构形式，车轴直接安装在车体下方，称为无转向架车辆，而在车辆下部引导车辆沿轨道运行的部分称为走行部。随着车辆载重量的增大，一般多采用转向架的结构形式。

机车车辆转向架是指由机车车辆上两对或两对以上轮对用构架等装置连成一组并能相对于车体回转且装备有弹簧等部件构成的一个独立走行结构。一般铁道车辆由两台二轴转向架组成，也有少数车辆使用三轴转向架，还有少数长大货物车由四台、六台或八台转向架组成；当前主流的机车由2台三轴转向架组成，也有少数机车使用二轴转向架。轴数越多，机车车辆的载重也就越大。转向架通常由构架(或者侧架)、轮对、轴箱、弹簧减振装置、摇枕、转向架支承车体装置、基础制动装置等组成，机车增加有牵引电机驱动装置。

本章首先介绍转向架的基本知识，包括转向架的组成、分类等；其次对转向架的关键部件进行讲解；最后针对当前铁路应用较为广泛和典型的货车、客车和机车转向架进行介绍，并对转向架的发展进行总结。

第一节 转向架的基本知识

一、转向架的作用

铁路运输事业发展初期，世界各国均采用二轴车，将轮对直接安装在车体下面。这种二轴车一般比较短小，为便于通过曲线，前后两轮对车轴中心线之间的距离一般不大于 10 m。二轴车的总重受到容许轴重的限制，其载重一般不大于 20 t。

随着铁路运输事业的发展，二轴车在载重、长度和容积等多方面都不能满足运输要求，于是曾出现与二轴车结构相仿的多轴车辆。虽然多轴车辆能增加载重，但为能顺利通过小半径曲线，前后两轴之间的距离仍受限制，不能太大，从而限制了车辆长度和容积的进一步增加。另外，车辆通过小半径曲线时，中间轮对相对车体要有较大的横向游动量，使得车辆结构复杂，且中间轮对承担轮轨横向力的能力较差，因此多轴车没有被推广采用。

多轴车一般采用带转向架结构的形式。把两对或几对轮对用专门的构架(侧架)组成的一个小车，称为转向架。车体支承在前后两个转向架上。为便于通过曲线，车体与转向架之间可以相对转动。这样，相当于将一个车体坐落在两个二轴小车上，使车辆的载重、长度和容积都可以增加，运行品质得以改善，以满足近代铁路运输发展的需要。目前绝大多数机车车辆都采用转向架的结构形式。

转向架的基本作用及要求：

①机车车辆上采用转向架是为增加车辆的载重、长度与容积，提高列车运行速度，以满足铁路运输发展的需要。

②保证在正常运行条件下，机车车体都能可靠地坐落在转向架上，通过轴承装置使轮对沿钢轨的滚动转化为车体沿线路运行的平动。

③支承车体，承受并传递从车体至轮对之间或从轮轨至车体之间的各种载荷及作用力，并使轴重均匀分配。

④保证机车车辆安全运行，能灵活地沿直线线路运行及顺利地通过曲线。

⑤转向架的结构要便于弹性减振装置的安装，使之具有良好的减振特性，以缓和机车车辆和线路之间的相互作用，减小振动和冲击，提高车辆运行的平稳性、安全性和可靠性。

⑥充分利用轮轨之间的黏着，传递牵引力和制动力，放大制动缸所产生的制动力，使车辆具有良好的制动效果，以保证在规定的距离之内停车。

⑦转向架是车辆的一个独立部件。在转向架与车体之间尽可能减少连接件，并要求结构简单、装拆方便，以便于转向架可单独制造和检修。

二、转向架的组成

由于机车车辆的用途、运行条件、制造和检修能力及历史传统等因素的不同，使得转向架的类型繁多，结构各异。但它们又具有共同的特点，如图 2-1 所示，通常转向架的组成可以分为以下几个部分。

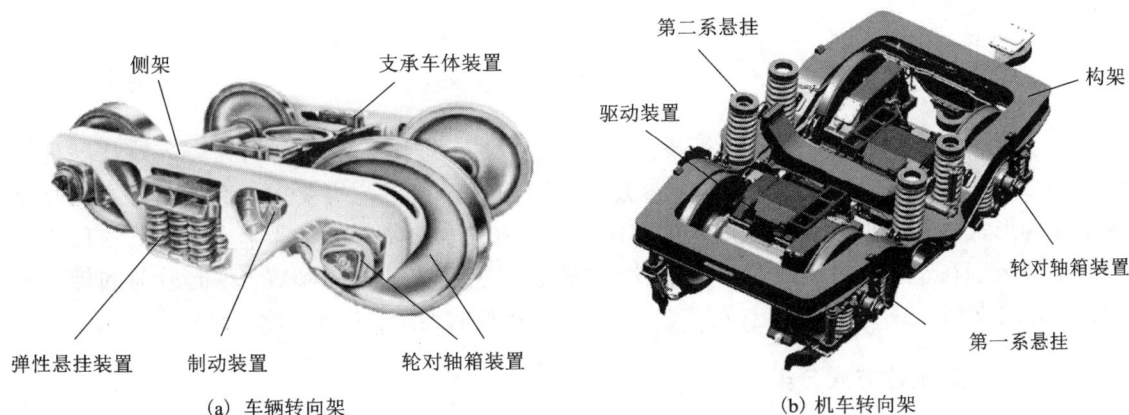

(a) 车辆转向架

(b) 机车转向架

图 2-1　转向架的基本组成

①轮对轴箱装置：轮对沿着钢轨滚动，除传递车辆质量外，还传递轮轨之间的各种作用力，其中包括牵引力和制动力。轴箱与轴承装置是联系构架（或侧架）和轮对的活动关节，使轮对的滚动转化为构架（或侧架）、车体沿钢轨的平动。

②弹性悬挂装置：为减少线路不平顺和轮对运动对车体的各种动态影响（如垂向振动、横向振动等），在轮对与构架（侧架）之间或构架（侧架）与车体（摇枕）之间设有弹性悬挂装置。前者称为轴箱悬挂装置（又称第一系悬挂），后者称为摇枕（中央）悬挂装置（又称第二系悬挂）。目前，货车转向架主要设有轴箱悬挂装置或摇枕悬挂装置，客车及机车转向架既设有第一系悬挂装置，又设有第二系悬挂装置。弹性悬挂装置包括弹簧装置、减振装置和定位装置等。

③构架或侧架：构架（侧架）是转向架的基础，它把转向架各零部件组成一个整体。所以它不仅承受、传递各种作用力及载荷，而且它的结构、形状和尺寸都应满足各零部件的结构、形状及组装的要求（如应满足制动装置、弹簧减振装置、轴箱定位装置等安装的要求）。

④基础制动装置：为使运行中的车辆能在规定的距离范围内停车，必须安装制动装置，其作用是传递和放大制动缸的制动力，使闸瓦与轮对之间或闸片与制动盘之间产生的转向架的内摩擦力转换为轮对与钢轨之间的外摩擦力（即制动力），从而使车辆承受阻止前进的力，产生制动效果。

⑤支承车体装置：转向架支承车体的方式（又可称为转向架的承载方式）不同，使得转向架与车体相连接部分的结构及形式各异，但都应满足以下基本要求。安全可靠地支承车体，承载并传递各作用力（如垂向力、振动力等）；为使车辆顺利通过曲线，车体与转向架之间应能绕不变的旋转中心相对转动；为使车辆稳定运行，车体与转向架之间应具有一定的回转阻力或阻力矩。

以上为机车与车辆转向架均具有的组成部分，但相比于车辆的转向架，机车转向架还包含另一重要的组成部分，即驱动装置。

⑥驱动装置：由牵引电机和减速齿轮箱等组成，将动力装置的功率最后传给轮对，驱动列车运行。

三、转向架的分类

由于机车车辆的用途不同，运行条件的差异，制造、维修方法的制约和经济效益等具体因素的影响，对转向架的性能、结构、参数和采用的材料及工艺等要求也有所差别，因此出现了多种形式的转向架。我国国内目前使用的客车转向架、货车转向架有几十种，各种转向架的主要区别在于：转向架的轴数和类型，弹簧悬挂装置的结构和参数，垂向载荷的传递方式，轮对的支承方式，轴箱的定位方式，基础制动装置的类型，构架、侧架结构形式等。

1. 按轴箱的定位方式分类

①导框式定位，构架或侧架的导框插入轴箱的导槽内，使之在铅锤方向可以产生较大位移而前后左右方向仅有相对小的移动，如图2-2(a)所示。

②导柱式定位，在构架或侧架导柱及轴箱托盘上的支持环都安装有磨耗套，通过轴箱橡胶垫产生不同方向的剪切形变，实现弹性定位作用，如图2-2(b)所示。

③拉杆式定位，拉杆中的橡胶垫、套分别限制轴箱与构架之间纵向与横向的相对位移，实现弹性定位，如图2-2(c)所示。

④转臂式定位，又称弹性铰定位，橡胶弹性节点容许轴箱相对构架有较大的上下方向位移，但其内部橡胶件使轴箱纵向与横向位移的定位刚度有所不同，以适应纵、横两个方向的不同弹性定位刚度的要求，如图2-2(d)所示。

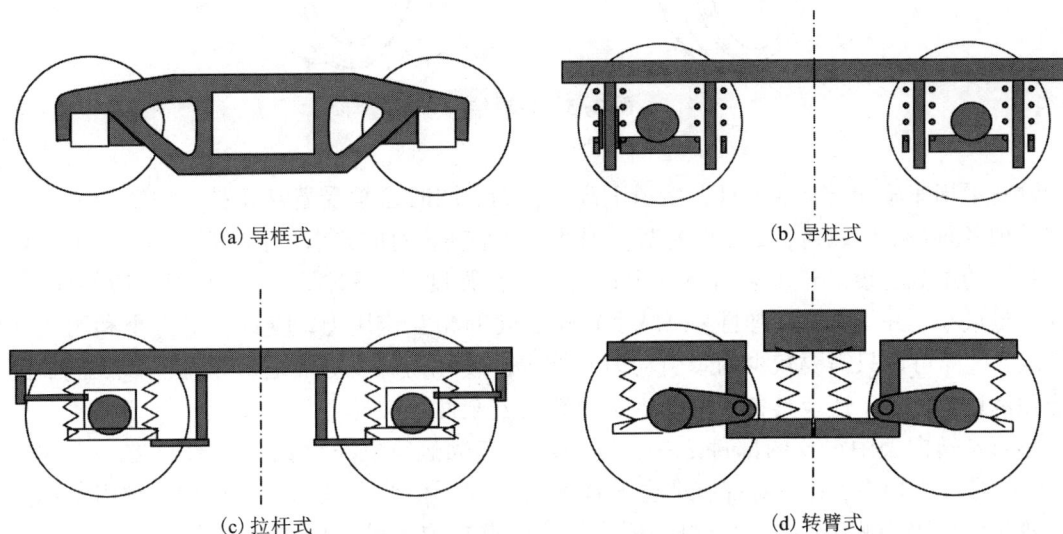

图 2-2 转向架的轴箱定位方式

2. 按弹簧悬挂装置分类

①一系弹性悬挂，"一系"指车体的振动只经过一次（空间三维方向均包括）弹性减振装置实施减振，"二系"可类推。设置位置有的设在车体（摇枕）与构架（侧架）之间，有的设在构架与轮对轴箱之间。

②二系弹性悬挂，在采用二系悬挂的车辆上，从车体至轮对之间，均设有二系弹性减振装置，明显改善了车辆的运行品质。

③多系悬挂结构复杂，一般不用。

第二节　转向架的主要组成部件

一、轮对

轮对是由一根车轴和两个车轮组成的，如图2-3所示。在轮轴接合部位采用过盈配合，使两者牢固地结合在一起，为保证安全，绝对不允许有任何松动现象发生。

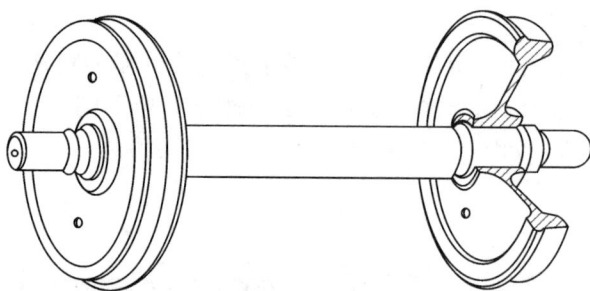

图 2-3　轮对结构

　　轮对承担车辆全部质量，且在轨道上高速运行，同时还承受着从车体、钢轨两方面传递来的其他各种静、动载荷，受力很复杂。因此，对车辆轮对的要求为：应有足够的强度，以保证在容许的最高速度和最大载荷下安全运行；应在强度足够和保证一定使用寿命的前提下，使其质量最小，并具有一定弹性，以减小轮轨之间的相互作用力；应具备阻力小和耐磨性好的优点，这样可以只需要较少的牵引动力并能提高使用寿命；应能适应车辆直线运行，同时又能顺利通过曲线，还应具备必要的抵抗脱轨的安全性。

　　轮对是转向架中重要的部件之一，也是影响车辆运行安全性的关键部件之一，故在新造、厂段修及运用中，对轮对都有严密的技术要求和严格的管理制度。例如：对用于标准轨距的轮对两轮缘内侧距必须符合组装要求，并要求在同一轮对的三等分点上所测得的内侧距，最大差值不应超过 1 mm；车轮与车轴接缝处的内侧，涂一圈白铅油，其宽度在车轮内侧和车轴上各为 25 mm，并在白铅油圈的三等分处，涂三条长 50 mm、宽 20 mm 的红油漆标记，与白铅油圈相互垂直，作为检查轮毂与车轴松动的标记线。

1. 车轴

　　铁路车辆用的车轴绝大多数是圆截面实心轴。由于车轴各部位受力状态不同及装配的需要，其直径也不一样。各部位名称如图 2-4 所示。

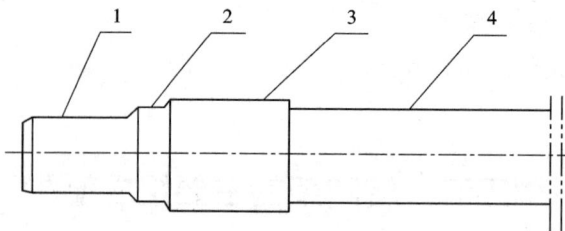

1—轴颈；2—防尘板座；3—轮座；4—轴身。

图 2-4　车轴结构

　　①轴颈：用以安装轴承，负担着车辆质量，并传递各方向的静、动载荷。

　　②防尘板座：是车轴与防尘板配合的部位，其直径比轴颈直径大，比轮座直径小，介于

两者之间，是轴颈和轮座的中间过渡部分，以减小应力集中。

③轮座：是车轴与车轮过盈配合的部位，是车轴受力最大的部位。

④轴身：是车轴中央部分，该部位受力较小。

此外，如果转向架采用轴盘制动，车轴中还包含轴盘座；如果是机车转向架，车轴中还包含齿轮座。

车轴是转向架轮对中重要的部件之一，直接影响车辆运行的安全性，同时又是转向架簧下质量的主要组成部分，特别是对于高速车辆和重载车辆，减小车辆簧下质量对改善车辆运行平稳性和减小轮轨间动力作用有重要影响。虽然，簧下质量的轻量化内容很多，如车轮、轴箱、轴承、传动装置等的轻量化，但相对来说车轴的轻量化潜力最大，空心车轴比实心车轴可减轻 20%~40% 的质量，一般可减 60~100 kg，甚至更多。

由于空心车轴主要承受横向弯矩作用，截面中心部分应力很小，制成空心后，对车轴强度影响很小。值得指出的是，为能尽量减小簧下质量，希望空心车轴的壁厚薄一点为好，但为提高空心车轴的弯曲疲劳强度和摩擦腐蚀疲劳强度，为使车轴弯曲自振频率（壁厚减薄，其频率降低）远离车轴的高速旋转频率，以避免发生车轴弯曲共振，其壁厚不可太薄。国外实验研究表明，空心轴内外径之比最大为 3∶5。

2. 车轮

目前我国铁路车辆上使用的车轮绝大多数是整体辗钢轮，它包括踏面、轮缘、轮辋、辐板和轮毂等部分，如图 2-5 所示。车轮与钢轨的接触面称为踏面。一个突出的圆弧部分称为轮缘，是保持车辆沿钢轨运行，防止脱轨的重要部分。轮辋是车轮上踏面下最外的圈。轮毂是轮与轴互相配合的部分。辐板是连接轮辋与轮毂的部分，辐板上有两个圆孔，便于轮对在切削加工时与机床固定和搬运轮对之用。

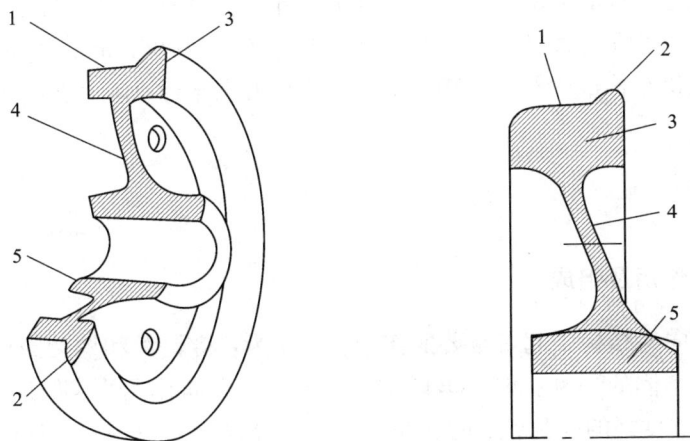

1—踏面；2—轮缘；3—轮辋；4—辐板；5—轮毂。

图 2-5 车轮结构

车轮踏面需要做成一定的斜度，如图 2-6 所示，其作用如下：

①便于通过曲线。车辆在曲线上运行，车轮踏面的斜度可以减少车轮在钢轨上的滑行。

②可自动调中。在直线线路上运行时，如果车辆中心线与轨道中心线不一致，则轮对在滚动过程中能自动纠正偏离位置。

③踏面磨耗沿宽度方向比较均匀。

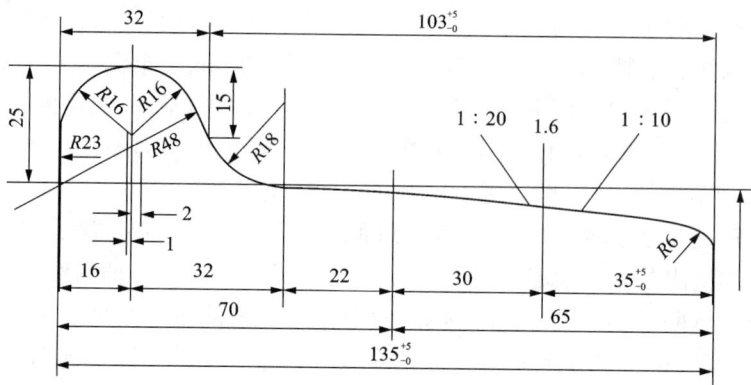

图 2-6　车轮踏面外形

从上述分析可知，车轮踏面必须有斜度。而它的存在，也是轮对以至整个车辆发生自激蛇行运动的原因。

由于车轮踏面有斜度，各处直径不同，按规定，钢轮在离轮缘内侧 70 mm 处测量所得的直径为名义直径，该圆称为滚动圆，即以滚动圆的直径作为车轮名义直径。车轮直径的大小对车辆的影响各有利弊。轮径小，可以降低车辆重心，增大车体容积，减小车辆簧下质量，缩小转向架固定轴距，但阻力增加，轮轨接触应力增大，踏面磨耗较快，同时，小直径车轮通过轨道凹陷和接缝处对车辆振动的影响也将加大。轮径大的优缺点则与之相反。所以，车轮直径的选择，应视具体情况而定。我国新造货车标准轮径为 840 mm，新造客车标准轮径为 915 mm，新造内燃机车标准轮径为 1050 mm，新造电力机车标准轮径为 1250 mm。

二、轴箱装置

1. 轴箱结构的作用及组成

轴箱装置在转向架结构中起着重要的作用，主要为：将轮对和构架或侧架联系起来，将轮对的滚动转化为车体的平动；承受车辆质量、传递各方向作用力；保证良好的润滑性能、减少磨耗降低阻力；良好的密封性，防止尘土、雨水等物侵入及甩油，从而避免破坏油脂的润滑，甚至发生燃轴等事故。

采用滚动轴承轴箱装置是铁路机车车辆技术现代化的重要措施之一。滚动轴承的结构如图 2-7 所示，一般由外圈、内圈、滚子和保持架等组成，其中最主要的是滚子。根据滚子形状的不同，分为圆柱滚子轴承、圆锥滚子轴承和球面滚子轴承等。其中圆锥滚子轴承在铁路货车转向架中得到广泛应用，而客车和机车通常采用圆柱滚子轴承。

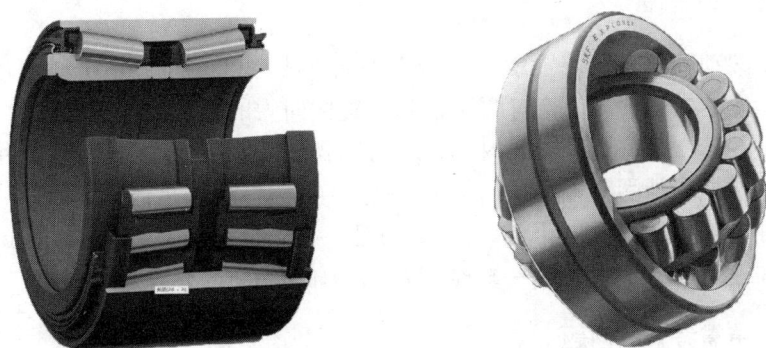

图 2-7 铁道机车车辆用轴承

轴箱装置的结构组成如图 2-8 所示，其主要结构及功能如下。

①轴箱体：组装、支承各零件，连接构架，传递载荷。

②轴箱后盖：安装密封圈，在内圆周面安装橡胶油封。

③防尘挡圈：与橡胶油封配合起密封作用。

④橡胶油封：与防尘挡圈配合，起密封作用。

⑤轴箱前盖：密封轴箱前部。

⑥压板：压板内侧凸起缘顶在外侧轴承内圈端面，起支承作用。

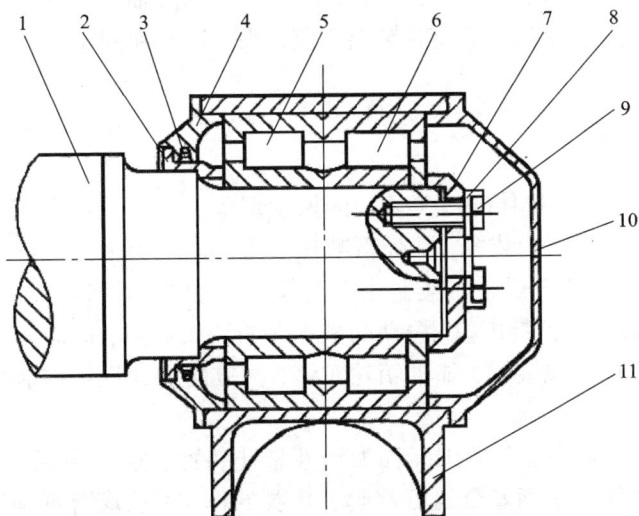

1—车轴；2—防尘挡圈；3—毛毡；4—轴箱后盖；5，6—轴承；
7—压板；8—防松片；9—螺栓；10—轴箱前盖；11—轴箱体。

图 2-8 轴箱装置

2.轴箱装置力的传递

车辆运行中滚动轴承轴箱装置承受并传递垂向、纵向和横向三个方向的力,若钢轨对轮对作用有指向右端的横向力,则轮对两端轴箱装置横向力的传递顺序分别为:

右端:车轴→防尘挡圈与后轴承内圈,经内圈挡边→后轴承滚子→后轴承外圈右挡板,经后轴承外圈→前轴承外圈→轴箱盖(前盖)→螺栓(前盖)→轴箱体。

左端:车轴→螺栓(压板)→压板→前轴承挡圈→前轴承滚子→前轴承外圈左挡板,经前轴承外圈→后轴承外圈→轴承后盖→螺栓(后盖)→轴箱体。

3.轴承应用中需考虑的问题

①轴承润滑与冷却。实际经验及研究结果都已证明,若轴承滚动体与滚道的滚动表面之间能被润滑油薄膜有效分隔,并且滚动表面未因沾染异物而损坏,在这样的理想条件下,轴承寿命可以长久。

轴承的润滑可采用润滑油或润滑脂,润滑脂虽然特性不如润滑油好,但是密封装置较简单,维护保养较容易,所以在铁路车辆上多采用润滑脂润滑。

②轴承密封。对于轴承来说,密封的作用就是防止外部污染物进入和内部润滑剂外溢,保证轴承内部清洁和正常的润滑状态,否则轴承的应用可靠性将大大降低,轴承的使用寿命将大大缩短。

③轴温监控。影响轴温的因素多而复杂,如轴承的质量与结构、轴承内摩擦轴承工作环境、润滑脂的黏度与质量、轴承系统的散热条件等。为维持轴承良好品质,低的运转温度极为重要。当前机车及高速客车均安装有轴温监测装置,以便在列车运行时能够时时测温。

三、弹性悬挂元件

车辆在轨道上运行时,将伴随产生复杂的振动现象。为了减少有害的车辆冲动,车辆必须设有缓和冲动和衰减振动的装置,即弹簧减振装置。车辆上采用的弹簧减振装置,按其主要作用的不同,大体可分为三类:一类是主要起缓和冲动的弹簧装置,如中央及轴箱的螺旋弹簧;二类是主要起衰减(消耗能量)振动的减振装置,如垂向、横向减振器;三类是主要起定位(弹性约束)作用的定位装置,如轴箱轮对纵、横方向的弹性定位装置,摇动台的横向止挡或纵向牵引拉杆。

上述各类装置在车辆振动系统中又称为弹性悬挂装置。这些装置对车辆运行是否平稳、能否顺利通过曲线并保证车辆安全运行都起着重要的作用,故应合理地设计其结构,选择适宜的参数。

1.弹簧装置

铁道机车车辆所使用的螺旋弹簧如图2-9所示,弹簧装置的作用主要体现在以下几个方面:

①使车辆的质量及载荷比较均匀地传递给各轮轴。

②缓和因线路的不平顺、轨缝、道岔、钢轨磨耗和不均匀下沉等引起的车辆振动和冲击。

③提高车辆运行舒适性和平稳性。

机车车辆内设置弹簧装置可以缓和轮轨之间的相互作用，可以提高车辆运行的舒适性和平稳性，保证旅客舒适、安全，保证货物完整无损，延长车辆零部件及钢轨的使用寿命。

弹簧的特性可以用弹簧挠力图（图2-10）表示，设纵坐标表示弹簧承受的载荷 P，横坐标表示其挠度 f，各参数的含义为：

①挠度 f：外力作用下，弹簧弹性变形或位移的大小。

②刚度 K：弹簧产生单位挠度所需的力。

③柔度 i：单位载荷作用下产生的挠度。

图2-9 螺旋弹簧

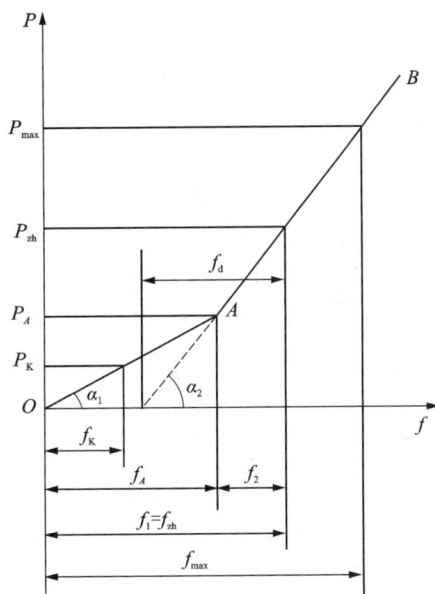

图2-10 弹簧挠力图

随着货车载重量增加，带来的问题是空、重车簧上质量相差悬殊。若仍采用一级刚度螺旋弹簧组，有可能使空车的弹簧静挠度过小，自振频率过高，导致其振动性能不良。采用两级刚度螺旋弹簧组，可使空车时因刚度小而有较大的弹簧静挠度，改善其运行品质，同时使轮重减载率减小，有利于防止脱轨的发生。在重车时选用刚度较大的第二级弹簧刚度，可避免因弹簧挠度过大而影响车钩高度。所以，采用两级刚度螺旋弹簧组时，可兼顾空、重车两种状态，选择适宜的弹性特性曲线。

一般只有在空、重车质量差别很大时，才适于采用两级刚度螺旋弹簧组，按其结构形式一般可分为三种，如图2-11所示。三种形式虽然不同，但相同的是空车和重车螺旋弹簧组的刚度均为两级，并且重车时刚度大于空车时刚度。图2-11（a）形式，空车时为内、外簧串联承载，重车时为外簧承载，但由于结构上的缺点已很少采用。图2-11（b）形式，挠力图如图2-10所示，空车时为外簧承载，重车时为内、外簧并联承载，故又称为不等高两级刚度螺旋弹簧组，其结构简单，使用得最多。图2-11（c）形式，空车时为内、外簧串联承载，重车时为内、外簧并联承载，由于结构比较复杂，一般在特种车上采用。

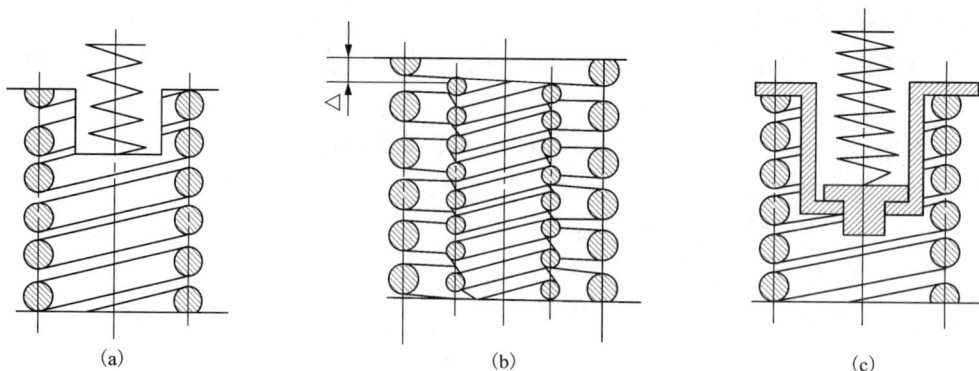

图 2-11　两级刚度螺旋弹簧组

2. 橡胶元件结构

铁道机车车辆上采用的橡胶元件具有较多优点，如：在各方向的刚度可根据设计要求确定，可以自由确定形状；可避免金属件之间的磨耗，安装拆卸简便；内阻较高，对高频振动的减振及隔音具有良好效果；弹性模量比金属小得多，可以得到较大弹性变形。但是橡胶元件也具有下列缺点：耐高温、耐低温和耐油性能比金属差；使用时间长易老化，且性能离散度大，同批产品的性能差别可达 10%。铁道机车车辆上的橡胶元件主要应用于弹簧装置与定位装置。

橡胶元件设计时应注意以下事项：

①橡胶具有特殊的蠕变特性，即压缩橡胶元件时，当载荷增加到一定数值后，虽不再增加载荷，但其变形仍在继续，而当卸去载荷后，也不能立即恢复原状。这种特性通常称为时效蠕变或弹性滞后现象。因此，橡胶的动刚度比静刚度大。

②橡胶元件的性能(弹性、强度)受温度影响较大。当温度变化后这些性能也随之改变，大多数橡胶元件随着温度的升高，刚度和强度有明显降低。当温度降低时，其刚度和强度都有提高，一般是先变硬，后变脆。

③橡胶具有体积基本不变的特性，因此要保证变形空间。

④橡胶的散热性不好，故不能把橡胶元件制成很大的整块，需要时应做成多层片状，中间夹以金属板，以增强散热性。

⑤变形受载荷形式影响大。承受剪切载荷时橡胶变形最大，而承受压缩载荷时其变形最小。

四、减振元件

车辆上采用的减振器与弹簧一起构成弹簧减振装置。弹簧主要起缓冲作用，缓和来自轨道的冲击和振动的激扰力，而减振器的作用是减小振动。减振装置的作用力总是与运动的方向相反，起着阻止振动的作用。通常减振器有变机械能为热能的功能。

铁路机车车辆采用的减振器按阻力特性可分为常阻力和变阻力两种减振器，按安装部位可分为轴箱减振器和中央减振器，按减振方向可分为垂向、纵向和横向减振器(通常称为抗蛇行减振器），按结构特点又可分为摩擦减振器和油压减振器。

1. 摩擦减振器

摩擦减振器是借助金属摩擦副的相对运动产生的摩擦力，将车辆振动动能变为摩擦热能而散逸于大气中，从而减小车辆振动。

如图 2-12 所示的三大件式转向架的摩擦减振器，它具有变摩擦力的特点，摩擦楔块的一边为 45°角，该斜边嵌入摇枕端部的楔形槽中，另一边压紧在侧架立柱的磨耗板上。每台转向架摇枕的两端各有左、右两个摩擦楔块，每个楔块又坐落在一个一级刚度双卷螺旋弹簧上，摇枕两端各坐落在两级刚度双卷螺旋弹簧上。所以，摇枕每端的减振装置由摇枕、两个楔块、两块磨耗板和多组双卷螺旋弹簧组成。

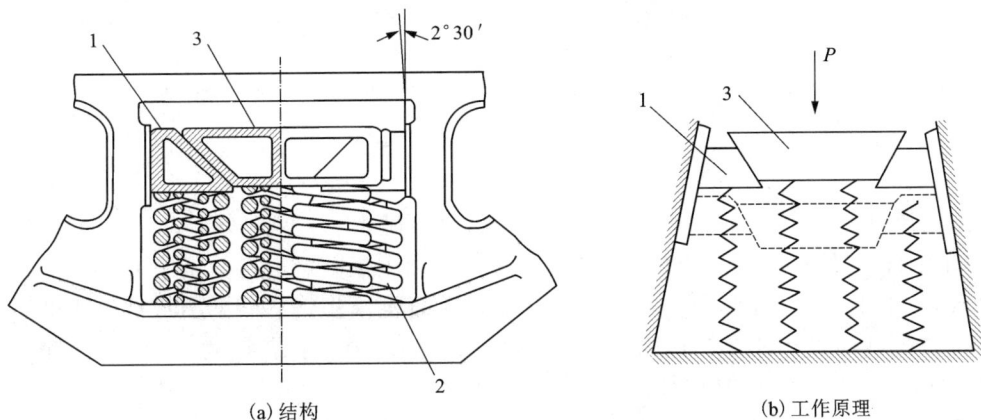

(a) 结构　　　　　　　　　　　　　(b) 工作原理

1—楔块；2—螺旋弹簧；3—摇枕。

图 2-12　摩擦减振器示意图

楔块式摩擦减振器的作用原理如图 2-12(b) 所示。车体质量通过摇枕作用于弹簧上，使弹簧压缩。由于摇枕和楔块之间为 45°的斜面，因此在车体作用力和弹簧反力的作用下，楔块与摇枕之间、楔块与侧架立柱磨耗板之间产生一定的压力。在车辆振动过程中摇枕和楔块由原来的实线位置移到了虚线位置。这样，楔块与摇枕、楔块与侧架立柱磨耗板之间产生相对移动和摩擦，从而使振动动能变为摩擦热能，实现减小车辆振动和冲击的目的。各摩擦面上的摩擦力与摇枕上的载荷 P 有关，P 大摩擦力也大，即减振阻力也大，反之亦然。所以空车和重车时，减振阻力不同，故称为变摩擦力减振器。楔块式摩擦减振器在水平方向（横向振动方向）也有减振作用。

2. 油压减振器

油压减振器（图 2-13）一般由活塞、进油阀、缸端密封、连接部分、内筒（油缸）、外筒（储油桶）及防尘罩等组成，减振器内部还有油液。为了保证油压减振器各部分工作可靠、经久耐用和防止泄漏，因此它的结构比摩擦减振器要复杂得多。此处仅介绍油压减振器的工作原理。

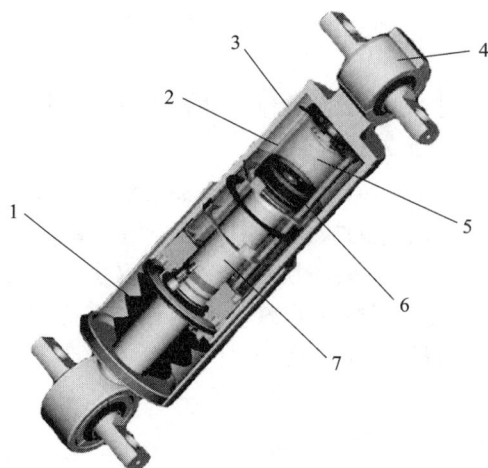

1—密封装置；2—内筒；3—外筒；4—连接部分；5—油液；6—活塞；7—活塞杆。

图 2-13　油压减振器的结构

　　活塞把油缸分成上、下两个部分，振动时，活塞杆随上、下两部分运动，与油缸之间产生上、下方向的相对位移。当活塞杆向上运动时（又称油压减振器为拉伸状态），油缸上部油液的压力增大，这样，上、下两部分油液的压差迫使上部油液经过心阀的节流孔流入油缸下部。油液通过节流孔时产生阻力，该阻力的大小与油液的流速、节流孔的形状和孔径的大小有关。当活塞杆向下运动时（又称油压减振器为压缩状态），受到活塞压力的下部油液通过心阀的节流孔流入油缸上部，也产生阻力，因此，在车辆振动时油压减振器起减振作用，如图2-14 所示。

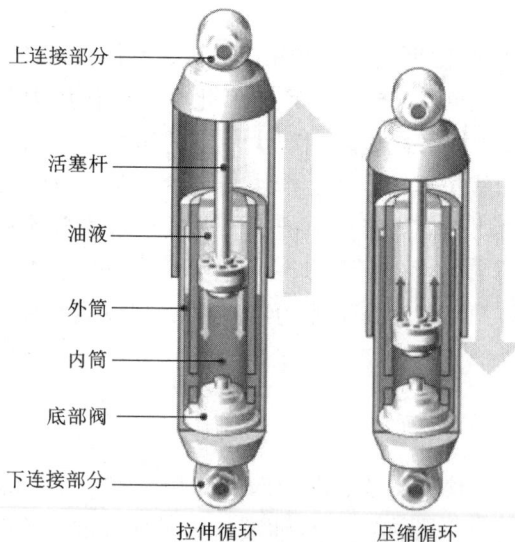

图 2-14　油压减振器的工作原理图

第三节　货车转向架

铁路货车主要用于运送各种货物,它的载重量一般比客车大得多。货车转向架是铁路货车的关键部件,而且在车辆的组成中是一个相对独立的部件,因而对各型车辆具有较大的适应性。对货车转向架的一般要求为:结构简单合理,工作安全可靠,运行性能良好,制造成本低廉,维护检修方便等。

我国货车转向架的制造生产经历依赖进口、仿制设计和自主设计研制等几个阶段,使得货车转向架的轴重不断增加、性能不断优化和完善。当前我国国内货车转向架主要有转K3型、转K5型、转K6型和转K7型。除转K3型转向架属于整体构架快速货车转向架外,其余类型转向架均为三大件式转向架,即包含两个侧架和一个摇枕。转K5型转向架为包含摇动台式的转向架,即摇枕、弹簧和弹簧托盘等组合而成为摇动台,可以减小车辆的倾覆率。转K6型转向架作为最典型的三大件式转向架,在保有量方面占比90%以上。转K7型转向架为径向转向架,即在通过曲线时,两轮对之间可以形成较大的摆动角,从而可以减小轮轨间的相关滑动。以下主要以转K6型转向架为例介绍典型货车转向架的主要特性。

转K6型转向架是在转K2型转向架的基础上发展而来的,轴距由1750 mm增大至1830 mm;采用25 t轴重的E轴代替21 t轴重的D轴,在承载鞍和侧架导框之间增加了弹性橡胶垫装置,实现了轮对的弹性定位,并使侧架的质量变成簧上质量,减小了列车运行过程中轮轨间的冲击,实现了低动力特性。转K6型转向架主要用于载重80 t级的专用货车和载重70 t级的通用货车。

一、转K6型转向架的组成

转K6型转向架由轮对、圆锥滚子轴承、承载鞍、侧架、摇枕弹簧、弹簧及减振楔块、摇枕、下心盘、侧架下交叉支撑装置、双作用常接触弹性旁承、中拉杆式基础制动装置等组成。转K6型转向架整体如图2-15所示,三维图如图2-16所示。

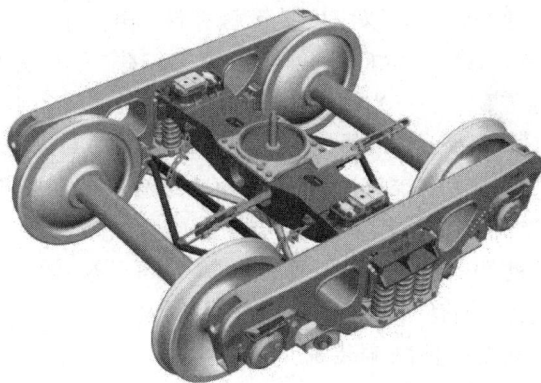

图 2-15　转 K6 型转向架整体图

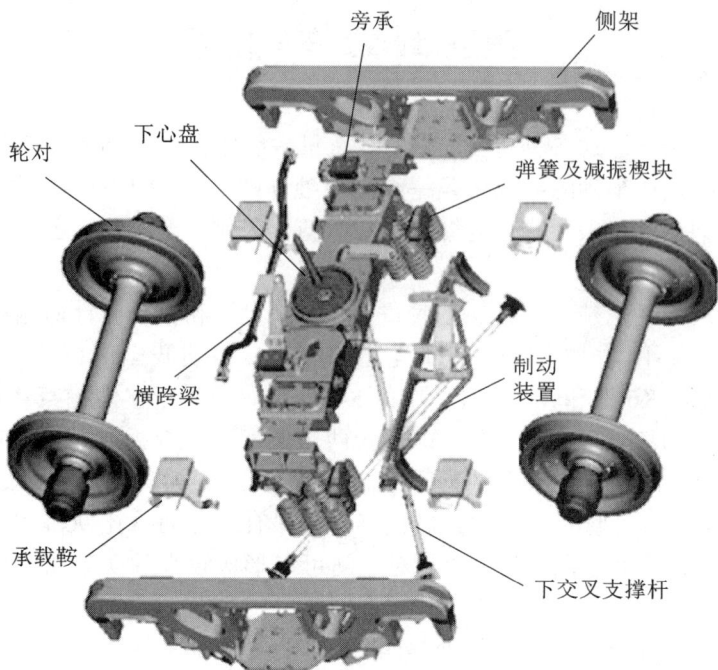

图 2-16 转 K6 型转向架结构三维图

二、转 K6 型转向架的结构特点

①摇枕和侧架材料采用 B 级钢，提高了摇枕、侧架的强度；摇枕中部腹板上开设椭圆孔，便于制动装置中的拉杆穿过；在侧架斜悬杆下部组焊交叉支撑座；侧架导框采用窄导框结构；采用卡入式滑槽磨耗板等。

②转向架在两个侧架之间沿水平面加设了弹性下交叉支撑装置。交叉支撑装置由 2 根相互交叉连接的上、下交叉支撑杆，上、下交叉支撑杆扣板，X 形和 U 形弹性垫组成。

③采用双作用常接触弹性旁承。双作用常接触弹性旁承由调整垫板、弹性旁承体、旁承磨耗板、垂向垫板、旁承座、滚子、纵向垫板等组成。常接触弹性旁承在预压力作用下，上、下旁承摩擦面间产生摩擦力，左、右旁承产生的摩擦力矩方向与转向架相对车体的回转方向相反，从而达到抑制转向架蛇行运动的目的，可提高蛇行运动的失稳临界速度。

④摇枕悬挂采用自由高不等的摇枕内螺旋弹簧和摇枕外螺旋弹簧。在空车状态下，只压缩摇枕外螺旋弹簧；重车时，内螺旋弹簧开始与外螺旋弹簧一起承载，弹簧总刚度增大，形成两级刚度悬挂特性。转向架的减振内、外螺旋弹簧均高于摇枕内、外螺旋弹簧，有较大的压缩量，即使在斜楔磨损后，仍有一定的压缩量，有利于保持减振性能和抗菱刚度的稳定。

⑤减振系统采用斜楔式变摩擦减振装置，由组合式斜楔、磨耗板和减振弹簧等组成。组合式斜楔，由斜楔、垫圈、主磨耗板组成。主磨耗板采用耐磨材料，提高了减振装置的寿命周期。

⑥在下心盘内加装含油尼龙的心盘磨耗盘，使心盘载荷分布均匀，减少了上、下心盘的磨耗量。

⑦基础制动装置由左、右槽钢弓形组合式制动梁、中拉杆、固定杠杆、固定杠杆支点、游动杠杆和高摩合成闸瓦等组成。

第四节　客车转向架

客车是用来运送旅客和为旅客服务的，因此，对客车转向架的要求比对货车转向架的要求严格，客车转向架不仅要有足够的强度，而且还要有良好的运行平稳性和较高的运行速度，以便将旅客安全、快捷、平稳、舒适地送到目的地。

相比于货车转向架，为了改善车辆的垂向动力性能，客车转向架通常采用两系弹性悬挂装置；为了耗散客车转向架的横向动力性能，现代客车转向架通常利用空气弹簧的横向弹性复原作用；客车转向架中采用各种形式的轴箱定位装置，以抑制转向架在线路上的蛇行运动，确保车辆运行的稳定性；客车转向架的基础制动装置，速度在 120 km/h 以下时，一般采用双侧闸瓦踏面制动，在速度更高时则采用盘形制动或者盘形制动加踏面制动的复合制动装置。

我国生产客车的主要厂家包括中车南京浦镇车辆有限公司(以下简称浦镇厂)、中车青岛四方机车车辆股份有限公司(以下简称四方厂)和中车长春轨道客车股份有限公司(以下简称长客)等。早期客车运行速度较低时，浦镇厂生产 209 系列客车转向架、四方厂生产 206 系列客车转向架。随着铁路运行速度的提高，浦镇厂研制出 PW-200 及更高运行速度系列转向架，四方厂研制出 SW-200 及更高运行速度系列转向架，长客研制出 CW-200 及更高运行速度系列转向架。四方厂生产的 SW-220K 型转向架主要用于 25T 型车、CR200J 型车等，本节将以该型转向架为例，对客车转向架的主要特点进行介绍。

一、SW-220K 型转向架的整体组成

SW-220K 型转向架是在 SW-220 型转向架的基础上，根据 160 km/h 速度客车的要求，经局部改造而成的。SW-220K 型转向架是四方厂与日本川崎重工业株式会社合作，由四方厂制造的一种新型高速客车转向架。SW-220K 型转向架采用无摇动台、无摇枕、单转臂无磨耗弹性轴箱定位、空气弹簧、盘形制动等技术，可适应各种 160 km/h 速度等级的客车。SW-220K 型转向架主要由构架、轮对轴箱装置、空气弹簧、盘形制动装置及轴温报警装置等组成，如图 2-17 所示。

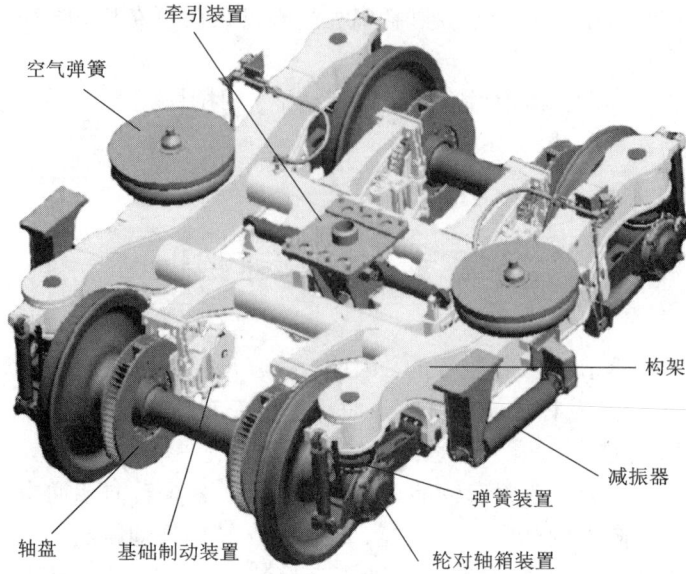

牵引装置

空气弹簧

构架

减振器

弹簧装置

轴盘　基础制动装置　轮对轴箱装置

图 2-17　SW-220K 型转向架整体结构

二、SW-220K 型转向架的主要结构

1. 构架组成

SW-220K 型转向架构架为钢板焊接结构，平面呈 H 形，主要由侧梁、横梁、纵向辅助梁、空气弹簧支撑梁和定位臂等组成。侧梁的中部为凹形，横梁的内腔与空气弹簧支撑梁的内腔组成空气弹簧的附加空气室。其采用 Q345C（或 ST52-3）焊接结构用轧制钢板。

横梁采用 ϕ203 mm×12 mm 无缝钢管，材质为 Q345C 或 ST52-3，表面经酸洗及磷化处理。其内腔作为空气弹簧的附加空气室。

2. 轮对轴箱装置

轮对采用 18D 车轮、RD 车轴、轴装制动盘、进口 FAG 804468/804469 或进口 SKF BC1B322880/BC1B322881 轴承。轴箱定位装置为单转臂无磨耗弹性轴箱定位，如图 2-18 所示，为减小定位节点刚度对一系垂向刚度的附加影响，定位转臂长为 550 mm，采用铸造件，材料为 ZG25MnNi。

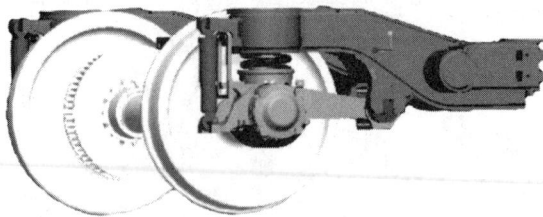

图 2-18　轴箱定位装置

　　轮对轴箱与定位转臂采用跨接形式，定位转臂通过 4 个 M20 螺栓与压盖连接，定位转臂落入轴箱外部的槽内。若需要更换轮对，只需松开 4 个 M20 螺栓和接地线等，便可以使轮对轴箱与转向架分离，运用、检修方便。

　　位于轴箱顶部和构架间的轴箱弹簧包括内、外圈钢弹簧、缓冲垫和上、下夹板。钢弹簧材料采用 60Si2CrVA。

3. 弹性悬挂装置

　　空气弹簧为由气囊和附加的橡胶弹簧组合而成的自由膜型式。上盖板上设有上进气口与车体相连，上进气口为锥面并用 O 形圈密封结构；下部通气口与构架相连，为圆柱面并用 O 形圈密封结构。为使空气弹簧在无气状态时转向架能够安全运行，在空气弹簧内部下支座上面设有特殊的滑板，以提高转向架的曲线通过性能。在空气弹簧内设置了固定节流孔，以提供二系垂向阻尼。

　　牵引装置采用单拉杆结构，传递牵引力和制动力。为降低转向架传递给车体的振动，每台转向架的前、后牵引刚度设置为 5 MN/m。

　　横向弹性缓冲器（即弹性止挡）是为限制车体运行中产生过大的横向位移而设置的。为了避免运行中车体频繁碰撞横向缓冲器或者接触后出现硬性冲击，将横向缓冲器与止挡的间隙设置为（40±2）mm，同时横向缓冲器设计成非线性特性，它与空气弹簧的横向刚度共同完成限制车体的横移，且位移较大时，可提供非线性增长的复原力。

　　为防车体产生意外过大的抬升量，在转向架的横梁上设有防过冲座，与牵引拉杆头部之间设置了 70 mm 的间隙，具有阻止车体过高上升的功能。为提高转向架的蛇行运动稳定性，在车体和构架之间安装了抗蛇行油压减振器。

4. 盘形制动装置

　　SW-220K 型转向架采用轴装制动盘，由整体式铸铁结构的制动盘环和盘毂组成，如图 2-19 所示。制动盘与盘毂通过螺栓、垫块和弹性套等连接。制动盘毂与车轴为过盈配合，过盈量为 0.14~0.22 mm，压装力为 200~400 kN。

图 2-19　盘形制动装置

第五节　机车转向架

现代机车转向架能适用高速、重载、各种驱动方式和轴列式，以及适合各种各样要求的弹性悬挂方式和基础制动方向。现代机车转向架的五大任务为：

①承载车体上全部质量，包括车体、动力装置及各种辅助装置和电机电器设施。

②保证必要的轮轨间黏着，以传递牵引力和制动力，使机车运行和停车。

③缓和线路对机车的冲击，使机车的垂向和水平向均有较好的运行平稳性。

④保证机车能顺利通过曲线和道岔。

⑤保证机车在牵引力、制动力和各种外力作用下的安全运行。

机车转向架与车辆转向架在组成上的主要差别为增加了牵引装置，由于增加了牵引装置，机车转向架包含以下内容。

1. 机车转向架的电机悬挂方式

与车辆转向架最大的差别在于，机车转向架具有牵引装置，而牵引电机具有较大的质量，牵引电机的质量属于簧上质量还是簧下质量，对机车转向架的运行性能会产生很大的影响。而根据牵引电机的悬挂位置，机车转向架可分为以下三类：

①轴悬式，牵引电机一端通过抱轴承非弹性地抱合在车轴上，另一端弹性地悬挂在构架横梁上。该结构简单，但簧下质量大，线路冲击对电机的性能和寿命影响大。所以该悬挂方式主要应用于运行速度 120 km/h 以下的机车。

②架悬式，电机整个悬挂在转向架构架上，其全部质量由构架承担。当前我国机车转向架的架悬形式主要为轮对空心轴结构形式，由于电机质量全部为簧上质量，轮轨动力作用小，利于高速运行，因此架悬式转向架主要应用于客运机车中，同时轮轨的动力作用对电机的影响小，电机寿命延长。但是架悬式转向架的工艺相对复杂，成本相对较高。

③体悬式，牵引电机悬挂在车体上，使其成为二系簧上质量。该形式转向架的优点为不仅簧下质量小，轮轨动力作用小，而且转向架构架的质量及回转惯性矩也大为减小，容易保持转向架高速时的蛇行稳定性，但是需要保证适应车体与转向架的相对运动。该形式转向架主要用于运行速度 200 km/h 以上的情况，在我国机车中较少采用，但在动车组列车中存在应用，如 CRH_3 动车组采用该种悬挂方式。

架悬式和体悬式又称为全悬挂。

2. 机车转向架的轴列式

机车转向架轴列式表示方法，采用 A、B、C 和 D 表示转向架动轴数目（相应动轴数目为 1、2、3 和 4）；采用下脚"0"表示转向架轮对单轴驱动，一般为电传动，无下脚"0"表示转向架轮对成组驱动，一般为液力传动；采用"−"表示两个转向架间无活节联结，"+"表示两个转向架间有活节联结；如果机车由两台或者多台机车共同控制牵引，则可在轴列式前增加数字表示牵引的机车台数。

例如：B-B 和 B_0-B_0 表示机车有 2 台二轴转向架，每台转向架有 2 对动轮对，前者成组驱动，后者单轴独列驱动；C_0-C_0 表示机车有 2 台三轴转向架，每台转向架有 3 对动轮对，单轴独列驱动；2(B_0-B_0)表示两台机车重联牵引，每台机车的轴列式均为 B_0-B_0。

本节主要对 HX_D3 型电力机车转向架和 HX_N5 型内燃机车转向架的结构进行介绍，以分析机车转向架的结构特点。

一、HX_D3 型电力机车转向架

1. 转向架的主要组成

HX_D3 型电力机车作为重载货运牵引的电力机车，转向架设计在满足各项基本性能要求的前提下，着重考虑机车黏着质量利用率、构架和牵引装置的强度。机车装有两台结构相同的三轴转向架，牵引力传递系统采用中央低位斜拉杆推挽式牵引装置，具有黏着利用率高的优点；转向架采用滚动抱轴承半悬挂结构，第二系悬挂采用高圆螺旋弹簧组；轴箱部分采用整体轴箱等技术。转向架主要由构架、轮对装配、轴箱、电机悬挂装置、基础制动装置、支承装配、牵引装置和附件装配等组成，如图 2-20 所示。

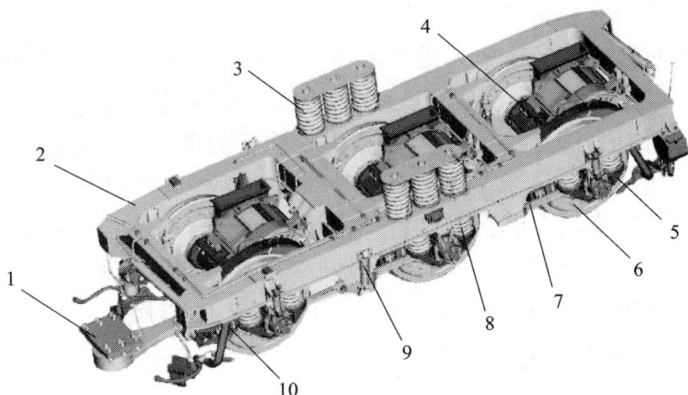

1—牵引拉杆；2—构架；3—第二系悬挂；4—牵引电机；5—轴箱；
6—轮对；7—轴箱拉杆；8—轴箱弹簧；9—减振器；10—轮盘制动装置。

图 2-20 HX_D3 型电力机车转向架整体结构

2. 转向架的主要特点

①牵引电机采用内顺置布置，可使机车在牵引工况获得较小的轴重转移，因此现在大多数机车转向架均采用牵引电机内顺置。

②采用低位推挽式单牵引拉杆结构，加以合理的悬挂参数选择，使机车轴重转移减小，满足机车牵引要求。

③构架刚度和强度高，侧架与端梁、横梁连接处采用圆弧连接的结构形式，降低连接处的应力集中。

④第二系悬挂高圆弹簧组每侧一组由三个弹簧组成，这种布置使弹簧接近回转中心，可减小弹簧的回转位移，降低弹簧的剪切应力。

⑤第一系弹簧采用单圈、小静挠度值，使一、二系弹簧参数搭配趋于合理。

⑥基础制动采用轮盘制动，使轮对受力形式较踏面制动更加合理。

⑦驱动装置采用滚动抱轴式半悬挂结构，抱轴箱体采用高强度、高冲击韧性的球墨铸铁材料，与 U 形管式抱轴箱相比，装配结构更加简单，适用性更强。

3. 转向架的受力及传递

转向架在运行中主要承受三种力：纵向力、横向力和垂向力。

纵向力主要是机车的牵引力和制动力，其传递途径为：钢轨和车轮相互作用产生→车轴→轴箱→轴箱拉杆→构架→牵引杆→车体→车钩→列车。

横向力主要是通过曲线时的离心力和横向振动引起的附加力，其传递途径为：车体→横向和摇头止挡→构架+轴箱止挡→轴箱→轴承→车轴→车轮→钢轨。

垂向力是机车自身的重力和机车运行时的垂向振动引起的附加载荷，其传递途径为：车体→第二系弹簧→构架→轴箱弹簧→轴箱体→轴承+车轴→车轮→钢轨。

4. 转向架主要组成部分

（1）构架

HX_D3 型电力机车转向架的构架采用高可靠性和轻量化结构，由 Q345E 钢板焊接成箱形梁结构。构架由左、右侧梁、前、后端梁、牵引横梁、横梁和各种附加支座等组成，构架组焊后成框架式"目"字形结构（图 2-21）。为减少构架的应力集中，各梁连接处采用圆弧过渡，圆弧需进行加工。构架的牵引梁布置在构架的中间，其上焊有牵引座和牵引销。横梁内设有筋板，并用钢板串联，以增加牵引梁的刚度。为了增加侧梁与端梁、横梁的连接强度，连接处的上、下盖板交错，并且在横梁受力较大的四个连接处采用双面焊。为实现整体起吊功能，在侧架内和轴线相交处还设有断面为 H 形的筋板结构，以保证吊装时此处的强度。端梁连接处下盖板用排障器和砂箱座板补强。

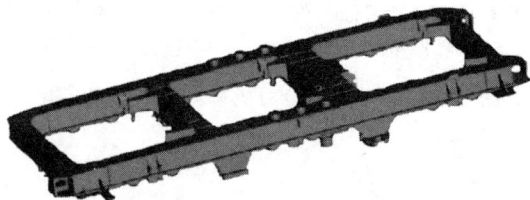

图 2-21　HX_D3 型电力机车转向架构架

（2）电机悬挂装置

电机悬挂方式为滚动抱轴式半悬挂。牵引电机一端通过滚动抱轴箱装配支承在车轴上，另一端通过一根两端带橡胶关节的吊杆弹性悬挂在构架的横梁和后端梁上。电机悬挂装置的吊杆一方面承受牵引电机的静载荷，另一方面承受牵引电机工作时产生的反力，同时在牵引电机工作过程中,它可以随电机纵向和横向自由摆动,并且橡胶关节可以衰减牵引电机带给构架的振动。

(3)轮对轴箱装置

机车轮对装配由车轴、车轮装配、驱动装置组成。车轮组装采用注油压装方式将车轮组装到车轴的轮座上;车轮拆卸时仍通过轮毂上的高压油孔注油退下。从动齿轮直接套在车轴上,滚动抱轴箱装配在车轮压装前组装到车轴上,并调整好轴承游隙。

车轮装配包括整体车轮和摩擦盘组装。整体车轮采用进口整体辗钢轮,制动盘采用标准制铁盘,车轴是用碳素钢锻制成的,其材料为 JZ50 钢。

轴箱装配主要由前、后端盖、轴箱体、吊钩、整体轴承、压盖、接地装置、速度传感器、轴箱拉杆、一系弹簧及其橡胶减振垫、一系垂向减振器等组成,如图 2-22 所示。轴箱装配采用单拉杆与构架相连。一系弹簧及其橡胶减振垫,配合一系垂向减振器构成了第一系悬挂系统。

图 2-22 HX$_D$3 型电力机车转向架轴箱装配

(4)牵引装置

牵引装置是连接机车车体与转向架的重要部件,其主要包括电机和驱动装置。驱动装置主要包括齿轮箱、主、从齿轮、抱轴箱等。驱动装置为单级斜齿轮传动,传动比为 4.8。牵引电机为滚动抱轴结构,牵引电机、齿轮箱、抱轴箱组成刚性结构,一端通过两个分别安装于抱轴箱内和齿轮箱内的滚动轴承支承在车轴上,另一端通过电机吊杆悬挂在转向架构架上。

(5)弹性悬挂装置

第一系悬挂系统主要包括弹簧和减振器,由六套四种轴箱装配组成,四种轴箱的结构基本相同,不同的是两侧轴箱装有弹簧和垂向减振器,中间轴箱仅装有弹簧。第二系悬挂系统又称支承装置。本车的支承装置是由高圆弹簧与二系垂向减振器和横向布置的抗蛇行减振器组成。每个转向架上有两组高圆弹簧(每组三个)布置在左、右侧架中央部分,还有两个垂向减振器和两个抗蛇行减振器。

(6)基础制动装置

HX$_D$3 型电力机车转向架采用的是轮盘制动方式,每个车轮安装一套独立的单元制动器,其中每个转向架有两套单元制动器带有弹簧停车储能制动,安装在第一轴车轮上。当机车制动时,制动单元得到压缩空气,通过制动缸活塞推动卡钳产生压力,使闸片作用到安装在车轮辐板的摩擦盘上与之产生摩擦,消耗功率,将动能转变为热能散发掉,从而使机车达到减速或停车的目的。

二、HX$_N$5 型内燃机车转向架

HX$_N$5 型内燃机车转向架在青藏铁路的 NJ$_2$ 型内燃机车转向架基础上改进设计而成。NJ$_2$ 型内燃机车是 2006 年从美国 GE 公司进口的。HX$_N$5 型内燃机车转向架形式为单独驱动的三根动轴、传统导框式轴箱定位、浮动中心销牵引、第二系悬挂为橡胶堆式承载垫、焊接构架。HX$_N$5 型内燃机车转向架主要部件有构架、轴箱及其定位结构、弹簧装置及减振器、轮对及电机驱动装置、牵引装置、基础制动装置、附件(轮缘润滑装置、排障器、清扫器、撒砂装置)等。其结如图 2-23 所示。

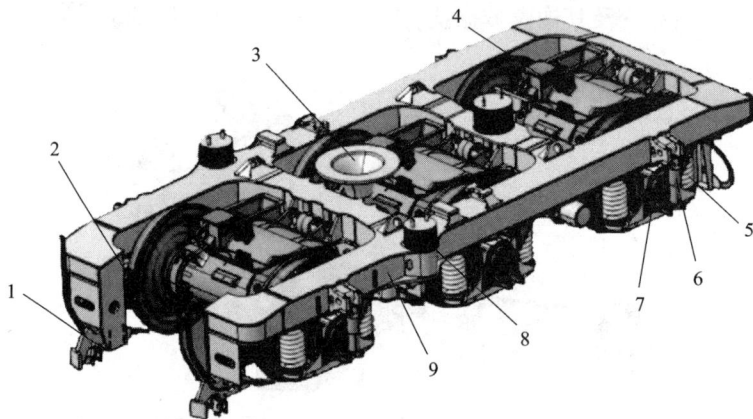

1—撒砂装置；2—基础制动装置；3—牵引装置；4—牵引电机；5—轴箱弹簧；
6—减振器；7—轮对轴箱装置；8—第二系悬挂；9—构架。

图 2-23 HX$_N$5 型内燃机车转向架三维图

1. 转向架的特点

①转向架设计满足在温度−40～+45 ℃下的运用要求。

②采用两台 25 t 轴重三轴高黏着转向架。

③轴箱定位方式：导框式轴箱定位结构。

④转向架内牵引电机顺置排列，以减少轴重转移。

⑤牵引电动悬挂方式：滚动轴承抱轴悬挂，每轴簧下质量 4.35 t。

⑥采用浮动中心销牵引方式，转向架相对车体可以横动。

⑦三个橡胶堆式承载垫承受垂向负荷，利用橡胶堆较小的剪切刚度，转向架与车体之间可以相对横向运动和摇头运动，这就是转向架的第二系悬挂。在转向架构架顶面与车体底部之间用一个横向减振器和两个抗蛇行减振器来衰减转向架的横向振动和蛇行振动。第二系悬挂静挠度为 12 mm。

⑧第一系悬挂由轴箱弹簧、橡胶垫、垂向减振器组成。中间轴的轴箱不设垂向减振器。第一系悬挂的静挠度较大，为 125 mm。

⑨6 个空气驱动的单元制动器，闸瓦制动，分别对转向架的 6 个车轮进行制动。单元制动器具有闸瓦间隙自动调整功能，以补偿闸瓦的磨耗。每台转向架有 2 个单元制动器具有停放制动功能。

⑩每台转向架的中间轴位有一个轴箱上(非齿侧)装有机车速度传感器。

⑪转向架两端装有一个高度可调的支架，支架装撒砂喷嘴。车轮磨耗后，可调支架高度。

2. 转向架的主要组成部分

（1）构架

HX$_N$5 型内燃机车转向架的构架由左、右两根对称布置的侧梁、牵引梁、横梁、后端梁及各支座组成，如图 2-24 所示。后端梁上设有牵引电机吊座，用来吊挂牵引电机。就构架强度和刚度而言，不一定要设置后端梁。侧梁底面焊有导框、制动座、轮缘润滑装置安装座，外侧面焊有一系垂向减振器座，顶面焊有抗蛇行减振器座和纵向止挡座。牵引梁、横梁和后端梁上均焊有牵引电机吊座。牵引梁上有牵引装置安装接口。左、右侧梁和横梁上各有一个承载垫安装面，用来放置橡胶堆式承载垫，承受车体的垂向载荷。另外，构架上还焊有撒砂装置等转向架附件的安装支座。

（2）轴箱装置

轴箱由轴箱体、轴箱轴承、轴箱弹簧、导框、导框衬垫、磨耗板、轮对托座、轴承保持座、上、下弹簧座、调整垫、橡胶垫等组成，如图 2-25 所示。端轴轴箱与构架间配置有一系垂向减振器。每台转向架有一个中间轴箱装有机车速度传感器。

图 2-24　HX$_N$5 型内燃机车转向架构架图

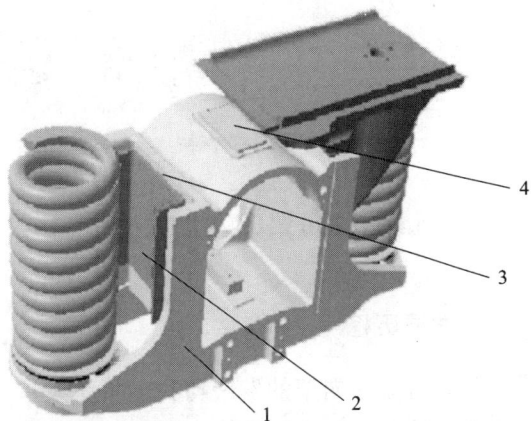

1—轴箱体；2—导框衬垫；3—主磨耗板；4—顶面磨耗板。

图 2-25　HX$_N$5 型内燃机车转向架轴箱组成

（3）牵引装置

为了将转向架上产生的纵向力(牵引力或者制动力)传递到车体上部，HX$_N$5 型内燃机车转向架采用了中心销形式的牵引装置，如图 2-26 所示。作为转向架与车体间的一种连接装置，牵引装置在传递纵向力的同时，还要能保证转向架相对于车体有适当的横动和转动。

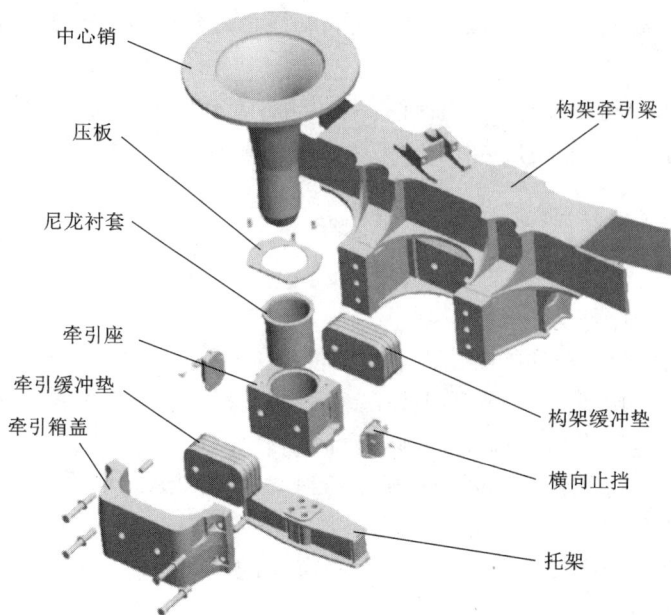

图 2-26　HX$_N$5 型内燃机车转向架牵引装置

　　HX$_N$5 型内燃机车转向架的其他部分，如轮对和弹簧装置等，与其他机车转向架均具有较大的相似之处，此处不再一一进行介绍。

第六节　转向架的发展概述

一、货车转向架的发展

1. 发展历程

　　我国货车转向架的发展与我国货车发展的步伐相一致。1949 年以前，我国没有设计、制造货车的能力，主要靠进口美国、日本等国 30 t 级货车，转向架以拱板型为主（即转 15 型、转 16 型），以及少量的铸钢三大件式转向架（转 1 型、转 2 型）。中华人民共和国成立以后，于 1952 年首先设计制造了载重 50 t 货车用的转 3 型及转 4 型转向架，随后又设计制造了 60 t 级货车用的转 5 型转向架。1956 年设计制成了 60 t 级货车用的转 6 型转向架。1958 年设计制造了老转 8（原名 608）型转向架。1961—1965 年研究改进老转 8 型转向架，研制成新转 8 型转向架，又称转 8A 型转向架，1966 年定型后大批量生产，成为我国的主型货车转向架，同时还生产了少量改进转 6 型的转 6A 型转向架。我国还先后研制出了 30 t 曲梁（转 9 型转向架）、60 t 老曲梁、新曲梁、66 型、67 型、69 型和改 69 型转向架，以及设计研制了带有常摩擦减振器的控制型转向架、自导向、迫导向径向转向架、带轴箱悬挂装置的构架式转向架等新型转向架，特别是 1994 年我国公布的铁路主要技术政策中，明确提出要积极发展轴重 25 t 低动力作用的大型货车，提高货运速度，满足国民经济的发展需要。

自 1996 年以来，各工厂先后引进了侧架交叉支撑技术、侧架摆动式技术、整体焊接构架技术、副构架自导向技术等，并结合我国国情，先后开发了用于 60 t 级货车的 21 t 轴重的转 K1 型、转 K2 型、转 K3 型、转 K4 型转向架，以及用于 70 t 级通用货车和 80 t 级专用货车的 25 t 轴重的转 K5 型、转 K6 型、转 K7 型转向架，并研制出时速为 160 km 的快速货车转向架。

2. 发展趋势

我国货车转向架的发展总体上向着快速和重载方向发展，以发展径向转向架、大轴重低动力转向架、整体构架转向架及多轴转向架为主。

（1）货车径向转向架

提高转向架横向运动稳定性的要求和改善转向架曲线通过性能的要求往往是互相矛盾的。为了保证转向架高速运行时的蛇行运动稳定性，要求转向架的轮对与轮对间、轮对与构架间有足够的定位刚度及较小的车轮踏面斜率；而为了使转向架顺利地通过曲线，又要求轮对的定位尽量柔软和具有较大的车轮踏面斜率，以使转向架通过曲线时其轮对能处于（或接近）纯滚动的径向位置。采用径向转向架是解决稳定性和曲线通过能力矛盾的最有效措施。

径向转向架能在保证足够的直线运动稳定性的同时减少轮缘磨耗和侧向力，减少机车的燃料消耗，降低运行噪声和减少环境污染，特别适用于小半径曲线线路上高速重载车辆的运行要求，具有较大的技术经济意义。

车辆通过曲线时，所有轮对都具有趋于曲线径向位置能力的转向架，称为径向转向架。根据导向原理不同，径向转向架分为自导向径向转向架和迫导向径向转向架两大类。自导向径向转向架是依靠轮轨间的蠕滑力进行导向的，它利用进入曲线时轮轨间产生的蠕滑力，通过转向架自身导向机构的作用使转向架的前、后轮对"自动"进入曲线的径向位置，其作用原理如图 2-27 所示。迫导向径向转向架是利用进入曲线轨道时车体与转向架构架间的相对回转运动，通过专门的导向机构（如连接车体与轴箱或副构架的杠杆系统）使前、后轮对偏转，强迫轮对进入曲线后处于曲线径向位置。

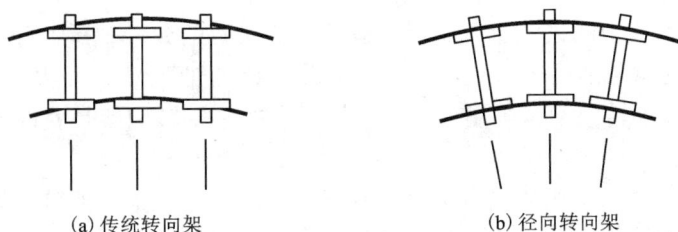

(a) 传统转向架　　　　　　　　　　　(b) 径向转向架

图 2-27　径向转向架原理示意图

当前国外的径向转向架主要包括南非 Scheffel 副构架自导向径向转向架、美国 DR-1 自导向径向转向架、英国 Devine-Scales 迫导向径向转向架等。我国主要生产转 K7 型转向架，该径向转向架是由中车眉山车辆有限公司在引进南非 Scheffel 副构架自导向径向转向架的基础上研制成功的。转 K7 型转向架主要由轮对、副构架、摇枕、侧架、弹簧减振装置、旁承及基础制动装置等组成。

（2）整体构架转向架

20 世纪 70 年代以来，许多国家积极发展高速铁路，在高速客运方面取得了巨大成功，如法国的 TGV、德国的 ICE、日本的新干线等，为充分利用高速线路的运输能力和适应快速货物运输的需要，一些国家研制出了多种形式的快速货车转向架。比较成功的有法国的 Y37 型、德国的 DRRS 型、意大利的 Fiat 快速货车转向架等。快速货车转向架的主要特点为：采用非线性的轴箱弹性悬挂，减小簧下质量；减小转向架的第二系悬挂横向刚度；减少悬挂中的磨耗件；采用整体构架；采用盘形基础制动装置；等等。

我国在借鉴欧洲 Y25 型快速转向架的基础上发展了转 K3 型转向架，如图 2-28 所示，主要用于货运提速后的集装箱平车。其主要由轮对、轴箱悬挂装置、焊接构架、中央悬挂装置、摇枕、常接触弹性旁承、心盘和盘形基础制动装置等组成，为了适应快速货运的需求，对以上各组成结构进行了优化，如摇枕改为高强度结构钢板焊接而成的箱形结构梁，基础制动装置采用单元式盘形制动及机械防滑传感器。

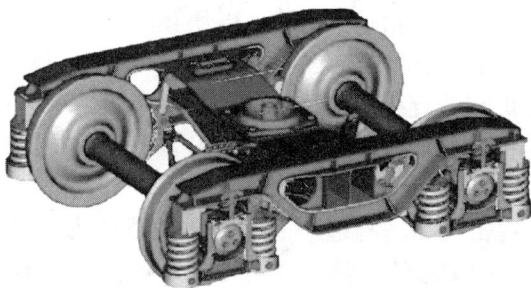

图 2-28 转 K3 型转向架

（3）货车多轴转向架

二轴转向架在铁路车辆上的应用最为广泛，目前，各国的铁路货车一般以采用两台二轴转向架的四轴车为主。但是，二轴转向架的最大承载能力受到其允许轴重的限制，转向架自重和载重之和最大不能超过其两根轴的允许轴重之和。

增加转向架承载能力的办法有两个：一是提高转向架的允许轴重，每根轴的承载能力提高了，整个转向架的承载能力也就提高了，如当前允许的轴重最大可达 30 t；二是增加转向架的轴数，即采用多轴转向架。采用三轴或三轴以上的多轴转向架是我国铁路发展特大型货车的一条重要途径。

多轴转向架可以增加车辆的载重量，但多轴转向架的结构比二轴转向架更为复杂。为了充分利用每根轴的承载能力，在多轴转向架上应尽量想办法使每根轴均匀承载。此外，转向架的轴数增加了，其固定轴距也就增加了，在设计转向架时，就必须考虑如何使车辆能够灵活地通过曲线、如何减少轮缘磨耗和轮缘力，以及如何防止脱轨等问题。

图 2-29 为我国 H 形整体焊接构架式的三轴转向架示意图。在满足上述转向架设计需要考虑的问题时，同时还需要保证转向架中各轴必须均载，因此还需要尽量保证心盘中心处于构架的中心位置；保证车轮直径一致，轴箱弹簧下支撑面距轨面高度一致；各弹簧的工作高

度及自由高度一致；等等。

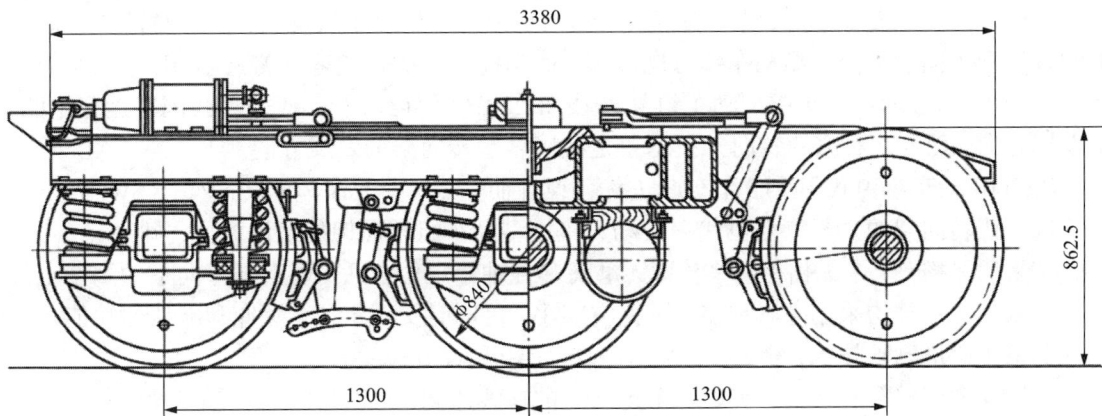

图 2-29 H 形构架式三轴转向架

二、客车转向架的发展

1. 发展历程

我国客车转向架的发展有以下几个阶段：20 世纪 50 年代，我国开始自行设计客车转向架，主要型号有 101 型、102 型、103 型，构造速度为 100 km/h，用于 21 型客车，但其结构复杂、笨重，运行性能差，现已淘汰。

四方厂 1959 年设计的无导框 C 轴 202 型转向架，构造速度为 120 km/h，用于 22 型客车。202 型转向架采用铸钢 H 形构架，导柱式轴箱定位装置，摇动台式摇枕弹簧悬挂装置，二系螺旋弹簧悬挂，二系油压减振器，吊挂式闸瓦基础制动装置等，曾经是我国的主型客车转向架，于 1986 年停产。

20 世纪 70 年代四方厂研制了 U 形结构的 206 型转向架，浦镇厂研制了 H 形构架的 209 型转架。随后四方厂在此基础上又相继研制出 206G 型（改型）、206P 型（盘形制动）、206WP 型（无摇枕盘形制动）、206KP 型（空气弹簧盘形制动）转向架，浦镇厂研制出 209T 型（踏面制动）、209P 型（盘形制动）、209HS 型（高速）转向架，满足我国提速客运的需求。在此过程中，长客在吸收进口英国 BT10 转向架技术后，逐步发展了 CW-1 型和 CW-2 型转向架，其结构与 209 型转向架比较相似。

1998 年起，各厂相继研究并推出了时速超过 200 km 的高速转向架，如铺镇厂的 PW-200 型转向架，长客的 CW-200 型、CW-300 型转向架，四方厂的 SW-200 型、SW-220K 型、SW-300 型转向架等，以上转向架的结构形式与本章第四节所讲述的结构相似。

2004 年以来，我国开始引进国外先进技术，联合研制了 CRH（和谐号）系列高速动车组转向架，运行速度 200 km/h 以上；近年来随着再创新路径的推广，我国又自主研制出 CR（复兴号）系列动车组转向架，运行速度 300 km/h 以上。

2.发展趋势

我国设计时速 200 km 及以下的客运列车向动力集中型动车组发展，设计时速 200 km 以上的客运列车向动力分散型动车组方向发展，而当前现存的普通客车将逐步淘汰。例如我国运行时速 160 km 的动力集中型动车组复兴号 CR200J（"绿巨人"），代表着我国客运列车的一个发展方向，而与之对应的转向架技术也是我国客车转向架的发展方向。

CR200J 动车组由我国 25T 型车改进优化设计而完成，因此该车的转向架与 SW-220K 型相一致。该转向架的主要特点也代表着动力集中型动车组转向架的发展方向，即

①采用无摇动台、无摇枕、单转臂无磨耗弹性轴箱定位，可实现不同方向上的刚度定位。

②第二系悬挂均采用空气弹簧，占据空间小，可同时实现定位、缓冲和减振的功能。

③采用盘形制动技术，相比闸瓦制动，可提供更大的制动力。

④增加轴温报警装置等，实现列车运行时的在线监测，列车运行时更加安全。

⑤具有垂向、横向和抗蛇行减振器，能够衰减不同方向上的振动冲击，同时减缓转向架、车辆的蛇行运动，使列车具有更高的运行稳定性。

⑥增加抗侧滚扭杆装置，抗侧滚扭杆装置不影响车辆的其他振动形式，只抑制车辆的侧滚振动。

三、机车转向架的发展

1.发展历程

我国机车转向架的发展与我国机车的发展相一致，如我国电力机车经历了韶山型电力系列及和谐电力机车系列等，内燃机车经历了东风型内燃机车及和谐型内燃机车系列等，对应的转向架包括 B_0-B_0、$2(B_0-B_0)$ 和 C_0-C_0 等形式，相关的技术也在不断改进和成熟，如将早期的滑动轴承抱轴形式改用滚动轴承抱轴形式，牵引形式由中心销牵引改为两侧平行拉杆形式及如今的低位挽式牵引拉杆等，制动形式由闸瓦制动改为轮盘制动，早期的轮箍轮芯结构形式的车轮已全部改为整体式结构车轮，结合动力学知识优化第一系和第二系悬挂，优化钢板和型钢组成的焊接构架形式，实现牵引电机轻量化等。

2.发展趋势

我国铁路运输向着高速和重载方向发展，对机车也提出了相应的要求，而机车转向架的发展趋势也应满足该发展趋势：

①高速、大功率化，单轴功率 1600~1800 kW。

②货运机车大轴重、大牵引力，单轴起动牵引力≥90 kN，交流传动技术日臻完善，全部采用交流传动技术。

③分布式微机控制系统日趋成熟，各分散的总线站贴近所要控制的设备，并通过光纤或双绞电缆传递数据和命令，可以实现对机车转向架的在线监测，同时也能降低维修成本。

④发展径向转向架，可提高黏着利用率、降低轮轨磨耗，显著改善机车的运行品质和稳定性。

⑤减少磨耗件的种类和数量，提高无故障运行的公里数，提高转向架的可靠性、可维护性及经济性。

复习思考题

1.客车、货车和机车转向架在结构和组成上有哪些差别？产生这些差别的最主要原因是什么？

2.在高速和重载铁路的转向架中，仍有一些关键部件依赖进口，作为一个即将成为铁路行业的从业者，你对此有什么感受？

3.机车、客车及部分货车转向架中均采用了两系悬挂，请思考不同类型的转向架中这两系悬挂的挠度将如何进行分配，以及分配的原因。

4.未来高速转向架会采用哪些新技术，转向架的结构和功能是否会有差别。

5.未来重载转向架会采用哪些新技术，转向架的结构和功能是否会有差别。

第三章
车 体

车体的主要功能是容纳运输对象、内部设备和整备品等，也是安装与连接其他各组成部分的基础。车体作为机车车辆的重要载体，承担着各种载荷及作用力，因此对其结构强度有着较高的要求；同时为了满足旅客运输的舒适与安全，保证机车各内部设备的安装和稳定工作，对车体应承担的功能也提出相应的要求。为了满足相应的需求，机车、客车、货车、动车组等车体结构各不相同。

本章将对车体的基本结构和承受载荷情况进行简要介绍，然后以典型敞车、25T 型客车、HX_D3 型电力机车和 HX_N5 型内燃机车四种车体结构为例，对我国货车、客车和机车车体进行探讨。

第一节　车体基本知识

一、车体的受力状况

车体结构承担了作用在车体上的各种载荷，其所受到的载荷主要包括以下 4 类。

①垂向载荷：包括车体自重、载重、整备质量及由于轮轨冲击和簧上振动而产生的垂向动载荷。在大部分情况下，这些载荷是比较均匀地铅垂作用在地板面上，如图 3-1(a)所示。某些货车(如敞车、平车)，有时也要考虑装运成件货物而造成的集中载荷。

②纵向载荷：当列车起动、变速、上坡和下坡，特别是紧急制动和调车作业时，在车辆之间及机车和车辆之间所产生的牵引和压缩冲击力。这些载荷通过车钩缓冲装置作用于底架或车架上，如图 3-1(b)所示。随着列车长度和总质量的增加，纵向载荷的数值将会很大，对车体来说，也是一种主要载荷。

③侧向载荷：包括风力和离心力等，如图 3-1(c)所示，当货车装运散粒货物时，还要考虑散粒货物对侧墙的压力。侧向载荷比起前两种载荷虽然小得多，但对车体的局部结构有一定影响，例如会使侧柱产生弯曲变形，进而加重侧墙各构件的弯曲变形等。

④扭转载荷：当车辆在不平顺线路上运行或车体被不均匀地顶起时(如检修时的顶车作业)，车体将承受扭转载荷，如图 3-1(d)所示。

此外，车体钢结构上还承受着各种局部载荷，例如底架上悬挂的制动、给水、给车电等装置引起的附加载荷，客车侧墙上的行李架承载物品时引起的载荷等。

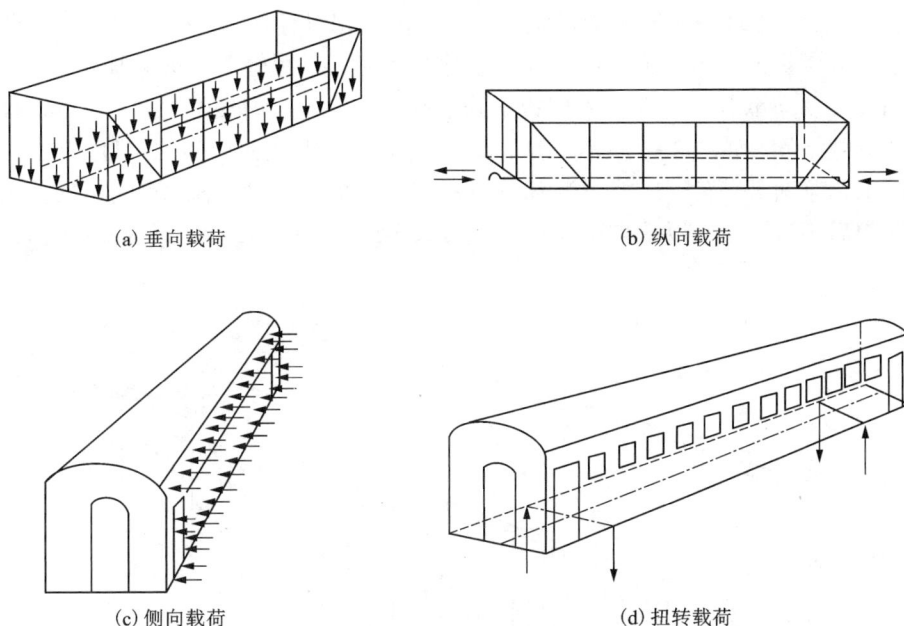

(a) 垂向载荷　　　　　　　　　　　　(b) 纵向载荷

(c) 侧向载荷　　　　　　　　　　　　(d) 扭转载荷

图 3-1　车体受力状况

二、车体承载方式

车体按照承载方式可分为底架承载结构、侧端墙和底架共同承载结构、整体承载结构3 种形式。

1. 底架承载结构

全部载荷均由底架来承担的车体结构称为底架承载结构。平车及长大货物车，由于构造上只要求其具有载货地板面，而不需要车体的其他部分，故作用在地板面上的载荷完全由底架的各梁来承担。因此，中梁和侧梁都需要做得比较粗大。为了使受力合理，中、侧梁均制成中央断面尺寸比两端断面尺寸大的鱼腹形，即为近似等强度的梁。图 3-2 为典型的底架承载结构。

图 3-2　底架承载结构

2.侧端墙和底架共同承载结构

载荷由侧、端墙与底架共同承担的车体结构称为侧端墙和底架共同承载结构,简称侧壁承载结构。由于侧、端墙分担了部分载荷,底架就可以相对轻巧些,中、侧梁断面均可减小,中梁不需要制成鱼腹形。侧梁型钢断面尺寸比中梁型钢小,减轻了底架的质量。

侧墙和底架共同承载结构大多采用板梁式。在侧、端墙的钢骨架上敷以金属薄板就形成板梁式侧墙承载结构,如图3-3所示。这种结构的侧、端墙具有足够的强度和刚度,除了能与底架共同承担垂向载荷外,还能承受部分纵向载荷,所以可显著减轻中梁的负担。为了保证金属板受力后不致失稳,板的自由面积不宜过大,常采用压筋或外加斜撑的方式。

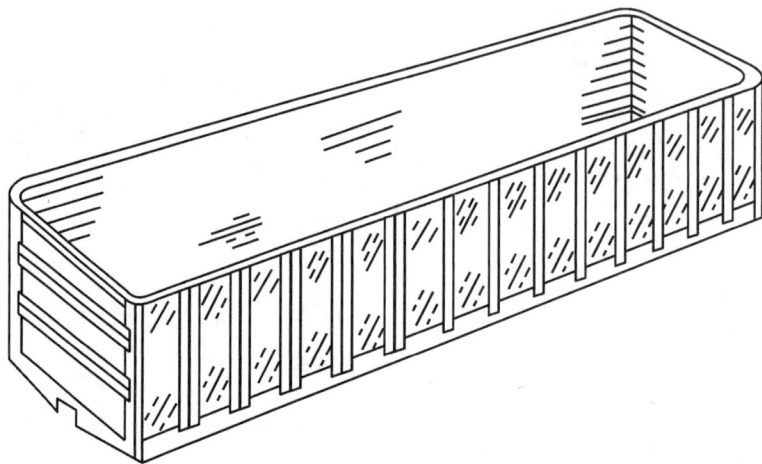

图3-3　侧端墙和底架共同承载结构

3.整体承载结构

在板梁式侧、端墙上固接由金属板、梁组焊而成的车顶,使底架、侧墙、端墙、车顶牢固地组成为一整体,车体各部分均能承受垂向载荷和纵向载荷,这种结构称为整体承载结构,如图3-4所示。

整体承载结构的车体骨架是由很多小截面的纵向、横向杆件组成一个个钢环,与金属包板组焊在一起,具有很大的强度和刚度。因此底架的结构可以制作得更为轻巧,甚至可以将底架中部的一段中梁取消而制成无中梁的底架结构。

对于某些形式的车辆,例如罐车,由于罐体本身具有很大的强度和刚度,能承受各种载荷,此时连底架也可以取消,仅在罐体的两端焊上牵引梁和枕梁,供安装车钩及缓冲装置和传递载荷,如图3-5所示。

需要指出的是,仅货车才具有以上3种承载结构形式的车体;所有客车车体均为整体承载结构形式;内燃机车仅包含底架(通常称为车架)承载结构和整体承载结构两种形式,而所有电力机车均为整体承载形式。

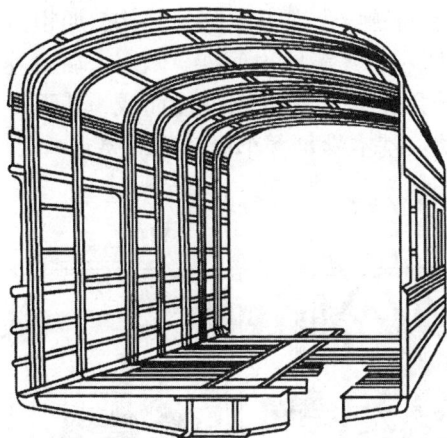

图 3-4 整体承载结构

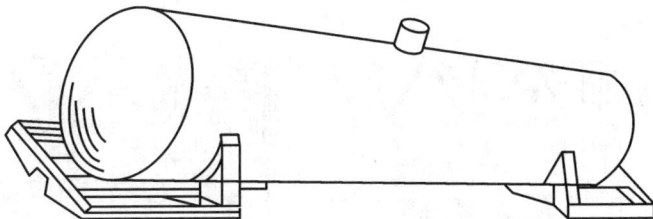

图 3-5 整体承载罐车

第二节 货车车体

铁路运输货物的种类繁多，货车车辆的结构、数量、质量等对铁路运输能力的提高及运输质量的保证起着重要作用。货车车体既要保证运货质量，又要考虑到装、卸货物方便。不同类型的铁路车辆的用途不同，其结构形式也各不相同。货车车体按照外观形式可分为平车、敞车、棚车、罐车及特种用途车等；按照制造材质可分为钢木混合结构及全钢结构车体；按照其承载特点分为底架承载结构、侧端墙和底架共同承载结构及整体承载结构 3 种。

敞车是铁路运输中的主型车辆，主要用于运送煤炭、矿石、建材物资、木材、钢材等大型货物，也可用来运送质量不大的机械设备。若在所装运的货物上面蒙盖防水帆布或其他遮篷物，可代替棚车承运怕受雨淋的货物。因此敞车具有很大的通用性，在货车组成中数量最多，约占货车总数的 60%。敞车按卸货方式不同可分为两类：一类是适用于人工或机械装卸作业的通用敞车；另一类是适用于大型工矿企业、站场、码头之间成列固定编组运输，用翻车机卸货的专用敞车。

目前，我国主型敞车有载重 60 t 级的 C_{64} 系列和载重 70 t 级的 C_{70} 系列敞车；利用翻车机卸货的专用敞车有载重 61 t 的 C_{63} 型系列敞车、载重 75 t 的 C_{75} 系列敞车和 C_{76} 系列铝合金敞车，以及载重 80 t 的 C_{80} 系列敞车等。

一、21 t 轴重系列 C_{64} 系列敞车

C_{64} 系列敞车采用全钢焊接结构，其车辆载重 61 t，比容系数 1.2 m^3/t，每延米轨道载重 6.2 t/m，能满足翻车机卸货的要求。

为承受翻车机压力的作用，C_{64} 系列敞车的上侧梁及上端梁均采用冷弯专用型钢；为改善因长期使用翻车机卸货时，侧开门上门锁锁闭机构变形问题，改进了中侧门结构，加粗侧开门上门锁轴，并增加了侧开门中部支点等。如图 3-6 所示，其车体由底架、侧墙、端墙等部件组成，侧墙、端墙与底架牢固地焊接在一起。车体选用低合金耐候钢焊接而成，其强度和刚度较早期系列敞车有较大的加强，而且侧墙刚度较大，基本满足翻车机卸货的要求。

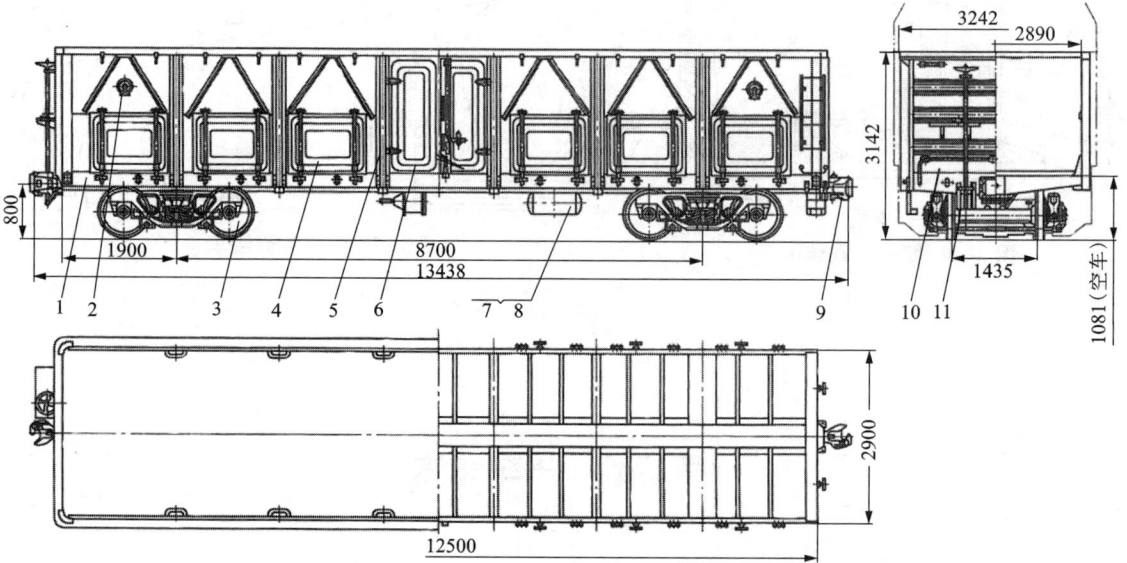

1—底架；2—标记；3—转向架；4—下侧门；5—侧墙；6—侧开门组装；
7—底架附属件；8—风制动装置；9—车钩缓冲装置；10—端墙；11—手制动装置。

图 3-6　C_{64} 系列敞车总图

C_{64} 系列敞车侧墙为板柱式侧壁承载结构，由上侧梁、侧柱、侧板、斜撑、侧柱连铁、侧门、内补强座和侧柱补强板组焊而成，两侧柱间设"人"字形斜撑。侧墙下半部由侧柱、连铁和侧梁组成刚性框架，中间开设门孔。

敞车侧门的位置、数量及开启方式对装卸作业、侧墙强度和刚度影响颇大。侧门的开度既要便于装卸，又要保证侧壁的承载能力不受太大影响。全车有 12 扇下侧门及 2 扇对开式中侧开门。侧开门采用带有压紧机构的新型门锁装置。

C_{64} 系列敞车中换装用转 8AG 型转向架的车辆，车型确定为 C_{64T} 型；换装用转 K2 型转向架的车辆，车型定为 C_{64K} 型；换装用转 K4 型转向架的车辆，车型定为 C_{64H} 型。

1. 底架

底架是车体的基础，车钩缓冲装置、制动装置都安装在底架上。底架承受着作用于车辆上的一切垂直方向的载荷和纵向作用力，因此，底架要有足够的强度和刚度。货车底架由中梁、侧梁、枕梁、端梁、大横梁、小横梁及地板托梁等组成。C_{64} 系列敞车底架的一般结构如图 3-7 所示，其中主要的梁介绍如下。

①中梁。中梁在底架中部贯通全车，它是底架的主梁和其他各梁的支撑，因此，它是底

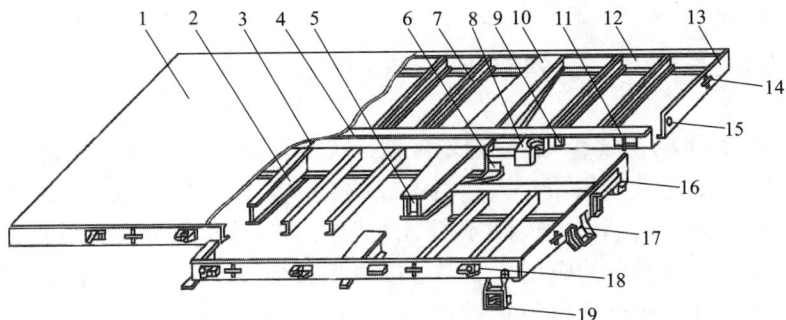

1—钢地板；2—大横梁；3—中梁隔板；4—中梁；5—枕梁隔板；6—心盘座角钢；7—小横梁；
8—后从板座；9—磨耗板；10—枕梁；11—前从板座；12—侧梁；13—端梁；14—绳栓；
15—制动总管孔；16—冲击座；17—手制动轴托；18—下侧门搭扣；19—脚蹬。

图 3-7　C_{64} 系列敞车底架组成

架各梁中最主要的受力构件。有的底架中梁只通到两枕梁，称为非贯通式中梁。C_{64} 系列敞车底架的中梁由两根乙型钢组焊而成。在中梁的两端铆有前、后从板座，以便安装车钩缓冲装置。中梁两端安装车钩缓冲装置的部分称为中梁的牵引部分。非贯通式中梁的底架及无中梁的车辆(部分罐车、水泥车)，其安装车钩缓冲装置的部分称为牵引梁。

②侧梁。侧梁又称边梁，位于底架两侧，与枕梁及各横梁连接，是底架的主要构件之一，除了直接安装侧墙和承受部分垂直载荷外，还要承受侧向作用力(如向心力、侧向压力等)。C_{64} 系列敞车底架的侧梁采用槽钢制成，槽口向内，便于和底架各横梁连接，其外侧又可方便地铆装侧门搭扣座、脚蹬、柱插和绳栓等附件。

③枕梁。枕梁承受垂直载荷，它将车底架承受的载荷通过心盘传给转向架的横梁。C_{64} 系列敞车底架的两根枕梁设在两端梁的内侧，由于受力较大，一般用钢板制成变截面等强度鱼腹形结构。在枕梁下部中央设上心盘，在转向架中央设置下心盘，当上心盘嵌入下心盘时，车体及底架便支撑在转向架上。此时，既能把底架承受的载荷通过上、下心盘传给转向架，也有利于车辆转向。在枕梁下部两端，各设一个上旁承，与转向架上的下旁承相对。

④端梁。底架两端的横向梁称为端梁，它与中、侧梁连接，其上安装端墙。C_{64} 系列敞车底架的端梁中部开有钩口，钩口外面铆有冲击座，以承受车钩钩头的冲击，保护端梁。在端梁的外部焊有车钩提杆座，以便安装车钩提杆；在一位端梁外部焊有手制动轴托，以便安装手制动机。

⑤大、小横梁。大横梁设在两枕梁之间，一般货车为2～4根。它承受部分载荷，并将载荷传给中梁。小横梁的作用与大横梁相同。C_{64} 系列敞车底架的大横梁为变截面等强度 I 型结构，小横梁为等截面结构。

2.侧、端墙

侧墙由侧立柱、上侧梁及其他杆件、侧墙板和门窗组成，侧墙安装在底架上。端墙的结构与侧墙基本相同，除端梁(缓冲梁)外，还设有角柱、端立柱和端墙板等。车顶的结构包括车顶弯梁、车顶横梁、车顶端弯梁及车顶板等。车辆大多采用钢墙板与梁、柱结合为一体的全钢焊接结构。

二、25 t 轴重系列 C₈₀ 系列敞车

随着我国国民经济的持续、快速、稳定发展，铁路管理和研究部门通过一系列改革和技术革新，使我国的铁路事业取得了令人瞩目的成绩。为实现大秦铁路开行 2 万 t 重载列车的运输要求，自 2004 年以来，中国国家铁路集团有限公司提出在保证安全可靠性的前提下，以提速、重载为核心，以新材料的应用为重点，以降低检修、维护成本为目标，立项开发研制 25 t 轴重专用运煤敞车，相继推出了 C_{76B} 型、C_{76C} 型、C_{80} 型敞车，C_{80B} 型（配装转 K6 型转向架）及 C_{80EH} 型（配装转 K5 型转向架）运煤敞车。C_{80} 型铝合金运煤敞车较 C_{76} 型钢浴盆敞车车体轻了 5 t，较 C_{63A} 型敞车轻了 19 t，在车辆总质量不变的情况下，大大提高了车辆有效载重。此外铝合金运煤敞车还有节省燃料、寿命长、耐腐蚀、运营维护费用低等优势。

现以 C_{80} 型铝合金运煤敞车为例，介绍 25 t 轴重系列运煤专用敞车车体结构。C_{80} 型铝合金运煤敞车首次采用双浴盆式铆焊组合新结构，自重 20 t，载重达 80 t。C_{80} 型铝合金运煤敞车采用转 K5、转 K6、转 K7 型转向架，具有运行速度高、动力学性能稳定等特点。C_{80} 型铝合金运煤敞车在我国铁路货车上首次采用了铝合金等轻型新材料，大大减轻了车辆自重，降低了车辆重心，载重达到 80 t，可适应 2 万 t 重载列车编组要求，具有显著的经济及社会效益，是我国铁路货运发展的一次飞跃。

该车车体为钢铝双浴盆铆焊结构，钢结构之间采用焊接，钢与铝、铝与铝之间采用铆接，其铆接部位均采用铆钉进行连接，主要由底架、侧墙、端墙和撑杆等组成。车体钢结构材料采用屈服强度为 450 MPa 的耐候钢；采用 16 型和 17 型车钩、MT-2 型或 HM-1 型缓冲器、120-1 型空气控制阀及 NSW 型手制动机。该车辆的总图如图 3-8 所示，车体主要组成部分的爆炸图如图 3-9 所示，各组成部分的简要介绍如下。

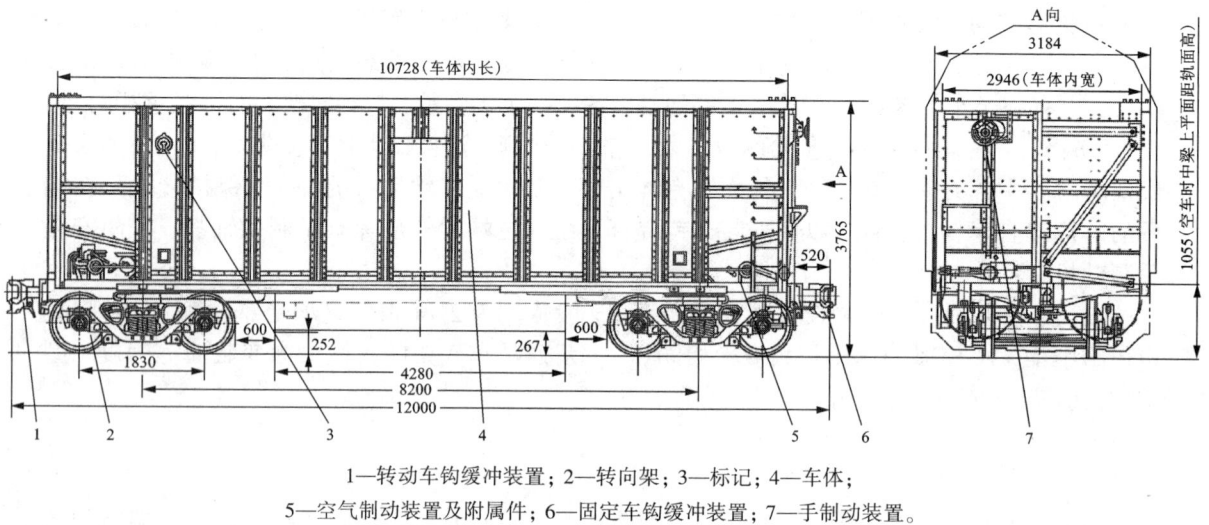

1—转动车钩缓冲装置；2—转向架；3—标记；4—车体；
5—空气制动装置及附属件；6—固定车钩缓冲装置；7—手制动装置。

图 3-8 C₈₀ 运煤敞车总图

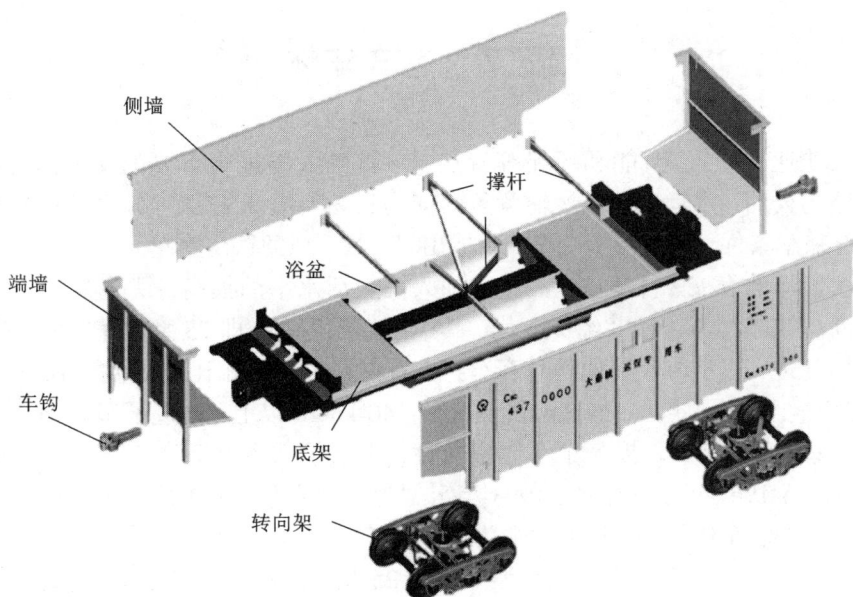

图 3-9 C$_{80}$ 运煤敞车结构爆炸图

1. 底架

该车底架由中梁、侧梁、枕梁、端梁、纵梁、横梁、地板、挡板、浴盆等组成。中梁由槽型冷弯型钢与下盖板、下翼缘等组焊而成，浴盆内部中梁表面采用铝合金板进行包覆；枕梁为双腹板箱形变截面结构；侧梁采用冷弯槽钢与铝型材铆接结构；浴盆由铝合金材质的弧形板、浴盆端板等组成，与底架之间采用专用拉铆钉连接，浴盆底部设有排水孔；采用材料为 C 级铸钢的整体式上心盘(直径 358 mm)及整体式冲击座。

2. 侧墙

侧墙由上侧梁、下侧梁、侧柱和侧板等组成。上侧梁、下侧梁、侧柱采用专用挤压铝型材，侧板为铝合金板。侧板与侧柱之间及侧柱与上、下侧梁之间采用闭锁式拉铆钉连接。为方便清扫车体内的积煤，在侧墙中部设置了下侧门。

3. 端墙

端墙由上端梁、端柱、侧端柱、角柱、辅助梁和端板等组成。上端梁、端柱、侧端柱、角柱、辅助梁采用专用挤压铝型材，端板为铝合金板。端板与辅助梁、侧端柱之间，上端梁端柱、角柱与端板之间采用闭锁式拉铆钉连接。

4. 撑杆

为增强两侧墙及侧墙与底架之间的连接刚度，防止侧墙外涨，车内设有撑杆，其材质为挤压铝型材，撑杆与撑杆座采用铰接结构连接。

第三节　客车车体

铁路以其快速、安全、节能和环保等特点，一直是人类最为重要的交通运输工具之一。为了增强铁路与公路、水运和航空运输竞争的能力，必须提高旅客列车的运行速度，缩短旅行时间，改善乘车条件，保证行车安全，制造出轻、快、稳的铁路客车。

随着国民经济的发展、科学技术的进步和人民生活水平的提高，铁路客车的设计制造水平也不断提高。铁路客车车型共经历五代，其中第五代客车，即 25 型客车，由于产品性能和技术经济指标先进，逐步取代其他型号客车，成为主型客车。相比其他型号客车，25 型客车主要优势体现在：增加了定员；构造速度提高到 140 km/h 以上；改进了车体钢结构，车体更大但自重减低；降低了噪声，提高了车体密封性，提高了乘坐舒适性、安全性。该型客车从 1966 年开始研制，1967 年正式生产，1993 年定型为主型客车，车体长为 25.5 m，车辆定距为 18 m，采用耐候钢制车体结构，车辆寿命为 25~30 年。

25 型客车也发展了系列产品，从车型上分为 25 型（试验型）、25A 型（空调）、25B 型（燃煤、空调）、25D 型（动车组）、25G 型（25A 改型）、25K 型（快速）、25S 型（双层）、25Z 型（准高速）和 25T 型（提速）等。25 型客车发展的过程是一个技术上逐渐成熟的过程，不断改善了工艺设备，引进国外先进技术和样车，这些均为 25 型客车的设计、制造提供了成熟的技术及可借鉴的经验。虽然各种 25 型客车的结构不全相同，但其外形尺寸和结构形式基本一致。本节以 25T 型客车为例，对客车的车体进行介绍。

一、25T 型客车车体总体组成

25T 型客车车体钢结构为全钢焊接结构，由底架、侧墙、车顶和端墙四部分焊接而成。在侧墙、端墙、车顶钢骨架外面、底架钢骨架上面分别焊有侧墙板、端墙板、车顶板、纵向金属波纹地板及金属平地板，形成一个上部带圆弧、下部为矩形的封闭壳体，俗称薄壁筒形车体结构。壳体内面或外面用纵梁和横梁、柱加强，形成整体承载的合理结构。

图 3-10 为典型的 25T 型硬座客车车体钢结构，按其大部件的生产方式，可划分为底架、侧墙、车顶、外端墙、内端墙及其他零部件。

二、25T 型客车各部分结构

1. 底架

底架由牵引梁、缓冲梁、枕梁、下侧梁、枕梁间的纵向金属波纹地板及枕外金属平地板等组成，如图 3-11 所示。

底架自上心盘中心到缓冲梁间的中梁称为牵引梁，由两根 30a 型槽钢及牵引梁上、下盖板组焊而成。其上盖板厚 8 mm、宽 490 mm，下盖板厚 10 mm、宽 490 mm。为了符合在牵引梁腹板间安装缓冲器的尺寸要求，两槽钢腹板间距为 350 mm，并将牵引梁端部的一段加高至

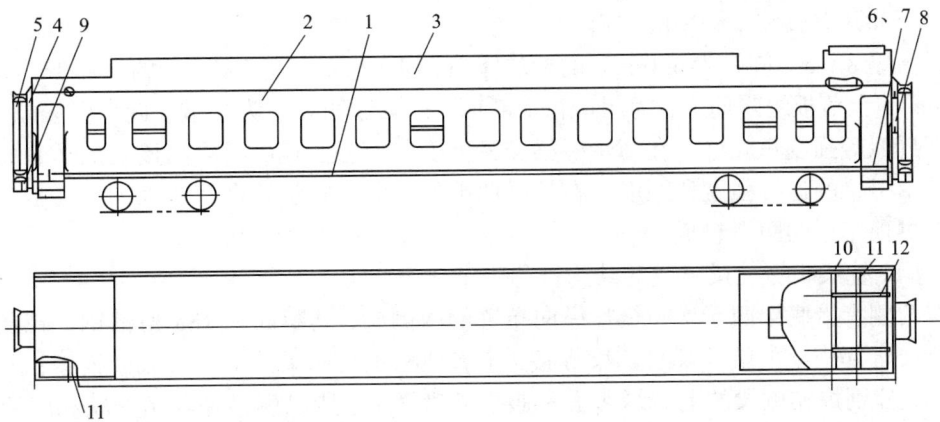

1—底架钢结构；2—侧墙钢结构；3—车顶钢结构；4—端墙钢结构；5—风挡；6—1、1 位翻板安装；
7—2、3 位翻板安装；8—脚蹬组成；9—车钩缓冲装置；10—水箱横梁；11—横梁；12—水箱吊梁。

图 3-10　25T 型客车车体钢结构

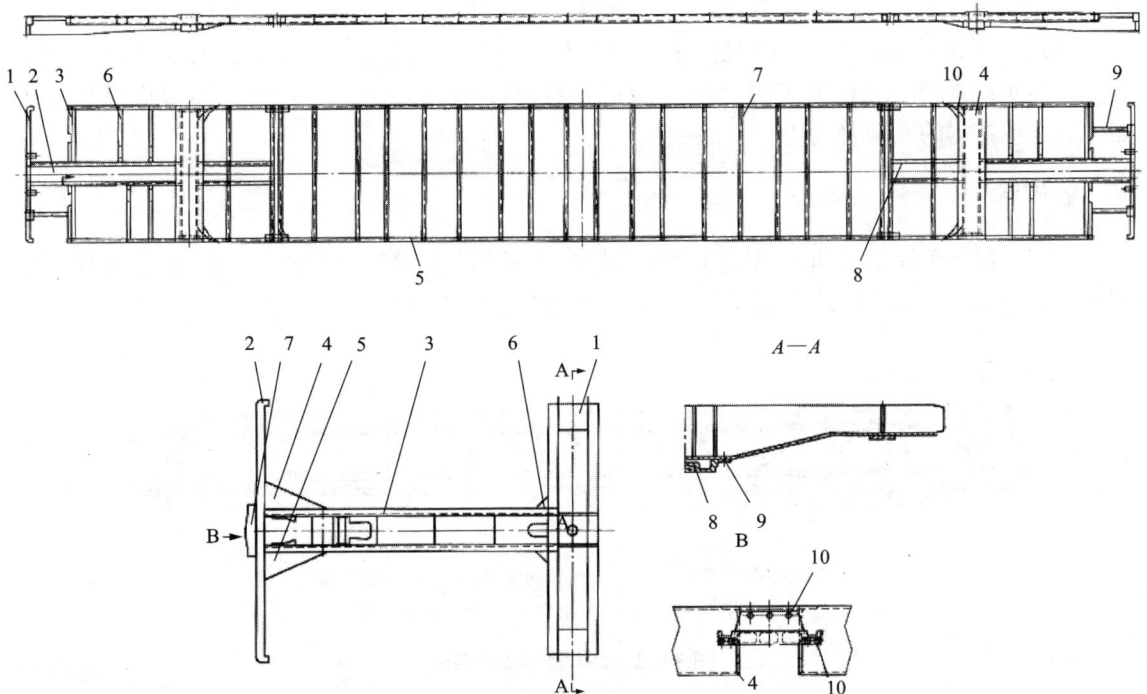

1—缓冲梁；2—牵引梁；3—端梁；4—枕梁；5—侧梁；
6—枕外横梁；7—横梁；8—纵向加强梁；9—纵梁；10—加强板。

图 3-11　25T 型客车底架

400 mm 或 420 mm，以安装车钩缓冲装置。两槽钢腹板内侧铆接有前、后从板座，焊有磨耗
板和防跳板。

缓冲梁由 6 mm 厚钢板压制而成，为槽形断面，两腹板高 180 mm，中部腹板高 400 mm。在缓冲梁中部开有安装车钩用的缺口。

枕梁由厚 8 mm、间距为 350 mm 的两块腹板，厚 10 mm、宽 600 mm 的下盖板，厚 8 mm、宽 600 mm 的上盖板组焊而成，为闭口箱形断面，枕梁近侧梁端为小端，近牵引梁端为大端，它是一个近似等强度鱼腹梁。在与牵引梁交叉处安装有心盘座，以提高该处的承载作用，提高枕梁和牵引梁的连接强度和刚度。在枕梁两端的上旁承安装处焊有旁承加强筋板，枕梁端部还焊有供顶车用的防滑垫板。

牵引梁、枕梁与缓冲梁组成的结构被称为牵枕缓结构。

底架两侧有沿底架两端梁间全长纵向布置的两侧梁，其断面为 18a 型槽钢。在横向，底架的枕梁及全部横梁的端部都与侧梁焊接，金属地板也与侧梁的上翼缘表面搭接；侧墙的立柱、侧墙板分别焊在侧梁的上翼缘表面和腹板外表面上，所以侧梁是联结侧墙和底架的重要构件。

在底架缓冲梁和枕梁之间、两枕梁之间都设置有均匀分布的横梁。这些横梁的两端分别与下侧梁和牵引梁两端焊接。这样，底架的牵枕缓结构、侧梁和横梁共同形成底架钢骨架。在骨架的上面焊有金属地板。缓冲梁和枕梁上盖板间为金属平地板，板厚为 2 mm；两枕梁间为纵向金属波纹地板，板厚为 1.5 mm。由底架钢结构骨架和金属地板共同组成底架钢结构。由于两枕梁间无贯通的中梁，因此作用于底架上的纵向拉压力均由波纹地板和底架侧梁来承担。车体钢结构静强度试验表明，纵向金属波纹地板能承受三分之一以上的总纵向拉伸或压缩力，这种结构的底架称为无中梁底架。

2. 侧墙

25T 型客车车体钢结构的侧墙外表面为平板无压筋，在平整的外墙板内侧焊有垂直立柱和水平纵向梁，形成板梁式平面承载侧墙结构，如图 3-12 所示。

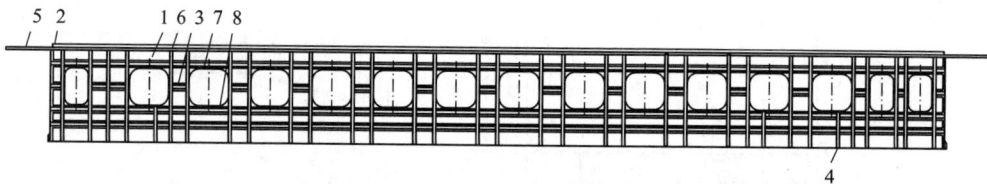

1—侧墙板；2—门立柱；3—窗间纵梁；4—窗下立柱；
5—上侧梁；6—立柱；7—窗上纵梁；8—窗下纵梁。

图 3-12　25T 型客车侧墙

侧墙上侧梁为槽形断面梁，长度为侧墙全长。侧墙水平纵梁共三根，窗上一根，窗下两根，为帽形梁。这三根纵梁起到加强侧墙的垂直弯曲强度和刚度的作用，同时也减少了侧墙板自由表面的面积。在侧墙窗口间有一条短的窗间小纵梁，其目的是增强窗间板的强度与刚度。在各窗口两侧共有 31 根垂向的窗边侧立柱，它们与所有纵梁、上侧梁、下侧梁联结起来，组成侧墙钢骨架，并与侧墙板焊接形成侧墙钢结构。侧墙板为厚 2.5 mm 的耐候钢。侧墙板上开有 11 个大窗孔和 4 个小窗孔。每侧侧墙端部有两个侧门孔。门窗开孔处是侧墙的薄弱区域，通过周边的梁、柱子进行加强，并选择合适的窗角板的圆角半径来降低其应力集中。

3. 车顶

车顶由上边梁、车顶弯梁、车顶纵梁、空调机组安装座平台、水箱盖等组成钢骨架，在骨架的外面焊有车顶板，共同组成车顶钢结构，如图3-13所示。

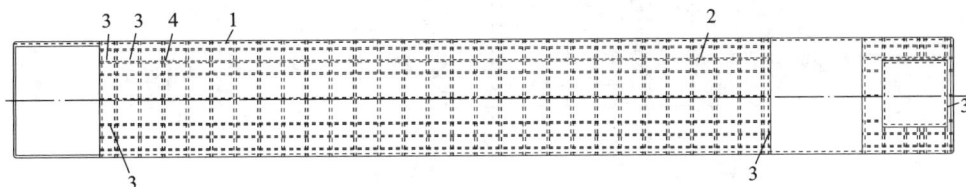

1—侧板；2—中顶板；3—车顶纵梁；4—车顶弯梁。

图3-13　25T型客车车顶

车顶上边梁沿车顶两侧布置，为钢板压制成的角形断面。上边梁与顶端横梁组成车顶下部框架。车顶1、2位端各有一个空调机组安装座平台钢结构，作为安装空调机组的基础。2位端还有一个水箱盖。车顶的中间部分，其上焊有30根帽形断面车顶弯梁。车顶端部的弯梁为折角形钢板压型件。在车顶的横断面上，除两根车顶上边梁外，还有5根"乙"字形车顶纵向梁。

车顶板由侧顶板和中顶板两部分组成。侧顶板是冷轧型钢，将雨檐与小圆弧板及纵梁合为一体制造成形，从而提高了侧顶板的平整度，并提高了小圆弧部分的抗弯刚度和强度，还简化了制造工艺。中顶板为大圆弧板，车顶板厚度均为2 mm。

车顶1、2位端平顶部分钢结构是安装单元式空调机组的支撑结构。两端各有一根18a槽钢制成的顶端横梁。

车顶钢结构是由纵、横梁件组成的空间梁系，其上焊有曲面金属包板组成的梁板结构，共同承受作用于其上的各种载荷，车顶结构具有足够的强度和刚度，并通过防漏雨试验。

4. 端墙

客车车体钢结构的两外端，通常称为外端墙。1位端外端墙钢结构如图3-14所示。

外端墙有两根强大的由24b槽钢制成的折棚立柱；两根钢板压制成折角形的角柱；两根位于端门两侧的乙形门边立柱，还有位于端门立柱和角柱之间的同上断面的乙形立柱。上述所有立柱的上端与车顶的顶端横梁相焊接，下端焊在底架缓冲梁的上翼缘上。在角柱与门边立柱之间焊有两根角形断面的水平横梁，门上横梁是乙形断面，上述梁柱构成端墙钢骨架。在骨架的外表面焊有2 mm厚的墙板，与钢骨架组成梁板组焊结构。此外，还有与端墙呈垂直的门板、门上板、踏板等与风挡连接，形成由一节车向相邻车通过的安全通道。

在外端墙板内、外面还焊装一些如电线槽、角铁、电力联结器座、联结器座、风挡缓冲杆座、扶手等附件。

脚蹬翻板装置由翻板组成、框组成、轴组成、轴座组成、拉簧安装、翻板固定器安装、脚

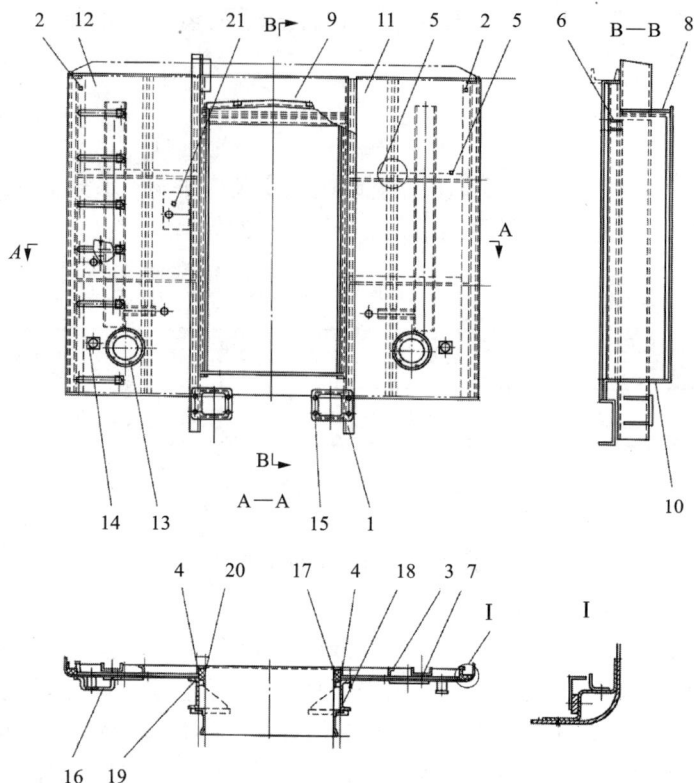

1—折棚立柱；2—角柱；3—立柱；4—门边立柱；5—横梁；6—门上横梁；7—线槽；8—门上板；
9—上墙板；10—脚踏；11—右端墙；12—左墙板；13—电力联结器座；14—联结器座；
15—风挡缓冲器座；16—扶手；17—右门板组成；18—角铁；19—防寒材；20—左门板组成；21—垫板。

图 3-14　25T 型客车端墙

蹬组成及面板等组成。脚蹬翻板装置的作用是当列车运行时，通过翻板固定器和车侧门使翻板处于水平位置，使通过台形成封闭空间。当旅客在停站上、下车时，翻板在拉簧的作用下，可以自动绕着转轴向内端墙侧翻转至垂直位置，旅客可以通过脚蹬踏板上、下车。该脚蹬翻板装置既适用于低站台，也适用于高站台。

第四节　机车车体

机车的车体属于机械部分的重要组成之一，主要用来安设司机室和绝大多数的电气设备、辅助机组。机车的车体主要由司机室和机械间组成，其中司机室是指机车操纵人员操纵机车的工作场所。现代干线电力机车车体两端均设司机室，可以双向行驶，不需转头。机械间为安装各种设备的处所。大多数机车电气设备及辅助电机组都安设在机械间内。根据主要设备的布置，机械间内又分为若干室，如变压室、高压室、低压室等。本节以 HX_D3 型电力机车及 HX_N5 型内燃机车为例，对机车车体进行介绍。

一、HX_D3 型电力机车车体

HX_D3 型大功率交流传动货运电力机车车体为整体承载结构，图 3-15 为车体总图。车体钢结构主要由司机室装配、底架装配、侧墙装配及车顶连接横梁等结构组成一个封闭框架的箱形构体，在这一长方形构体中，最重要的是合理配置骨架材料，使侧墙立柱、车顶固定横梁、底架横梁连接位置一致，接近于环状结构，从而形成车体整体刚性，同时，它与牵引装置、前围板装配、排障器安装等辅助结构组成一个完整的功能整体。司机室采用框架/网架式，外形采用小流线形式；侧墙采用网架式；底架采用有中梁式(不贯通)，中梁作为机械间中间走廊的支撑。由此，车体整体框架由柱、梁和桁架等纵向贯通构件来承受轴向力，由蒙皮、底架盖板等薄板来承担剪切力。由于载荷不能直接传递到这些薄板上，所以要通过底架、侧墙、司机室骨架等构件来承受载荷，并将其分散到薄板上。机车设备主要集中在车上，也就是大部分设备安装在车体底架上，除底架外，车体侧墙也承受着部分垂直载荷，侧墙立柱都与底架相连，负责将载荷分散传递到蒙皮上。由于侧墙承担着几乎所有的因垂直载荷而产生的车体剪切力，因此侧墙的强度与提高车体弯曲刚性的关系最为密切。如果将车体看作是由转向架在旁承座处支承的"梁"，则由垂直载荷所产生的最大剪切力作用在旁承梁处。另外，司机室有入口门、前大窗、侧提窗等，这些在司机室钢结构上的开口部分较为薄弱，因此在钢结构设计上应尽可能避免应力集中，同时配置补强板以增加刚性。

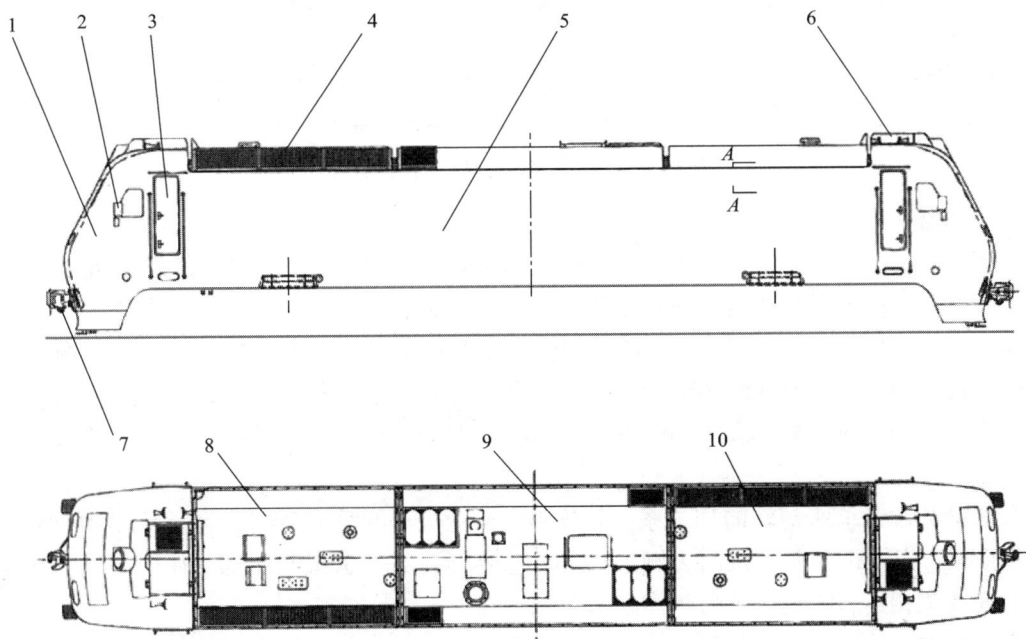

1—司机室装配；2—后视镜；3—司机室入口门；4—主电机进风口百叶窗；5—侧墙；
6—空调；7—车钩；8—顶盖(Ⅰ端侧)；9—顶盖(中央)；10—顶盖(Ⅱ端侧)。

图 3-15　HX_D3 型电力机车车体总图

考虑到机车落轮、吊装、救援的需要，在底架靠近前、后旁承座部位设置有整体起吊用吊车销孔，在前、后端部牵引梁处设置救援用的吊车销孔，并在车体边梁上安装吊座，以便在需要时将车体和转向架一并吊起。

1. 底架装配

底架是机车主要承载部件，它不但承受车体本身的质量和车内所有设备的质量，同时还传递牵引力和制动力及复杂的动应力。HX_D3 型电机机车车体底架装配如图 3-16 所示，主要有端梁、旁承梁、变压器梁、边梁等。其中，端梁安装有车钩缓冲装置用以牵引；旁承梁则通过旁承座连接转向架，支撑整个车体；变压器梁下面吊挂着主变压器。对于重载机车，底架钢结构的强度和刚性尤其重要。

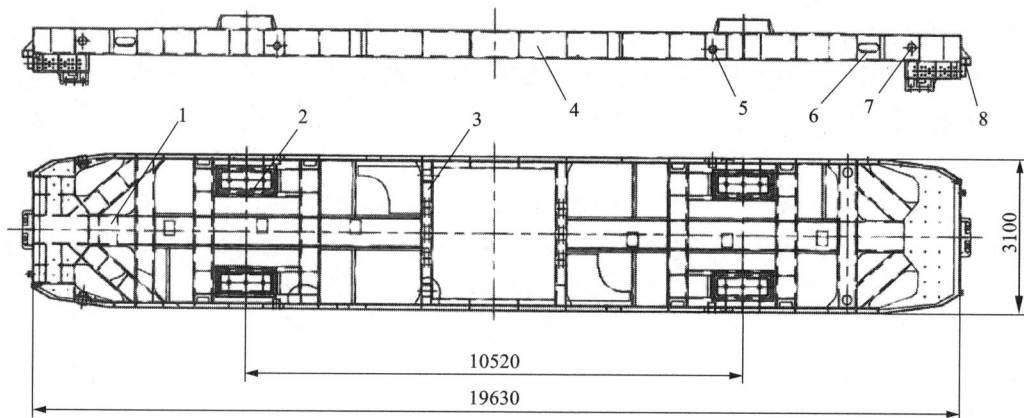

1—端梁；2—旁承梁；3—变压器梁；4—边梁；5—吊车筒；6—脚蹬；7—救援吊座；8—冲击座。

图 3-16 HX_D3 型电力机车底架装配

底架前、后端梁直接传递机车的纵向牵引力、制动力及纵向冲击载荷，其下部结构为车钩箱，用于安装车钩及缓冲器。该机车用单牵引拉杆低位牵引，牵引拉杆座位于端梁端部下方，落差较大，极易造成应力集中。端梁是较为复杂的焊接箱形体，它使受力结构件组成的横截面平缓过渡，从而很好地消除应力集中，将牵引载荷顺利地过渡到端梁的中间梁，进而传递到底架两侧边梁。在端梁两侧边梁上，安装有整体铸造的救援吊座，作为单头起吊吊销孔。

旁承梁通过旁承座与转向架二系弹簧连接，承受机车的垂向载荷。旁承梁是由钢板组焊成的箱形梁，横向跨连着底架两边侧梁，纵向连接着端部牵引梁与中梁，往中间通过中梁与变压器安装梁相连，使底架成为整体的框架。

变压器梁是由两根横梁加侧边梁组成的方形结构，横向与底架侧梁连接。变压器梁的横梁是箱形结构，具有足够的刚度和强度。主变压器通过安装螺栓吊挂在变压器梁下方。变压器梁主要承受变压器的垂向载荷及其产生的惯性力。

边梁是底架的重要受力部件。边梁是狭长的箱形结构，由压型槽钢与宽 550 mm、厚 16 mm 的外板组焊而成，箱形梁内部布置有加强筋板。车体侧墙就固定在边梁上面。

2. 司机室钢结构

根据司机室"小流线"外形特点,钢结构采用传统的"板梁组合"结构,所有的板梁厚度均为 8 mm,而与底架焊接的板梁厚度为 20 mm。由于司机室是车体承载纵向力的必经之路,再加上前窗四周,侧窗上、下等某些特殊位置容易形成应力集中,所以在这些位置布置有较强的封闭箱形梁,以满足承载的要求。

3. 侧墙

侧墙、立柱都与底架边梁相连,由于侧墙承担着几乎所有因垂直载荷而产生的车体剪切应力,因此侧墙的结构设计极其重要,要保证侧墙的强度并提高车体弯曲刚度。侧墙的主要抗剪切构件是外蒙皮。HX_D3 型电力机车车体侧墙的骨架是由立柱和横梁组成的骨架网格(图 3-17),该网格梁全部采用方管。蒙皮焊在骨架网格上。底架的载荷有效地、均匀地传递至网格和蒙皮。这种网格加蒙皮的侧墙具有很好的强度与刚度,而且质量也较小。侧墙两端与司机室骨架连接。侧墙蒙皮在上横梁处翻边 10 mm,用于顶盖密封胶条安装。

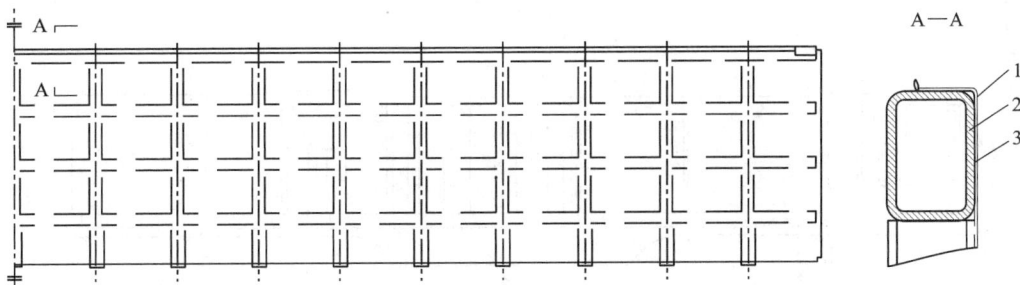

1—上蒙皮;2—骨架方管;3—侧墙蒙皮。

图 3-17 HX_D3 型电力机车车体侧墙

4. 顶盖

HX_D3 型电力机车车体顶部设有三个可拆卸的活动顶盖,分别为 Ⅰ 端侧顶盖、中央顶盖、Ⅱ 端侧顶盖。虽然顶盖不作为车体整体的承载部分,但其上面有车顶电气设备,如受电弓、断路器、隔离开关、导体、绝缘体等,另外对提高车体的自振频率有很大的作用,因此结构设计时也要求考虑到足够的强度和刚度。同时,牵引电机通风也从顶盖部分进入,在 Ⅰ 端侧顶盖、Ⅱ 端侧顶盖上设有独立结构通风风道,风道成为顶盖的主要构架。中央顶盖蒙皮内侧分布有立板梁,作为支撑,板梁之间用压型梁连接,作为骨架网格,各顶盖上根据车顶电气设备安装需要,设有相关的安装支座。在车内设备相应位置,在顶盖设有进风口,装有百叶窗供通风冷却。为能够通过车内梯子到达车顶进行各种作业,设置有活动天窗(人孔盖)。

由于电力机车内布置大量电气设备,且顶盖的制造精度及顶盖与车体之间的间隙很难达到理论设计尺寸要求,因此整个顶盖的密封防水显得尤为重要。HX_D3 型电力机车顶盖安装方式采用双层密封胶条结构,确保顶盖安装密封。

二、HX$_N$5型内燃机车车体

HX$_N$5型内燃机车采用单司机室外走廊罩式车体、车架承载方式。车体所有载荷均由车架承担，因此车架要具有足够的强度和刚度。车体的上部结构不必进行特殊的设计，只要能保证其自身工作所必需的强度和刚度即可。车架承载、罩式车体，结构简单紧凑，造价低，上部车体(罩)易于拆装，便于机车设备的安装和维修。走廊设在车罩外，司乘人员检修机器设备时，必须打开车罩侧面的门。司机室布置在机车的一端，高于并宽于车罩，以便司机向两端瞭望。司机室内布置有正操纵台和副操纵台，分别用于控制机车向Ⅰ位端方向和Ⅱ位端方向运行。机车折返时，不必通过转盘换向。一般机车前后都设有司机室，本机车采用单司机室使车体结构简化，并缩短了长度。新生产的HX$_N$5型内燃机车则采用了双司机室结构。

1. 车体结构

HX$_N$5型内燃机车由车架、司机室(电气柜、厕所设置在内)、辅助室、发电机室、柴油机室和冷却室等组成，如图3-18所示。两端各设扶手和侧梯，供司乘人员上、下机车。

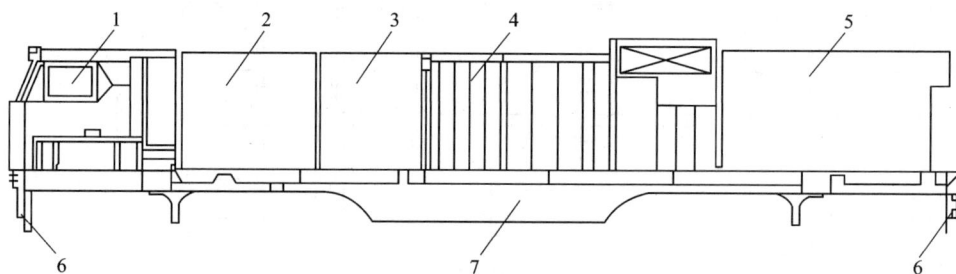

1—司机室；2—辅助室；3—发电机室；4—柴油机室；5—冷却室；6—排障器；7—车架。

图3-18　HX$_N$5型内燃机车车体结构

2. 车架

车架(图3-19)是承载部件，所有的力都由车架传递，因此对车架的强度和刚度都有很高的要求。HX$_N$5型内燃机车车架采用双箱形梁结构，而且车架中部的燃油箱与车架焊成一个整体，参与车架承载，这就显著地增加了车架的强度和刚度。

车架由车架端部一(Ⅰ位端)、车架端部二(Ⅱ位端)、整体承载式燃油箱、侧脚蹬及扶手等组成。

车架端部一和端部二前后对称，由左、右箱形梁、左、右起重梁、间壁梁、牵引销装配和端部装配等组装而成(图3-20)。

车架受力的基础是前后贯通的两根箱形梁。箱形梁由20 mm厚的上、下盖板和8 mm厚的左、右侧板焊成箱形。起重梁也由20 mm厚的钢板焊接而成。为方便线缆管路布置，箱形梁和起重梁设计有管路线缆穿孔。

间壁梁上、下盖板采用12 mm厚的钢板，中间搭配12 mm厚的筋板呈W形排列。牵引

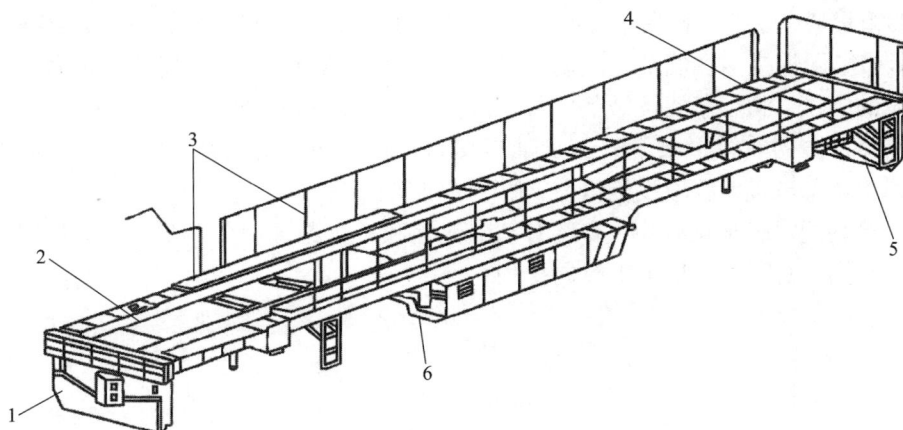

1—排障器；2—端部一；3—扶手栏杆；4—端部二；5—排障器；6—燃油箱装配。

图 3-19 HX_N5 型内燃机车车架

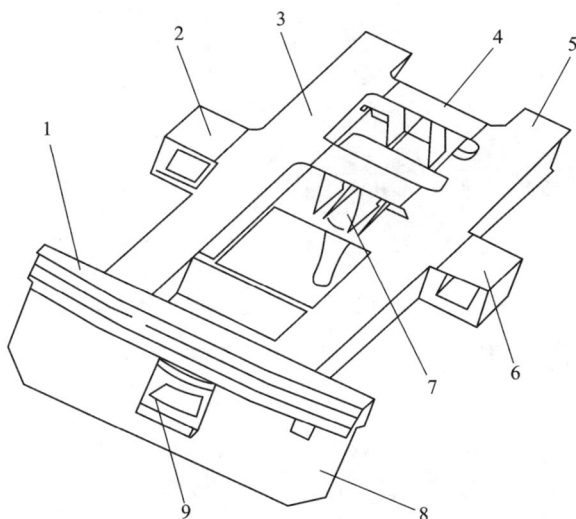

1—防爬装置；2—右起重梁；3—右箱形梁；4—间壁梁；5—左箱形梁；
6—左起重梁；7—牵引销装配；8—排障器；9—钩缓安装座。

图 3-20 HX_N5 型内燃机车车架端部

销装配上部与间壁梁结构相似，下部装牵引销。端部装配由排障器、车钩缓冲器安装座、防爬装置等组成。

排障器在车架前、后各设置一个，为 12 mm 厚度的大平面钢板。排障器下端面距轨面高度可随车轮踏面磨耗调整为(110+10) mm。排障器中央底部能承受相当于 140 kN 静压力的冲击力。排障器除了能够排除轨道障碍物外，还具有一定的除雪功能。

燃油箱装配(图 3-21)是车架的重要部分。燃油箱位于车架中部底下，车架上面是柴油机的安装位置，车架在此处承受很大的集中载荷，为了增加车架在此处的强度，采用了燃油箱参与承载的方式。燃油箱装配左、右为车架箱形梁，而且此段箱形梁也作为燃油箱的一部分，与燃油箱贯通。左、右箱形梁之间为燃油箱的主体部分。燃油箱用钢板焊接而成，且与左、右箱形梁牢固焊接。在燃油箱(包括这一段左、右箱形梁)内部设置了一定数量的隔板以增加燃油箱的强度，满足车架承载的需要，但油箱内部隔板增加了检修燃油箱内部的难度。作为燃油箱一部分的右箱形梁上开有加油口接口，通过加油管可从车架上部加油口加入燃油。燃油箱主体部分前、后均设检修盖，便于燃油箱内部的检修。

在燃油箱装配左箱形梁外侧，安装有蓄电池箱和一个柴油机集污箱；燃油箱装配右箱形梁外侧安装有两个总风缸，呈上下纵向排列。

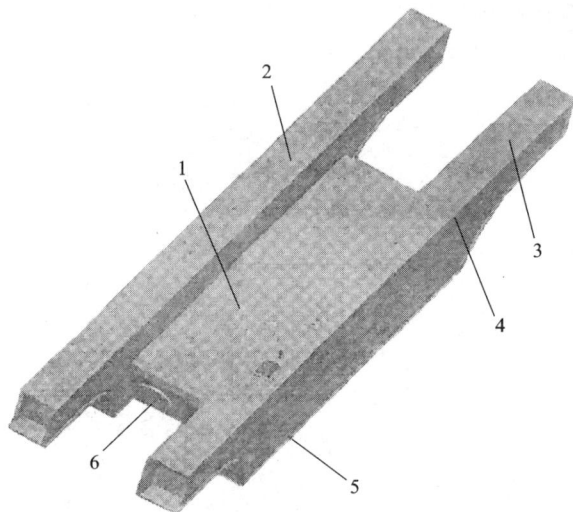

1—燃油箱；2—左箱型梁；3—右箱型梁；4—加油口接口；5—通气装置；6—检修盖。

图 3-21　HX$_N$5 型内燃机车燃油箱装配

第五节　车体发展概述

在保证机车车辆的运行安全前提下，综合考虑机车车辆的运用情况，结合机车车辆的经济成本、运行品质等内容，实现车体的总体设计成为机车车辆车体发展的趋势。在本节中主要对机车车辆的发展趋势进行介绍。

一、货车车体的多元化发展

铁路运输不但经济、方便、运量大，而且其能源消耗也比公路、航空运输低，因此在很多国家运输业的竞争中，铁路货运占很大优势。铁路货物运输的不断增长，促进了各国车辆事业的发展。世界各国货车发展的趋势主要为：不断调整货车车种的构成，以适应本国待运货物的种类；加大载重量，改进车辆结构，减少制造和维修费用以提高铁路货运的经济性。

在研制新型货车时，各国注意到要最大限度地适应本国所运输货物的种类和性质，在最低的基建投资和运行费用下，尽量保证货物的完整性。因此，世界各国所研制的车种不尽相同。比如法国的通用货车数量较少，而向专业化货车发展。法国研制了很多种专用货车，如：用于运输托盘货物的全侧门棚车；使货物免受雨雪浸湿的机械帐篷平车；用于运输冶金产品、钢板卷和纸卷等重质货物的活顶车；专运钢板卷的钢板卷运输车；专供运输标准尺寸钢管和铸铁管的钢管运输车；装运集装箱的集装箱平车及运输小轿车用的专用车等。

二、客车车体轻量化发展

车辆自重减轻可以节省牵引动力，减小对轨道的压力，减少车轮和轨道的磨耗，降低车辆和线路的维修保养成本，并且直接减少车辆材料的消耗等。因此在保证客车车辆的安全前提下，实现车体的轻量化直接影响经济效益。对于客车车辆用材的选择来说，需要设计人员在轻量化、耐蚀性能、经济成本、运行品质等多方面予以折中考虑。世界上各国的客车车辆设计者普遍追求轻量化车体结构，研究新型材料和新型结构以达到轻量化的目的。

1. 新型材料的发展

采用铝合金材料挤压成大型宽幅挤压型材制造铁道车辆构件，使车体仅由少数构件采用少量纵向长焊缝制成车体结构。由于铝合金的比重只有钢的三分之一，因此实现了材料轻量化。由于挤压型材的形状和断面设计成与外力及外力矩的分布情况相适应，因此优化了断面，充分发挥材料的力学性能，也节省了材料。大型宽幅挤压型材实质上是许多零件的组合，这样就相当于节省了由零件组合成部件的制造过程，既省工时，又节省了焊缝金属，从而减轻了结构自重。由于铝合金材料抗腐蚀性强，因此省去油漆与刮腻子等工序，既省工时，又降低了承载结构的自重。

由于不锈钢具有良好的耐腐蚀性，因此采用不锈钢制造车体钢结构可以不涂装防腐蚀的防锈油漆等。同时考虑钢材腐蚀对结构强度的影响而增加的结构强度裕量，也可以适当减小，因此采用不锈钢也可以降低车体自重。

碳纤维复合材料有着较轻的质量，与金属材料相比，相同情况下碳纤维的质量仅是金属的五分之一，并且碳纤维复合材料有着耐腐蚀、耐高温、质量轻等特点，可以为列车进行整体减重。由于碳纤维本身具备优异的性能，还可以很大程度上降低后期的维护费用。由于碳纤维复合材料的这些特性，其已经成为车体轻量化设计的首选材料之一。应用碳纤维复合材料制造的车体具有质量轻、强度高、刚性大等特点，在有效降低车体质量的同时，也提高了车体运行的平稳性和安全性。此外，碳纤维复合材料在列车制造上的应用还能够有效降低列车运行过程中与运输轨道接触所产生的噪声，显著强化了乘客的体验感和舒适感。

目前，碳纤维在轨道交通领域的主要应用包括车体外壳、车头罩、转向架、设备舱及其他零部件的生产和设计。例如，四方厂研制的新一代碳纤维地铁车辆"CETROVO"，其车体、转向架构架、司机室、设备舱及设备机体等均使用碳纤维复合材料制造，它是大规模应用碳纤维复合材料的地铁车辆，实现了碳纤维复合材料在车体、转向架构架、司机室等车辆主承载结构上的全面应用。碳纤维复合材料使车辆实现大幅"瘦身"。与采用钢、铝合金等传统金属材料相比，新一代碳纤维地铁车辆的车体、司机室、设备舱分别减重30%以上，转向架构架减重 40%，整车减重 13%。

2. 新型结构的发展

车辆要实现轻量化，在确保车辆结构的刚度和强度的同时，选用合理的结构也非常重要。目前车内新型材料和新型结构的应用比例越来越大，像 P3 板、AIR-PLU 板、酚醛树脂发泡板、轻芯钢、三明治轻型结构等材料及结构逐步发展起来。其中轻芯钢是一种新型复合材料，密度约为玻璃钢的五分之一，具有轻质度高、隔音降噪、保温阻燃、耐腐等功能，可应用在客车车辆的风道、地板、顶板、侧墙上，从而实现客车车体局部的减重。在车辆顶部空调、车辆下部材料选用方面，从传统的碳钢、不锈钢材料，到目前可应用轻质铝合金、铝基复合材料等，同时采用新型的结构实现减重。

轨道车辆发生碰撞时的被动安全性是车辆运行安全的重要部分，随着我国轨道交通的蓬勃发展，对车辆安全性的要求越来越高，轨道车辆上碰撞吸能结构的设计备受关注。轨道车辆的被动吸能装置一般由钩缓装置、防爬吸能装置、主吸能器装置组成。在碰撞发生时，被动吸能装置根据碰撞能量的不同，依次进行塑性变形，将碰撞能量以可控、渐进的方式耗散掉，从而更好地保护司乘人员及车辆安全。防爬吸能装置是轨道车辆上应用范围最广、最为重要的吸能装置，不仅要求其在承受纵向冲击时，触发峰值应力小，塑性压溃变形的压溃力平稳，还要求其具备一定的垂向刚度，防止前端防爬齿锁定后的抬升力引起吸能部件折弯。

三、机车车体轻量化发展

随着国民经济的迅速发展，国家科学技术政策和《中长期铁路网规划》对我国铁路运输设备现代化提出了更高的要求。根据车体结构强度及其技术应用要求，需要分别研究车体的主要承载构件和非主要承载构件。重载机车已成为现代铁路运输设备发展的一个重点方向。车体是机车负荷传输和设备安全的重要载体，是机车轻量化技术研究的重要组成部分，因此对轻量化技术的研究十分重要。车身结构轻量化设计不是为了降低车身结构的质量，而是为了满足整个车身的结构强度及其所用的技术要求，必须充分考虑其硬件技术和维修技术，并经过优化的设计，实现轻量化的主要目标。

1. 车体主承载结构优化

车体主承载结构的质量约占机车车体总质量的 4/5，是起到承载作用的关键。利用仿真软件计算优化整车结构的静力、模态和疲劳强度，提高整车承载结构材料的使用效率，使整车整体结构的疲劳寿命与整车的使用寿命相匹配。

①多功能结构设计。我们需要把单一的功能结构合并为多功能的结构，这样才可以降低车体的质量，如果我们采用车内设备的台架，与底架进行一起焊接的结构，就需要在它们所焊接的设备上来进行斜撑，以便下部台架不仅可以传递载荷，而且可以支撑设备，避免车身承载出现问题。此外，将下部支架上的变压器数量与牵引梁结构相结合，可以减少变压器数量和牵引座焊接，保证机车车身强度，降低机车车身质量。

②使用高强钢。车体的主承载结构是低质量合金的高强度结构，高强度材料的弹性极限是普通碳钢的 1.33 倍。高强度钢可以降低板厚和车身质量，但可能导致刚度减弱，这种结构

应该优化。

2.非主承载结构轻量化技术研究

对于车体的非主承载结构，可以使用简化结构或轻量化材料的方法来满足轻量化要求。以铝合金顶盖为例进行介绍。铝合金材料具有低密度和高强度特性，比钢制车辆轻 30% ~ 50%。由于铝合金易于挤压，因此可以挤压不同的截面，从而更合理地分配零件厚度，它能有效降低车体质量，最大限度地降低车体结构的质量，目前机车车体使用的铝合金材料主要有 5A06、6005A 和 5083。车体顶盖采用大顶盖结构，由铝合金型材和铝板焊接的三个移动盖板组成。

复习思考题

1.结合车体的基本知识，谈一谈不同类型车体设计时应考虑哪些基本的设计原则？

2.结合我国国情，思考我国将会重点发展哪些类型的货车？

3.安全性是客车设计时需要考虑的一个重要原则，当前的设计均能满足主动安全的原则，思考如果出现意外情况，如何进一步提高客车车辆的安全。

4.结合我国机车的发展趋势，谈一谈机车车体会向什么方向发展？

第四章

制动系统

人为地制止列车的运动，包括使其减速、阻止其运动或加速运动，均可称之为制动。反之，对已经施行制动的列车，解除或减弱其制动作用，均可称之为缓解。为使列车能施行制动和缓解而安装于列车上的一整套设备称为列车制动装置。有时，制动与制动装置均简称为闸，施行制动既可简称为上闸，也可简称为下闸，使制动得到缓解则简称为松闸。

列车制动装置包括机车制动装置和车辆制动装置。也就是说，在铁路列车中，不管是具有牵引动力装置的机车，还是被牵引的货车、客车，都各自具有制动装置。不同的是，机车除了像车辆一样具有使它自己制动和缓解的设备外，还具有操纵全列车(包括机车)制动作用的设备。

由制动装置产生的与列车运行方向相反的外力，称为制动力。这是人为的阻力，它比在列车运行中出于各种原因自然产生的阻力一般要大得多。所以，尽管在制动减速过程中，列车运行阻力(自然阻力)也在起作用，但起主要作用的还是列车制动力(人为阻力)。

制动装置一般可分为两大组成部分：

①制动机：产生制动原动力并进行操纵和控制的部分。

②基础制动装置：传送制动原动力并产生制动力的部分。

列车制动作用在操纵上按用途一般可分为两种：

①常用制动：正常情况下为调节或控制列车速度，包括进站停车所施行的制动。其特点是作用比较缓和而且制动力可以调节，通常只用列车制动能力的 20% ~ 80%，多数情况下只用 50% 左右。

②紧急制动：紧急情况下为使列车尽快停住而施行的制动，在我国，这种制动作用过去也称非常制动。其特点是作用比较迅猛，而且要把列车制动力全部用上。

本章将对制动系统进行介绍，主要包括制动系统的基本知识，重点介绍货车 120 型空气制动机、客车 104 型空气制动机、机车 CCB Ⅱ 制动机的知识。

第一节　列车制动的基础知识

一、主要制动方式

从能量的观点来看，"制动"的实质就是将列车动能转变成别的能量或转移走；从作用力的观点来看，"制动"就是让制动装置产生与列车运行方向相反的外力(制动力)，使列车产生较大的减速度，尽快减速或停车。采取什么方法将动能转化或转移，通过什么方法产生制动力，这是制动的基本问题——"制动方式"问题。当前列车的制动主要包含以下几种制动方式。

1. 踏面制动

踏面制动又称闸瓦制动，是自有铁路以来使用最广泛的一种制动方式。它用铸铁或其他材料制成的瓦状制动块(闸瓦)紧压滚动着的车轮踏面，通过闸瓦与车轮踏面的机械摩擦将列车的动能转变为热能，消散于大气，并产生制动力，如图4-1所示。

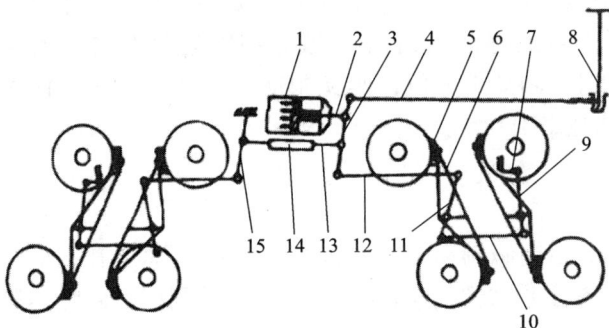

1—制动缸；2—活塞杆；3—制动缸前杠杆；4—手制动拉杆；5—闸瓦；6—制动梁；
7—固定杠杆支点；8—手制动轴；9—固定杠杆；10—下拉杆；11—制动杠杆；
12—上拉杆；13—连接拉杆；14—闸瓦间隙自动调整器；15—制动缸后杠杆。

图4-1　踏面制动装置示意图

2. 盘形制动

盘形制动(摩擦式圆盘制动)是在车轴上或在车轮辐板侧面装上制动盘，用制动夹钳使由合成材料制成的两个闸片紧压制动盘侧面，通过摩擦产生制动力，把列车动能转变成热能，消散于大气，如图4-2所示。

与闸瓦制动相比，盘形制动有其优点，如：盘形制动可以大大降低车轮踏面的热负荷和机械磨耗；可按制动要求选择最佳"摩擦副"，可以设计成带散热筋的制动盘，旋转时它具有

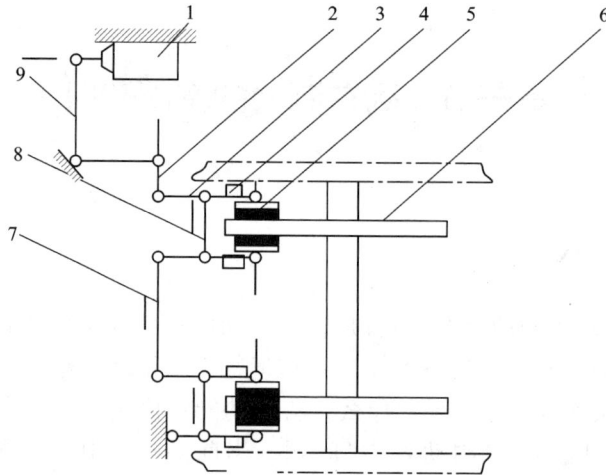

1—制动缸；2—拉环；3—水平杠杆；4—缓解弹簧；5—制动块；
6—制动盘；7—中间拉杆；8—水平杠杆拉杆；9—转臂。

图 4-2　盘形制动装置示意图

半强迫通风的作用，以改善散热性能，为采用摩擦性能较好的合成材料闸片创造了有利条件；制动平稳，几乎没有噪声。

　　但是盘形制动也有其不足之处，如：车轮踏面没有闸瓦的磨刮，轮轨黏着将恶化，所以，还要考虑加装踏面清扫器（或称清扫闸瓦），或采用以盘形为主、盘形加闸瓦的混合制动方式，否则，即使有防滑器，制动距离也比闸瓦制动长；制动盘使簧下质量及其引起的冲击振动增大，运行中还要消耗牵引功率。

3. 磁轨制动

　　磁轨制动（摩擦式轨道电磁制动）是在转向架的侧梁下面，在同侧的两个车轮之间，安置一个制动用的电磁铁（或称电磁靴），制动时将它放下并利用电磁吸力紧压钢轨，通过电磁铁上的磨耗板与钢轨之间的滑动摩擦产生制动力，并把列车动能变为热能，消散于大气，如图 4-3 所示。

　　与闸瓦制动和盘形制动相比，磁轨制动的优点是它的制动力不是通过轮轨黏着产生的，自然也不受该黏着的限制。高速列车加上它，就可以在黏着力以外再获得一份制动力，使制动距离不至于太长。磁轨制动的不足之处是它是靠滑动摩擦来产生制动力的，电磁铁要磨耗，钢轨的磨耗也要增大，而且，滑动摩擦力无论如何也没有黏着力大。所以磁轨制动只能作为紧急制动的一种辅助制动方式，用于黏着力不能满足紧急制动距离要求的高速列车上，在施行紧急制动时与闸瓦（或盘形）制动一起发挥作用。

4. 轨道涡流制动

　　轨道涡流制动又称线性涡流制动或涡流式轨道电磁制动。它与上述磁轨制动很相似，也是把电磁铁悬挂在转向架侧梁下面同侧的两个车轮之间。不同的是，轨道涡流制动的电磁铁在制动时只下放到离轨面几毫米处而不与钢轨接触。它是利用电磁铁和钢轨的相对运动使钢

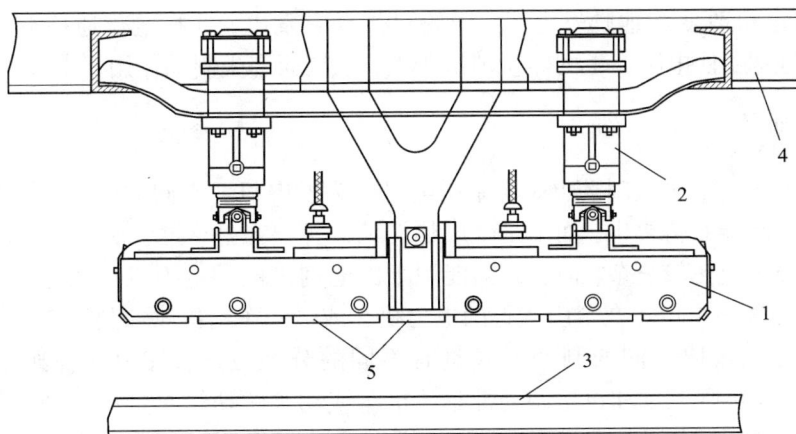

1—电磁铁；2—升降风缸；3—钢轨；4—转向架构架侧梁；5—磨耗板。

图4-3　磁轨制动装置示意图

轨感应出涡流，产生电磁吸力作为制动力，并把列车动能变为热能，消散于大气。

轨道涡流制动既不受轮轨黏着限制，也没有磨耗问题。但是，它消耗电能太多，约为磁轨制动的10倍，电磁铁发热也很厉害。所以，它只能作为高速列车紧急制动时的一种辅助制动方式。

5.旋转涡流制动

旋转涡流制动（涡流式圆盘制动）是在牵引电机轴上装金属盘，制动时金属盘在电磁铁形成的磁场中旋转，盘的表面被感应出涡流，产生电磁吸力，并发热消散于大气，从而产生制动作用，如图4-4所示。

与盘形制动相比，旋转涡流制动的圆盘虽然没有装在轮对上，但同样要通过轮轨黏着才能产生制动力，也受黏着限制。而且，与轨道涡流制动相似，旋转涡流制动消耗的电能也很多。

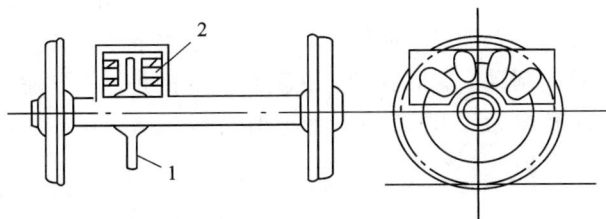

1—电磁感应体；2—电磁铁。

图4-4　旋转涡流制动示意图

6.电阻制动

电阻制动广泛用于电力机车、电动车组和电传动内燃机车。它是在制动时将原来驱动轮对的自励牵引电机改变为他励发电机，由轮对带动它发电，并将电流通往专门设置的电阻器，采用强迫通风，使电阻产生的热量消散于大气，从而产生制动作用。

7. 再生制动

与电阻制动相似，再生制动也是将牵引电机变为发电机。不同的是，它将电能反馈回电网，变成的列车动能获得再生，而不是变成热能消散掉。显然，再生制动比电阻制动在经济上合算，但是技术上比较复杂，而且它只能用于由电网供电的电力机车和电动车组，并且反馈回电网的电能要马上由正在牵引运行的电力机车或电动车组接收和利用。

上述制动方式按照不同的制动形式具有不同的分类方法，其中一种典型的分类如图4-5所示。其中，电阻制动和再生制动都是让机车或动车的动轮对带动其动力传动装置，让它产生逆作用，消耗或回收列车动能，习惯上常统称为动力制动。由于此类制动只是在具有牵引动力装置的机车或动车上才能采用，对动力集中的整个列车来说，它的制动力太小，而且只有在高速时效果才比较显著，所以，动力制动只能作为一种辅助制动方式，用以弥补闸瓦制动或盘形制动的不足。但其对于在山区运用的内燃机车和电力机车很有好处，因为山区长大下坡道多，有动力制动配合可以更好地保证列车运行安全，提高列车运行速度和铁路通过能力，并可以减少机车闸瓦和车轮踏面的磨耗，大大节约因更换闸瓦和车轮而消耗的人力物力。

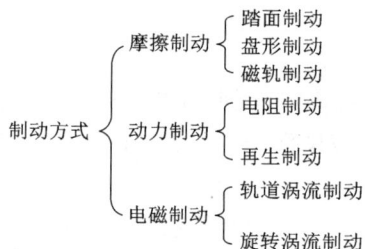

图 4-5　不同制动方法的分类

上述制动方式中除磁轨制动和轨道涡流制动外，都要通过轮轨黏着来产生制动力并受黏着限制，所以习惯上统称为黏着制动，而把不通过黏着者统称为非黏（着）制动。

上述制动方式中，踏面制动、盘形制动、磁轨制动等都是通过机械摩擦而产生制动作用，所以习惯上也常把它们统称为摩擦制动，而把其他不是通过摩擦的制动方式称为非摩（擦）制动。

二、制动机种类

按制动原动力和操纵控制方法的不同，机车车辆制动机可分为手制动机、空气制动机、电空制动机等。

1. 手制动机

手制动机的特点是以人力为原动力，以手轮的转动方向和手力的大小来操纵控制，如

图4-6所示。它构造简单、费用低廉，是铁路上历史最悠久、生命力最顽强的制动机。铁路发展初期，机车车辆上只有这种制动机，每辆车或几辆车配备一名制动员，按司机的笛声号令协同操纵。由于它制动力弱、动作缓慢、不便于司机直接操纵，所以很快就被非人力的制动机所代替。非人力的制动机成了主要的制动机，手制动机退居次要地位，成了辅助的、备用的制动机。但是它的这个"配角"的地位很牢固，在调车作业、车站停放或者主要制动机突然失灵时，手制动机仍然是一种简单有效的、救急的制动手段。

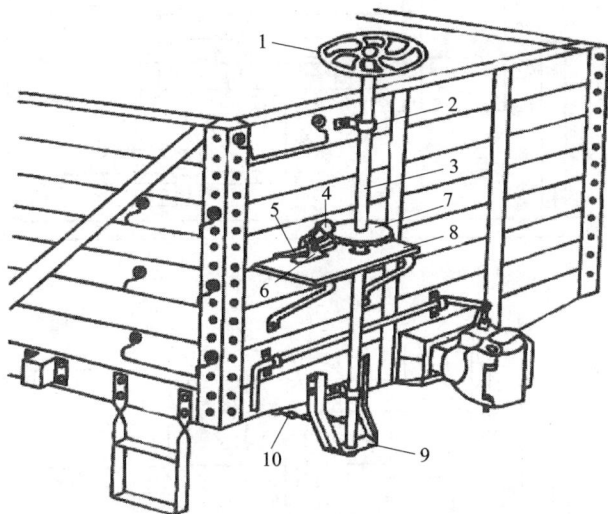

1—手制动手轮；2—手制动轴导框；3—手制动轴；4—棘子锤；5—棘子；
6—棘子托；7—棘轮；8—踏板；9—手制动轴托；10—手制动链。

图4-6　手制动机

2. 空气制动机

空气制动机的特点是以压力空气(它与大气的压差，即压力空气的相对压强)作为原动力，以改变空气压强来操纵控制。它的制动力大，操纵控制灵敏便利。我国铁路上习惯把压力空气简称为风，把空气制动机简称为风闸。以此类推，风缸、风泵、风管、风压、风表等名称均由此而来。当前我国的空气制动机主要采用自动式空气制动机。

早期的直通式空气制动机由空压机产生压缩空气输出至总风缸存储，总风缸则和制动阀直接相连，列车管与制动缸相连。制动管直接通向制动缸(直通)，制动管充气则制动缸也充气，产生制动；当制动管排气时制动缸也排气，产生缓解。直通式空气制动是较早出现的空气制动方式，结构也较为简单。直通式空气制动机的优点是构造简单，既可以阶段制动也可以阶段缓解，便于调节制动力。其缺点是当列车发生分离事故时，若制动软管被拉断，将彻底丧失制动能力；同时，由于制动时所有车辆的制动缸都靠机车上的总风缸经制动管供气，缓解时各车制动缸的压缩空气都需经制动管从机车上的制动阀排出，因此，列车前、后部制动和缓解发生的时间差大，会造成较强的纵向冲击，不适于编组较长的列车。目前，直通式空气制动机在既有铁路车辆上(动车组除外)已经淘汰，逐渐被自动式空气制动机所取代。

　　与直通式相比，自动式空气制动机在组成上每辆车多了一个三通阀和一个副风缸。"三通"指的是一通列车管、二通副风缸、三通制动缸。自动式空气制动机的基本特点是列车管充风缓解、排风制动。以下通过对充风缓解、排风制动和制动保压作用时三通阀的作用原理图(图4-7)对自动式空气制动机的工作原理作简要介绍。

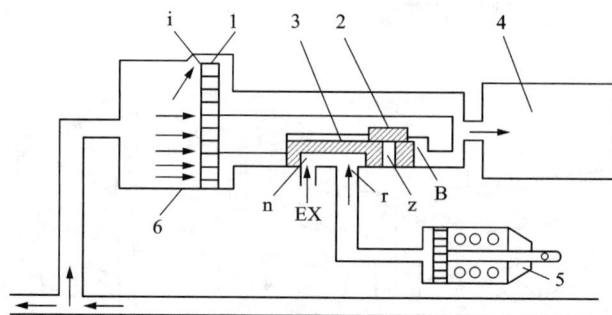

(a) 充风缓解位

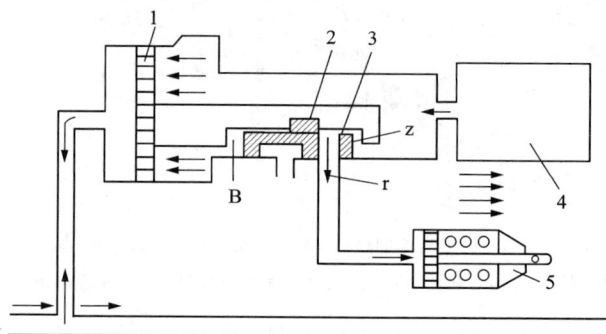

(b) 排风制动位

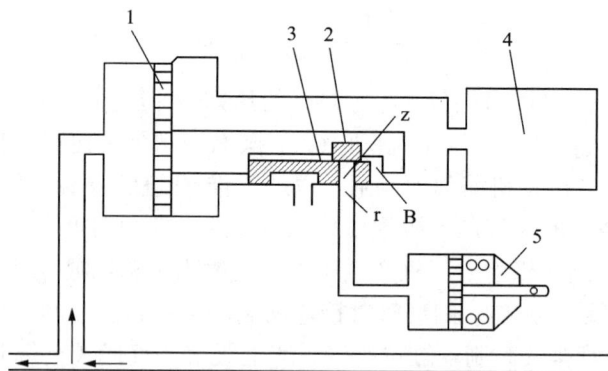

(c) 制动保压位

1—主活塞及主活塞杆；2—截止阀；3—滑阀；4—副风缸；5—制动缸；6—三通阀；
i—充气沟；z—滑阀制动孔；r—滑阀座制动缸孔；n—滑阀缓解联络槽；B—间隙；EX—排气口。

图4-7　空气制动机示意图

（1）充风缓解作用

当制动阀手柄置于缓解位时，总风缸的风经过制动阀进入列车管（充风增压），并进入三通阀，将三通阀内的活塞（通常称为主活塞）推至右极端（缓解位），并经三通阀活塞套上部的充气沟进入副风缸。此时，制动缸则经三通阀（缓解槽和排气孔）通大气。如果制动缸原来在制动状态，则可得到缓解。

（2）排风制动作用

当制动阀手柄置于制动位时，列车管经制动阀通大气（排风减压），副风缸的风压将三通阀的主活塞推至左极端（制动位），从而打开三通阀上通往制动缸的孔路，使副风缸的风可通往制动缸，产生制动作用。

（3）制动保压作用

当制动阀手柄置于保压位时，列车管既不通总风缸也不通大气，列车管空气压强保持不变。此时，副风缸仍继续向制动缸供风，副风缸空气压强仍在下降。当副风缸空气压强降至比列车管空气压强略低时，列车管风压会将三通阀主活塞向右反推至中间位置（中立位或保压位），刚好使三通阀通制动缸的孔被关闭；副风缸停止给制动缸供风，副风缸空气压强不再下降，处于保压状态；制动缸空气压强不再上升，也处于保压状态。如在制动缸升压过程中将手柄反复置于制动位和保压位，则制动缸空气压强亦可分阶段上升，即实现阶段制动。

3. 电空制动机

电空制动机为电控空气制动机的简称，它是在空气制动机的基础上加装电磁阀等电气控制部件而形成的。它的特点是制动作用的操纵控制用电，但制动作用的原动力还是压力空气。在制动机的电控因故失灵时，它仍可以实行空气压强控制（气控），临时变成空气制动机。

如图4-8所示，在制动时各车的制动电磁阀的排气口同时打开，将列车管的压力空气排往大气，产生制动作用。在缓解时各车的缓解电磁阀的通路也同时打开，使各车的加速缓解风缸同时向列车管充风（加速缓解风缸的风是在列车管经过三通阀向副风缸充风时经过止回阀充至定压的，由于止回阀的作用，制动时加速缓解风缸的风没有使用）。在列车施行阶段缓解、缓解电磁阀的通路被关闭、列车管空气压强保持不变时，保压电磁阀将三通阀的排气

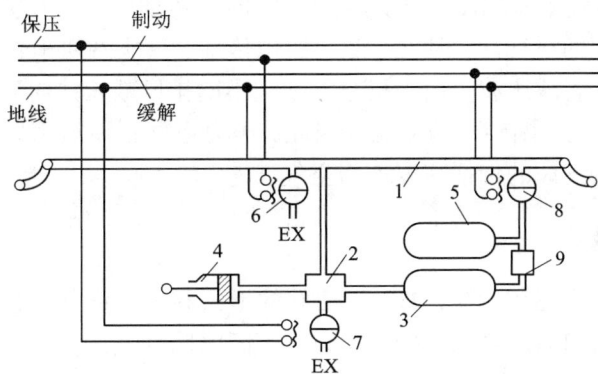

1—列车管；2—三通阀；3—副风缸；4—制动缸；5—加速缓解风缸；6—制动电磁阀；
7—保压电磁阀；8—缓解电磁阀；9—止回阀；EX—排气口。

图4-8　电空制动机

通路切断，所以，三通阀主活塞虽然仍停留在充气缓解位，制动缸经三通阀与排气口相通，但此时不通大气，制动缸空气压强保持不变，即可以实现阶段缓解。

在列车速度很高或列车编组很长、空气制动机难以满足要求时，采用电空制动机可以大大改善列车前、后部制动和缓解作用的一致性，显著减小列车纵向冲击并缩短制动距离。世界各国（包括我国在内）许多高速列车（200 km/h 以上）、准高速（160 km/h）列车和长编组货运列车都采用了电空制动机。

三、列车制动相关的其他知识

1. 闸瓦压力的空重车调整

随着铁路的发展，货车载重不断增长，货车自重系数（自重与标记载重之比）逐渐下降，空车与重车的总重差别越来越大。货车的制动率如仍按空车设计，则重车时制动率将严重不足，如按重车设计则空车时又将因制动率太大而发生滑行擦伤，所以后来对标记载重为 50 t 或更重的货车，都装有空重车调整装置。

2. 制动缸活塞行程的调整

在制动过程中，闸瓦和车轮踏面将不断磨耗，特别是长大下坡道，因为需要连续下闸，磨耗非常显著，尤其是闸瓦。同时，在制动缸和闸瓦之间的各杠杆的联结销和销孔等也不断在磨耗。每次制动和缓解后闸瓦间隙都要增大，再次制动时制动缸活塞行程也要相应增大，才能使闸瓦贴靠车轮踏面。

3. 空气波和空气波速

空气是弹性物质，列车管是个又细又长的空气通道。机车制动阀排出列车管的压力空气使列车管减压时并不是全列车立即同时、同步降压。机车制动阀附近的空气压强首先下降，打破了列车管原有的压力平衡，然后这个压降沿列车管由前向后传播（或者称之为扩散）。与此同时，机车制动阀继续排风减压，新的压降不断向后传播。空气压降传播的也是一种波，而且是一种与声波相似的空气波，但它不能向四周传播，只能沿列车管向后定向传播。这种空气波通常又称为列车管减压波。由于机车制动阀不断排风减压并向后传播，列车管内的压力空气不断膨胀，其压能不断转化为动能。因此，压力空气不断地由后向前流动，并由机车制动阀排往大气。该空气波的传播速度称为空气波速。

4. 制动波和制动波速

由于空气波由前向后逐辆传播，如果三通阀的形式和灵敏度都一样的话，制动作用也会是沿列车长度方向由前向后逐辆发生的。所以，人们比照空气波，把它称之为制动作用的传播，并简称为制动波。对应的制动波传播的速度称为制动波速。

5. 列车管局部减压

自动空气制动机中列车管减压是靠机车制动阀排风来实现的。排风口大则排风速度快，列车管减压速度也快。为了区别常用制动和紧急制动，机车制动阀排风口由一变二(增加了一个较大的排风口)，排风速度的不同，可让列车管获得两种不同的减压速度。受列车管空气压强控制的机车车辆的各个三通阀、分配阀或控制阀据此区分常用制动与紧急制动。但是，机车制动阀的排风速度并不能等同于列车管的减压速度。随着列车编组的加长，列车管总容积的增大，在同样的排风口和排风速度下，列车管的减压速度会越来越低。要想保持一定的减压速度，排风口和排风速度必须相应加大。当列车很长时，如果机车制动阀排风口过大，排风速度太快，则列车前部减压速度虽然很快，但是沿列车长度的减压速度衰减也很厉害，列车后部的压力空气向前涌时列车前部的空气压强将回升并发生"自然缓解"，这是不允许的。解决这个问题的办法为：在机车制动阀排风减压之后，每辆车的三通阀动作时，使通往该阀的列车管压力空气在该阀也获得一个排气出口(产生紧急附加排气或称为紧急局部减压)，例如让列车管的风排一部分到制动缸去，既可以逐辆加强列车管减压，使它不至于越往后越弱，又可以使每辆车的制动缸获得一定程度的增压(紧急增压)。

机车制动阀是控制列车管空气压强从而操纵全列车制动作用的阀，所以，它的排风减压不称为局部减压。推而广之，凡是控制列车管空气压强的阀排列车管的风，都不是局部减压；而对于机车或车辆上受列车管控制而且只控制本车制动作用的阀，排列车管的风时，就认为是附加排气或局部减压(简称局减)。

6. 机车无火回送

铁路运用机车运行到规定的里程后，要到机车厂大修，按规定要附挂在货物列车中运行到目的地。而过去的蒸汽机车正常运行时是生火的，回送入厂时则要熄火，所以需要无火回送。无火回送时内燃机车或电力机车自身不发动，即内燃机车不启内燃机，电力机车不升受电弓。此时无火回送的机车作为列车的一部分参与制动，其制动能力受牵引机车的控制。

第二节　货车制动机

103 型制动机是 20 世纪 60 年代由我国自行设计和制造的具有分配阀结构的货车车辆空气制动机，从 20 世纪 70 年代开始在新造货车上装用。在 20 世纪 80 年代末，为了适应重载货物列车制动的需要，中国铁道科学研究院与眉山车辆厂共同研制了一种供货车用的新型制动机：120 型制动机。为适应重载运输的需要，我国从 2003 年开始对 120 型空气控制阀(简称 120 阀)进行了改进设计，研制出 120-I 型货车空气制动机。货车 103 型制动机装用得较少，而且很快被 120 型制动机逐步替换下来。本节以 120 型空气制动机为例对货车制动机进行介绍。

一、120 型空气制动机

120 型空气制动机是在 103 型空气制动机的基础上，吸收国外先进制动机技术，并结合我国实际情况研制而成，因采用 120 型空气控制阀而得名。其总体结构如图 4-9 所示，它由

120型空气控制阀、副风缸、加速缓解风缸、制动缸、球芯式截断塞门和远心集尘器联合体、空重车调整装置、制动主管、制动支管、球芯式折角塞门及制动软管等组成。

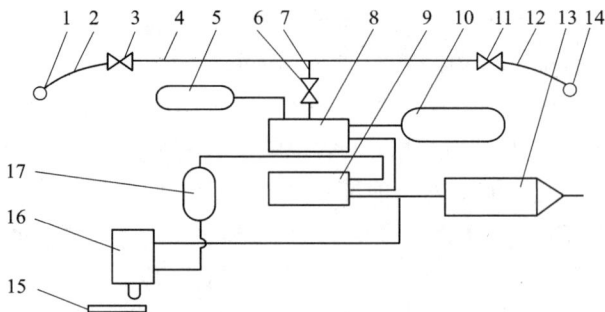

1—制动软管及连接器；2—制动软管；3—折角塞门；4—制动主管；5—加速缓解风缸；6—截断塞门；
7—制动支管；8—120型空气控制阀；9—比例阀；10—副风缸；11—折角塞门；12—制动软管；
13—制动缸；14—制动软管及连接器；15—摇枕接触板；16—空重车阀；17—降压气室。

图4-9　120型空气制动机组成示意图

120型空气制动机的主要部件如下。

1. 制动管

制动管是车辆贯通压缩空气的通路，贯通车辆车底架全长管路的为制动主管，在制动主管中部，用丁字形接头分接出一根管路连通控制阀，称为制动支管。

2. 制动软管

制动软管连接相邻各车辆的制动主管，能在列车通过曲线或车辆互相伸缩时，保证压缩空气的畅通。它的一端装有接头可与制动主管连接，另一端装有软管连接器。

3. 折角塞门

折角塞门安装在制动主管的两端，用以开通或关闭制动主管与制动软管之间的压缩空气通路，以便车辆的摘挂。目前，折角塞门有锥芯式和球芯式两种，现大多数货车采用球芯式折角塞门。折角塞门上装有手把，扳动手把时，应先向上抬起使其离开止卡，然后才能向左或向右转动90°。手把与制动主管平行时为开通位置；手把与制动主管垂直时为关闭位置。

4. 截断塞门

截断塞门装设在制动支管上远心集尘器的前方。正常情况下，手把与支管平行（即开通位置）；当车辆制动机发生故障或因装载货物的需要停止该车辆制动作用时，可将手把扳动到与支管垂直（即关闭位置）。目前，在新造车上安装的均为球芯式截断塞门和远心集尘器联合体。

5. 远心集尘器

远心集尘器安装在制动支管上，截断塞门与控制阀之间，用以收集由制动管压缩空气中带来的尘埃、水分、锈垢等不洁物质，将清洁的空气送入控制阀，保证控制阀的正常作用。

6. 120 型空气控制阀

控制阀是车辆空气制动机的主要部件。120 型空气控制阀的结构和工作原理在本节中有专门叙述。

7. 副风缸

副风缸吊挂在车底架下部，为圆筒形，是储存压缩空气的容器。制动时，借控制阀的作用将压缩空气送入制动缸，发挥制动作用。副风缸的下部一般装设排水堵，以便排除凝结水。

8. 制动缸

制动缸吊挂在车底架下部。目前主要使用密封式制动缸。其内部有活塞、活塞杆及缓解弹簧等。货车制动缸活塞杆一般为空心圆钢管，一端露在制动缸前盖的外部，空心管内插有推杆，推杆的另一端与基础制动装置的制动缸前杠杆相连。制动时，活塞被推出，活塞杆再推动推杆，带动基础制动装置起制动作用；缓解时，活塞杆缩回制动缸内，推杆便失去推力，车辆缓解。

9. 加速缓解风缸

加速缓解风缸与主阀内的加速缓解阀配合使用。其作用为：当某一车辆制动机产生缓解作用时，把准备排入大气的制动缸气体引向加速缓解阀处，使加速缓解阀产生动作后再从主阀接气口排出。由于加速缓解阀产生了动作，从而使加速缓解风缸的风通过加速缓解阀进入制动管，这样，制动管除了来自机车供风系统的压缩空气外，还有来自加速缓解风缸的风，这就是制动管的"局部增压"作用。由于制动管的"局部增压"作用，使长大货物列车后部车辆制动管充风速度加快，即缓解速度加快，从而减小前后车辆缓解不一致所造成的纵向冲击和振动。

10. 空重车调整装置

货车载重量提高以后，其空车时的质量与重车时的质量相差很大，因此，制动时所需要的闸瓦压力、制动力是不一样的。因此，货车车辆上安装了空重车调整装置。

11. 缓解阀

旧型货车制动机上还装有缓解阀，安装在工作风缸（103 型）或副风缸（GK 型）上。缓解阀由阀上体、阀下体、阀及阀座、缓解杆等组成。为了便于使用，在缓解杆两端设有延伸到车底架两侧梁的拉条，使用时，拉动拉条即可。平时缓解阀的阀在弹簧的作用下，与阀座密贴，副风缸的风不能由缓解阀的排风孔排出。当某一车辆需要缓解（如调车或移动车辆），而又无机车向制动管充风使其缓解时，可用缓解阀使该车辆单独缓解。

列车到站停车后，车辆的控制阀一般处于制动保压位。制动管虽有残存的风，但不能推动控制阀主活塞移至缓解位，该车辆制动机不能缓解。此时，拉动或推动任何一侧的缓解阀拉条，则缓解杆克服弹簧的阻力，将阀杆往下压，从而使阀离开阀座，副风缸的风通过阀与阀座的间隙从缓解阀的排风孔排出，副风缸的风压下降，直至排完。由于控制阀活塞上侧还有余风，主活塞两侧产生压力差，制动管的余风推动主活塞、滑阀、截止阀移到缓解位，制动缸内的风通过控制阀的排风口排出，使该车辆制动机缓解。

二、120 型空气控制阀的简介

120 型空气控制阀由中间体、主阀、紧急阀和半自动缓解阀 4 部分组成，如图 4-10 所示。

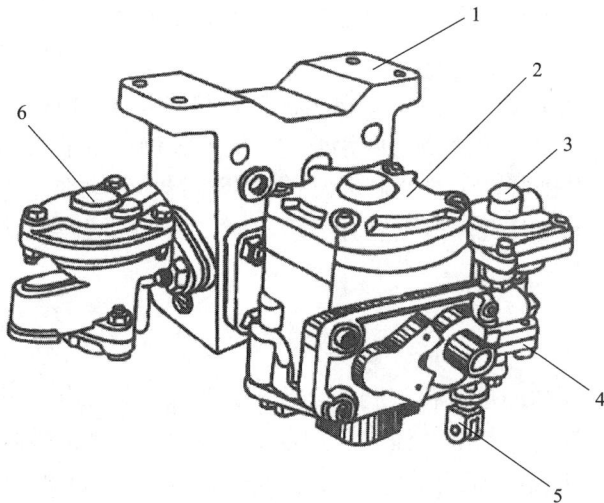

1—中间体；2—主阀；3—半自动缓解阀；4—半自动缓解阀的活塞部；5—半自动缓解阀的手柄；6—紧急阀。

图 4-10　120 型空气控制阀示意图

1. 中间体

中间体用螺栓吊挂在车底架上，它有四个垂直面，其中两个相邻的垂直面为主阀与紧急阀的安装座，另两个垂直面为管子连接座（管座）。中间体作为安装座，它使制动主管、副风缸、加速缓解风缸及制动缸分别与主阀、紧急阀内的各对应压缩空气通路相连通。

2. 主阀

主阀安装在中间体上，是控制阀最主要的部分，它控制着制动机的充风、缓解、常用制动、紧急制动等。主阀由作用部、减速部、局减阀、加速缓解阀和紧急二段阀 5 部分组成。

3.紧急阀

紧急阀也安装在中间体上，装于主阀安装面相邻的垂直面上。其作用是在紧急制动时，将制动管的风直接排向大气，使制动管产生强烈的局部减压作用，大大提高制动管的减压速度，从而保证全列车紧急制动。

4.半自动缓解阀

半自动缓解阀是为了方便调车作业、节省人力和减少压缩空气的消耗，在120型空气控制阀中增设的部件，通过人工操纵，将某一车辆的制动缸压缩空气排入大气，达到单独缓解该车辆的目的。

半自动缓解阀由手柄部和活塞部两部分组成，半自动缓解阀的手柄从手柄部的下端露出，在手柄上设有向车底架两侧延伸的缓解阀拉条，以便工作人员操纵。根据运输生产需要，它有缓解、排风两个作用。

①缓解作用。当某一车辆要保留副风缸和加速缓解风缸的风，排出制动缸的风而单独缓解时，拉动任意一侧的缓解阀。拉动缓解阀拉条时，便可带动缓解阀手柄向一侧倾斜，使副风缸、加速缓解风缸的少量或部分压缩空气从缓解阀手柄座处的间隙排向大气，缓解阀内部零件动作，从而使制动缸的风从缓解阀活塞下部的排风口或主阀排风口排向大气，则车辆缓解。此时，副风缸、加速缓解风缸仍保留一定的压缩空气，从而减少压缩空气的消耗，使全列车再充气时间大大缩短。此时的操作方法必须为：拉动缓解阀拉条3～5 s后，听到缓解阀活塞部下端排气口或主阀下部排气口有压缩空气排出的声音时，就可松开手，不必一直拉着，制动缸的风会很快自动排尽，而且缓解阀最后会自动恢复到初始位，因此称这种缓解阀为半自动缓解阀。

②排风作用。当某一车辆不仅要排出制动缸的风，而且还要排出整辆车制动系统的压缩空气时，用力拉动缓解阀拉条，并且一直拉着不松手，则副风缸、加速缓解风缸的风从缓解阀手柄座处的间隙排向大气，此时，主阀的主活塞在充气缓解位，制动缸的风从主阀的排气口排向大气。若此时制动管有风，则通过主阀的充气通路充入副风缸与副风缸的风道，从缓解阀手柄座处的间隙排向大气。直到整个制动系统的风排完后，才松开缓解阀拉条。

120型空气控制阀具有充风缓解位、减速充气缓解位、常用制动位、常用制动保压位和紧急制动位5个作用位，当120型空气控制阀内的各零件处于上述各作用位时，能使空气制动机产生充风缓解、常用制动、制动保压和紧急制动等作用。

三、120型空气控制阀的作用原理

120型空气控制阀采用两种压力控制机构直接作用方式，满足自动制动机的要求，并能与三通阀、分配阀混编使用。在混编时对旧型制动机有促进作用。其作用原理如图4-11所示。

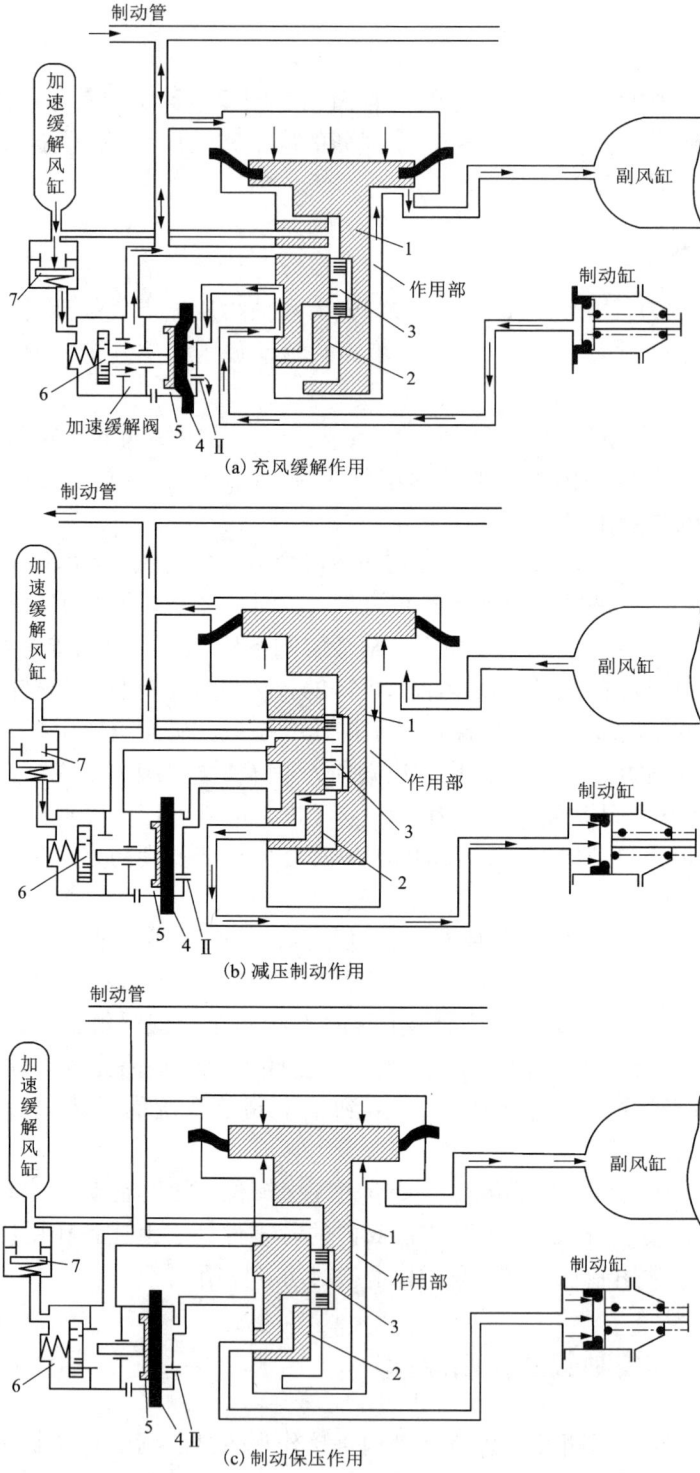

（a）充风缓解作用

（b）减压制动作用

（c）制动保压作用

1—主活塞；2—滑阀；3—截止阀；4—加速活塞模板；5—加速活塞；
6—加速缓解阀；7—止回阀；Ⅱ—制动机缓解排气锁孔。

图 4-11　120 型空气制动阀原理图

1. 充风缓解作用

制动管增压时，制动管压缩空气进入作用部主活塞上部，推动截止阀、滑阀下移，到达充气缓解位，制动管压缩空气经截止阀和滑阀上的充气通路向副风缸充气。同时，滑阀室经滑阀座和滑阀上的节流孔与加速缓解风缸连通，滑阀上的缓解孔槽连通了制动缸与加速活塞外侧室经缩孔Ⅱ（或限孔）排向大气的气路。由于缩孔Ⅱ较小，制动缸压缩空气来不及排出而使加速活塞外侧压力上升，推动加速活塞内移，即使加速缓解阀被推离阀座，加速缓解风缸的压缩空气经加速缓解阀口充入制动管，加快了制动管的充气增压，从而使后部车辆制动机充气缓解作用加快实现，即提高了充气缓解波速。制动缸压缩空气最终全部经加速活塞外侧室再经缩孔Ⅱ排向大气，实现缓解作用。

当加速缓解风缸与制动管压力平衡后，制动管经作用部充气通路向副风缸、加速缓解风缸充气，直至均达定压。副风缸充气至定压，为下次制动储备压缩空气，加速缓解风缸充至定压，为下次制动后加速缓解储备压缩空气。

2. 减压制动作用

制动管减压时，副风缸压缩空气推动主活塞带动截止阀、滑阀上移，到达制动位，副风缸压缩空气经滑阀、滑阀座上的制动通路进入制动缸，产生制动作用。制动位加速缓解风缸压缩空气未参与制动作用，其压力仍保持在充气缓解作用结束时的制动管定压。

3. 制动保压作用

常用制动减压时，当制动管减压量未达到最大有效减压量之前，将自动制动阀手把移到保压位，停止制动管减压，由于作用部仍处在制动位，副风缸继续向制动缸充气，副风缸压力继续下降，当副风缸压力接近制动管压力时，在主活塞自重及稳定弹簧弹力作用下，主活塞带动截止阀下移(滑阀不动)至活塞杆上肩接触滑阀为止。这样，截止阀遮盖住了滑阀背面的向制动缸充气的孔路，停止了副风缸向制动缸的充气，副风缸压力停止下降，制动缸压力停止上升，即实现了制动保压作用。

四、120型空气制动机的主要特点

①采用两压力机构阀可与现有制动机混编。
②由于密封技术提高，减小了副风缸的容积，缩短了充气时间，采用密封式制动缸，制动缸规格减少，解决了系统中空气漏泄引起的制动力衰减问题。
③采用闸瓦间隙调整器，避免制动力衰减。
④新型空重车自动调整装置的出现，减少了车轮过热和闸瓦过度磨耗。
⑤提高了制动缓解波速。
⑥由于有加速缓解阀和加速缓解风缸，所以具有加速缓解功能。
⑦具有压力保持功能，实现自动补风，避免漏泄引起的制动力衰减，使全列车制动力分配均匀，避免循环制动引起的制动力衰减，实现一把闸下坡等。

第三节　客车制动机

104 型空气制动机是 20 世纪 60 年代由我国自行设计和制造的具有分配阀结构的客车车辆空气制动机，从 20 世纪 70 年代开始在新造客车上装用。104 型空气制动机的性能可靠、功能稳定，当前在我国客车车辆上广泛使用。

在 20 世纪 80 年代，由于旅客列车不断扩编，列车越来越长，而当时的客车三通阀和分配阀不能适应这种要求，故制动灵敏度和操纵灵活性越来越差，尤其是纵向动力作用更是严重恶化。为此，铁道部工业总公司四方车辆研究所(今中车青岛四方车辆研究所有限公司)和天津机车车辆机械工厂共同研制了一种供客车用的 F-8 型空气分配阀(简称 F-8 阀)。

目前 104 型空气分配阀和 F-8 阀在客车中均有应用。在本节中，主要对 104 型空气制动机进行介绍。

一、104 型空气制动机的结构

104 型空气制动机由 104 型空气分配阀、压力风缸、副风缸、闸瓦自动间隙调整器、截断塞门、远心集尘器、制动管、折角塞门及制动软管、缓解阀等组成，如图 4-12 所示。此外，在制动主管的一端连接一根支管，此支管穿过地板伸至车厢内部，上端安装风表和紧急制动阀。

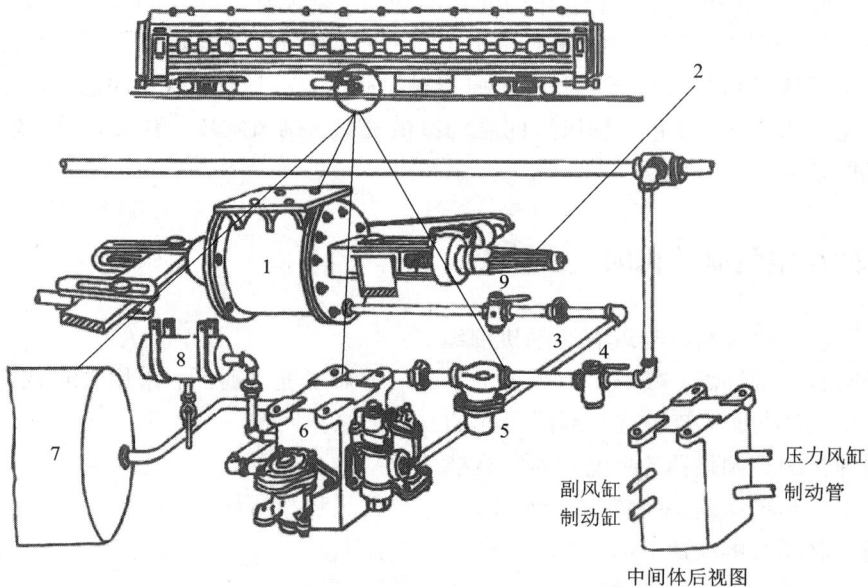

1—制动缸；2—闸瓦自动间隙调整器；3—制动缸管；4—截断塞门；5—远心集尘器；
6—104 型分配阀；7—副风缸；8—压力风缸；9—制动缸排气阀门。

图 4-12　104 型空气制动机示意图

104 型空气分配阀由中间体、主阀和紧急阀 3 部分组成。中间体用螺栓吊装在车辆底架上，只在厂修和必须更换时才卸下。主阀和紧急阀分别安装在中间体两个相邻的垂直面上，检修时可分别卸下。

二、104 型空气分配阀的工作原理

104 型空气分配阀采用两种压力控制的间接作用方式，其作用原理如图 4-13 所示。

1. 充风缓解作用

制动管增压时，制动管压缩空气进入作用部主活塞上部，推动主活塞带动截止阀、滑阀下移，到达充气缓解位。制动管压缩空气经滑阀的充气孔向压力风缸充气，同时进入充气模板下部，推动充气模板和充气活塞上移，充气活塞上的顶杆推开充气阀，使制动管压缩空气经充气部向副风缸充气。同时，容积室经滑阀通路与大气相通，容积室压力下降后，作用活塞被制动缸压力推动下移，制动缸压缩空气经作用活塞杆上的通路排入大气，使制动机缓解。副风缸的充气速度由压力风缸的充气速度通过充气部来控制，容积室的排气缓解通过均衡部来控制实现制动缸的缓解作用。

2. 减压制动作用

制动管减压时，压力风缸中的压缩空气推动主活塞带动截止阀、滑阀上移，到达制动位。压力风缸压缩空气经滑阀的制动孔和滑阀座上的容积室孔进入容积室，容积室压缩空气进入作用活塞下部，推动作用活塞上移，利用活塞杆推开作用阀，使副风缸压缩空气进入制动缸，产生制动作用。容积室增压制动通过均衡部来控制实现制动缸的增压制动作用。

3. 制动保压作用

常用制动减压时，当制动管减压量未达到最大有效减压量之前，转保压位，停止制动管减压，由于作用部仍处在制动位，压力风缸继续向容积室充气，但滑阀室（通压力风缸）压力与制动管压力接近平衡时，在主活塞自重及稳定弹簧弹力作用下，主活塞带动截止阀下移（滑阀不动）至活塞杆上肩接触滑阀为止。这样，截止阀切断了压力风缸向容积室充气的通路，作用活塞下部就形成了保压，而副风缸继续向制动缸充气，当作用活塞上部的制动缸压力与作用活塞下部的容积室压力接近平衡时，作用阀弹簧下压作用阀，推动作用活塞杆下移，使作用阀与作用阀座及作用活塞杆顶端密贴，关闭副风缸向制动缸充气的通路，制动缸实现制动保压作用。制动缸的制动保压作用由容积室的制动保压作用通过均衡部来控制实现。

4. 紧急制动作用

紧急制动时，104 型空气分配阀的主阀和紧急阀同时动作，完成各自的作用，主阀除紧急增压阀外，各部件都产生常用制动作用，即从一阶段局减、二阶段局减到常用制动，只是速度比常用制动更快，主阀的紧急增压阀只在紧急制动时动作，让制动缸获得比常用制动更大的制动力。

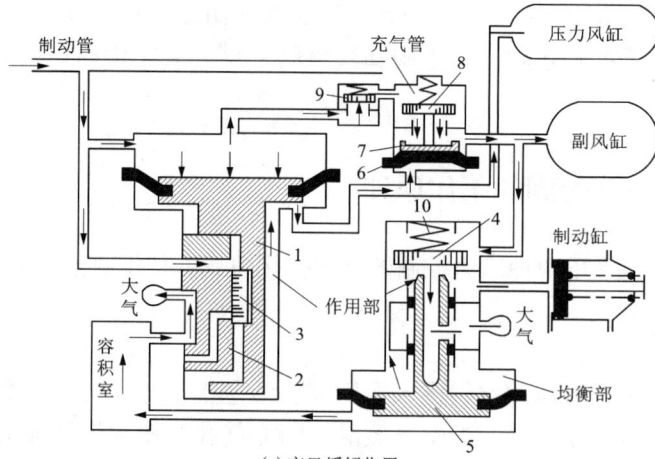

(a) 充风缓解作用

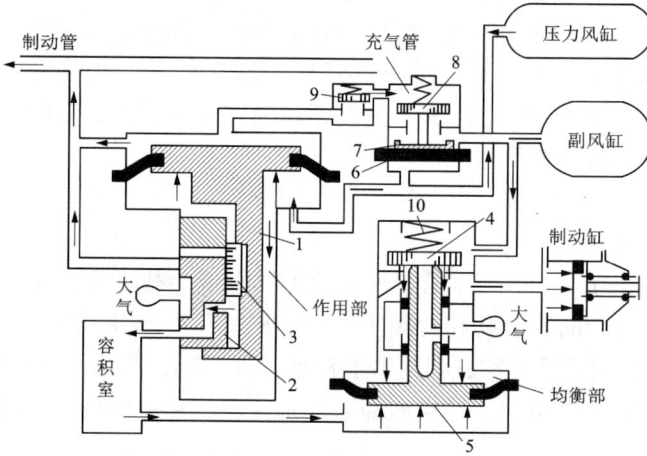

(b) 减压制动作用

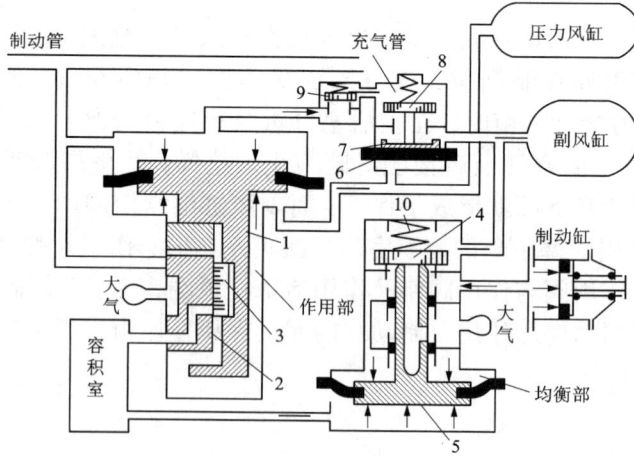

(c) 制动保压作用

1—主活塞；2—滑阀；3—截止阀；4—作用阀；5—作用活塞；6—充气模板；
7—充气活塞；8—充气阀；9—充气止回阀；10—作用阀弹簧。

图 4-13 104 型分配阀作用原理图

①制动管紧急增压，主阀的紧急增压阀作用，压力风缸经增压阀下部向容积室(容积室是中间体的一部分)充气，副风缸也开始经增压阀向容积室充气，实现了容积室增压(容积室增压后制动缸就能增压，增加制动力)，则均衡部控制制动缸实现了紧急制动增压作用。此时，压力风缸、副风缸、容积室、制动缸4个容器相互沟通，压力最终达到相互平衡，制动缸压力较常用制动时最大压力增压 $10\% \sim 15\%$。

②制动管紧急减压，紧急阀的紧急活塞下移，促使打开排风阀(排风阀的功能是使制动管的风排向大气)排风，加速制动管的减压，提高制动波速，缩短制动时间。在列车紧急制动时，严禁司机移动大闸和小闸的位置，确保紧急制动停车后才能充气缓解，防止列车产生剧烈的纵向动力作用和断钩等事故的发生。

三、客车制动机上的其他设备

客车制动机上除装有制动软管、折角塞门、截断塞门、远心集尘器和各种风缸外，还装有压力表和紧急制动阀等。

1.压力表

在每辆客车内部都装有压力表(简称风表)，装在从制动主管引出的直立支管上。风表内设有刻度盘和指针，以便乘务人员观察制动管风压的大小。列车出发前，列车管的风压必须达到规定的值，超过或不足时应做相应处理。

2.紧急制动阀

紧急制动阀又称车长阀，安装在客车车厢内，用红线绳铅封，一般和风表装设在一起。紧急制动阀排风口须与墙板平行，在其附近的墙上须涂抹或安装"危险请勿动"警示牌。它的用途是当列车在运行中遇有危及行车安全等紧急情况时，由运转车长或有关乘务人员拉动此阀，使列车产生紧急制动作用，迅速停车，以保证行车安全。

3.紧急制动阀使用的有关规定

《铁路技术管理规程》规定，在列车运行中，发现下列危及行车和人身安全情形时，运转车长(包括旅客列车乘务员)应使用紧急制动阀停车。

①车辆燃轴或重要部件损坏。

②列车发生火灾。

③有人从列车上坠落或线路内有人死伤(特快旅客列车不危及本列车运行安全时除外)。

④能判明司机不顾停车信号，列车继续运行。

⑤列车无任何信号指示，进入不应进入的地段或车站。

⑥其他危及行车和人身安全必须紧急停车时。

使用紧急制动阀时，不必先行破封(即不必先将铅封印线拉断)，应立即将手柄扳到全开位，不得中途停顿和关闭。若遇弹簧手把(即旧型紧急制动阀的握柄)，在列车完全停车以前不得松手，以防列车中的车辆制动、缓解不一致，造成断钩或不能使列车紧急停车。

第四节　机车制动系统

我国早期直流内燃机车采用的主型制动机为 JZ-7 型空气制动机,我国早期直流电力机车的主型制动机为 WK-1 型电空制动机。随着交流机车的大力发展,我国交流内燃机车与交流电力机车均主要改用克诺尔公司生产的 CCB Ⅱ 微机控制制动系统,它属于电空制动系统,是目前世界上最先进的制动系统之一。除主要应用的 CCB Ⅱ 微机控制制动系统外,部分交流电力机车,如 HX_D1 上采用了 WK-2 型电空制动机。

如前所述,机车除了像车辆一样具有使它自己制动和缓解的设备外,还具有操纵全列车(包括机车)制动作用的设备。因此本节以 HX_N5 型内燃机车为例,介绍机车的制动系统。

一、HX_N5 型内燃机车制动系统的组成

HX_N5 型内燃机车的空气制动系统由风源系统、电空制动系统、辅助用风系统等组成。其中风源系统包括空气压缩机组、空气干燥器、总风缸、安全阀、单向阀等主要部件。辅助用风系统是指按操作人员有关指令,利用风源系统压力空气实现辅助用风系统有关设备的功能。有关 HX_N5 型内燃机车的风源系统和辅助用风系统将在第六章内燃机车部分进行详细介绍。

电空制动系统向机车和车辆发送制动与缓解指令,实施机车和车辆的制动与缓解,具备电空联锁功能,可实现多机重联。本节重点介绍 HX_N5 型内燃机车电空制动系统。

二、电空制动系统

HX_N5 型内燃机车装用 CCB Ⅱ 微机控制制动系统。电空制动系统可分为控制分系统和气动分系统。

控制分系统可实现列车司机或列车操作指令与空气制动系统和机车其他系统的电气连接,控制分系统通过协议转换器发送并接受令牌数据通信网(ARCNET)上的指令。通过该串口,司机可用计算机屏幕设置控制分系统,当机车不能正常运行时,机车其他部件可通过该串口请求强迫制动。控制分系统也将状态信息包括压力值及当前配置发送给机车计算机。

气动分系统是依靠风源系统提供的压力空气,按控制分系统的指令,实施机车车辆的制动和缓解或其他各风动控制元件的动作,这些风动控制元件使控制分系统可通过控制列车管和制动缸均衡管的压力,从而控制制动缸的压力。列车管和制动缸均衡管贯通所有重联机车,通过控制列车管的压力,制动系统可对整列车实施制动和缓解。

1. CCB Ⅱ 制动机组成

CCB Ⅱ 制动机是一种符合 AAR 标准要求的基于微机网络的适用于干线机车的制动系统,具备自动制动、单独制动、紧急制动和列车管流量检测等功能,它还具备空电联锁控制、停放制动控制及其他辅助气动功能的附加控制功能。

CCB Ⅱ微机控制制动系统利用现场可替换的单元(LRU)设计形成一种分布式结构，每个可替换的单元模块包含自诊断功能。CCB Ⅱ微机控制制动系统具备多项冗余功能，具有独一无二地识别、重新组合和发生故障时备份关键部件信息的功能。

HX$_N$5 型内燃机车 CCB Ⅱ制动机包括 4 个主要部分：两个电子制动阀(EBV)、一个集成处理模块(B-IPM)、一个中继接口模块(RIM)、一个电空控制单元(EPCU)。EBV 是自动制动控制和单独制动控制操作装置，包括自动制动阀和单独制动阀。B-IPM 是制动系统的中心计算机，B-IPM 管理着制动系统和机车司机室显示模块间的接口，还通过多功能列车总线(MVB)与机车的处理控制器模块进行通信。RIM 是微处理器与机车进行通信的主要接口，为空气制动提供司控器联锁、撒砂控制、与监控装置的接口和事件记录等功能。EPCU 包括控制列车空气管路的空气阀，这些阀根据功能分组并被模块化，成为现场可替换单元，共包含 8 个模块，其中 5 个模块是智能化的，并通过网络通信。

HX$_N$5 型内燃机车 CCB Ⅱ微机控制制动系统结构如图 4-14 所示，电气控制的相关原理如图 4-15 所示。该制动系统具备诊断、自检、校验及故障和事件的记录功能。

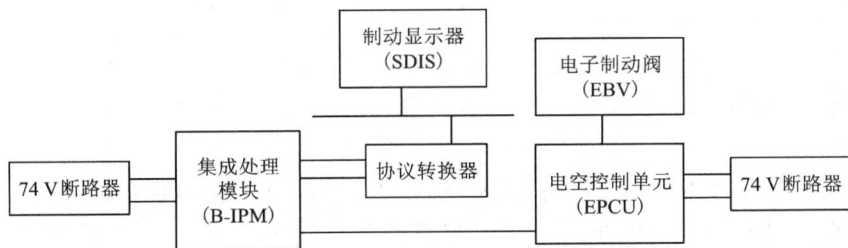

图 4-14　CCB Ⅱ微机控制制动系统结构

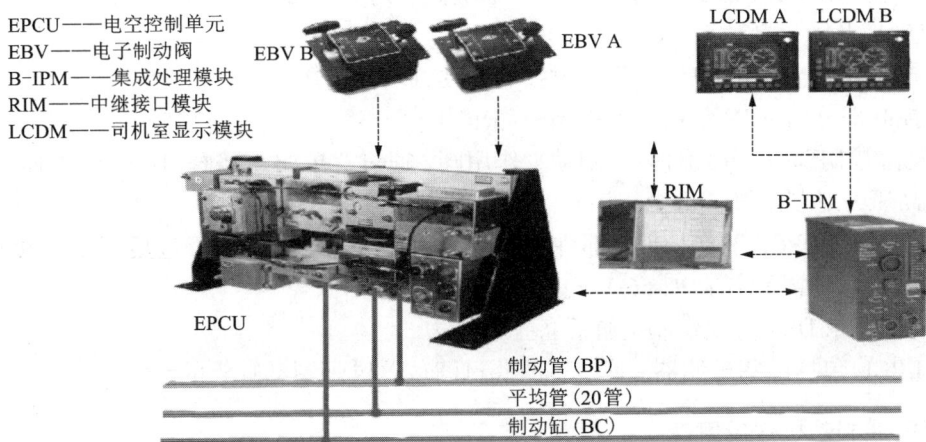

图 4-15　CCB Ⅱ微机控制制动系统电气控制原理

（1）电子制动阀（EBV）

电子制动阀是 CCB Ⅱ制动机的操作部件，安装在司机室。EBV 包括自动制动手柄和单独制动手柄，还有一个机械驱动的排气阀，即使在机车及蓄电池无电的情况下，当自动制动手柄移至紧急制动位时，这个排气阀也可引发列车管以紧急制动的速率排风。EBV 的布置是水平桌面式结构，左边是一个自动制动手柄，右边是一个单独制动手柄，中间有一个符号面板。

自动制动手柄和单独制动手柄都是向前推时施加制动。

自动制动手柄位置：运转位、初制动位、全制动位、抑制位、重联位和紧急制动位。在初制动位和全制动位间是常用制动区。非操作端司机室 EBV 的自动制动手柄可以锁在重联位，当 EBV 上锁后，自动制动手柄不能移动，包括自动制动手柄的紧急制动功能也被禁止。

单独制动手柄位置：运转位和全制动位。在运转位和全制动位之间是制动区。倾斜单独制动手柄至一边可以随时激活单缓功能，将自动制动手柄在机车上产生的制动效果缓解。

（2）集成处理模块（B-IPM）

B-IPM 包括电子系统、处理系统、继电器驱动回路、I/O 板和 MVB 接口。B-IPM 与 LCDM、RIM、EBV、EPCU 和 ILC 通信。在每个 B-IPM 前面都有 13 个 LED 指示器，这些指示器可提供系统的运行状态信息。

在 B-IPM 的前面还有一个便携的测试装置接口，它可用于故障处理数据日志的访问及新软件的下载。B-IPM 是制动系统的主计算机。它用来管理所有的连接装置，并且通过网络向 EPCU 发送制动命令。

（3）电空控制单元（EPCU）

EPCU 包括电气一体化模块和纯气动模块，用来控制机车空气管路系统的压力。这些阀都是按功能分组且模块化地安装在现场可替换单元，其中有 5 个模块是智能的，可以通过网络通信。

①均衡风缸模块（ERCP）通过均衡风缸的压力变化向列车管提供控制压力，ERCP 还包括无动力调节阀（DER），在机车无动力时允许列车管为机车总风缸充风以实现无火回送功能。

②16 控制部分（16CP）向制动缸提供控制压力，备份（ER）控制模块。

③列车管控制部分（BPCP）包括列车管中继阀、列车管投入/切除转换、列车管压力补风/不补风转换及紧急制动系统。

④20 控制部分（20CP）在机车重联时控制制动缸均衡管压力。

⑤13 控制部分（13CP）包括单缓控制内部压力。

⑥制动缸控制部分（BCCP）装有制动缸作用阀，通过双单向止回阀（DVC），选择 16 管或 20 管中最高压力对制动缸压力进行控制。

⑦供电接线盒（PSJB）为 EPCU 部件提供电源和电气接点。PSJB 包括一个将机车电池 DC 74 V 变换为 IPM 所需的 DC 66 V 的 DC/DC 变换器。

⑧DB 三通阀（DBTV）提供制动缸后备控制压力。

另外 EPCU 包括一些过滤器，这些过滤器过滤从总风到制动缸管的空气。

2. CCB Ⅱ 制动机作用原理

机车气路综合作用可分为自动制动作用、单独制动作用、空气备份状态及无火回送状态等。其中自动制动作用，即 CCB Ⅱ 制动机的单独制动手柄位于运转位，操纵自动制动手柄至运转位或制动区。

（1）大闸手柄操作

大闸手柄前推最前位为紧急位，往后拉依次为重联位、抑制位、全制动位、制动区、初制动位、运转位。大闸手柄在各个位置功能分别如下：

紧急位：大闸在此位置设有列车管排风阀，能对机车或列车施行紧急制动，手柄置于该位置时列车管压力以最快速度排风到零。

重联位：该位置是机车制动机非操纵端及无动力回送、重联时大闸所放位置。

抑制位：该位置是制动开机解锁和惩罚制动解锁的工作位置。

全制动位：机车最大单独制动，机车制动缸充风至（300±15）kPa。

制动区：控制列车管压力降低，列车产生制动作用，制动区对列车管进行连续的压力下降控制，该压力随手柄在这个区域的位置而变。

运转位：列车管按定压进行充风制动，是列车制动进行缓解和充风的位置。

大闸手柄在重联位时，可将穿销插入大闸手柄的锁定孔内，锁定大闸的位置。

（2）小闸手柄操作

小闸手柄前推最前位为制动区，往后依次为运转位、侧压缓解位。小闸手柄在各个位置功能分别如下：

制动区：机车单独制动压力随着手柄在这个区域的位置而变。

运转位：此位置为机车正常运行时所放位置，用来缓解小闸产生的机车制动缸压力。

侧压缓解位：此位置用来缓解机车单独制动。

第五节　列车制动的发展概述

我国铁路运输向着高速和重载方向发展，对机车车辆的制动也提出相应的要求，对高速和重载列车的制动也有着不同的需求。

一、高速列车制动方式及发展趋势

高速列车（或高速动车组）的编组辆数一般不会太多，如我国长编组的动车组最多只有16辆（除CR400BF-B动车组外，该动车组为加长版复兴号，是在原有16编标准版复兴号的基础上加入了一辆拖车，成为17编组）。高速列车的运行速度很快，其构造速度相当于我国现在一般旅客列车（100~140 km/h）的2倍左右（200~300 km/h），甚至更高。由于动能与速度的平方成正比，故高速列车的动能很大，要在不太长的制动时间和距离内将此巨大的动能转化、消散或移走，必须有足够大的制动功率和更灵敏的制动操纵控制系统。这是因为速度越高，空走时间对制动距离的影响越大，而且有效制动距离取决于制动力和制动功率的大小，制动功率与速度的三次方成正比。

高速列车制动有两个主要特点：①多种制动方式协调配合，而且普遍装有防滑器；②列车制动操纵控制系统普遍采用了电控、直通或微机控制电气指令式等更为灵敏而迅速的系统。

由本章第一节内容可知，高速列车采用的制动方式可分为三类：①受黏着限制的摩擦制动，即踏面制动、盘形制动；②受黏着限制的动力制动，即电阻制动、再生制动、旋转涡流制动；③不受黏着限制的非黏制动，即磁轨制动、轨道涡流制动。

动车(具有牵引动力装置的车辆)一般是在前两类(黏着制动)中各取 1~2 种配合使用。拖车因为没有牵引动力装置,无法采用动力制动,故一般在第一类和第三类中各取一种配合使用。从整个列车,即把动车和拖车综合起来看,每种列车几乎都有三种制动方式:基本上是以第一类(摩擦制动)为基础,动车加第二类(动力制动),拖车加第三类(非黏制动)。

从发展上来看,其有以下三个明显的趋势:

①在摩擦制动中,盘形制动逐步替代踏面制动。随着列车走向高速化,踏面制动终究是走下坡路了,它已经逐渐被盘形制动所代替,或者退居次要地位,因为盘形制动的"摩擦副"在结构和材质上都可以双向选择,能承受较大的热负荷,车轮踏面的磨耗也可以减轻。不过,为了保持踏面洁净,有的制动机又加装了踏面清扫装置,或者采用"盘形加踏面,以盘形为主"的混合制动方式。

②在动力制动中,电阻制动逐渐被再生制动所代替。后者可以节能,经济性比较好。

③在非黏着制动中,摩擦式和涡流式基本上平分秋色、不相上下。这是因为摩擦式要磨损电磁铁和钢轨,涡流式无此磨损但耗电较多。但不管怎么说,非黏着制动可使列车在黏着限制之外获得更大的制动力。对高速列车来说,这是特别需要的一种制动方式。

由于黏着制动始终是基础,为了充分利用黏着,高速列车普遍装用防滑器。多种制动方式的协调配合和装用防滑器,只能缩短有效制动距离。为了缩短制动空走时间从而缩短空走距离,高速列车的主控方式已由空气压强控制(气控)普遍转变为电控,即由空气制动机转变为电空制动机,由自动式转变为(电磁)直通式;近期又进一步向微机控制(电气指令式)的方向发展。

二、重载列车制动装置的发展

重载列车实际上是扩编列车,它的速度并不很高,但是编组车辆数很多,列车很长,需要大功率机车,或者多个机车重联牵引,或者补机推送,有的还是两辆列车或多辆列车合在一起的组合列车。

重载列车制动面临的主要问题包括:①列车纵向冲击力很大;②初充风时间特别长;③在同样的机车制动阀排风和充风速度下,列车管减压和增压速度都很低;④列车管的减压和增压速度沿管长方向的"衰减"都较严重。

所以,重载列车制动装置必须具备下列特点:

①要有很高的制动波速和较高的缓解波速。这可以缩短制动和缓解时列车前后部作用的时间差,减轻制动和缓解时的纵向冲击,制动波速高还可缩短制动距离。为此,必须加强和改进每辆车的局部减压性能,增添局部增压性能。

②在大力提高制动波速的同时,采用制动缸先快后慢的变速充气方法,科学地延长制动缸充气时间,以达到大大减轻制动冲击,且不延长制动距离的目的。

③采用摩擦系数较大的闸瓦,如高摩合成闸瓦,同时改用较小的制动缸和副风缸。这样,可以在保证同样的闸瓦摩擦力条件下,使重载列车的初充风时间不致太长。而且,由于闸瓦压强较低,闸瓦磨耗可以减轻,"磨托"和"烧车"事故也就不容易发生。

④采用性能良好的空重车自动调整装置,保证空车不滑行,重车具有足够的制动力。

⑤列车管内壁和各个连接管器要具有较小的气体流动阻抗。

⑥要有密封式制动缸和良好的"压力保持"性能。在长大下坡道制动保压时，能保持制动缸不漏泄，即使有一点漏泄，副风缸能及时给予补风，总风缸能经过列车管给副风缸补风，使制动缸压强不致因漏泄而衰减。

⑦牵引组合列车的处于列车中部的机车应当装有中继制动装置或同步制动装置：前者可以把前面传来的已经衰减得很微弱的制动指令加以放大，然后再向后传送；后者可以接收列车头部的制动指令，并把它同步向后传送。

在重载机车制动机的发展中，EUROTROL 型制动机是当前重载机车最先进的制动机之一。EUROTROL 型制动机由法国法维莱(Faiveley)公司制造，在法国阿尔斯通公司和中国北车集团大同机车有限公司专为大秦铁路合作生产的 HX$_D$2 型大功率(9600 kW)电力机车上使用；与国产 SS$_4$ 型电力机车类似，每台 HX$_D$2 型机车由两节 4 轴机车联挂在一起。

EUROTROL 型制动机有以下特点：

①采用微机(制动控制单元 BCU)控制，制动和缓解过程的控制更精确(列车管压强变化的级差可以比 10 kPa 更小)，并能实现电制动和空气制动的协调配合。

②具有多机重联无线控制系统(MU)。多台机车重联时，各机车 MU 通过无线通信，由本务机车对制动系统进行统一控制。

③部件普遍采用模块化、集成化的结构设计，便于设计、制造、拆装和检修，如电空制动控制模块将电磁阀、中继阀和压力传感器等集成在一个单元中。

复习思考题

1. 从制动能量转换方法方面，思考未来机车车辆是否还会有新的制动方式，能否有新的方式将制动的能量回收利用。

2. 闸瓦制动时，制动缸活塞行程为何需要调整？如何进行调整？

3. 客车和货车制动机的主要差别和出现这些差别的主要原因是什么？

4. 思考列车制动系统可能出现的故障，以及可以采用哪些技术或方法来应对故障。

5. 谈一谈高速和重载列车对制动系统要求的差异，以及制动系统的发展情况。

第五章

车端连接装置

车端连接装置是机车车辆最基本的也是最重要的部件之一，其作用是连接机车车辆、减缓列车的纵向冲击、传递列车电力、通信控制信号和连接列车风管。

车端连接装置主要包括车钩缓冲装置、风挡、车端阻尼装置、车端电气连接装置等。一些货车和动车组上还使用牵引杆装置。现在的机车车辆上均装有车钩和缓冲器，通常将二者合称为车钩缓冲装置。其是车端连接装置中起牵引连挂和缓和冲击作用的主要部件。风挡和车端阻尼装置仅在客车车辆上使用，而牵引杆装置则是随着重载运输发展起来的新型的铁路车辆连接方式，其一般运用在重载货车车辆上。电气连接装置是列车动力和控制通信的重要设备。

本章将介绍车钩缓冲装置、风挡和牵引杆装置等车端连接装置的组成和作用，重点介绍13号车钩和MT-2型缓冲器的主要结构和作用原理等，最后对车端连接装置的发展进行总结。

第一节 车钩缓冲装置的组成及作用

在车钩缓冲装置中，如果牵引连挂和缓和冲击的作用是由同一装置来承担，那么该装置称为牵引缓冲装置；如果它们的作用分别由不同的装置来承担，则分别称之为牵引连挂装置和缓冲装置。牵引连挂装置用来实现机车车辆之间的彼此连接，传递和缓和牵引力。缓冲装置用来传递和缓和冲击力，并且使机车车辆彼此之间保持一定的距离。

我国铁路机车车辆连接均采用自动车钩。自动车钩又可分为非刚性车钩和刚性车钩。非刚性车钩允许两个相连接的车钩在垂直方向上有相对位移，刚性车钩不允许两个相连接的车钩在垂直方向彼此存在位移。我国铁路机车和普通客、货车均采用非刚性自动车钩，对于高速列车、城市地铁和轻轨车辆，则采用刚性自动车钩及密接式车钩。

一、车钩缓冲装置的组成及功能

车钩缓冲装置由车钩、缓冲器、钩尾框、从板等零部件组成。图5-1所示为车钩缓冲装置的一般结构形式。在钩尾框内依次装有前从板、缓冲器和后从板(有时不需后从板)，借助钩尾销把车钩和钩尾框连成一个整体，从而使车辆具有连挂、牵引及缓冲三种功能。

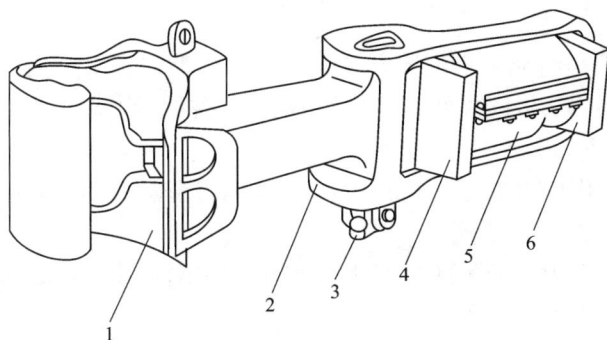

1—车钩；2—钩尾框；3—钩尾销；4—前从板；5—缓冲器；6—后从板。

图 5-1　车钩缓冲装置

在车钩缓冲装置中，车钩用来实现机车车辆之间的连挂和传递牵引力及冲击力，并使车辆之间保持一定的距离。缓冲器用来减缓列车运行及调车作业时车辆之间的冲撞，吸收冲击动能，减小车辆相互冲击时所产生的动力作用。从板和钩尾框则起着传递纵向力（牵引力或冲击力）的作用。

根据以上所述，车钩缓冲装置无论是承受牵引力还是推进力，都要经过缓冲器传给牵引梁及车底架。而缓冲器总是承受压缩力，通过缓冲器的作用，使冲击力减弱，以减少对车底架的冲击和振动，从而提高列车运行的平稳性。

钩尾框用钩尾销与钩尾连接，钩尾框内装有缓冲器和前、后从板，是传递牵引力的主要配件。

钩尾销穿插在钩尾框和钩尾的钩尾销孔内，其下端被装于钩尾销固定挂耳上的横穿的钩尾销螺栓托住，钩尾销螺栓在螺母外侧必须安装开口销，以免钩尾销螺栓丢失，造成列车分离事故。

从板安装在钩尾框内，缓冲器前、后各一块。前面的为前从板，承受牵引力，后面的为后从板，承受冲击力，借助从板与从板座接触使缓冲器实现缓冲作用。有时前从板与钩尾的接触面为圆弧形，以便扩大接触面，避免从板因受力集中而裂损；另外，可使列车在通过曲线时，车钩摆动自如，减少缓冲器对车钩的反驳力，保证运行平稳。

从板座分前从板座和后从板座。铆接于牵引梁内侧面上，用以阻挡从板的移动，从而使缓冲器实现衰减及缓和列车冲击的目的。前从板座承受并传递列车的牵引力，后从板座承受并传递冲击力。

冲击座位于底架端梁的中部，在冲击座下部装有车钩托梁，它除了保证车钩缓冲装置能在正常使用的位置，当车钩受到较大的冲击力时，钩肩与冲击座接触，冲击座还可加强端梁强度并将部分冲击力直接传递给底架，避免缓冲器因冲击力过大而破损。

钩尾框托板由钢板压制而成，它由螺栓组装在牵引梁上，用以托住钩尾框。为了减少磨耗，在钩尾框与钩尾框托板之间装有磨耗板。在牵引梁的上方装有钩尾框挡板，以防止钩尾框翘起，钩头下垂。

二、车钩缓冲装置在车辆上的安装及作用力的传递

车钩缓冲装置一般是组成一个整体安装于车底架两端的牵引梁内,其前、后从板及缓冲器卡装在牵引梁的前、后从板座之间,下部靠钩尾框托板及钩体托梁(货车)或复原装置(客车)托住,各部相互位置如图5-2(a)所示。

当车辆受牵拉时,作用力的传递过程为:车钩→钩尾框→后从板→缓冲器→前从板→前从板座→牵引梁,如图5-2(b)所示。

当车辆受冲击时,作用力的传递过程为:车钩→钩尾框→前从板→缓冲器→后从板→后从板座→牵引梁,如图5-2(c)所示。

由此可见,车钩缓冲装置无论是承受牵引力,还是冲击力,都要经过缓冲器将力传递给牵引梁,这样就有可能使车辆间的纵向冲击得到缓和和消减,从而改善运行条件,保护车辆及货物不受损坏。

为了保证车辆连挂安全可靠和车钩缓冲装置安装的互换性,我国机车车辆有关规程规定:车钩缓冲器装车后,其车钩钩舌的水平中心线距钢轨面在空车状态下的高度为880 mm;两相邻车辆的车钩水平中心线最大高度差不得大于75 mm;牵引梁前、后从板座之间距离为625 mm;牵引梁两腹板内侧距为350 mm;等等。

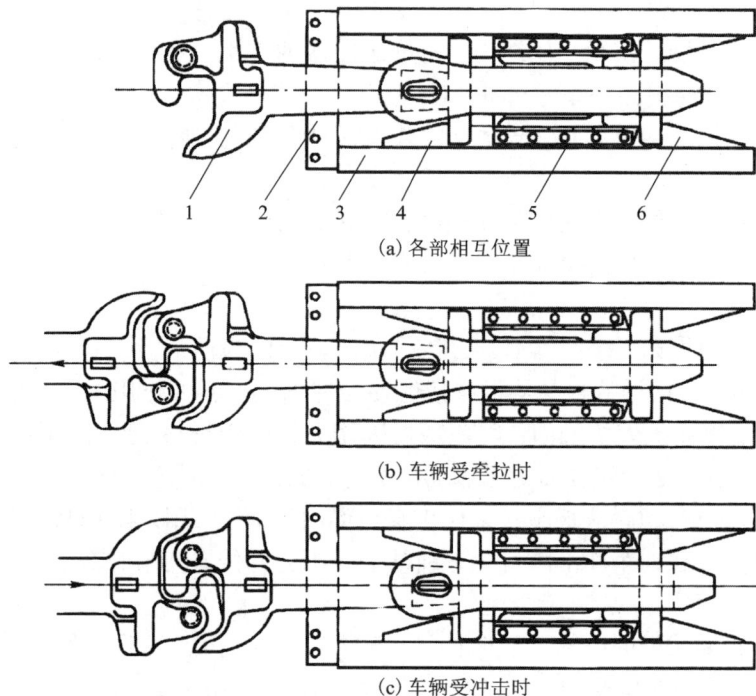

(a) 各部相互位置

(b) 车辆受牵拉时

(c) 车辆受冲击时

1—车钩缓冲装置;2—冲击座或复原装置;3—中梁或牵引梁;4—前从板座;5—钩尾框托板;6—后从板座。

图5-2　车钩缓冲装置在车上的安装位置及受力状态

三、车钩的开启方式

车钩的开启方式分为上作用式及下作用式两种。由设在钩头上部的提升机构开启的，称上作用式，大部分货车车钩为上作用式，这种方式开启灵活、轻便，所以车辆以使用上作用式的车钩缓冲装置为原则。但还有部分货车，例如，平车、长大货物车或开有端门的货车，因有碍货物的装卸，或活动端门板需要放平，钩头的上部不能安装钩提杆，无法采用上作用式。对于客车，因车体端部有风挡和渡板装置，故也无法采用上作用式，而采用下作用式。这时，借助设在钩头下部的推顶杆的动作来实现开启，它不如上作用式轻便。上、下作用式车钩装置分别如图 5-3 和图 5-4 所示。

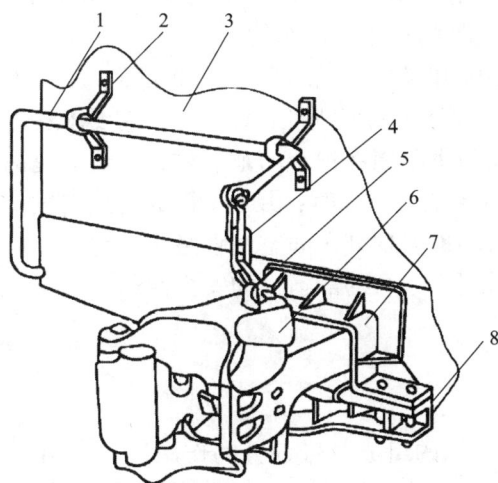

1—车钩提杆；2—车钩提杆座；3—车体端墙；4—提钩链；
5—提钩销；6—锁头；7—冲击座；8—钩身托梁。

图 5-3　上作用式车钩装置

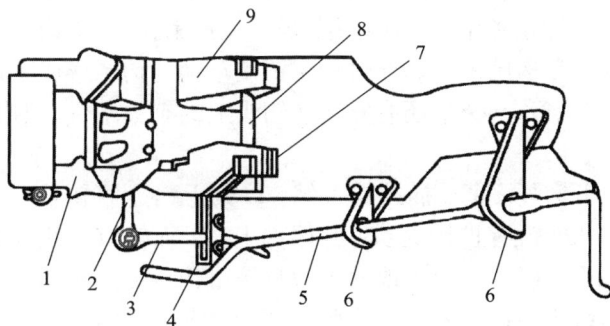

1—锁头；2—锁推销；3—下锁销杆；4—下锁销托吊；5—车钩提杆；
6—车钩提杆座；7—钩身托梁；8—吊杆；9—冲击座。

图 5-4　下作用式车钩装置

第二节　车　钩

一、车钩的类型

我国货车上采用的车钩类型有 13 号、16 号和 17 号车钩，客车上采用 15 号车钩。为了降低列车纵向冲动，改善列车的动力学性能，在 13 号车钩的基础上，改进并研制出了 13A 型车钩；在 15 号车钩的基础上，改进并研制出了 15C 型车钩。为了满足大秦线运煤万吨单元列车的特殊要求，我国还研制了 16 号和 17 号联锁式转动和固定车钩，装于运煤敞车上。17 号联锁式固定车钩已成为新的通用货车车钩。

对于高速列车、城市地铁和轻轨车辆的车钩缓冲装置，常采用机械、气路和电路同时实现自动连接的密接式车钩。这种车钩属刚性自动车钩，它要求在两钩连接后，其间没有上下和左右的移动，而且纵向间隙也限制在很小的范围之内。这对提高列车运行平稳性，降低车钩零件的磨耗和噪声均有重要意义。同时，由于车钩的连挂精度大大提高，在列车连挂和分解时，车钩缓冲装置也能自动地实现列车间空气管路的自动连接和分离。密接式车钩缓冲装置能够保证列车连挂的可靠性、运行的舒适性和安全性。

二、车钩的组成

以 13 号车钩为例，对车钩的组成及各部分的作用进行介绍。该车钩如图 5-5 所示，车钩由钩头、钩身及钩尾 3 部分组成。钩头主要起连挂车辆的作用，钩头与钩舌通过钩舌销相连接，钩舌可绕钩舌销转动。钩头内部装有钩锁、钩舌推铁、钩提销（下作用式车钩为钩推销）等零件，当这些零件处在不同位置时，可使车钩具有闭锁、开锁、全开 3 种作用，俗称三态作用。钩身是空心厚壁箱形结构，用以传递牵引力和冲击力。钩尾部分开有钩尾销孔，可借助于钩尾销与钩尾框相连。钩头的主要部位包括钩腕、钩腔、钩耳、护销突缘、牵引突缘、上防跳台、下防跳台、二次防跳台、下锁销钩转轴、上锁销孔、下锁销孔和钩肩等。此外，为了插入钩尾销，在钩尾设有钩尾销孔。通过钩尾销使车钩与钩尾连成一体。

除钩头体本身铸造的各部分外，还有安装在钩头上的有关配件，如图 5-5 所示。各配件的构造和作用如下：

①钩舌。装在上、下钩耳之间，插入钩舌销，以钩舌销为回转轴，利用钩舌的开闭进行车辆的摘挂，在钩舌销孔处铸有护销突缘，其尾部上、下面铸有牵引突缘，在锁闭位置时恰与钩腔内的相应突缘吻合，以使牵引力或冲击力直接由钩舌传给钩体。

②钩锁，又称钩锁铁或锁铁。安装在钩腔内钩舌尾部的侧面。其在闭锁位置时挡住钩舌尾部，起锁钩作用；在全开位置时推动钩舌推铁，能使钩舌张开。钩锁背部有一空槽及横梁，供上锁销杆连挂钩锁用；钩锁脚部有一椭圆孔，供插入下锁销用。在钩锁上还设有后座锁面、开锁座锁面等。

③钩舌推铁。横放在钩腔内，有一突起轴插入钩底部轴孔内，起转动轴的作用。其作用

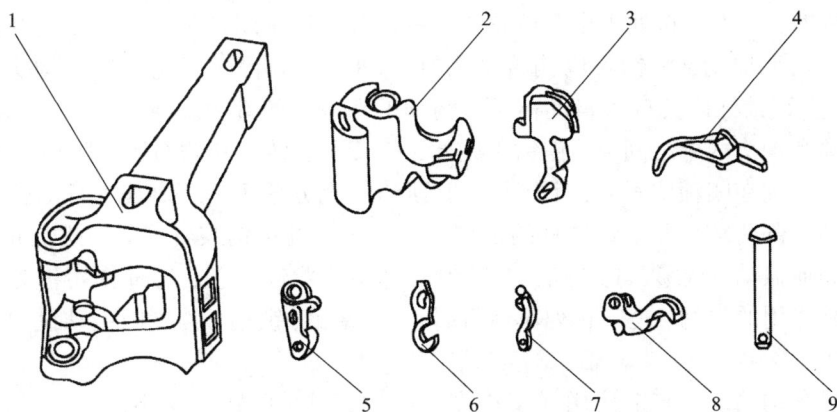

1—钩头；2—钩舌；3—钩锁；4—钩舌推铁；5—上锁销杆；
6—上锁销；7—下锁销杆；8—下锁销；9—钩舌销。

图 5-5　13 号车钩及钩头零件

是推动钩舌张开达到全开位置。钩舌推铁的一端为钩锁锁座，车钩在闭锁、开锁位置时，钩锁均坐在该锁座上。

④钩舌销。安装在钩耳孔和钩舌销孔内，用于连接钩舌和钩头，并起钩舌转动轴的作用。

⑤上锁销、上锁销杆。为上作用式车钩提起钩锁之用。上锁销顶部设有定位突檐，控制上锁销下落位置，同时可避免杂物进入钩腔内。上锁销下部有一突起，称防跳部，在闭锁位置时起防跳作用。上锁销和上锁销杆采用活动连接，不仅便于检修，更重要的是在闭锁位置时，使上锁销和上锁销杆呈弓形，起防跳作用。

⑥下锁销、下锁销杆、下锁销钩。为下作用式车钩顶起钩锁之用。下锁销上的下锁销轴插入钩锁锁腿的椭圆斜孔内，便与钩锁相连。在下锁销上设有一次防跳部。下锁销与下锁销杆活动连接，在下锁销杆上设有二次防跳部，其中部安装车钩提杆。下锁销钩的一端与下锁销杆活动连接，另一端挂在钩体的下锁销钩转轴上。

三、车钩的三态作用

根据铁路运输生产的需要，车钩应具有闭锁、开锁、全开 3 种作用。车辆连挂后车钩应具有闭锁作用以保证列车运行时各车钩不能任意分离；摘解车辆时，车钩应具有开锁作用，以便使两连挂的车钩脱开；连挂车辆时，车钩应具有全开作用，使其中一个车钩钩舌完全张开，才能使另一车钩的钩舌进入其钩腕内，以便两钩连挂。车钩的这 3 种作用是通过转换钩头内钩锁、钩舌推铁、上（或下）锁销的位置，分别使它们处于闭锁、开锁、全开位置（或称闭锁、开锁、全开状态）而实现的。

1. 闭锁位置

闭锁位置是使车钩起闭锁作用的钩头内各零件的位置。两钩连挂以后，其内部零件均应处于此位置，如图 5-6 所示。

连挂车辆时,一方车钩处于全开位置,另一方车钩处于闭锁位置。处于全开位置的钩舌尾部被另一方钩舌推动,则钩舌以钩舌销为轴转动。当钩舌尾部完全进入钩头内腔时,钩锁、上锁销、上锁销杆以其自重自动落下,钩锁的后座锁面坐在钩舌推铁一端的锁座 a 上,卡在钩舌尾部和钩头内壁之间,挡住钩舌尾部,使其不能转动开放而形成闭锁位置。

上作用式车钩在闭锁位置时,上锁销、上锁销杆充分落下后,因其本身结构特性而呈弓形。使上锁销下部防跳部和上锁销杆的顶部防跳机 b 同处于钩腔后壁上防跳台 h 的下方。此时无论车辆如何振动,钩锁、上锁销、上锁销杆都不能跳起开锁,这种作用称为车钩的防跳作用。设防跳作用的目的,是防止列车运行时,上(或下)锁销、钩锁因振动跳起开锁而发生车钩分离事故。

下作用式车钩的动作与上作用式车钩完全相同,只是防跳部位不同。当钩锁、下锁销、下锁销杆以自重落下时,下锁销是依靠共轴沿钩锁锁腿上的椭圆斜孔斜下方向滑下的,因此其防跳部 f 便处于下锁销孔内的下防跳台 t 的下方,起防跳作用。同时,下锁销杆的二次防跳部 d(尖端)卡在下锁销孔下端前沿二次防跳台 e 的下方,再次限制钩锁的跳动。

13 号上、下作用式车钩已形成闭锁位置的标志是钩锁的足部(锁腿下端)从钩头下锁销孔露出,上、下锁销充分落下。能从下锁销孔处看到钩锁的足部,说明钩锁已到达闭锁位置;上、下锁销已充分落下(上锁销定位突檐紧贴钩头上表面,下锁销从下锁销孔露出较多),说明上、下销的防跳部已分别到达钩腔上、下防跳台的下方,起防跳作用。这一点是运输工作人员在连挂车辆后必须注意的重要问题,以免因钩锁未能充分落下(假连接)而造成车钩分离事故。

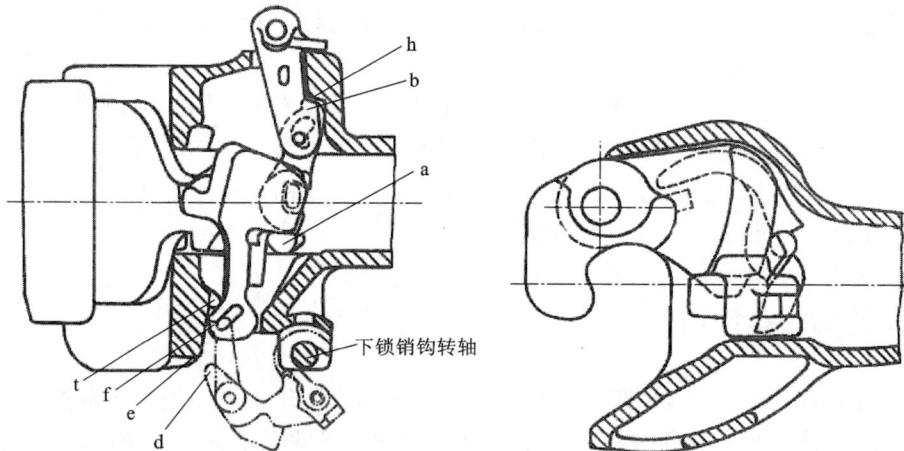

图 5-6　13 号车钩的闭锁位置

2.开锁位置

开锁位置是使车钩起开锁作用的钩头内各零件的位置。摘解车辆时,应使一方车钩处于开锁位置,牵动另一辆车即可摘开车钩,使两车辆分离。

开锁位置如图 5-7 所示,当车钩在闭锁位置时,向上扳动车钩提杆,通过车钩提杆链的联动，提起上锁销并带动上锁销杆，使上锁销的下部防跳部和上锁销杆的顶部防跳部 b 脱离上防跳台 h 而上升，同时也带动钩锁上升，使其离开钩舌尾部。钩锁上升过程中，由于其偏重的作用，它的上部前倾，下部锁腿向后偏移，当放下车钩提杆时，则钩锁的开锁座锁面 c 坐在钩舌推铁一端的锁座 a 上，钩锁不再落下，让出钩舌尾部转动空间，从而形成开锁位置。车钩处在开锁位置时，钩舌并未转动开放，但只要相邻车辆牵动，即可使车钩转动开放，两钩分离。

下作用式车钩的开锁位置基本上与上作用式相同，不同的是，向上扳动车钩提杆后，下锁销轴沿钩锁锁腿上的椭圆斜孔向斜上方向滑动而脱离防跳台 t，当下锁销轴上升到斜孔上极端位时，便将钩锁顶起而开锁。

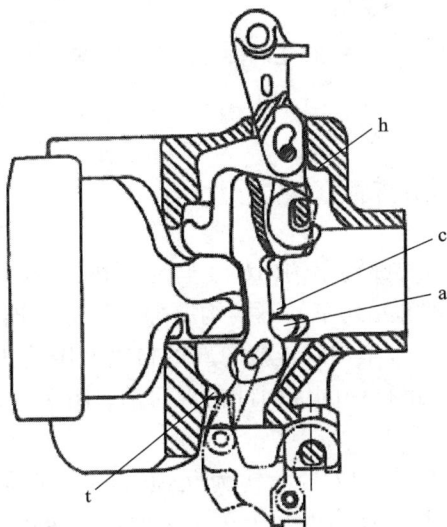

图 5-7　13 号车钩的开锁位置

3. 全开位置

全开位置是使车钩起全开作用的钩头各零件的位置。车辆连挂之前，必须使其中的一个车钩处于全开位置，钩舌张开，两钩才能连挂上。

全开位置如图 5-8 所示，当车钩在闭锁位置或开锁位置时，用力扳动车钩提杆，则上锁销、上锁销杆(若在闭锁位先脱离上防跳台)带动钩锁迅速上升。当钩锁被充分提起时，其前部突起 k 和钩腔前壁导向挡顶部的全开作用台 j 接触，钩锁被阻不能上升，则以接触部 j 为支点转动，使钩锁锁腿向后踢动钩舌推铁的 a 端，钩舌推铁则以自身的轴横向转动使钩舌推铁的另一端向前推动钩舌尾部，从而使钩舌绕钩舌销转动，钩舌张开面形成全开位置。此时放下车钩提杆，钩锁坐落在钩舌尾部圆弧面上，为两钩连挂时闭锁位置的形成做好准备。

下作用式车钩的动作与上作用式基本相同，用力向上扳动车钩提杆后，由下锁销从下向上迅速顶起钩锁而形成全开位。下锁销从下面顶起钩锁，与上锁销从上面提起钩锁效果是相同的。

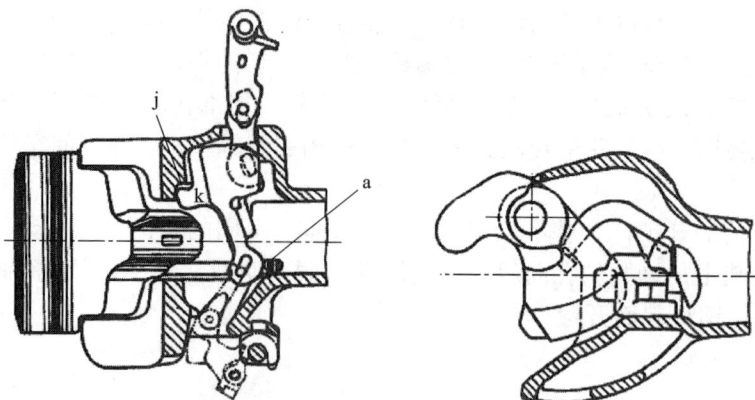

图 5-8　13 号车钩的全开位置

四、16 号和 17 号车钩的特点

运煤专用敞车使用的联锁式旋转车钩(16 号车钩)和联锁式固定车钩(17 号车钩)是为了满足大秦运煤专用线开行重载单元列车且不摘钩上翻车机进行连续翻转卸货的需要,车钩的组成如图 5-9 所示。16 号、17 号车钩间连接轮廓的自由间隙均为 9.5 mm,比 13 号车钩减少了 52%,从而大大降低了列车运行中的纵向冲击。目前,16 号、17 号车钩安装在大秦线上运煤专用敞车上。

16 号车钩为联锁式旋转车钩,17 号车钩为联锁式固定车钩,分别安装在车辆的 1 位、2 位端。在运煤单元列车上,每组连接的 2 个车钩必须是旋转式和固定式互相搭配。

当车辆进入翻车机位置时,翻车机带动车辆以车钩中心线为旋转轴翻转 135°～180°,底架连同 16 号车钩的钩尾框以车钩中心线为转轴,相对于 16 号车钩钩体旋转,16 号车钩钩体则受相邻车辆与其连挂的 17 号车钩约束而静止不动。被翻转车辆另一端的 17 号车钩随同底架沿车钩中心线旋转并带动相邻车辆与其连挂的 16 号车钩一起旋转,实现了不摘解车钩就可在翻车机上卸货的目的,提高了运输效率。

17 号车钩的主要特点为:

①车钩具有联锁和防脱功能。17 号车钩的钩体头部设有联锁装置,车钩连挂后可自动实现联锁,在车钩钩头下面设有防脱装置,防止列车运行时脱钩。

②结构强度高,耐磨性能好。17 号车钩采用高强度的 E 级钢材质并经特殊热处理,提高了钩体、钩舌和钩尾框的硬度。同时,钩体最小破坏载荷为 4005 kN,与 AAR 标准规定相同;钩舌的最小破坏载荷为 3439 kN,比 AAR 标准规定的 2950 kN 提高了 16%;钩尾框由 E 级铸钢改为 E 级锻钢,具有较高的强度储备。钩身下平面与车钩支撑座接触部位焊装有磨耗板,提高了钩身的耐磨性能。

③曲线通过性能好。17 号车钩尾部设有自动对中凸肩和球形端面,可以使车钩在运行中经常保持正位,同时改善了车辆及列车的曲线通过性能。

④连挂间隙小。17 号车钩的连挂间隙为 9.5 mm,比 13 号车钩的 19.5 mm 减少了 52%,

比 13A 号小间隙车钩的 11.5 mm 减少了 17%，可降低列车的纵向冲击、改善列车纵向动力学性能，延长车辆及其零件的使用寿命。

⑤安全性能好。17 号车钩钩头两侧设有联锁装置，故在列车事故中仍能保持车钩的连挂性能，防止列车颠覆。

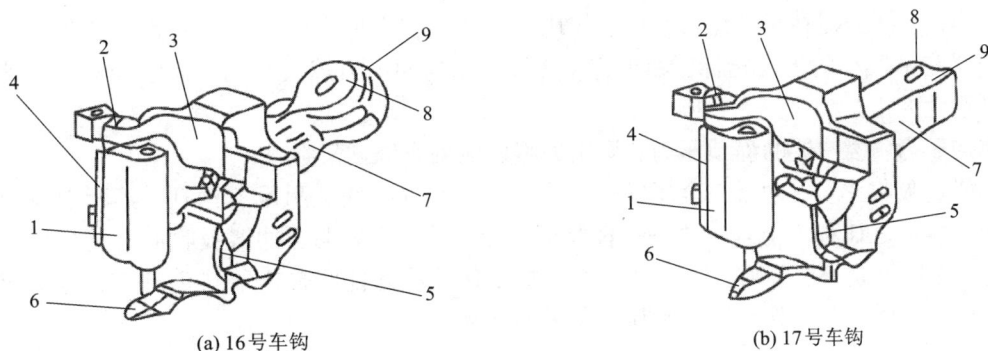

(a) 16号车钩　　　　(b) 17号车钩

1—钩舌；2—钩舌销；3—钩头；4—联锁套口；5—联锁套头；6—联锁辅助支架；
7—钩身；8—钩尾端面；9—球台状钩尾（16号车钩）、钩尾凸肩（17号车钩）。

图 5-9　16 号、17 号车钩

第三节　缓冲器

缓冲装置（缓冲器）的作用是缓和列车在运行中由机车牵引力的变化或在起动、制动及调车作业时车辆相互碰撞而引起的纵向冲击和振动。缓冲器有耗散车辆之间冲击和振动能量的功能，从而减轻对车体结构和装载货物的破坏作用，提高列车运行的平稳性。

缓冲器的工作原理是借助压缩弹性元件来缓和冲击作用力，同时在弹性元件变形过程中利用金属摩擦、液压阻尼和胶质阻尼等吸收冲击能量。

根据结构特征和工作原理，一般可将缓冲器分为以下几种类型：弹簧式缓冲器、摩擦式缓冲器、橡胶缓冲器、摩擦橡胶式缓冲器、弹性胶泥缓冲器、液压缓冲器及空气缓冲器等。目前应用最广泛的为摩擦式缓冲器和弹性胶泥缓冲器。

以前我国铁路车辆上所采用的缓冲器为 1 号环弹簧式缓冲器（客车）、2 号环弹簧式缓冲器（货车）、MX-1 型橡胶缓冲器和 3 号摩擦式缓冲器等。随着我国列车运行速度的提高和万吨单元列车的开行，对缓冲器容量、性能提出了更高的要求。为此，20 世纪 90 年代我国借鉴美国 Mark-50 型缓冲器技术研制的 MT-2 型、MT-3 型缓冲器已投入批量生产，满足了我国重载列车和单元列车对缓冲器的要求。近年来，弹性橡胶泥缓冲器在我国客车上也得到了发展和运用。

一、缓冲器的主要性能参数

缓冲器的性能直接影响着列车的牵引总重、运行速度、车辆的总重、编组作业效率、货物的完好率等涉及铁路运输效能的主要技术经济指标。决定缓冲器特性的主要参数为缓冲器的行程、最大作用力、容量、初压力和能量吸收率。

①行程：缓冲器受力后产生的最大变形量称为行程。此时弹性元件处于全压缩状态，如再加大外力，变形量也不会再增加。

②最大作用力：缓冲器产生最大变形量时所对应的作用外力。

③容量：缓冲器在全压缩过程中，作用力在其行程上所做的功的总和称为容量。它是衡量缓冲器能量大小的主要指标，如果容量太小，则当冲击力较大时就会使缓冲器全压缩而导致车辆刚性冲击。

④初压力：缓冲器的静预压力，初压力将影响列车纵向舒适性。

⑤能量吸收率：缓冲器在全压缩过程中，有一部分能量被阻尼所消耗，其所消耗的能量与缓冲器容量之比称为能量吸收率。能量吸收率越大，则表明缓冲器吸收冲击能量的能力越大，反冲作用就越小，否则，缓冲器必须往复工作几次才能将冲击能量消耗尽，这将导致车钩、车底架过早疲劳损伤，并且加剧列车纵向冲动。

二、MT-2型缓冲器的结构与工作原理

MT-2型、MT-3型缓冲器，是为了适应我国大秦线开行6000~10000 t重载单元列车，主要干线开行5000 t级重载列车，以及发展25 t轴重大型货车的需要而研制和开发的新一代大容量通用货车缓冲器。MT-2型缓冲器用于大秦线专用敞车，MT-3型缓冲器可用于一般的通用货车，目前在C_{63}型、C_{76}型及C_{80}型等系列重载货车上均装用了MT-3型缓冲器，我国70 t级货车也采用了MT-2型缓冲器。本节主要以MT-2型摩擦式缓冲器为例，对摩擦式缓冲器的结构和工作原理进行讲解。

1. 组成

MT-2型摩擦式缓冲器系摩擦式弹簧缓冲器，由摩擦机构、主系弹簧和箱体3部分组成，如图5-10所示。其中摩擦机构主要包括外固定板、动板、中心楔块、楔块、固定斜板等部分。

2. 作用原理

当缓冲器受冲击时，中心楔块与楔块沿着固定斜板滑动，同时夹紧动板。当楔块移动到一定距离后，与动板一起移动，这时动板、固定斜板和外固定板构成另一组摩擦部分，消耗、吸收一部分动能，并共同推动弹簧座压缩内、外圆弹簧和角弹簧，将一部分冲击动能转变为弹簧的势能。当缓冲器卸载时，复原弹簧，借助弹力使中心楔块复位，防止卡滞。

3. 特点

MT-2型缓冲器在车辆空载或在较低冲击速度时，缓冲器的刚度小且变化平缓，当车辆满载或为大型车，且冲击速度在7 km/h以上时，刚度增长较快。MT-2型缓冲器结构合理，容量大，稳定性好，其检修周期长达16年，较适合我国大秦线开行重载单元列车和主要干线发展重载货物列车运输对缓冲器的要求。装设这种缓冲器的车型一般是总重84~100 t大型货车，调车允许连挂速度可提高到7 km/h以上，是一种具有广阔发展前景的新型货车缓冲器。

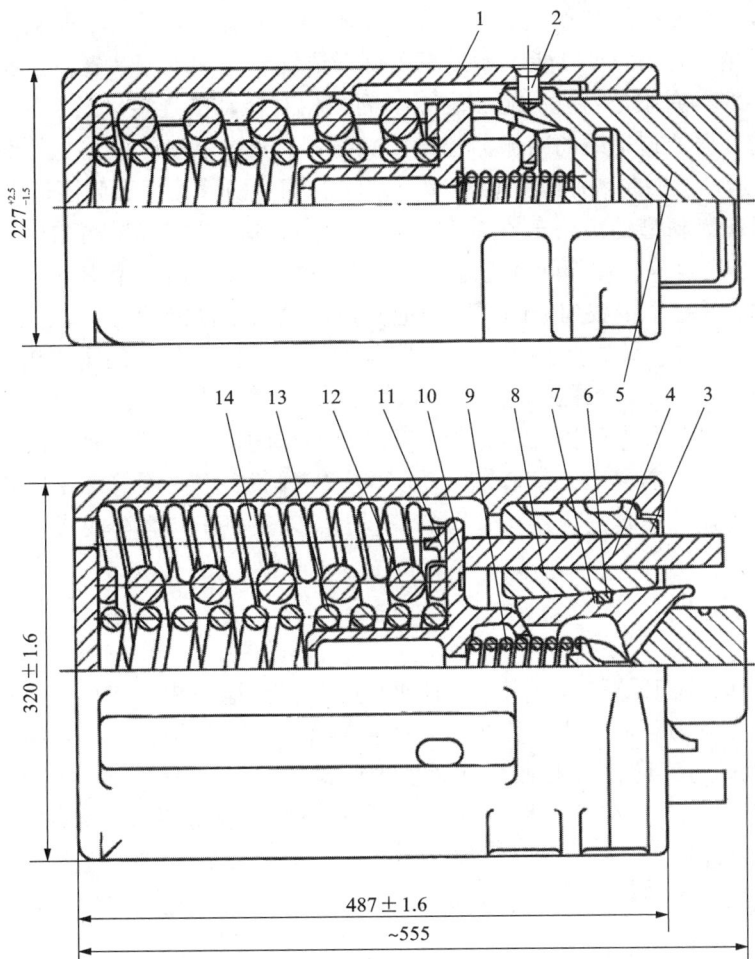

1—箱体；2—销子；3—外固定板；4—动板；5—中心楔块；6—铜条；7—楔块；8—固定斜板；
9—复原弹簧；10—弹簧座；11—角弹簧座；12—外圆弹簧；13—内圆弹簧；14—角弹簧。

图 5-10　MT-2 型摩擦式缓冲器

第四节　风挡和牵引杆装置

我国铁路客车所采用的风挡装置包括铁风挡、橡胶风挡及密接式风挡。其中铁风挡的密封性、安全性、保温性及隔热性均较差。而橡胶风挡的密封性比铁风挡有较大程度的提高，并具有良好的纵向伸缩性和横向垂向弹性，能适应车辆通过曲线时的缓冲振动。随着客车运行速度的不断提高，密接式风挡在提速客车上得到了大量应用，该风挡和橡胶风挡相比，密封性进一步提高，较好地解决了传统列车连接处噪声大、灰尘多、气密性差及保温隔热不良等问题。

列车运行速度的提高，使得车体的摇头、侧滚等振动问题更加突出，成为影响列车运行品质的主要因素。车端阻尼装置主要起着衰减车辆间相对振动的作用，其对车辆各个自由度振动的约束作用显得尤为重要，能大大提高运行舒适性。车端阻尼装置一般指除车钩缓冲装置以外的车辆端部具有阻尼特性，能够衰减车辆间相对振动的连接设备，其中最主要的是车端减振器。车端减振器包括纵向减振器和横向减振器，其中纵向减振器主要衰减车体间的相对点头，即纵向运动；横向减振器主要衰减车体间的相对横移摇头和侧滚运动。

牵引杆装置作为新型的铁路车辆连接方式，已经在国内外重载运输的单元列车中得到成功应用，如美国、巴西等国均不同程度地在长大重载货车上采用了牵引杆装置。因为牵引杆装置取消了车钩，减轻了重载列车的间隙效应对纵向动力学性能的影响。

此外，车端电气连接装置和总风软管连接器也是车端连接装置的重要组成部分，且对列车的运行和安全起着举足轻重的作用。车端电气连接装置包括电气连接器、通信连接器、电空制动连接器等。其与邻车的连接器相连，以沟通列车的供电回路、通信回路和电空制动回路。客车或货车制动时需要风，客车的风动门、空气弹簧、集便器等设备的正常工作，也需要风。而总风软管连接器就是连接相邻车的总风管，以便机车向客车或货车供风。

一、客车用风挡

为了防止风沙、雨水侵入车内及运行时便于旅客安全地在相互连挂的车辆间通过，在车辆两端连接处装有风挡装置。我国的客车风挡有帆布风挡、铁风挡、国际联运铁风挡、橡胶风挡、单层密封折棚式风挡、密接胶囊式风挡等形式。

帆布风挡用于 22 型客车及一些老型客车上，由帆布和折棚组成，特点为结构简单，维修方便，但不太美观且易损坏。

铁风挡是我国客车通用件，其特点为结构简单，车辆之间连挂方便，但风挡噪声大，磨损及腐蚀严重，维修量比较大。

橡胶风挡由左、右立橡胶囊、横橡胶囊、橡胶垫、防晒板、缓冲装置等组成。橡胶风挡具有特殊形状的弹性橡胶囊和密封垫，具有良好的纵向伸缩性和横向、垂向柔性，比铁风挡噪声小。橡胶风挡的应用广，不仅对常规客车适用，对高速客车更为适用。

单层密封折棚式风挡取消了原来形式的折棚柱及渡板，配有专用渡板，且把渡板包在风挡内用于提速客车及动车组。其主要结构件为折棚、连接架、拉杆、四连杆式渡板、挂钩、板簧、锁盒等。其优点为外形美观，密封性好；缺点为连挂不太方便，车端阻尼小，耐候性较差。

随着我国铁路运输业的快速发展，对旅客列车的安全、舒适性提出了更高的要求。对于提速客车风挡装置，不仅要美观舒适，还应具有良好的纵向伸缩性和横向、垂向柔性，以承受和适应车辆之间在运行中的错位和冲击，保证列车安全通过曲线和道岔。尤其是 200 km/h 以上的高速动车，客运风挡对气密性、隔音性要求更高。密接胶囊式风挡就是为 200 km/h 以上的电动车组研制的，主要由风挡座、胶囊对接框、风挡悬挂装置、内饰板、渡板、手动夹紧装置等组成，其结构如图 5-11 所示。

密接胶囊式风挡与国内同类产品相比具有以下优点：

①提高了乘客通过的安全性，由于采用内饰板及新结构渡板，避免了乘客挤伤手脚现象

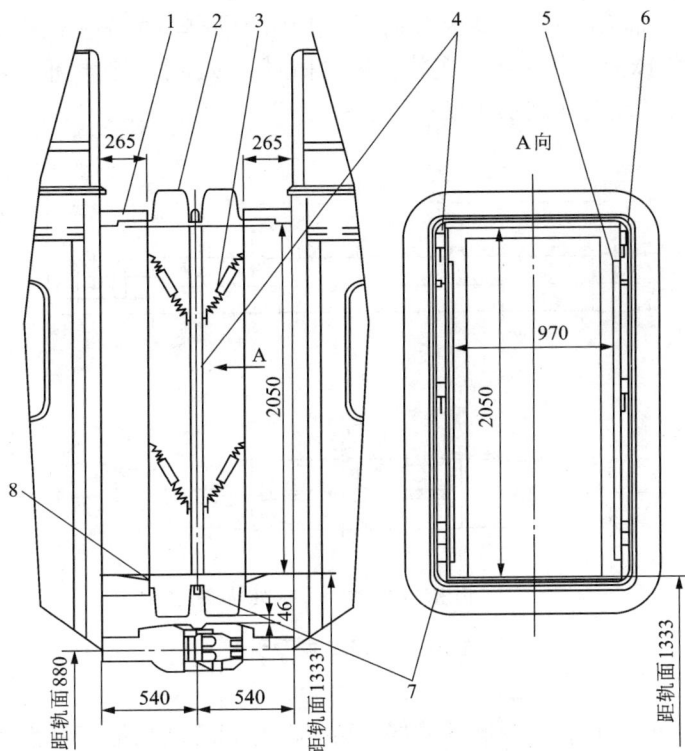

1—风挡座；2—胶囊；3—风挡悬挂装置；4—对接框；5—内饰板；6—手动夹紧装置；7—密封条；8—渡板。

图 5-11　密接胶囊式风挡示意图

的发生。

②具有良好的气密性，风、雨、雪、沙尘均不能侵入，同时防噪声效果大大提高，使乘客乘坐舒适性大大提高。

③过道美观，内饰板连接选择合适的贴面，可以实现与客室同色调。

④可圆滑地过渡列车走行时发生的两车之间的错动。

⑤风挡胶囊采用特殊橡胶材料制成，可耐高温 150 ℃，耐低温-40 ℃。

二、牵引杆装置

牵引杆装置作为新型的铁路车辆连接方式，已经在国内外重载运输的单元列车中得到成功应用，如美国、巴西等国均不同程度地在长大重载货车上采用了牵引杆装置。按其组成可分为普通牵引杆装置和无间隙牵引杆装置，主要区别为前者带有缓冲器，后者则无缓冲器。其中核心部件牵引杆按其使用性能可分为可旋转牵引杆和不可旋转牵引杆。无间隙牵引杆装置与现有车辆的牵引缓冲装置不能互换，因此没有得到大范围的推广。

我国的 RFC 型牵引杆是根据大秦线重载运输的需求，针对大秦线重载货车运用的特点和进一步发展的要求，遵照具有一定强度储备原则和与现有 16 号、17 号车钩互换的原则研制的可旋转牵引杆。其结构如图 5-12 所示，牵引杆整体为杆状铸件，牵引杆杆身为箱形结构，牵引杆的一端为固定端，另一端为转动端，在中间设有与拨车机匹配的挡肩，牵引杆与从板配合的两端面为球面。其采用与安装车钩时相同的缓冲器及钩尾框，牵引杆的长度与车钩的连接长度一致，实现与车钩缓冲装置的互换。

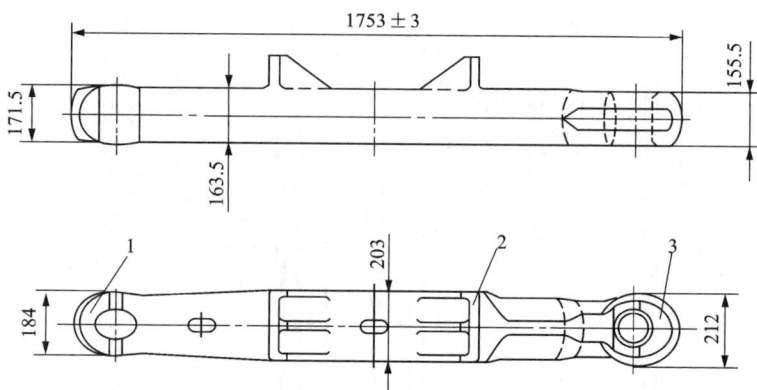

1—固定端；2—挡肩；3—转动端。

图 5-12　RFC 型牵引杆

该牵引杆具有结构强度高、耐磨性能好、互换性好和转动功能等特点。使用该牵引杆装置的列车可缩小列车的纵向间隙，减轻长大货物车由于间隙效应对纵向动力学性能的影响。由于取消了车钩，简化了车辆结构，不仅降低了车辆自重，而且降低了制造及检修成本。

第五节　车端连接装置的发展概述

根据我国铁路运输发展规划和铁路技术政策，客运繁忙干线行车速度为 140~160 km/h，且开始运行开行速度为 250~350 km/h 的高速动车组。货运繁忙线路要求开行 5000~6000 t 重载列车，个别线路要求开行万吨单元列车或组合列车，因此，对车钩缓冲器等车端连接装置提出了更高的要求。

一、车钩发展概述

发展 5000~6000 t 重载货物列车，要求车钩的静拉破坏强度不低于 3.1 MN，万吨单元列车或组合列车对车钩强度要求必然更高。为了提高车钩的强度，一方面，在材质上采用高强度低合金的 C 级钢和 E 级钢代替原普通钢，13 号车钩的强度可得到较大幅度的提高。另一方面，可研制新型的高强度车钩，如新研制的 16 号、17 号车钩，满足大秦线万吨运煤单元列车在不摘钩上翻车机卸货的要求，并能与普通货车车钩连挂。

运行速度在 200 km/h 以上的高速列车，一般均应采用密接式车钩缓冲装置，最大限度地减小车钩的纵向间隙，以达到机械、电气和空气管路的自动连接，改善列车运行的纵向动力学性能。密接式车钩有多种制式，其机械连挂原理各不相同，不同类型的动车组使用的密接式车钩不尽相同，目前，在中国使用的主要有日本柴田密接式车钩、夏芬伯格密接式车钩及我国自主研制的 25T 型密接式车钩。

　　以柴田密接式车钩为例介绍密接式车钩的结构和主要工作原理。柴田密接式车钩通过一个在车钩头内可以旋转的半圆形钩锁实现车钩的密接式连接和锁闭。连挂时，对面车钩的凸锥会推动钩锁旋转，车钩面密贴到位后，钩锁在拉伸弹簧的作用下恢复至倾斜位置，卡住连挂车钩的钩头，实现连挂和锁闭。

　　密接式车钩由钩头、钩舌、解钩风缸、钩身、钩尾等部分组成。钩头为带一平面的凸圆锥体，侧面是带有凹锥孔的钩身，其组成如图 5-13 所示。

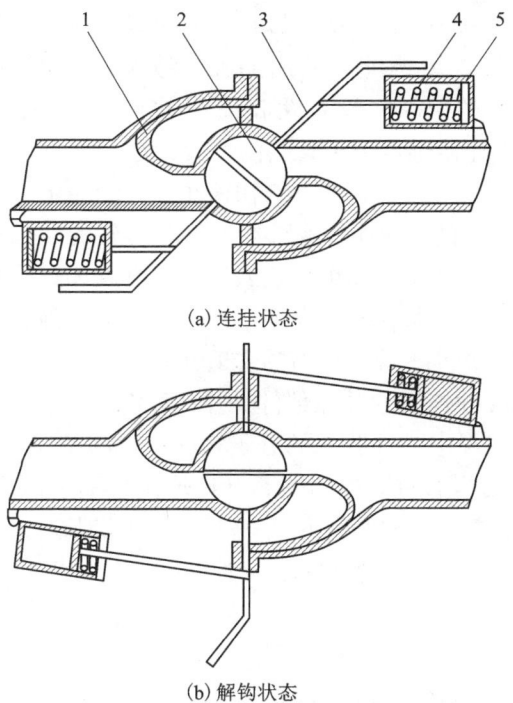

(a) 连挂状态

(b) 解钩状态

1—钩头；2—钩舌；3—解钩杆；4—弹簧；5—解钩风缸。

图 5-13　密接式车钩作用原理

　　两钩连挂时，凸锥插进对方相应的凹锥孔中，此时凸锥的内侧面在前进中推压对方的钩舌使其转动，解钩风缸的弹簧受压缩，钩舌旋转；当两钩连接面接触后，凸锥的内侧面已不再压迫对方的钩舌，由于弹簧的作用，使钩舌向相反方向旋转恢复到原来的状态，此时处于闭锁位置，完成了两车连挂。

　　两钩分解时，由司机操纵解钩阀，压缩空气由总风管进入本车的解钩风缸，同时经解钩风管连接器将压缩空气送入相连挂的另一辆车的解钩风缸，活塞杆向前推并带动解钩杆，使钩舌逆时针向转动至开锁位置，此时两钩即可解开。如果采用手动解钩，只要用人力推动解钩杆，也能使钩舌转动至开锁位置实现两钩的分解。

　　我国 25T 型提速客车为了满足运行需要采用了密接式车钩，其可以使车辆连挂时紧密连接，最大限度地减小纵向连接间隙，使列车的纵向冲击水平下降，提高列车舒适性和安全性。25T 型客车用密接式车钩自动连挂系统的主要作用是实现车钩自动连接和分解，25T 型客车用密接式车钩缓冲装置连挂系统只完成机械连挂功能。25T 型客车用密接式车钩的连挂可自动实现，但是解钩仍需要人工来完成。

二、缓冲器发展概述

随着车辆重载列车总重和运行速度的增大，以及货车编组场车辆允许连挂速度的提高，车辆之间的纵向动力作用愈趋加剧。为了保护车辆结构和所装运的货物不受损害，各国都开始研制大容量、高性能的新型缓冲器。

我国 2004 年第 5 次大提速的 25T 型客车上使用的缓冲器全部是弹性胶泥缓冲器，其中有两种形式：一种是与密接式车钩配套使用的弹性胶泥缓冲器（缓冲系统），另一种是与 15 号小间隙车钩配套使用的 KC15 型弹性胶泥缓冲器。另外，在机车或货车上使用的 QKX100 大容量弹性胶泥缓冲器也得到了长久的发展。

弹性胶泥缓冲器具有容量大、阻抗小、结构简单、性能稳定、检修周期长的优点。由于弹性胶泥具有流体的特性，因此，弹性胶泥缓冲器具有良好的动态和静态特性。在编组场调车时的动态特性使得冲击速度很大，编组作业效率高，可以加速货车周转；在紧急制动时的动态特性使列车的紧急制动力大幅降低；在列车运行工况下的静态特性使机车车辆间的车钩力和机车车辆的纵向加速度很小，具有较高的舒适性。

弹性胶泥缓冲器中起缓冲作用的关键部件是弹性胶泥芯子。缓冲器通过弹性胶泥芯子的往复运动吸收能量，运动过程中弹性胶泥的分子之间产生内摩擦、弹性胶泥通过阻尼孔产生摩擦而耗散能量。弹性胶泥芯子的结构如图 5-14 所示。当活塞杆受到外力作用而压缩时，活塞杆向左运动，使活塞杆左侧弹性胶泥压力上升，弹性胶泥通过阻尼孔向右流动，使缓冲器能承受压力。当外力撤销后，压缩胶泥膨胀，使活塞杆自动恢复原位。

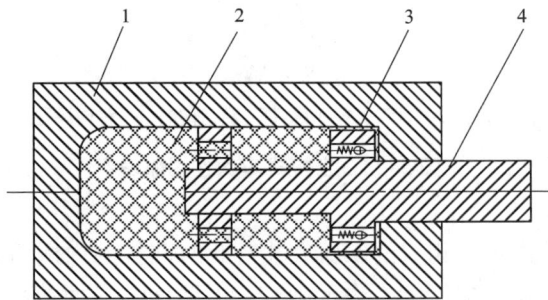

1—圆筒；2—弹性胶泥；3—单向阀；4—活塞杆。

图 5-14 弹性胶泥芯子结构

除了摩擦式缓冲器、弹性胶泥缓冲器，在国外，还有采用液体来吸收冲击能量的液压式缓冲器，主要用于客车或装易碎货物的专用货车。液压式缓冲器具有诸多优点，但在国内铁道机车车辆上的应用目前仍是空白。究其原因，主要是液压密封件的可靠性问题。目前我国也在尝试研制液压式缓冲器。

复习思考题

1. 铁路车端连接装置由哪些部分组成，它们各起什么作用？

2. 查找相关资料了解客、货车常用车钩是如何发展的，结合该发展历程，谈谈对自己人生发展的启示。

3. 客运和货运列车对车钩和缓冲器有哪些不同的要求？产生这些差异的原因是什么？

4. 对于高速和扩编组的客运列车，对车端连接装置提出了哪些新的要求？解决的途径是什么？

5. 对于重载列车，对车端连接装置提出了哪些新的要求？解决的途径是什么？

第六章

机车总体

20 世纪 70 年代,世界上主要发达国家已先后完成了铁路牵引动力现代化,即以内燃机车及电力机车来替代蒸汽机车。铁路牵引动力现代化,究竟是以内燃牵引为主还是以电力牵引为主,是同各国的具体国情分不开的。例如,北美洲一些国家和澳大利亚,以内燃牵引为主,用内燃机车多机牵引 1 万~2 万 t 及其以上的重载货物列车,不再对铁路进行电气化改造,这样既能完成运输任务又比较经济。西欧大陆一些国家则以电力牵引为主。这些国家的铁路以客运为主,旅客列车主要开行高速列车(时速 200 km 以上)及快速列车(时速 160~200 km),因此以电力牵引为主。发展中国家则多以内燃牵引为主,这是因为内燃牵引投资较低。

内燃牵引的优点是机动、灵活,一次投资少。但内燃机车自身要装备柴油机来提供牵引动力,因而机车的功率受柴油机的限制。而电力机车的功率只受牵引电机的限制。同样质量的机车,内燃机车的功率不如电力机车大。因此,对于牵引高速及快速列车,要求机车有较大的功率,内燃机车就不及电力机车。当然内燃机车也可以用来牵引快速及高速列车,但牵引辆数比电力机车少。同样,由于电力机车功率较大,牵引同样质量的货物列车时通过限制坡道的速度较大,因此线路的通过能力较大,亦即线路的运输能力较大。当然,内燃机车双机或多机牵引也可达到电力机车的水平,但往往不如电力机车经济。

中国铁路牵引动力的改革始于 20 世纪 60 年代,牵引动力改革初期,内燃机车的发展比电力机车快得多。由于内燃机车要消耗大量柴油,而我国石油自给不足,还需进口一部分,在牵引性能方面,内燃机车又不及电力机车,因此 20 世纪 90 年代开始加快了电力牵引的发展。我国铁路的技术政策是大力发展电力牵引,积极提高电力牵引承担的比重。

和谐型交流传动机车是当前中国铁路网内广泛应用的具有世界先进技术水平的铁路运输牵引动力装备,是中国铁路技术装备现代化的典型代表之一。和谐型交流传动机车是中国铁路总公司按照国务院《中长期铁路网规划》和《铁路主要技术政策》确定的铁路技术装备现代化的战略规划,坚持"自主创新与技术引进相结合"的基本原则,先是用了不到 5 年的时间完成了我国铁路技术装备水平的快速提升,提高了运能与运力;后又经自主设计、自主创新,形成了系列化具有自主知识产权的世界先进的铁路运输牵引动力装备。2018 年,全路在用的和谐型交流传动机车已超过 1 万台,占铁路机车保有量 50% 以上,和谐型交流传动机车完成的货运工作量占全路机车完成的货运总工作量近 80%,成为铁路运输牵引动力的绝对主力,机车技术装备的现代化,已在运输生产中结出了丰硕的成果。

本章将以 HX_N5 型内燃机车和 HX_D3 型电力机车为主，对交流传动机车的整体进行介绍，重点介绍机车不同于车辆的部分，随后对我国铁路重载铁路机车的发展展开介绍。

第一节 内燃机车

内燃机车在构造上包括发动机、传动装置、车体和车架、转向架及辅助装置五大部分。车体和车架、转向架等机械部分的内容已在前述章节中进行了介绍，本章将重点关注内燃机车的其他部分。

①发动机是机车的动力装置，其作用是将燃料的化学能转换成机械功。内燃机车采用柴油机，即利用燃油燃烧时所产生的燃气直接推动活塞做功。因此，一般所说的内燃机车是指柴油机车。

②传动装置的作用是将发动机的机械功传给转向架，力求发动机的功率得到充分发挥，并使机车具有良好的牵引性能。当前我国主流的传动装置主要采用电传动形式。

③辅助装置的作用是保证发动机、传动装置和转向架的正常工作和可靠运行。内燃机车的辅助装置主要包括燃油系统、冷却系统、机油系统、空气管路、电控和照明系统等，此外还有辅助驱动装置、信号装置、通风装置防寒设备、灭火器及常用工具等。

一、HX_N5 型内燃机车的基本特性

1. HX_N5 型内燃机车的总体特点

HX_N5 型内燃机车的柴油机额定功率(装车功率)为 4660 kW，牵引发电机输入功率为 4400 kW，轮周功率为 4000 kW。柴油机输出的功率，扣除辅助装置消耗功率(辅助功率)，便是牵引发电机输入功率，该机车的辅助消耗功率为 260 kW。消耗柴油机功率的辅助装置有柴油机散热器冷却风扇电机、空气压缩机电机、牵引变流器和牵引发电机、通风机电机、牵引电机通风机电机及排尘风机电机等。所有这些驱动辅助装置的电机均由柴油机驱动的容量为 490 kW 的辅助发电机供电。这些辅助发电机不可能同时都处于最高负荷工况，所以作为机车的辅助功率消耗要比各电机额定功率之和小得多。辅助功率的数值是根据测试和统计来确定的。本机车的辅助功率为柴油机输出功率的 5.58%，这是一个很低的数值，一般内燃机车此数值为 8%~10%。牵引发电机输入功率经发电机转换成电功率，而后经整流器、逆变器和异步牵引电机转换成机械功率再经过传动齿轮驱动轮对，以轮周功率的形式使机车前进。

2. HX_N5 型内燃机车的设备布置

机车为外走廊车架承载结构。机车分上、下两部分，上部为司机室、罩式车体、安装在车体内的设备；下部两端为转向架，两转向架之间，车架中部设有承载式燃油箱。机车的总体布置如图 6-1 所示。

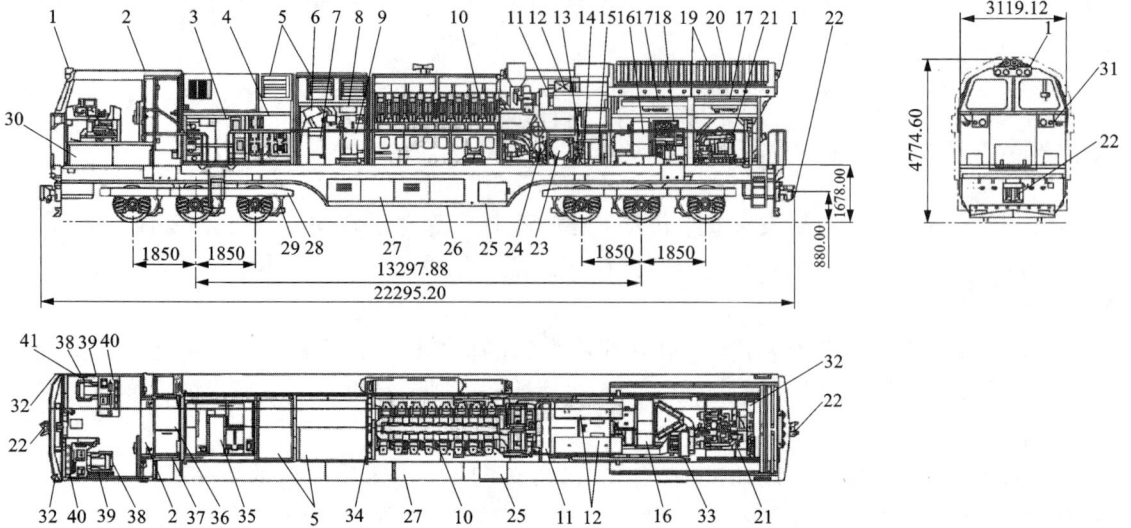

1—头灯；2—控制设备柜；3—牵引逆变器；4—功率装置柜；5—电阻制动装置；6—发电机组通风道；
7—辅助发电机；8—CTS起机转换开关；9—牵引发电机；10—柴油机；11—空气滤清器箱；12—膨胀水箱；
13—低压燃油泵；14—预润滑机油泵；15—润滑油冷却器；16—牵引电机通风机；17—冷却风扇；
18—通风机滤清器装配；19—散热器百叶窗；20—散热器；21—空气压缩机组；22—车钩；23—机油滤清器；
24—燃油滤清器；25—污油箱；26—燃油箱；27—蓄电池箱；28—转向架；29—牵引电机；30—空调；
31—标志灯；32—砂箱；33—排尘风机；34—总风缸；35—逆变/发电机组通风机；36—卫生间；
37—行车安全设备柜；38—座椅；39—取暖器；40—操纵台；41—空气制动设备柜。

图 6-1　HX$_N$5 型内燃机车设备布置示意图

机车上面部分为相对独立的 5 个室：司机室、辅助室、发电机室、柴油机室和冷却室，如图 6-2 所示。

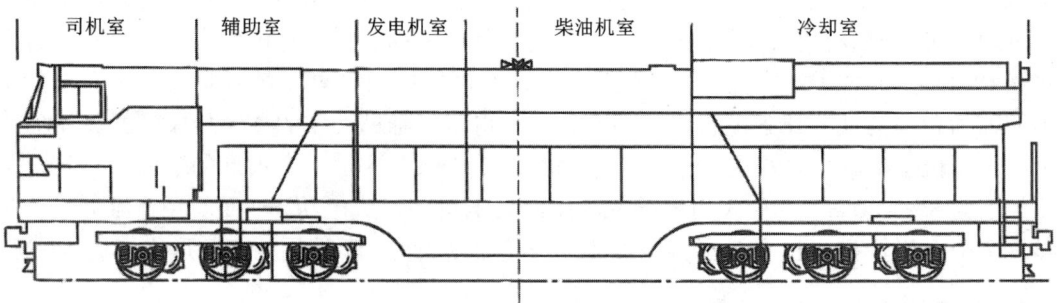

图 6-2　HX$_N$5 型内燃机车各室示意图

司机室为机车前端，冷却室为机车后端。车体左、右两侧在辅助室前端部位和冷却室后端部位均设有扶梯，供司乘人员上下。司机室后端墙左、右两侧设有通往机车外部走廊的门。

车架下面中部为承载式燃油箱, 燃油箱右侧设两个总风缸, 两总风缸间装有高压安全阀, 总风缸前端设有空气干燥器、辅助用风精滤器, 后端设有制动用风精滤器; 燃油箱左侧设有蓄电池箱。

机车控制区(CA)是机车上的封闭区域, 其中安放了由电子控制和电功率调节系统组成的若干设备, 各控制区如图6-3所示。

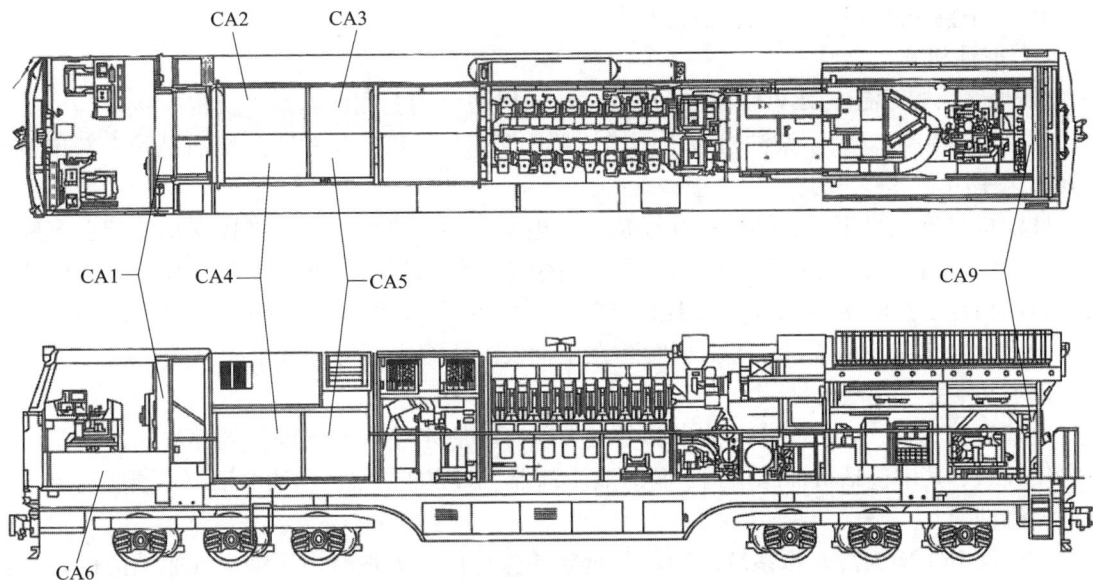

图6-3　HX$_N$5型内燃机车各控制区示意图

(1)司机室

司机室前窗为PVB夹层玻璃, 具有加热防霜功能, 前端下部左、右两侧设有供前转向架用砂的砂箱; 司机室两侧侧窗下部有取暖器。

司机室内部铺有防滑吸音特性材料的地板, 地板上部前端左侧和后端右侧分别设置正操纵台和副操纵台, 操纵台上安置了驾驶和信息控制设备。操纵台后面设有司机座椅。司机室前端前窗下部设有监控系统主机信号系统主机、冰箱、加热盘、电烤箱、灭火器和工具箱。司机室后端设有控制设备柜(CA1控制区), 控制设备柜的后面右侧为卫生间, 左侧为行车安全设备柜。

司机室地板下部为空气制动设备柜、空调、压力开关、变压器等设备。

(2)辅助室

辅助室内部用底板分隔为上辅助室和下辅助室。

上辅助室前端为逆变/发电机组通风机的进风区间, 其车顶两侧设有V形滤网和惯性式空气滤清器, 车顶前端中间设有排尘出风口。上辅助室内设置逆变/发电机组通风机和排尘风机。上辅助室后端为机车最前面一组电阻制动装置工作区, 两侧都装有制动电阻进风(下部)和排风(上部)百叶窗, 内部安装有一组电阻制动装置。

下辅助室安装机车多个辅助牵引和变流器控制设备的电气柜。电气柜用中间隔板隔为前、后两室。前室为低压电气柜，左为 CA4 控制区，右为 CA2 控制区；后室为高压电气柜，左为 CA5 控制区，右为 CA3 控制区。牵引系统的主要部件主整流器、牵引逆变器等，也布置在控制区内。低压电气柜内还设有逆变/发电机组通风机的风道。

（3）发电机室

发电机室分为上、下两部分，上部为机车后面两组电阻制动装置的工作区，两侧都装有制动电阻进风（下部）和排风（上部）百叶窗，内部安装有两组电阻制动装置。发电机室下部安装有同轴连接的牵引发电机和辅助发电机及用于启动柴油机的起机转换开关。

（4）柴油机室

柴油机室内安装有 GEVO16 型柴油机。柴油机输出端左侧设有盘车机构的接口。柴油机排气烟囱（消音器）安装于柴油机自由端增压器出口，与后顶盖相关联。柴油机间中部顶盖外安装有风喇叭。

柴油机与发电机组通过螺栓刚性连接。发电机组两侧分别用三个弹性支承安装在车底架上；柴油机两侧分别通过两个位于第 2 曲轴箱观察孔位的弹性支承安装在车底架上。柴油机发电机组由左、右两根拉杆与车架上的拉杆安装块紧固，该结构可避免由于机车的速度变化使柴油机发电机组前后晃动，可减少安装在柴油发电机组上的部件发生松动的情况。

（5）冷却室

冷却室分为前、后两部分。前半部分上方装有膨胀水箱和空气滤清器箱，下方为集成的设备安装架，其中包括机油滤清器、润滑油冷却器、燃油加热器、燃油滤清器、预润滑机油泵和低压燃油泵。

后半部分上面为冷却水系统。冷却装置封闭作业区上方设有由压缩空气驱动的散热器百叶窗，百叶窗下方为散热器，散热器下部装有冷却风扇。在冷却装置封闭作业区下部空间内，前端为牵引电机通风机、通风机滤清器装配及排尘风机，后端为空气压缩机组。

冷却室后端墙上装有 CA9 控制箱，左、右两侧装有供后转向架用砂的砂箱。

二、HX$_N$5 型内燃机车动力装置

1. 概述

HX$_N$5 型内燃机车采用 GEVO16 型柴油机，该柴油机是 GEVO 型柴油机的系列产品，额定功率为 4660 kW，采用泵—管—嘴电子控制燃油喷射系统。在 GEVO 型柴油机开发阶段，通过改进燃油喷射控制、提高压缩比、优化配气定时、提高增压器效率和进、排气道流量系数，以及优化进气冷却和燃烧室几何形状等，使得柴油机性能和排放指标达到了开发目标的要求。

2. 总体布置

柴油机的 16 个气缸分成左、右两列，两列气缸呈 V 形 45° 夹角排列，为便于对柴油机各部分进行描述，作出如下规定：

①柴油机输出端：指与主发电机连接的端，也称柴油机后端。
②柴油机自由端：指与输出端相反的一端，也称柴油机前端。

③柴油机左、右侧：面向柴油机输出端，左边为柴油机左侧，右边为柴油机右侧。

HX$_N$5 型内燃机车的柴油机外形如图 6-4 所示，其各部分功能如下。

图 6-4　HX$_N$5 型内燃机车的柴油机

前端集成箱体紧固于机体前端面，上面安装两台增压器，上部两侧内腔各安装一个抽屉式中冷器。前端集成箱前端罩盖上左侧安装一台水泵，右侧安装一台润滑油泵；在左侧下方，装有加油口和油尺。

由气缸盖、气缸套和加强套组成的气缸组件安装在机体两侧，组成柴油机上部的 V 形结构。柴油机气缸内，空气与燃油混合燃烧后的燃气推动活塞做往复运动，并通过连杆推动曲轴做旋转运动，输出功率。

曲轴通过主轴承盖及轴承悬挂在机体中部，曲轴输出端轴颈上压装飞轮，飞轮通过螺栓与主发电机转子连接，将柴油机功率传给主发电机。曲轴齿轮压装在飞轮内侧轴颈上，通过惰轮带动凸轮轴齿轮驱动凸轮轴转动。泵传动齿轮通过螺栓与曲轴自由端法兰连接，驱动水泵和润滑油泵。曲轴自由端安装有减振器改善柴油机扭转振动。

两根凸轮轴分别置于机体左、右两侧，凸轮轴的配气凸轮推动气门驱动机构，控制气门的开闭，凸轮轴的供油凸轮推动电控喷油泵下体的油泵滚轮，使电控喷油泵产生高压燃油。

单体电控喷油泵安装在加强套下部外侧，电控喷油泵外侧的电磁阀接受燃油控制系统发出的信号，控制电控喷油泵的供油定时和供油量。电控喷油泵输出的高压燃油经由高压油管和喷油器向气缸喷油，在气缸内燃烧做功。

机体 V 形夹角下部铸有冷却水腔，冷却水通过机体水腔进入加强套和气缸盖进行冷却。夹角中间安装进气和冷却水出水组件，组件的下部为进气总管，上部为出水总管。经过中冷器冷却的增压空气，经前端集成箱体内腔进入进气总管，分别进入各气缸。进气和出水管组件上方的左、右两侧布置两根排气总管，左、右气缸的排气经各支管接入该侧的排气总管，通过过渡管进入增压器的涡轮端，驱动涡轮做功。

三、HX$_N$5 型内燃机车传动装置

HX$_N$5 型内燃机车属交流电传动机车，柴油机产生的机械能经牵引发电机转换成三相交流电。由于该交流电频率及电压均不适合交流牵引电机的牵引性能要求，所以首先由主整流器组将三相交流电转换成直流电，然后经逆变器转换成频率及电压均可调的三相交流电。在机车牵引时牵引传动系统提供给牵引电机的电源频率所产生的定子旋转磁场转速略高于转子的转速，牵引电机处于电机工况，其电磁转矩的方向与其转子的转向相同，机车的牵引力方向与机车运行方向相同。牵引电机将电功率转换成机械能，驱动轮对使机车做牵引工况运行。电阻制动工况时，列车的动能经轮对传输给三相交流牵引电机，此时逆变器提供给牵引电机的电源频率所产生的定子旋转磁场转速略低于转子的转速，牵引电机处于发电机工况，其电磁转矩的方向与其转子的转向相反，机车的制动力方向与机车运行方向相反。牵引电机发出的三相交流电功率经逆变器反向二极管整流成直流电功率，再传输给制动电阻，以电阻损耗形式将电能转换成热能，然后由并联在制动电阻抽头上的直流电机驱动的通风机将热能吹散到大气中。

HX$_N$5 型内燃机车牵引电传动包括牵引发电机、整流器及逆变器、牵引电机、制动电阻装置、辅助电气装置等。其中用于列车牵引传动控制的主要传动模块如图 6-5 所示。

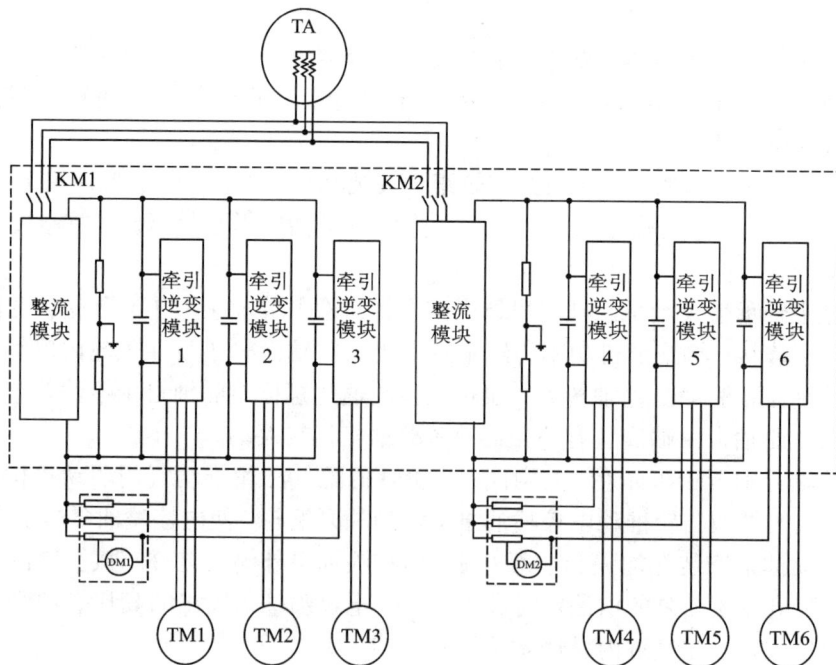

图 6-5　HX$_N$5 型内燃机车的主要传动装置示意图

1. 牵引发电机

HX$_N$5 型内燃机车的牵引发电机采用的是凸极转子的同步发电机，牵引发电机与辅助发电机同轴，结构复杂。

同步发电机由固定的定子和可旋转的转子组成。定子铁芯的内圆均匀分布着定子槽，槽内嵌放着按规律排列的三相对称绕组，也称电枢绕组。转子铁芯上装有一定形状的成对磁极，磁极上有励磁绕组，通以直流电会在发电机的气隙形成极性相间的励磁磁场。柴油机拖动转子旋转，极性相间的励磁磁场随轴一起旋转并顺次切割定子各项绕组。由于电枢绕组与励磁磁场的相对切割，电枢绕组将会感应出大小和方向按周期变化的三相交流电。

滑环组装与转轴之间采用过盈配合连接。钢质滑环和滑环毂之间的绝缘采用浇铸式，有别于传统工艺。接线柱上有绝缘套管，滑环表面车有右旋螺旋槽，4 套滑环分别为主、辅助发电机转子绕组励磁供电，励磁电缆连线由转轴上的凹槽穿过轴承连接励磁绕组和滑环。

刷架系统安装在端盖外侧，共有 16 个刷盒，每个刷盒内有一块斜碳刷，碳刷尺寸为 19.05 mm×44.45 mm。刷架系统通过上、下可拆卸的 2 个保护罩与外界防尘隔离。刷架系统引出线安装在下方保护罩上。

2. 整流器及逆变器

HX$_N$5 型内燃机车是交流电传动机车，主牵引变流器主要由 1 台三相全波不可控整流器和 6 台 IGBT 逆变器构成，它将牵引发电机发出的三相交流电压整流成脉动直流电，再逆变成变频变压的三相交流电以驱动 6 台交流牵引电机。此外，主牵引变流器还包括检测电路、牵引控制器及保护电路等部分。

3. 牵引电机

HX$_N$5 型内燃机车的牵引电机的型号是 5GEB32，与青藏线用 NJ2 型内燃机车的配套电机 5GEB30 同属于一个系列。5GEB32 是在 5GEB30 电机的基础上将定子绕组从 8 匝改为 7 匝，铁芯长度从 411.5 mm 增加到 488.44 mm，输入功率从 455 kW（基波有效值 517 V/620 A）增加到 693 kW（基波有效值 635 V/750 A），机械输出功率从 420.6 kW 增加到 643.3 kW，拥有大量互换件（包括铁芯冲片）的系列电机。

4. 辅助电气装置

HX$_N$5 型内燃机车的辅助发电机与牵引发电机集成在一起，统称发电机组，其型号为 5GMG201E1。其中，辅助发电机包括 1 套励磁绕组和 3 套互相独立的输出绕组。柴油机启动后，在辅助发电机励磁绕组通有励磁电流的情况下，三个输出绕组分别输出不同等级的交流电源供给机车辅助电路，主要包含（但不限于）励磁供电系统、辅助电机供电回路、蓄电池充电系统及控制系统等。

四、HX$_N$5 型内燃机车辅助装置

内燃机车辅助装置是保证机车柴油机、传动装置、转向架、制动装置与电气控制设备等

正常运转,以及乘务人员正常工作条件的各项装置。它是内燃机车必不可少的重要组成部分。内燃机车辅助装置包括冷却系统、机油系统、燃油系统、预热系统、空气滤清系统、空气管路系统、辅助驱动装置、压缩空气系统、通风装置及为了改善乘务员工作条件的各种设备。关于 HX_N5 型内燃机车辅助装置的简介如下。

1. 冷却系统

内燃机车冷却系统,就其冷却方式的不同可分为通风冷却系统、柴油机水冷却系统、增压空气冷却系统及各类油(机油、液力传动工作油等)的冷却系统。除通风冷却系统与空气有关外,其余各系统均与水有联系,因此亦可将其余各系统统归于水冷却系统内。所以内燃机车的冷却系统可分为通风冷却系统和水冷却系统两类。

HX_N5 型内燃机车的通风冷却系统采用集中式通风方式,如图 6-6 所示,机车正压通风系统分别为变流器冷却塔、主发电机、牵引电机通风,同时为电气室、动力室提供正压通风风源。

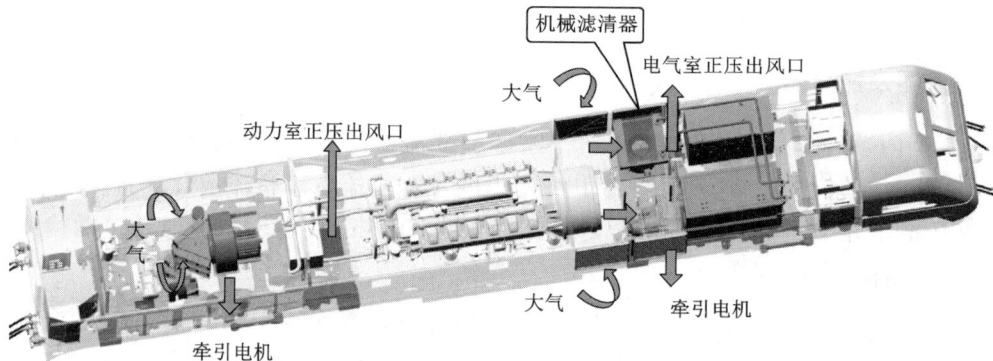

图 6-6 HX_N5 型内燃机车的通风冷却装置示意图

HX_N5 水冷却系统采用加压冷却方式,由柴油机水冷却系统及机车水冷却系统组成。机车水冷却系统主要由散热器、膨胀水箱、润滑油冷却器、流向控制阀、燃油加热器及相应的管路、阀门等组成,图 6-7 为主要水冷却装置示意图。

2. 机油系统

柴油机工作时,曲轴相对于轴瓦、活塞及活塞环相对于气缸壁等都要产生相对运动,在其相互接触的表面产生摩擦。由于摩擦的存在,不但因其摩擦阻力大而增加了柴油机的功率消耗和机件的磨损,而且摩擦时产生的高温将使机件摩擦表面烧损,配合间隙破坏,甚至咬死,严重时可造成机破事故。为了使柴油机各运动部件在工作时具有良好的润滑条件,提高柴油机的可靠性、耐久性而设置了机油系统。机油系统的任务是把具有一定压力和适当温度的清洁的润滑油输送到各运动零件的摩擦表面,并使之循环使用。

HX_N5 型内燃机车的机油系统采用模块化、轻量化设计,以减轻系统质量,提高系统的可维护性。当柴油机启动以后,由柴油机曲轴经齿轮带动润滑油泵,润滑油泵从油底壳吸油,将润滑油泵入润滑油冷却器进行冷却,然后进入润滑油滤清器进行滤清,最后进入柴油机前

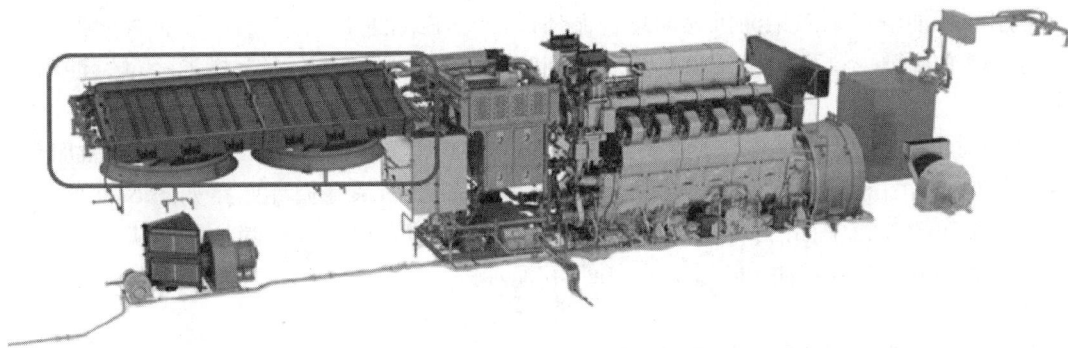

图 6-7 HX_N5 型内燃机车的主要水冷却装置示意图及其位置

端盖，并分配到柴油机机体的各个油道，对柴油机各运动部件进行润滑和冷却，从各运动部件流出来的润滑油流回柴油机油底壳，完成循环过程，该工作回路如图 6-8 所示。

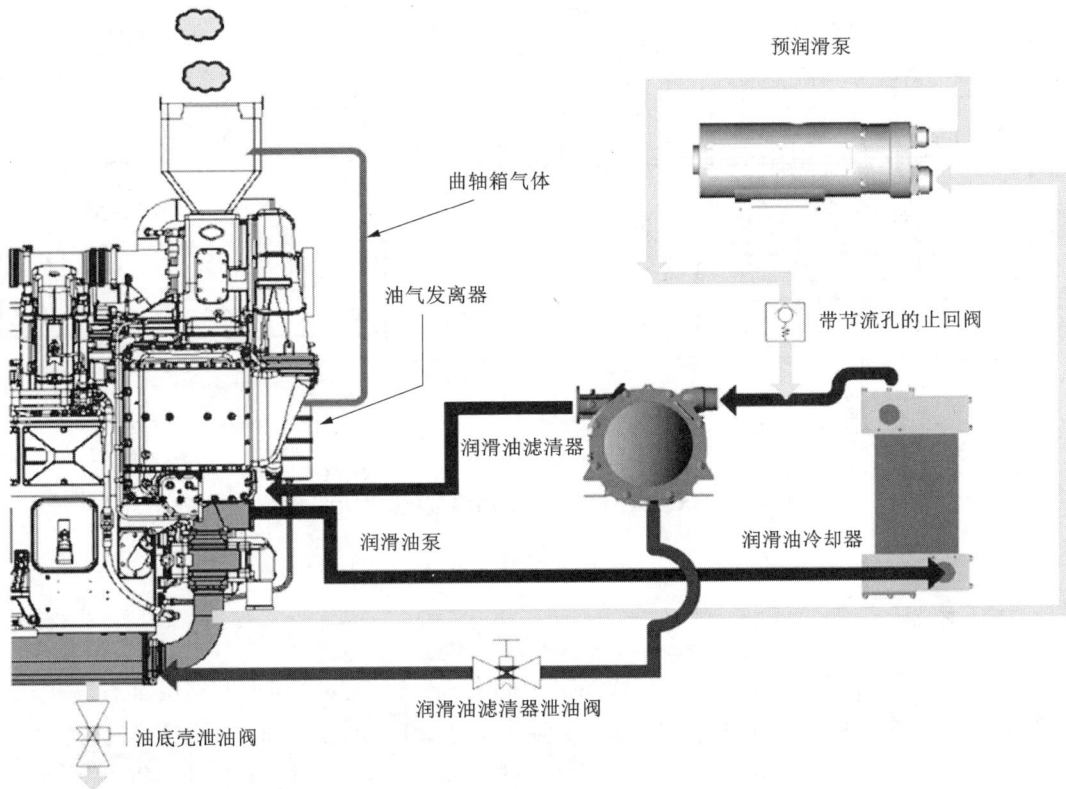

图 6-8 HX_N5 型内燃机车的机油循环回路示意图

3. 燃油系统

燃油系统的首要任务是保证向柴油机各喷油泵供应足够数量具有一定压力的清洁燃油，然后由喷油泵通过喷油器送入气缸。燃油箱必须有足够的储油量，根据机车的用途，机车的燃油储备量必须保证一个交路所需的燃油。为完成上述任务，HX_N5 型内燃机车燃油系统中设有专用的燃油输送泵向柴油机燃油总管循环供油。在柴油机工作时,燃油总管内保持恒定的压力,燃油在循环过程中经二级过滤后送到喷油泵进油总管,而多余燃油经过燃油预热器返回油箱。

HX$_N$5 型内燃机车的燃油系统主要由燃油箱、燃油粗滤器、燃油泵电机组、燃油加热器、温度调节阀、燃油滤清器及相应的管路、阀类等组成。燃油系统循环回路如图 6-9 所示,燃油被燃油泵从燃油箱中抽出,经加热、滤清后输送给各动力组的高压喷油泵。机车燃油系统由三个功能部分组成:吸油、低压供油和回油/泄油。

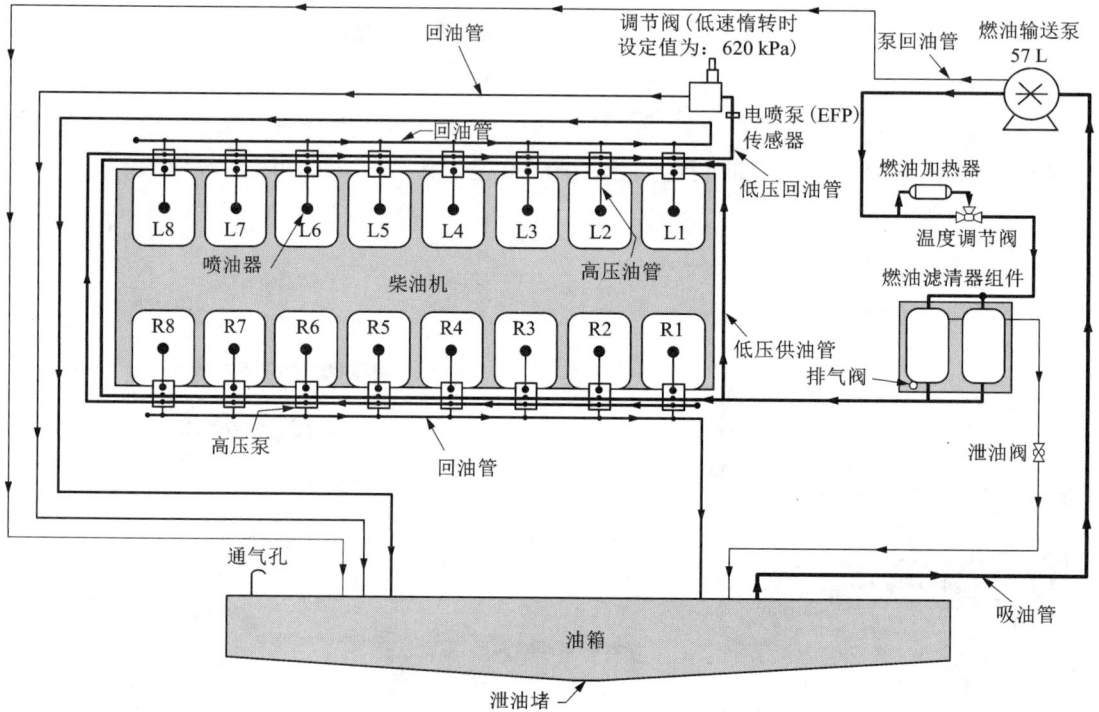

图 6-9 HX$_N$5 型内燃机车的燃油循环回路示意图

4. 预热系统

内燃机车柴油机启动或停机时,对柴油机的润滑油、燃油及冷却水的温度都有一定的要求。例如内燃机车运用保养中规定:当油、水温度低于 20 ℃ 时,柴油机不准启动;当油、水温度低于 40 ℃ 时,柴油机不准加负荷;冬季柴油机停机保温时,油、水温度不得低于 20 ℃。润滑油、冷却水温度过低,不仅使柴油机启动困难,而且运动部件磨损严重,燃油雾化不良,影响燃烧质量。为此在内燃机车上设置预热系统,以保证柴油机能在规定的油、水温度下启动,或者停机时间较长时保持一定的油、水温度。

内燃机车预热系统的任务为预热和保温。预热即当外界温度较低的情况下,在启动柴油机前对柴油机油、水应进行预热,以保证柴油机能在规定的油、水温度下启动。保温即机车在停机保温状态,预热系统应保证柴油机保持着一定的油、水温度。HX$_N$5 型内燃机车的预热系统与冷却系统采用相同的回路。

5. 空气滤清系统

内燃机车的空气滤清系统，包括电机、电器等设备冷却用空气的滤清和柴油机燃烧用空气的滤清。柴油机工作时不仅需要燃油，而且还需要充足干净的新鲜空气。我国内燃机车一般采用外吸气式，即空气来源于车体的外部。内燃机车在铺有碎石路基的线路上运行时，在柴油机进气高度的空气中含有各种灰尘和其他机械杂质。如果这些杂质随空气进入增压器和柴油机气缸内，就会造成活塞、缸套、气门等的异常磨损，降低柴油机功率和使用寿命。因此，为了保证进入柴油机气缸的空气和其他冷却系统空气的清洁度，在内燃机车上应设置空气滤清系统。

HX_N5 型内燃机车的空气滤清系统布置如图 6-10 所示，其主要部件空气滤清箱如图 6-11 所示。由增压器叶轮高速旋转形成的真空度首先通过多孔 V 形网吸入空气，使较大的杂物被阻隔在外不能进入该系统。然后空气经过惯性滤清器的滤清，较大的颗粒和灰尘等从空气中除掉。最后进入袋式滤清器滤清，在该处把细小的颗粒物从空气中滤掉，滤清后的空气进入增压器被压缩并经中冷器冷却后通过进气总管进入各气缸。

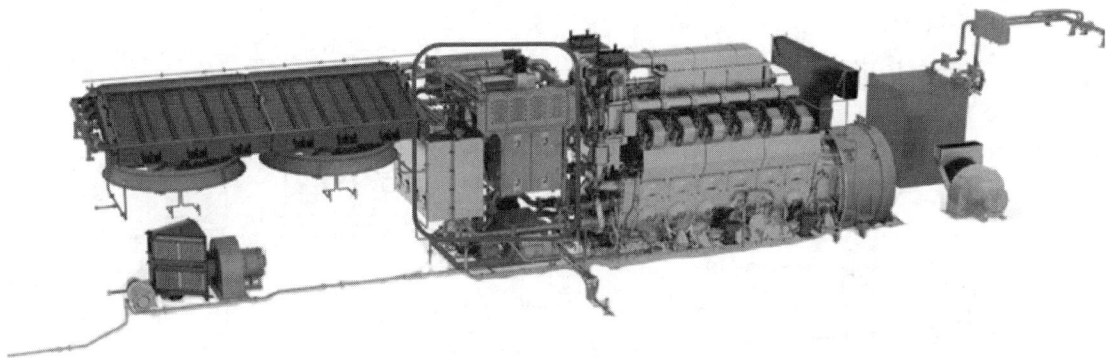

图 6-10　HX_N5 型内燃机车的空气滤清装置示意图及其位置

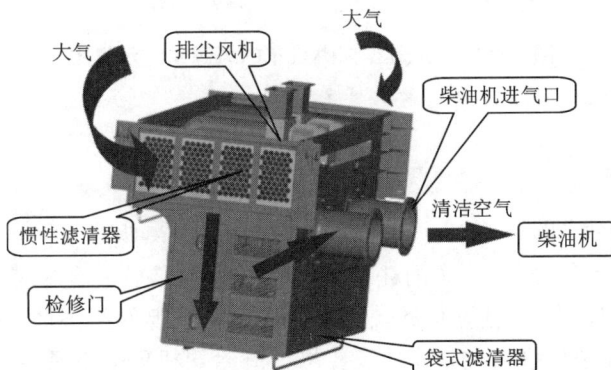

图 6-11　HX_N5 型内燃机车的空气滤清箱结构

6. 空气管路系统

内燃机车空气管路系统是保障列车运行安全，提高列车技术速度和铁路通过能力的极为重要的装置。空气管路系统包括风源系统、制动系统、撒砂系统、风喇叭和刮雨器系统、控制用风系统和其他辅助用风装置。为确保内燃机车各用风系统的正常工作，并具有必要的可靠性和耐久性，首先要求风源系统所提供的压缩空气必须是足够的、符合质量要求的清洁和干燥的压缩空气，其次是安全可靠性。除了空气管路系统各主要零部件的设计结构应充分具有安全可靠性能外，还必须对整个结构和装置采取完备的安全措施。例如对关键容器必须备有安全阀、空气压缩机的容量储备及多重控制装置等。

风源系统的主要任务是准时供给列车制动系统足够的、符合规定压力的和高质量的压缩空气，同时也供给机车撒砂系统、风喇叭和刮雨器系统、控制用风系统和其他辅助用风装置所需的压缩空气。内燃机车风源系统由空气压缩机、风源净化装置、总风缸、止回阀、高压安全阀、调压器和油水分离器等主要部件组成。图 6-12 为 HX_N5 型内燃机车的风源系统示意图。

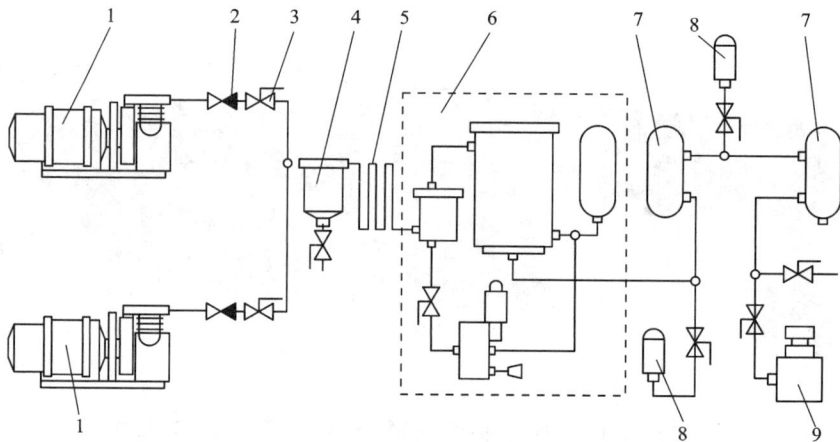

1—空气压缩机组；2—止回阀；3—截断塞门；4—油水分离器；5—冷却管；
6—风源净化装置；7—总风缸；8—高压安全阀；9—调压器。

图 6-12　HX_N5 型内燃机车的风源系统示意图

7. 辅助驱动装置

HX_N5 型内燃机车辅助驱动装置的运转都要直接或间接地消耗柴油机部分功率，其中必须由柴油机直接提供能量，而且功率消耗最大的要数通风装置、冷却装置和空气压缩机。因此，对内燃机车辅助驱动装置的基本要求是提高其主要机组的经济性、可靠性和保证机车工作的安全性。此外，在条件许可的情况下，要尽可能给司机创造舒适的工作环境。

第二节 电力机车

电力机车在构造上由电气部分、机械部分和空气管理系统3大部分组成。其中机械部分主要包括车体、转向架、车体支承装置和牵引缓冲装置，相关内容已在前述章节中进行了介绍。

电气部分主要包括牵引变压器、整流硅机组、牵引电机、辅助发电机组和牵引电器等，其功能是将来自接触网的电能转换成牵引列车所需要的机械能，或将列车的机械能转换成电能反馈回电网，实现能量的转换；同时，电气部分还实现机车的控制。这是电力机车最重要的部分，通常也称为牵引电传动系统。

空气管路系统主要包括风源系统、控制管路系统和辅助管路系统3部分，分别实现机车的空气制动、机车上各种设备的风动控制，并向各种风动器械供风。此外，制动系统也属于空气管路系统的一部分。本节将以HX_D3型电力机车为主，对电力机车进行介绍。

一、HX_D3型电力机车基本特性

HX_D3型电力机车是按中国铁路重载货运要求设计的交流传动电力机车。中国北车集团大连机车车辆有限公司（现中车大连机车车辆有限公司）在机车研制过程中，本着"高起点、高标准、造精品车"的目标，与日本东芝公司进行了技术合作，采用了国内外成熟可靠的新技术。HX_D3型电力机车轴式为C_0-C_0，单机轮周功率为7200 kW，牵引5000 t列车在平道上可达到120 km/h，这也是HX_D3型电力机车的最高运行速度。HX_D3型电力机车采用IGBT水冷变流器，交流电机矢量控制，采用牵引电机轴控方式，机车采用网络控制技术。考虑能够在中国全境范围内运行，该机车满足环境温度$-40\sim+40$ ℃，海拔高度在2500 m以下的条件。考虑到不同的线路情况，可以3台机车重联控制运行。该机车能够满足中国铁路重载、快捷货物运输的需要。

HX_D3型电力机车在2007年实现了大批量生产，目前已在武汉铁路局和上海铁路局担当主要牵引任务。在HX_D3型电力机车研制基础上，逐步发展出了HX_D3A型、HX_D3B型、HX_D3C型和HX_D3D型电力机车。

1. HX_D3型电力机车结构特点

HX_D3型电力机车装有2台结构相同的三轴转向架，机车全长约21 m，机车轮周功率7200 kW，最大起动牵引力570 kN，最高运行速度120 km/h。该机车的主要特点如下：

①机车总体设计采用高度集成化模块化的设计思路。采用中间走廊、电气屏柜和各种辅助机组分功能对称布置在中间走廊的两侧；采用规范化司机室，尽量考虑单司机值乘的要求。

②机车装有2台结构相同的三轴转向架，牵引力传递系统采用中央低位平拉杆推挽式牵引装置，具有黏着利用率高的优点。

③机车车体采用整体承载的框架式车体结构，有利于提高车体的强度和刚度，车体整体能够承受 3400 kN 的静压力和 2700 kN 的拉力而不产生永久变形。

④转向架采用滚动抱轴承半悬挂结构，第二系悬挂采用高圆螺旋弹簧。

⑤采用独立通风冷却技术。牵引电机采用由顶盖百叶窗进风的独立通风冷却方式；牵引变流器水冷和牵引变压器油冷，采用水、油复合式铝板冷却器，由车顶直接进风冷却；辅助变流器采用车外进风冷却的方式。

⑥电传动系统采用交-直-交传动，轴控技术；采用 IGBT 水冷变流机组，1250 kW 大转矩异步牵引电机，具有起动/持续牵引力大、恒功率速度范围宽、黏着性能好、功率因数高等特点。

⑦辅助电气系统采用两组辅助变流器，能分别提供变压变频的 VVVF 和定压定频的 CVCF 三相辅助电源，对辅助机组进行分类供电；该系统冗余性强，一组辅助变流器故障后可以由另一组辅助变流器以 CVCF 控制模式对全部辅助机组供电。

⑧采用微机网络控制系统，实现逻辑控制、自诊断功能及机车的网络重联功能。

⑨采用下悬式安装方式的一体化多绕组牵引变压器，具有高阻抗、质量轻等特点，并采用强迫导向油循环风冷技术。

⑩采用微机控制集成化气路的空气制动系统，机械制动采用轮盘制动。

⑪采用新型双塔空气干燥器，有利于压缩空气的干燥，减少制动系统阀件的故障率。

2. HX$_D$3 型电力机车设备布置

HX$_D$3 型电力机车为六轴货运机车，在机车的两端各设有一个司机室，两个司机室的中间为机械室，在机械室内设有 600 mm 宽的中央通道，在通道左、右两侧设有变流器通风机、空气压缩机等设备。在车体下设有 2 台三轴转向架及牵引变压器，在顶盖上设有高压电器。车内设备布置以平面斜对称布置为主，设备成套安装，有利于机车的质量分配、机车的制造、检修和部件的互换。全车分为Ⅰ、Ⅱ端司机室设备布置、车顶设备布置、机械室设备布置和车下设备布置等 5 部分，机车设备布置及外形如图 6-13 所示。

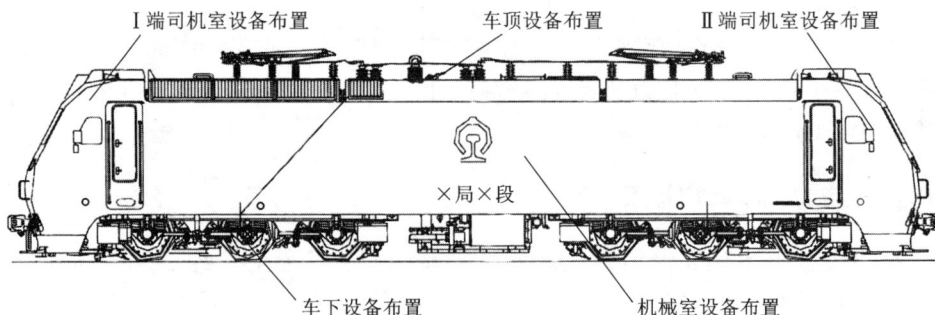

图 6-13　HX$_D$3 型电力机车外形及设备布置图

HX$_D$3 型电力机车主要设备布置如图 6-14 所示。

①司机室设备布置。司机室的结构和设备布置按规范化司机室要求设计，按照人机工程学理论设计司机的座椅位置、腿部空间及司机的瞭望视野。主司机座椅尽量靠近司机室中

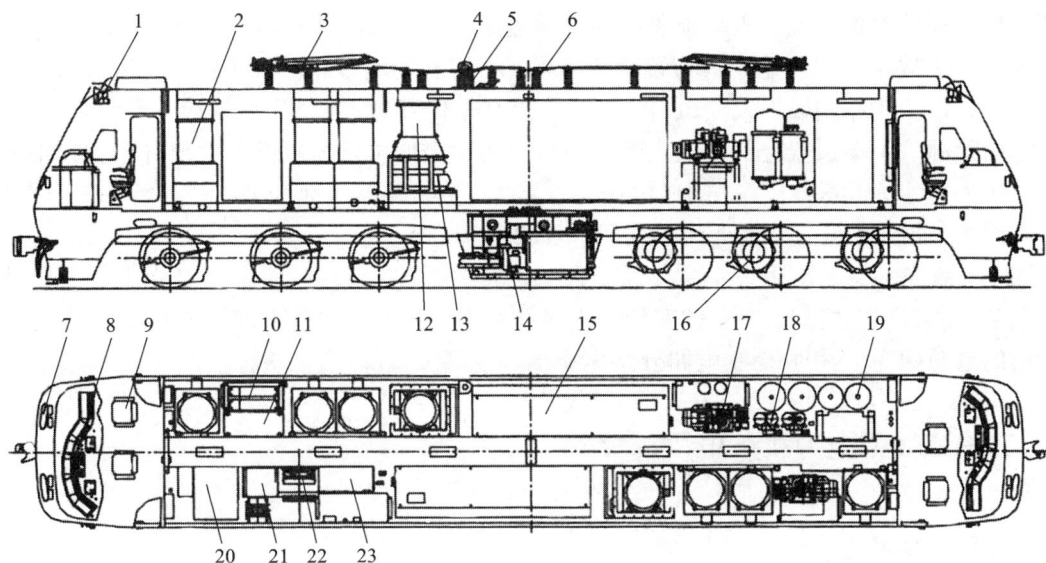

1—前照灯；2—牵引电机通风机组；3—受电弓；4—主断路器；5—高压电压互感器；6—高压隔离开关；
7—标志灯；8—操纵台；9—司机座椅；10—滤波柜；11—蓄电池充电器；12—复合冷却器通风机组；
13—复合冷却器；14—牵引变压器；15—变流器；16—牵引电机；17—空气压缩机；18—空气干燥器；
19—总风缸；20—卫生间；21—综合通信柜；22—微机及监控柜；23—控制电器柜。

图 6-14　HX$_D$3 型电力机车主要设备布置图

间，保证司机两侧的视野范围。司机室顶部设有空调装置（冷热）、风扇、头灯、司机室照明等设备。司机室前窗采用电加热玻璃，窗外设有电动刮雨器，窗内设有电动遮阳帘。侧窗外设有机车后视镜。司机室后墙上设置有饮水机、暖风机、空调控制箱、灭火器等，此外，还装一个紧急制动阀，以备急需。司机座椅前方是操纵台。操纵台是机车人机交互设备，司机通过操纵台上各装置发出控制机车指令，完成机车牵引制动等各项工作。通过操纵台上各个仪表、显示器等观测机车运行状态。操纵台上最重要的是司机控制器和制动控制器，前者在司机座椅右前方，后者在左前方。司机用右手控制牵引，用左手控制制动。

②机械室设备布置。机械室分为Ⅰ端机械室、中央机械室和Ⅱ端机械室。Ⅰ端机械室紧邻Ⅰ端司机室，室内布置有牵引电机通风机组、卫生间、蓄电池充电装置、蓄电池柜、滤波装置微机及监控柜控制电器柜、综合通信柜、辅助变压器等设备，如图 6-13 所示，设备布置以电气设备为主，各装置按功能和电压进行分区集中布置，这样可提高系统可靠性，降低故障率。

Ⅱ端机械室紧邻Ⅱ端司机室，室内布置有牵引电机通风机组、空气压缩机总风缸、辅助风缸、空气干燥器制动屏柜等设备，以空气系统设备为主。这样布置有利于布管作业和缩短空气管路尽量组合成单元，以提高作业效率。

中央机械室位于机车中部室内，布置有主变流装置、复合冷却器及复合冷却器通风机组等设备。中央机械室内安装有 2 套完全一样的牵引变流器和两台用于冷却牵引变流器的复合冷却器及其通风机组，上述 2 套设备在中央走廊左、右两侧按斜对称布置，以利于机车的质量分配。

③机车顶部设备布置。机车顶盖由 3 个顶盖组成，都可以从车体上吊离，以利于车内设备的安装。Ⅰ端与Ⅱ端顶盖设备布置完全一样，布置有受电弓和空气绝缘子，设有牵引电机冷却风进风口。车体侧墙不设通风口，以利于提高车体强度。两端顶盖设有通风口，以利于夏季车内降温。Ⅰ端顶盖上开有卫生间通风口。机车上的主要高压设备大部分布置在中央顶盖上，有受电弓高压隔离开关、高压电压互感器、真空断路器接地开关、避雷器、高压电缆及连接母线等，此外还设有辅助变流器通风口和过滤网。

④车下设备布置。车下设备主要为 2 台三轴转向架，在转向架上配置牵引电机及驱动装置等设备。两转向架之间，在车体底架下面吊挂牵引变压器。另外在车下还配置了库内移动机车用的电源插座、辅助/控制电路外接电源插座。

二、HX$_D$3 型电力机车电气部分

1. 牵引传动系统

HX$_D$3 型电力机车各种电机、电器设备按其功能和作用、电压等级分别组成几个独立的电路系统，即主电路、辅助电路和控制电路。其中，主电路所完成的功能是电能和机械能的相互转换，是产生机车牵引力和制动力的电器设备电路，主要设备包括高压电器、主变压器、牵引变流装置、牵引电机及相应控制系统。

①主变压器。机车主变压器是将 25 kV 的接触网电压转换成电力机车所需的各种低电压，以满足电力机车各种电机电器工作的需要。主变压器由油箱、器身、油保护装置、冷却系统、其他附属装置等组成。器身由铁芯、绕组、地缘件组成。其中，绕组有 3 种线圈：高压线圈、牵引线圈、辅助线圈。高压线圈的高压端子安装在油箱壁上，其余端子都安装在油箱箱盖上。

通风机和冷却器安装在车体台架的上方。考虑到机车的使用环境，变压器具有抗振、机械强度大、耐热等级高、使用寿命长等特点。

②牵引变流装置。牵引变流装置用于直流和交流之间电能的转换，并对各种牵电机起控制和调节作用，从而控制机车的运行。每台机车装有 2 台牵引变流装置，每台牵引变流装置内含有 3 组牵引变流器和 1 组辅助变流器，使其结构紧凑，便于设备安装。

HX$_D$3 型电力机车设有 2 组辅助变流器，向空气压缩电机、主变压器油泵、司机空调、主变压器内部的水泵、辅助变流器风机等供电。当某一组辅助变流器发生故障时，另一组辅助变流器可以承担机车全部的辅助电机负载。

③牵引电机。牵引电机是机车的重要部件之一，它安装在转向架上，通过齿轮与轮对相连。机车在牵引运行状态时，牵引电机将电能转换成机械能，通过轮对驱动机车运行。机车气制动状态运行时，牵引电机将机械能转换成电能，产生机车的制动力，此时电机处在发电状态。

机车在运行中，牵引电机要在起动、爬坡这样的大电流状态下运行；要在过弯道、过道岔这样的冲击和振动状态下运行；还要能适应沿海多雨潮湿、内地干燥风沙的环境。对于交流变频调速异步牵引电机来说，还有一个特殊之处，就是要在 PWM 波调制的、含有大量谐波和尖峰脉冲的、非标准的正弦波电源供电下工作。因此，牵引电机的工作条件十分恶劣。

HX$_D$3 型电力机车使用 6 台 YJ85A 型三相鼠笼式交流电牵引电机，每台输出功率为 1200 kW。该电机为滚动抱轴结构、单端输出；采用强迫外通风，冷却风从非传动端进入，传动端排出；采用三轴承结构，三个轴承均为绝缘轴承，在二位端盖处均设有注油口，使用中可补充润滑脂。

2. 高压电器

（1）受电弓

受电弓是一种铰接式的机械构件，它通过绝缘子安装于电力机车车顶。受电弓的弓头升起后与接触网网线接触，从接触网上汲取电流，并将其通过车顶导线传递到车内供机车使用。

HX$_D$3 型电力机车所使用的 DSA200 型单臂受电弓如图 6-15 所示。

受电弓通过支持绝缘子和安装座固定在车顶上，机架上有 3 个电源引线连接点和升弓用气路，机车自动降弓保护功能由受电弓自带的自动降弓装置和 ZD 系列主断控制器共同完成。另外还装有自动降弓用快速排气阀、ADD 试验阀和 ADD 关闭阀，当电网故障时，可自动降弓保护。设置有高压隔离开关，可以实现当一台受电弓发生故障时，可通过控制电器上的隔离开关将其打至对应的隔离位，切除故障的受电弓，使用另一端受电弓维持运行。

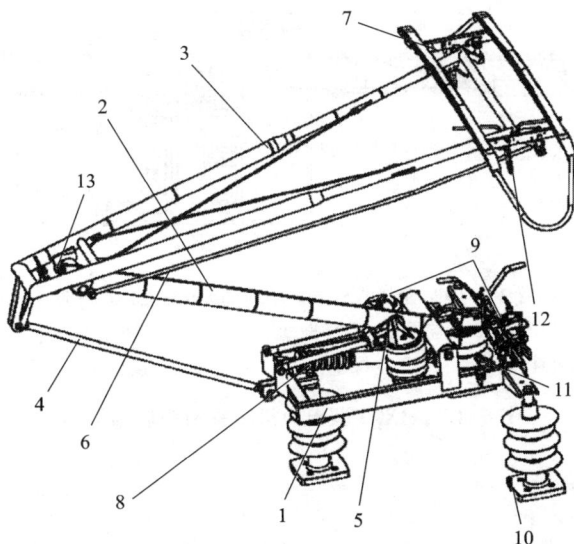

1—底架；2—下臂杆；3—上框架；4—拉杆；5—气囊升弓装置；6—平衡杆；7—弓头组装；8—阻尼器；
9—气路及 ADD 装置；10—支持绝缘子；11—底架电流连接组装；12—弓头电流连接组装；13—肘接电流连接组装。

图 6-15　HX$_D$3 型电力机车受电弓结构

（2）主断路器

主断路器是电力机车的一个重要部件，用于开断、接通电力机车的 25 kV 电路，同时用于机车过载和短路保护。

HX$_D$3 型电力机车主断路器采用真空断路器，安装在机车顶盖上，以底板为界，分为上、下两部分，上面为高压部分和与地隔离的绝缘部分，下面为电空机械装置和低压部分，结构如图 6-16 所示。

真空断路器以真空作为绝缘介质和灭弧介质，利用真空状态下的高绝缘强度和电弧高扩散能力形成的去游离作用进行灭弧，电弧熄灭后，介质强度恢复速度特别快。与空气断路器相比，它具有结构简单、工作可靠、分断容量大、动作速度快、绝缘强度高、机械寿命长，维护保养简单等诸多优点。该设备的设计和开断操作完全适合机车电力牵引的要求和工作条件。

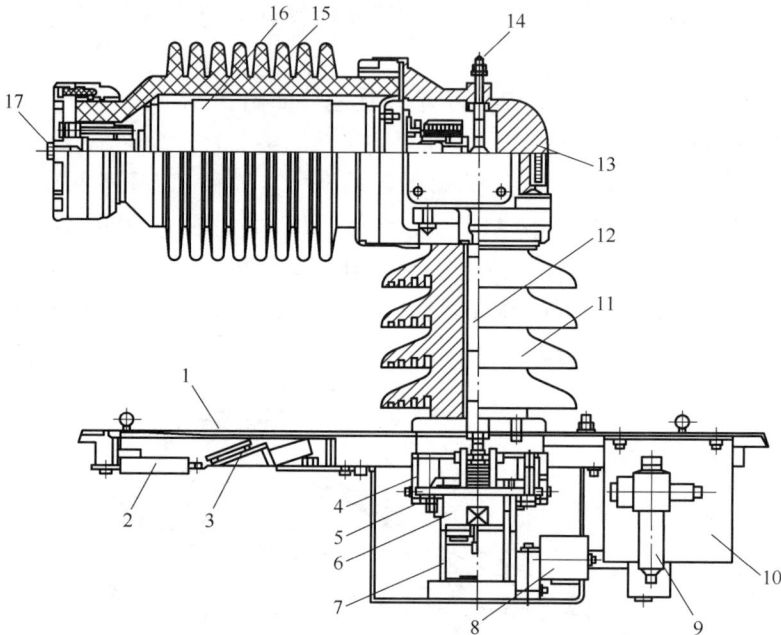

1—底板；2—插座连接器；3—110 V 控制单元；4—辅助触头；5—肘节机构；6—保持线圈；7—风缸；
8—电磁阀；9—调压阀；10—储风缸；11—垂直绝缘子；12—绝缘操纵杆；13—传动头组装；
14—高压连接端（HV1）；15—水平绝缘子；16—真空开关管组装；17—高压连接端（HV2）。

图 6-16　HX$_D$3 型电力机车主断路器结构图

（3）高压隔离开关

HX$_D$3 型电力机车采用 2 台 BT25.04 型高压隔离开关。机车运行时，高压隔离开关 1、2 均处于闭合位，接通机车两架受电弓的车顶高压线路，从而可用机车上的任意一架受电弓、主断路器控制机车；如果机车的某一架受电弓发生故障，可以通过转换开关断开相应的高压隔离开关，切除故障受电弓，维持机车运行。

（4）高压接地开关

高压接地开关的主要功能是当进行机车检查、维护或修理时，把机车主断路器两侧的高压电路接地，保证机车的安全操作，并保证工作人员的人身安全。

此外，还设有高压电压互感器、高压电流互感器。将电力系统的一次电压和电流按照一定比例缩小为满足要求的二次电压和电流，供各种二次设备使用。

3. 辅助电气系统

HX$_D$3 型电力机车的辅助电气系统由辅助变流器、各辅助机组及辅助加热设备等组成。该系统采用冗余设计，具有电压稳定、平衡、节能、低噪声、维护工作量少等优点，辅助变流器是为通风机和压缩机等辅助机组提供三相交流电源的电源装置，根据负载特性不同，系统具有可变电压、可变频率的 VVVF 控制和固定电压、固定频率的 CVCF 控制两种功能。为了确保根据机车运行状况而提供实际所需的冷却风量和降低运转噪声，系统中 2 台冷却塔通风分为上、下 2 机和 6 台牵引电机通风机设定为 VVVF 控制模式，其他负载采用 CVCF 控制模式。

三、HX$_D$3 型电力机车空气管路系统

1. 风源系统

HX$_D$3 型电力机车风源系统采用 2 台螺杆式空气压缩机组，配套使用 2 个双塔干燥器和 2 个微油过滤器作为风源系统滤水、滤油的处理装置。另外机车采用 4 个容积均为 400 L 的风缸串联作为压缩空气的储存容器，风缸采用车内立式安装。

（1）主风源系统

①空气压缩机组。机车空气压缩机组型号为 SL22-47，螺杆式压缩机组。排风量为每台 2750 L/min，其驱动电机为 KB/26-180LB 型交流电机。此空气压缩机组具有温度、压力控制装置，可以实现无负荷启动。冷却器排风口向下向车内排风。空气压缩机组的开停状态由总风压力开关进行自动控制，也可以通过手动按钮强行控制开停。

②空气干燥器。干燥器型号为 LTZ3.2-H，属于双塔吸附式干燥器。该干燥器具有低温加热功能，位于空气压缩机组和总风缸之间，具有过滤压缩空气中油和水、降低压缩空气露点的功能，保证空气系统在正常使用时，不会出现液态水。

（2）辅助风源系统

该装置采用 LP115 型辅助压缩机组作为辅助风源，将其和升弓控制模块、升弓风缸及风表相连。辅助压缩机组的控制开关位于电器控制柜上，点动开关后，辅助空压机开始工作，当风压为（735±20）kPa 时，自动切断辅助压缩机的电源。为保证压缩空气和管路的清洁，辅助压缩机配有小型的单塔干燥器和再生风缸。

辅助风源由直流电机、空气压缩机和干式空气过滤器等主要部件组成。辅助空压机为单级压缩，自带法兰安装。直流电机通过联结器和空压机连接。干式空气滤清器可以为压缩机提供纯净的空气。

2. 控制管路系统

HX$_D$3 型电力机车控制管路包括升、降弓控制模块。确认车顶门及高压电气控制柜门锁好，拔出黄色钥匙后，插入主断接地开关 QS10，将 QS10 放至运行位后，再将 QS10 上的蓝色钥匙拔出，插入空气管路柜上的升弓气路阀，打开升弓气路。

升弓时，司机将受电弓扳键开关扳至"升"位，控制受电弓电空阀使压缩空气通过电空阀

流经由空气过滤器、升弓用单向节流阀、精密调压阀、压力表、降弓用单向节流阀、安全阀组成的受电弓气源阀板和高压绝缘软管进入车顶受电弓升弓装置。气囊充气，推动导盘前移，通过钢索带动下臂绕轴顺时针旋转，此时上臂在推杆的作用下逆时针转动，使受电弓弓头升起。调节节流阀可以调整升弓时间，调节调压阀可以调整滑板对接触网的压力。

降弓时，司机将受电弓扳键开关扳到"降"位，控制受电弓电空阀使气路与大气接通，气囊收缩，下臂作逆时针转动，最终使受电弓弓头降到落弓位。调节节流阀可调整降弓时间。

3. 辅助管路系统

HX_D3 型电力机车辅助管路系统主要由停放制动装置、踏面清扫装置、撒砂装置和鸣笛装置等组成。

（1）停放制动装置

司机通过位于操作台的旋转开关可以对停放制动进行控制。当旋到制动位，脉冲电磁阀的作用电磁阀得电，于是停放制动缸制动；当旋到缓解位，脉冲电磁阀的缓解电磁阀得电，于是停放制动缓解。同时设置了停放制动和空气制动的联系，直到制动缸充分制动时，自动缓解停放制动缸。

在发生供电障碍的情况下，使用脉冲阀的手动装置对停放制动装置进行手动操作。在系统无风的情况下，可以使用停放制动单元的手动缓解装置缓解停放制动。手动缓解后，不能再次实施停放制动，如果需要重新实施停放制动，必须使系统总风压力为 550 kPa 以上，方可实施停放。

（2）踏面清扫装置

为了清扫车轮圆周表面的杂物，增加机车和钢轨的黏着系数，每个车轮配有踏面清扫装置来配合制动单元的工作。当制动缸压力高于 100 kPa 时，通过压力开关使清扫电磁阀得电，总风进入踏面清扫装置；达到 50 kPa 时，踏面清扫解除。

（3）撒砂装置和鸣笛装置。机车设有 8 个砂箱和撒砂装置，每个转向架上设有 4 个砂箱，每个砂箱容积为 100 L，撒砂量可在 0.5～1 L/min 调节。撒砂动作与司机脚踏开关、紧急制动、防空转、防滑行等功能配合使用。

机车两端均设有 2 个高音喇叭、1 个低音喇叭，其电空阀由司机操纵台面板上的喇叭按钮、操纵台下的喇叭脚踏开关分别控制。

四、HX_D3 型电力机车通风冷却系统

电力机车的通风冷却系统是一个非常重要的系统，它的主要作用是对机车上一些需要进行强迫冷却的电气设备进行冷却，使这些电气设备工作中产生的大量热量经空气冷却，散发到大气中，使工作温升不超过允许值，从而保证机车正常可靠地工作。另外，通风冷却系统还包括机车司机室空调换气装置，以给司乘人员提供一个舒适的工作环境。

现在的电力机车均采用独立的通风冷却系统，与过去传统的从车体内吸入空气的通风方式不同，车外空气不直接进入车体，而是通过各自独立的风道从车外吸入空气对各部件进行冷却。独立通风方式使车体内形成正压而不是负压，以保持机械间相对清洁、干净，减少车内灰尘对车内各种电气设备的污染。

1.复合通风冷却系统

为减少体积和质量、简化机车冷却系统，将主变压器的冷却油和牵引变流器的冷却水共用一套具有强制通风冷却功能的复合通风冷却系统。

HX_D3 型电力机车安装有 2 台复合冷却器，对称布置在机车中心线两侧，每台复合冷却系统负责对一台牵引变流器的水和主变压器的油(1/2 油)进行冷却。

把水散热器和油散热器置于一个容器里，用空气冷却，称为复合冷却器。由于牵引变流器的冷却水的工作温度低于主变压器的冷却油的工作温度，因此在复合冷却器中将水散热器置于油散热器之前，先冷却水再冷却油。

由牵引变流器流出的冷却水(热水)在一定的水压下流经水管进入水散热器的进水侧道，再由此进入散热器水扁管进行散热冷却，水扁管将热传给风翅片，把散热面积扩大，在垂直风向吹送下，热量被空气带走，空气继续吹向下部油散热器，冷却变压器油后排向大气。

由主变压器流出的冷却油(热油)在一定油压下经过油管进入油散热器的进油侧道，然后进入油扁管进行散热冷却，油扁管将热传给风翅片，热量被空气带走。这样，空气经水、油散热器的风侧两次吸收热量后排向大气。经过冷却后的水和油各自通过侧通道、回水(油)管返回牵引变流器和主变压器重新吸收热量，周而复始，循环冷却。

HX_D3 型电力机车的 2 台复合冷却器采用 2 台复合冷却器通风机组进行独立冷却。复合冷却通风系统示意图如图 6-17 所示。空气由车顶滤网经过进风道进入复合冷却通风机组后，再经异径风道，进入复合冷却器进行冷却，而后风从车底排入大气。

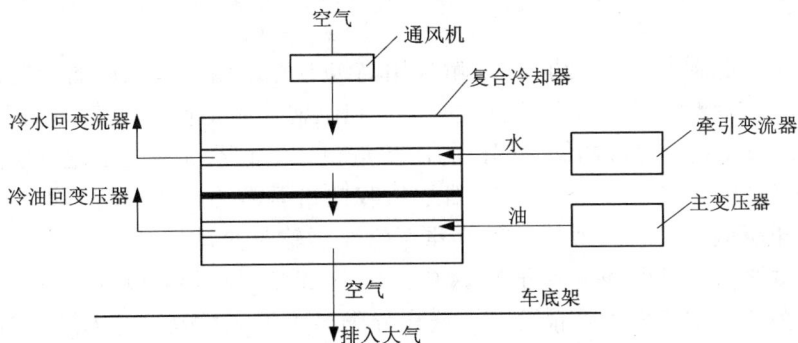

图 6-17　复合冷却通风系统示意图

2.牵引电机通风冷却系统

6 台由牵引通风机组等部件组成的牵引电机通风冷却系统分别对 6 台牵引电机进行独立冷却。牵引电机通风冷却系统示意图如图 6-18 所示。

机车可拆卸顶盖的夹层作为进风道，大气通过百叶窗、顶盖夹层进入牵引通风机组后再经过风道内的惯性过滤器进入牵引电机进行冷却，然后将空气排入车外大气。通过惯性过滤器的空气还有两个分支路，一个分支路是经过自动排尘装置排入大气，另一个分支路是经牵引通风机组底座的风道侧旁风口，通过金属过滤网向车内排风，以确保机械间内空气的清洁，并在机械间内形成对流，及时带走机械间各电气部件散发的热量，有效降低机械间温度。

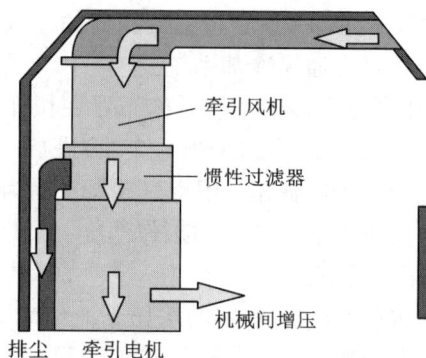

图 6-18 牵引电机通风冷却系统示意图

3. 辅助变流器通风冷却系统

机车具有 2 台辅助变流器，分别安装在 2 台辅助变流器柜内，具有各自独立的通风冷却系统。

第三节 重载铁路发展概述

推进交通运输低碳发展，节约资源，解决用高级能源运输初级能源的问题，是我国践行绿色发展"十三五"规划的主要工作方向之一。铁路运输尤其是重载铁路运输因运能大、效率高、运输成本低而受到世界各国铁路部门的广泛重视，在世界范围内迅速发展。据统计，对于煤炭等大宗货物的运输，与公路运输相比，重载铁路运输的成本为其 1/4 ~ 1/3，能耗约为其 1/14，吨公里事故损失额约为其 1/73。重载铁路运输是全球公认的最具可持续发展的交通运输方式及铁路货运发展的主流方向。《中国制造 2025》技术路线图将研制 30 t 轴重的重载电力机车列为六个重点发展产品之一，这充分彰显了发展大功率重载电力机车的重要意义。可以说"货运重载"是继"客运高速"之后我国铁路发展的又一大引擎。

世界各国铁路由于运营条件、技术装备水平不同，采用的重载列车运输形式和组织方式也各有特点。国际重载协会先后于 1986 年、1994 年和 2005 年三次修订重载铁路标准。根据最新的标准定义，对于新申请加入国际重载协会的重载铁路，要求必须满足以下 3 条标准中的至少 2 条：①列车质量不小于 8000 t；②轴重达 27 t 以上；③在长度不小于 150 km 线路上的年运量不低于 4000 万 t。重载铁路具有轴重大、牵引质量大、运量大的特点，大多采用单元、组合等列车编组形式。与普速客货共线铁路相比，重载铁路在功能定位需求、内在技术特点和运输组织模式等方面存在显著差异。

当前，我国满足重载列车需求的主要有以下 3 条线路。

（1）大秦铁路

中国的大秦铁路是国内第一条开行重载单元列车的双线电气化铁路，全线长 653 km，西起大同，东至秦皇岛，年运量最初为 5500 万 t，远期可达 1 亿 t，于 1992 年 12 月 21 日正式开通。

2014 年 4 月 2 日，由中国铁路总公司在大秦铁路组织实施的牵引质量 3 万 t 重载列车运行试验取得了圆满成功。这是我国铁路重载运输发展新的里程碑，中国也成为了世界上仅有的几个掌握 3 万 t 铁路重载技术的国家之一。

（2）瓦日铁路

瓦日铁路线路起点为山西省吕梁市兴县瓦塘镇，终点为山东省日照港，线路正线全长 1260 km（含吕临支线共线部分），其中，山西省境内 579 km，河南省境内 255 km，山东省境内 426 km。初步设计方案线路经由山西省吕梁市、临汾市、长治市后以隧道形式翻越太行山进入河南省境内，经安阳市、鹤壁市至终点汤阴东站，根据部、省要求，工程于 2010 年 4 月 1 日在山西境内全线开工，瓦塘—碛口段于 2013 年 9 月 30 日竣工，工期为三年半；碛口以东至日照于 2014 年 9 月 30 日竣工，工期为四年半；2010 年山西省境内完成投资 115 亿元。

山西中南部铁路通道项目的实施对我国能源发展战略、建设大型煤炭生产基地、保证沿海和华东地区煤炭需求、保障我国能源安全、强化煤运通道能力和煤运系统运输安全，以及实施中部崛起战略、促进沿线地区经济发展、建设和谐社会、盘活国家存量资产具有重要意义。

2014 年 12 月 29 日，瓦日铁路（原山西中南部铁路通道）全线正式开通，货运列车可直接进入日照港，并在日照市区实现货运南进南出。

（3）神华铁路

神华铁路主要以外运神华自产煤为主，适当兼顾地方运量，现拥有包神铁路集团公司、神朔铁路分公司、朔黄铁路公司、准能大准铁路公司、铁路货车公司、神华轨道维护分公司、准池铁路、蒙东铁路公司等 8 家骨干企业。截至 2014 年底，神华铁路营运里程共计 2026 km，在建里程 340 km。2014 年完成货运量 4.12 亿 t。

在本节中，主要对大秦铁路发展进行介绍。

一、大秦铁路简介

大秦铁路是中国第一条双线重载电气化运煤专线，全长 653 km，1985 年开工建设，1992 年底全线投入运营。2002 年，大秦铁路运量已达 1 亿 t 设计能力，中国经济发展要求大秦铁路必须快速成倍提高运输能力。

2003 年以来，中国铁路依靠技术创新，持续提高大秦铁路运输能力。2007—2009 年，大秦铁路年运量都超过了 3 亿 t，其中最高达 3.4 亿 t，是原设计能力的 3.4 倍。中国大秦铁路已成为世界上运量最大的重载铁路。

大秦铁路多山区、多曲线、多隧道，最长的军都山隧道长 8.4 km，重车方向有两段长大下坡道，分别为 47 km 和 50 km，坡度分别为 8.2‰ 和 9.1‰，最大坡度达 12‰。

二、大秦铁路运输特点对技术的要求

大秦铁路集、疏、运系统呈树形结构，西部有 100 多个装车点，东部有秦皇岛港等十几个卸车点，大秦铁路是多点对多点的运输方式，而不是点对点的运输方式。

列车轨道需要经常维修，以确保行车安全、平稳，按规定的速度运行。重载运输条件下的轨道与一般轨道相比，承受列车轴重由原来的10 t增加到25 t，甚至最大达35 t；列车牵引总重，从原来的1000多t增加到数万吨。这些加剧了轨道部件的损坏、道床残余变形的积累，严重影响行车安全。

重载铁路需要谨慎考虑自然灾害对路基稳定性的影响。重载对路基强度及稳定性的一个要求是保证基床有足够的强度以满足重载远行列车的需要。和一般条件线路相比，重载铁路的路基基床承受着更大的荷载。重载条件下列车对基床的作用有着更复杂的动力效应。

重载铁路列车必须采用大功率的电力或内燃机车，并追求轮轨之间的最佳黏着特性来提高机车的牵引能力。大功率交流传动内燃机车和电力机车采用径向转向架成为国际重载机车的发展趋势。重载机车无线遥控操纵系统(LOCOTROL)能够有效减少成本。对重载列车，提高轴重并降低自重迫在眉睫，新型制动技术对列车运行也至关重要。养路机械的采购更新也必须紧跟步伐。

大秦铁路建设面临的主要技术难点包括：

①山区铁路通信信号可靠性问题。必须保证在山区、隧道等恶劣地形条件下无线传输指令的安全可靠。

②长大下坡道周期循环制动问题。必须通过空气制动与电制动的配合使列车减速，保证下次制动时有足够制动力。大秦铁路主要的长大坡道信息如图6-19所示。

③长大列车纵向冲动问题。必须解决好2700 m的长大重载组合列车产生的较大纵向力问题。

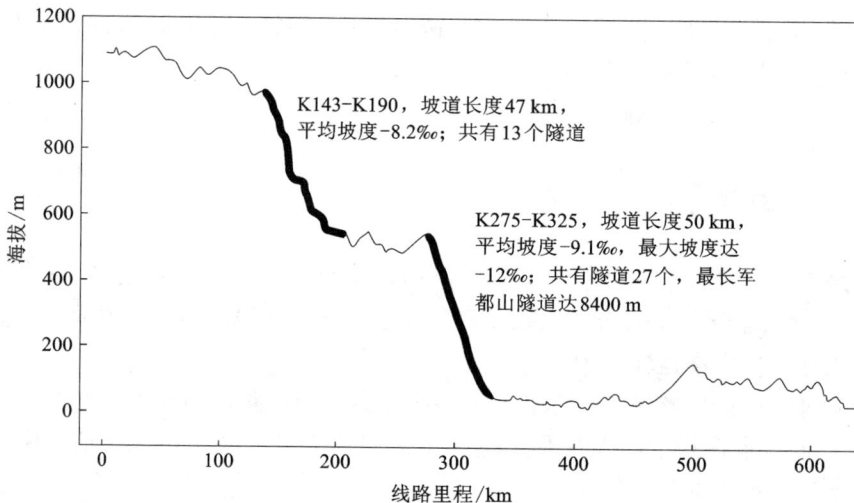

图6-19　大秦铁路主要的长大坡道信息

三、大秦铁路重载运输的先进技术

大秦铁路重载运输采用的先进技术如图6-20所示，对该技术的详细介绍如下：

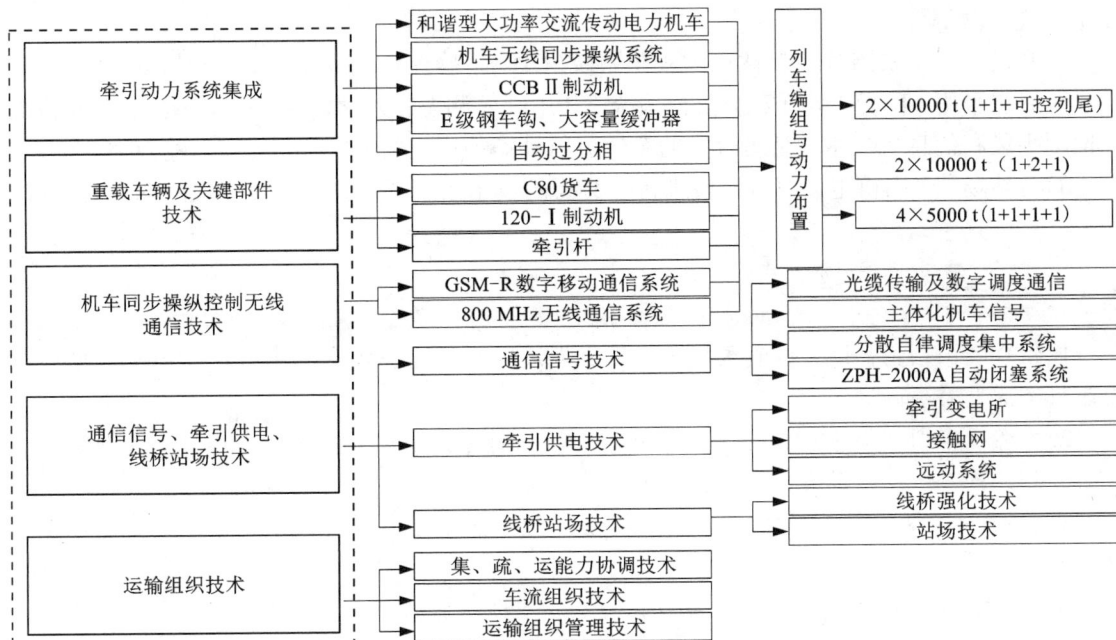

图 6-20　大秦铁路重载运输采用的先进技术

①采用网络化无线同步操纵系统。在世界上首次实现了 LOCOTROL 技术与 GSM-R 技术的结合，并成功应用于 2×10000 t 重载组合列车，可实现列车编组内机车台数、主控和从控机车距离以及控制的列车对数不受限制。

②实现 800 MHz 数据电台与机车无线同步操纵技术结合，通信传输距离由 450 MHz 的 650 m 提高到 800 MHz 的 790 m。

③研制采用和谐型大功率机车，当前大秦铁路正逐步用大功率交流电力机车替代原来的直流机车。

④研制采用 25 t 轴重、载重 80 t C_{80} 型铝合金运煤专用敞车、C_{80B} 型不锈钢运煤专用敞车。

⑤研制采用 120-I 制动阀、中间牵引杆、E 级钢车钩和大容量弹性胶泥缓冲器等配套技术装备，使列车纵向冲击力减少了 35%。

⑥研制采用机车自动过分相装置。可实现单台机车自动过分相、双台外重联机车自动过分相和无线分布式组合列车机车自动过分相功能。

⑦研制开发了可控列尾装置。可节省 1 台尾部机车，提高了制动效能，减少了列车纵向冲动。

⑧对机车 LOCOTROL 制动机的控制保护进行优化，大幅减少紧急/惩罚制动保护数量。

⑨改进机车制动机和车钩缓冲器性能，优化组合列车操纵，提高组合列车运行安全性。

⑩进行不同型号机车混合牵引 2 万 t 重载组合列车的技术改造和试验验证。

⑪研制采用大容量牵引变压器、重载电气化铁路 150 mm² 承力索、接触线及 16 种配套的接触网零件。

⑫研究了重载铁路桥涵加固技术和延长钢轨使用寿命技术，研制了新型 75 kg/m 钢轨，强化了线桥设备。

⑬开发了大秦铁路分散自律调度集中系统(CTC)，确保运输安全，提高运输效率。

⑭研制采用 5T 车辆运行安全监控系统，利用红外测温、力学检测、声学诊断、图像检测等检测手段和信息化技术，对运行中的车辆进行动态检查，确保安全，提高运输效率。

⑮对站场、牵引供电、信号设备进行了必要的技术改造，使其达到重载铁路的运行需求。

复习思考题

1. 结合我国国情，谈一谈我国为何要大力发展电力机车，并谈一谈为什么仍然需要保留内燃机车的发展。

2. 内燃机车的辅助系统包含哪些部分？它们分别起什么作用？结合内燃机车辅助系统的分工合作，思考个人与团队之间的相互关系。

3. 交-直-交型内燃机车的基本工作原理是什么？相比于交-直型内燃机车，其有哪些优势？

4. 交-直-交型电力机车的工作原理是什么？有哪些组成部分保证其正常工作？

5. 谈一谈未来我国机车可能的发展走向。

列车牵引计算

一、列车牵引计算的意义和发展

由于列车牵引计算与铁路很多部门有着非常密切的关系，为了使各部门在进行列车牵引计算时有一个统一依据和具有可比性，原中华人民共和国铁道部曾多次制定和颁布《列车牵引计算规程》(TB/T 1407—1998)（以下简称《牵规》），其中规定了牵引计算方法及所用的主要技术数据的标准，是确定营业铁路和运行时间的依据，以及计算机车用电、油、煤、水等消耗量的基础。为了避免新建铁路和营业铁路在衔接地点造成浪费，不论是营业铁路、新建铁路还是旧线改造，凡是 1435 mm 标准轨距的列车牵引计算，都必须遵照该规程来进行。

影响列车运行的因素很多，也很复杂，要想一一考虑并用理论推导的方法来计算它们是很困难的。因此，只能依据牵引计算理论，结合大量的试验，整理出一些既简单实用，又符合实际情况的曲线、公式或图表，作为一定时期内的牵引计算标准。《牵规》就是这样制定出来的。但是，铁路情况和机车车辆的运用条件不是一成不变的。随着科学技术的发展，装备会得到更新，管理和操纵的水平会不断提高，这就需要用新的装备、新的测试方法在新的试验条件下进行新的试验，或者采用新的计算方法，即可以得出新的计算标准。因此，为了适应不断发展变化的铁路情况和机车车辆运用条件，《牵规》也要不定期地进行修订和改进。中华人民共和国成立后的第一个《牵规》是 1957 年 12 月14 日颁布、1958 年 5 月 1 日开始施行的《蒸汽机车牵引计算规程》。

从 1958 年到 1982 年的 25 年间，中国铁路由单一的蒸汽牵引发展成为内燃、电力和蒸汽牵引并存，而且内燃、电力运输量逐步超过了蒸汽牵引的运输量。在这样的背景下，1982 年 7 月 12 日颁布、1983 年 1 月 1 日开始实行了第二个《牵规》。第二个《牵规》包括蒸汽、内燃和电力三种牵引方面的内容，比第一个《牵规》有了长足的发展和改进。

从 1983 年以后，中国的法定计量制度由采用工程单位制（米制）变成了采用国际单位制；电子计算机在列车牵引计算上的应用日益广泛；滚动轴承在货车中的比例迅速上升，已经占了绝大多数；列车的牵引质量和运行速度不断提高，新型的机车、车辆和新的制动方式和新型制动机不断涌现。所以，原中华人民共和国铁道部又在 1998 年 10 月 15 日批准和发布了第三个《牵规》（TB/T 1407—1998），并决定从 1999 年 4 月 1 日开始施行。

21 世纪初，按照"引进先进技术，联合设计生产，打造中国品牌"的总体要求和"先进、成熟、经济、适用、可靠"的技术方针，我国引进了速度 200 km/h 及以上电动车组；后又自主创新研制成功并批量生产了速度 300 km/h 以上的电动车组，多种 CRH 系列动车组和"复兴号"动车组在主要铁路干线投入运营，2018 年底高速客运专线通车里程已达 2.9 万 km，并研制生产了多种大功率交流传动电力、内燃机车，采用了高速、重载技术，机车车辆技术装备发展迅速，列车牵引和制动领域取得了丰硕的研究成果，在此基础上编制、颁布了铁道行业标准《列车牵引计算　第 1 部分：机车牵引式列车》（TB/T 1407.1—2018）（以下简称 2018 版《牵规》）。从这一版起，铁道行业标准《列车牵引计算》分为两部分，第一部分是机车牵引式列车的牵引计算；第二部分是动车组列车的牵引计算。新标准的颁布实施，为我国铁路设计、建设和运营提供了新的技术支持。随着铁路技术装备的持续发展，该行业标准还将不断完善补充。

二、列车牵引计算的研究内容与用途

列车牵引计算是一门铁路应用科学，其主要研究以下内容。

（1）作用在列车上的外力

①机车牵引力（第七章内容）。

②列车阻力（第八章内容）。

③列车制动力（第九章内容）。

（2）列车运动和列车作用力的关系——列车运动方程式（第十章部分内容）

（3）列车运动有关的一系列实际问题的解算方法

①列车运行速度和时间的计算（第十章部分内容）。

②列车制动问题的解算（第十一章部分内容）。

③列车牵引质量的计算（第十二章部分内容）。

④机车能耗量的计算（第十三章部分内容）。

⑤列车牵引试验、阻力试验与制动参数的试验、列车合理操纵等有关问题等。

上述内容直接关系铁路的运输能力、运量、成本、效率和安全，与铁路许多部门都有密切的关系。路网规划、选线设计、行车设备及信号布置、机车、车辆及动车组的设计和选型、确定列车牵引定数、计算列车运行速度和时间、机车能耗计算、研究列车合理操纵、计算制动距离、确定制动限速、实施列车监控、制定安全规章和事故分析等方面都离不开列车牵引计算的知识。

第七章

机车牵引特性

本章主要讲述机车牵引力的定义、产生，轮轨间的摩擦与黏着相关概念，机车牵引力限制因素，电力、内燃机车牵引特性，以及机车牵引力的几个计算标准和取值规定。学习本章要着重理解机车牵引力的限制关系，学会使用机车牵引特性图表，重点掌握有关机车牵引力的几个标准和取值规定。

第一节　概　述

一、机车牵引力的定义及产生

机车牵引力是由机车动力装置及传动装置产生的、与列车运行方向相同、使列车运行并可由司机根据需要调节的外力。

在钢轨上运行的列车与外界的接触对象主要是空气和钢轨（电力牵引时还有接触网）。真正能使列车产生运动和加速的人为的外力，目前只能来自于钢轨（轮轨接触点）。

机车是一种能量转换装置，不论是电力机车或电动车组的电能，还是内燃机车或内燃动车组的燃料化学能，都通过动力传动装置的作用，最终转变成机械能，并传递到动轮上。但是，动力传动装置作用在动轮上的力矩是机车或动车的一种内力矩。如果动轮不压在钢轨上，那么，动轮只能旋转，而不能使机车或动车产生运动。因此，使机车牵引车辆或使动车和拖车沿轨道运行的外力肯定来自钢轨和轮周。这个力的产生须具备下列两个条件：

①动轮上有动力传动装置传来的旋转力矩。

②动轮与钢轨接触并存在摩擦作用。

这个力的产生过程如下：

当动轮在力矩 M 的作用下，轮轨间出现相对运动趋势时，只要轮轨间的静摩擦作用不被破坏，则将产生动轮对钢轨的作用力 F' 和钢轨对动轮的反作用力 F，如图 7-1 所示。两者的方向相反，大小相等。其值按式（7-1）计算。

$$F = \frac{M}{D_j/2} \tag{7-1}$$

式中：D_j 为动轮直径计算值，即动轮滚动圆半磨耗时的直径。例如，一般国产内燃机车动轮滚动圆的名义直径 $D = 1050$ mm，动轮磨耗的限度 $b = 37$ mm，则动轮直径计算值 $D_j = D - b = 1050 - 37 = 1013$ mm。

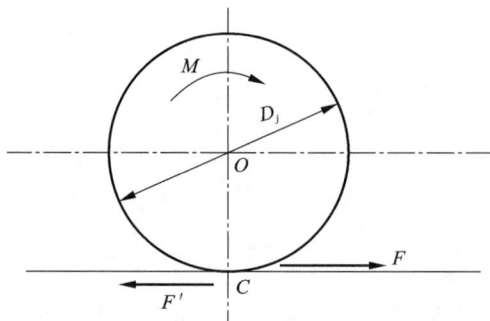

图 7-1　牵引力的产生

对于机车或动车来说，F 是由动力传动装置引起的、与列车运行方向相同的外力。它就是司机可以调节的牵引力。

二、机车牵引力的几个概念

按能量转换过程的限制关系，机车牵引力可分为牵引电机牵引力（受牵引电机功率限制的轮周牵引力）、传动装置牵引力（受传动装置能力限制的轮周牵引力）和黏着牵引力（受轮轨间黏着能力限制的轮周牵引力）。在实际情况中，能够实现的机车牵引力是上述牵引力中的最小者。

按能量传递过程，机车牵引力可分为指示牵引力、轮周牵引力和车钩牵引力（图 7-2）等，具体如下：

①指示牵引力 F_i：假定原动机（内燃牵引时就是柴油机）所做的指示功毫无损失地传到动轮上所得的机车牵引力。指示牵引力是一个假想的概念。

②轮周牵引力 F：实际作用在动轮轮周上的牵引力，$F < F_i$。

③车钩牵引力 F_g：除去机车阻力的消耗，实际作用在机车车钩上的牵引力。在列车做等速运行时，车钩牵引力与轮周牵引力的关系为

$$F_g = F - W' \tag{7-2}$$

式中：W' 为机车阻力。

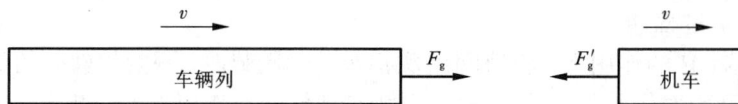

图 7-2　车钩牵引力示意图

第二节 机车黏着牵引力

一、轮轨间的摩擦与黏着

1. 轮轨间的摩擦

按刚体平面运动学的分析：沿钢轨自由滚动的车轮，具有不断变化的瞬时转动中心，车轮和钢轨的各个接触点在它们接触的瞬间是没有相对运动的，轮轨之间的纵向水平作用力就是物理学上说的静摩擦力，其最大值——最大静摩擦力是一个与运动状态无关的常量。它等于钢轨对车轮的垂直支持力 N 与静摩擦系数 μ 的乘积。这是一种难以实现的理想状态。牵引时倘若能达到这种状态，则可能实现的牵引力最大值约为轮轨间的最大静摩擦力。制动时如能达到此状态，则可能实现的制动力最大值也约为轮轨间的最大静摩擦力。

还有一种情况恰恰相反：如果在牵引工况下，轮轨间的纵向水平作用力超过了维持静摩擦状态的极限值——最大静摩擦力，轮轨接触点发生了相对滑动，机车动轮在强大力矩的作用下飞快转动，而轮轨间的纵向水平作用力变成了滑动摩擦力，其值比最大静摩擦力小得多，机车运行速度并不高，在铁路术语中把这种状态称为"空转"。这是一种应极力避免的不正常状态。在这种状态下，牵引力大大降低，钢轨和车轮都将遭到剧烈磨耗。如果在列车起动时发生机车动轮"空转"，列车没能起动而司机又没有及时采取措施减小动轮受到的力矩，甚至可能发生把钢轨的轨头磨掉、动轮陷入钢轨凹下的深坑内的严重事故。

2. 轮轨间的黏着

实际情况比较复杂：车轮和钢轨在很高的压力作用下都有变形，轮轨间实际是椭圆面接触而非点接触，不存在理想的瞬时转动中心；机车运行中不可避免地要发生冲击和各种振动，车轮踏面又是圆锥形，所以车轮在钢轨上滚动时必然伴随着微量的纵向和横向滑动。即实际运行中不是纯粹的"静摩擦状态"，而是"静中有微动"或"滚中有微滑"；在运行过程中，由于牵引力（或制动力）和惯性力不是作用在同一水平面内，造成机车前、后车轮作用于钢轨的垂直载荷分配不均匀。所以，轮轨间纵向水平作用力的最大值实际上与运动状态有关，而且比物理上的最大静摩擦力要小得多。因此，在铁路牵引和制动理论中，在分析轮轨间作用力问题时，不用"静摩擦"这个名词，而以"黏着"来代替。相应地，在黏着状态下，轮轨间纵向水平作用力的最大值就称为黏着力，而把黏着力与轮轨间垂直载荷之比称为黏着系数。而且，为便于应用，还假定轮轨间垂直载荷在运行中固定不变，即黏着力的变化完全是由黏着系数的变化引起的。这样，黏着力与运动状态的关系被简化成黏着系数与运动状态的关系。这时，黏着系数就成了假定值（称为计算黏着系数）。但是，由于它和假定不变的垂直载荷的乘积等于实际的黏着力，所以这个假定用于黏着力计算是可行的。实际中也都是这样使用的（以后凡提到黏着系数，如无特别说明，均指假定值）。

由于牵引和制动时作用于车轮的力矩方向不同、变化规律不同、轮轨间垂直载荷的变化也不同，故黏着系数有牵引黏着系数和制动黏着系数之分。

从理论上说，牵引黏着系数应大于制动黏着系数。从交通安全角度上说，制动黏着系数更应取得保守一些。所以，牵引黏着系数一般按正常状态(如干轨)的中值曲线来取值，而制动黏着系数一般按不良状态(如湿轨)即接近下限的曲线来取值。

但是对于高速铁路，由于其安全要求更高，牵引时"空转"和制动时"滑行"都是绝对不容许的，所以，牵引黏着系数和制动黏着系数都要按不良状态即接近下限的曲线来取值。

二、黏着牵引力

机车动轮轮周上的切线力大于轮轨间的黏着力时动轮就会发生"空转"。在不发生"空转"的条件下，所能实现的最大轮周牵引力称为黏着牵引力。其值按式(7-3)计算。

$$F_\mu = P_\mu g \mu_j \tag{7-3}$$

式中：F_μ 为黏着牵引力，kN；P_μ 为机车计算黏着质量，t；μ_j 为计算黏着系数；g 为重力加速度，$g \approx 9.81 \text{ m/s}^2$。

计算黏着系数不同于并小于理论黏着系数(近似轮轨间的最大静摩擦系数)，它包含了机车轴重和牵引力分配不均、运行中轴重增减载、牵引力的波动、轮轨间纵向和横向的滑动等不利因素的影响，并且主要与轮轨表面清洁状况和机车运行速度有关。

计算黏着系数的影响因素很多，不可能用理论方法计算，只能用专门试验得出的试验公式表达。试验公式表示在正常黏着条件下计算黏着系数和机车运行速度的关系。黏着条件不好时，可以用撒砂来改善，或采用交流传动及改进机车走行部结构提高黏着系数，或采用径向转向架提高曲线上的黏着系数，还可以采用防空转装置提高黏着系数的利用程度。

2018 版《牵规》规定的计算黏着系数公式如下。

(1)直流传动电力机车(以 SS 型机车为主)

$$\mu_j = 0.24 + \frac{12}{100 + 8v} \tag{7-4}$$

式中：v 为运行速度，km/h。

机车在曲线上运行时，因运动更不平稳、轮轨间的滑动加剧等，黏着系数比直线上有所降低，尤其在小半径曲线上更为明显，在这种情况下，需要对计算黏着系数进行修正。直流电力机车在半径 R 小于 600 m 的曲线上运行时，曲线上的计算黏着系数 μ_r 按式(7-5)计算。

$$\mu_r = \mu_j(0.67 + 0.00055R) \tag{7-5}$$

(2)直流传动内燃机车(以 DF 型机车为主)

$$\mu_j = 0.248 + \frac{5.9}{75 + 20v} \tag{7-6}$$

内燃机车在半径 R 小于 550 m 的曲线上运行时，曲线上的计算黏着系数 μ_r 按式(7-7)计算。

$$\mu_r = \mu_j(0.805 + 0.000355R) \tag{7-7}$$

(3)交流传动机车(以 HX 型机车为主)

我国尚缺交流传动机车计算黏着系数公式，但根据国内外研究成果提出的我国交流传动内燃机车(牵引工况)计算黏着系数公式如下

$$\mu_j = 0.31 + \frac{3}{30+10v} \tag{7-8}$$

该式可供我国交流传动电力机车参考。

计算黏着系数与速度的关系如表7-1所示。从表7-1可见，随着运行速度的提高，各种机车的计算黏着系数都有所下降。不同类型机车的计算黏着系数有所区别，主要原因是它们的走行部结构不同。交流传动机车的黏着系数普遍大于直流传动机车的黏着系数。

表 7-1　各型机车不同运行速度下的计算黏着系数

机型	$v/(\mathrm{km \cdot h^{-1}})$						
	0	10	20	30	40	50	60
直流电力机车	0.360	0.307	0.286	0.275	0.269	0.264	0.261
直流内燃机车	0.327	0.269	0.260	0.257	0.255	0.253	0.253
交流机车(参考)	0.410	0.333	0.323	0.319	0.317	0.316	0.315

三、黏着牵引力曲线

将表7-1中的计算黏着系数和机车计算黏着质量代入式(7-3)，即可得出各型机车的黏着牵引力。根据各型机车不同速度下的黏着牵引力数据，可以在 $F_\mu = f(v)$ 直角坐标图中绘出黏着牵引力与速度的关系曲线，称为黏着牵引力曲线，如图7-3所示。由于客运机车的黏着牵引力一般要比传动装置牵引力大许多，且机车牵引力不受黏着牵引力的限制，所以客运机车的牵引特性曲线图上通常不把黏着牵引力曲线画出来。

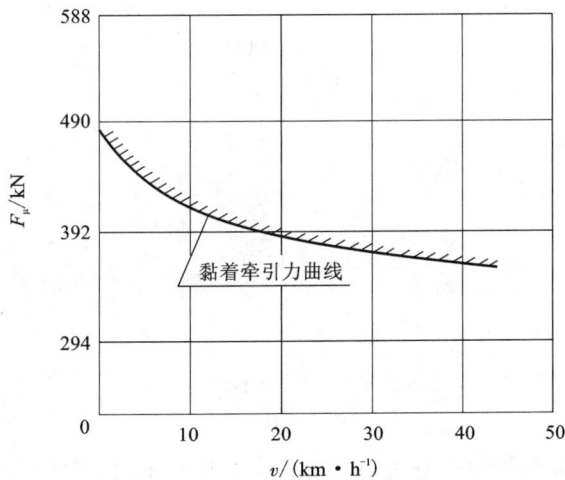

图 7-3　黏着牵引力曲线图

第三节　电力机车牵引特性

一、直流传动电力机车的牵引电机牵引力

1. 直流牵引电机的电流特性

直流牵引电机的电流特性，是指在一定的电压下牵引电机电流 I_d 与运行速度 v 的关系。

采用恒压控制的电力机车，其牵引电机电流 I_d 与运行速度 v 的关系可以由牵引电机电压平衡方程式和牵引电机转速与机车速度的关系导出。

牵引电机电压平衡方程式为

$$U_d - C_e n\varphi = I_d R_d \tag{7-9}$$

式中：U_d 为牵引电机端电压，V；C_e 为牵引电机电势常数；n 为牵引电机转速，r/min；φ 为牵引电机主磁通量，Wb；I_d 为牵引电机电流，A；R_d 为牵引电机电枢绕组电阻，Ω。

式(7-9)中 $C_e n\varphi$ 是反电势，$I_d R_d$ 是内部电压降。式(7-9)整理后得

$$I_d = \frac{U_d - C_e n\varphi}{R_d} \tag{7-10}$$

牵引电机转速 n 与机车速度 v 的关系为

$$n = \frac{1000\mu_c}{60\pi D}v \tag{7-11}$$

式中：μ_c 为齿轮传动比；v 为运行速度，km/h；D 为机车动轮直径，m。

把式(7-11)代入式(7-10)得

$$I_d = \frac{U_d - C_e \dfrac{1000\mu_c}{60\pi D}v\varphi}{R_d} \tag{7-12}$$

令

$$C = C_e \frac{1000\mu_c}{60\pi D} \tag{7-13}$$

式中：C 为机车常数。

由此可得出

$$I_d = \frac{U_d - Cv\varphi}{R_d} \tag{7-14}$$

式(7-14)说明，当机车和牵引电机的某些结构参数一定时，牵引电机的电流由牵引电机的端电压和机车速度决定。牵引电机的端电压由手柄级位(图7-4中1~8，8-Ⅰ，8-Ⅱ，8-Ⅲ)决定，当手柄级位一定、机车速度提高时，牵引电机电流减小。这个变化规律可用图7-4表示。该图反映了采用调压控制方式的 SS_3 型电力机车牵引电机电流与机车速度的关系，$I_d = f(v)$。

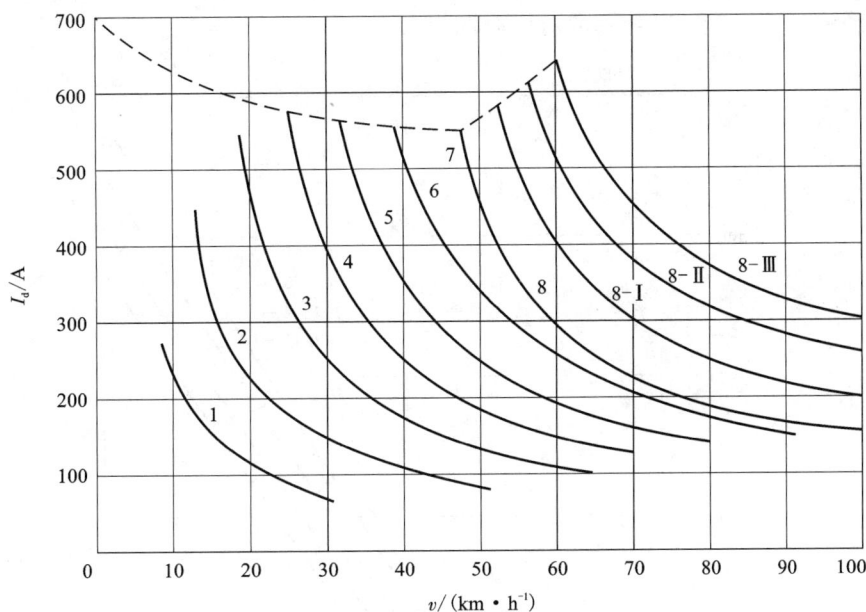

图 7-4　SS₃型电力机车牵引电机电流与机车速度的关系

2. 直流传动电力机车牵引力特性

直流传动电力机车牵引力特性，是指机车牵引力 F 与牵引电机电流 I_d 的关系。

机车牵引力 F 与牵引电机电流 I_d 的关系可以由电机的电磁转矩和牵引力转矩相等的关系导出。

一台直流电机的电磁转矩公式为

$$M = C_m \varphi I_d \tag{7-15}$$

式中：φ 为每极磁通量，Wb；I_d 为牵引电机电流，A；C_m 为电机的转矩常数(仅与电机结构有关)，其值为

$$C_m = \frac{pN}{2\pi a} \tag{7-16}$$

式中：p 为主极对数；N 为电枢绕组导体数；a 为电枢绕组支路对数。

机车牵引力 F 在动轮上的转矩与牵引电机传到动轮上的转矩(乘以有关效率)相等，即

$$F\frac{D}{2} \times 1000 = mM\eta_d\eta_c \tag{7-17}$$

由此得

$$F = \frac{2}{1000D}mM\eta_d\eta_c = \frac{2}{D}mC_m\varphi I_d\eta_d\eta_c \times 10^{-3} \tag{7-18}$$

式中：D 为动轮直径，m；m 为牵引电机个数；η_d 为牵引电机效率；η_c 为齿轮传动效率。

由式(7-18)可见，机车牵引力 F 与牵引电机电流 I_d、磁通量 φ 成正比。采用调压控制方式的SS₃型电力机车的牵引力 F 与牵引电机电流 I_d 的关系 $F=f(I_d)$ 如图 7-5 所示。由于机车

牵引力特性是电流的函数,故比较理想的拟合函数是二次多项式。对应于 SS_3 型电力机车的满磁场和三个磁场削弱级,拟合函数对应有四组。

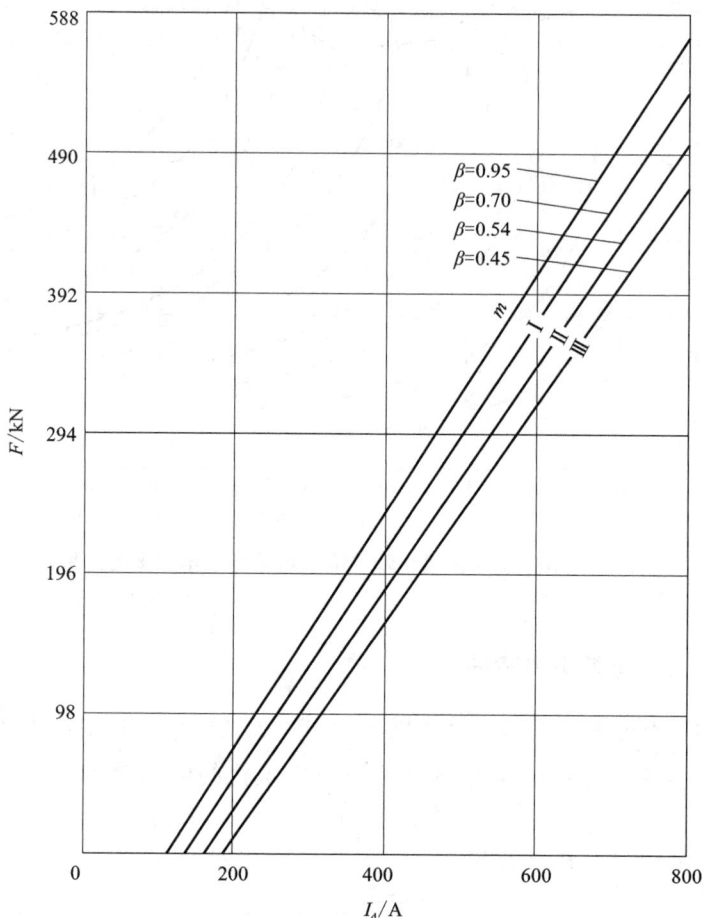

图 7-5 SS_3 型电力机车的牵引力与牵引电机电流的关系

3. 直流传动电力机车牵引特性

机车牵引特性是指机车牵引力 F 与运行速度 v 之间的关系 $F=f(v)$。由于机车牵引力与牵引电机电流成正比,所以机车牵引力 F 与运行速度 v 之间的关系线 $F=f(v)$ 的形状和牵引电机电流 I_d 与运行速度 v 的关系线 $I_d=f(v)$ 的形状极为相似。

二、交流传动电力机车的牵引电机牵引力

交流传动电力机车采用三相异步电机(又称感应电机),由牵引变流器为牵引电机提供三相变压变频(VVVF)电源。牵引变流器主要由四象限整流单元、中间直流电路和 PWM 逆变单元等主电路组成。四象限整流单元将由变压器二次侧绕组引出的交流电压整流为 2800 V 的直流电压;中间直流电路是四象限整流单元和 PWM 逆变单元的中间环节;PWM 逆变单元

将整流单元输出的直流电转换为交流电来驱动牵引电机，通过改变逆变电路的输出电压和输出频率来控制牵引电机的转矩和转速。

1. 感应电机的扭矩特性

当感应电机的电压、电流、频率及转差率变化时，都能引起感应电机的扭矩特性变化。

①当电压恒定不变而只有频率 f 发生变化时，扭矩按 $1/f^2$ 比例下降。

②当频率恒定不变而只有电压 U 发生变化时，扭矩按 U 比例增加，而速度不增加。

③当频率发生变化，而电压与频率的比率(U/f)恒定不变时，虽然速度变化，但扭矩可以保持不变。

2. 基本控制方法

利用感应电机的上述特性，可以使感应电机驱动的电力机车具有与传统的直流电机驱动的电力机车一样的牵引力——速度特性。

三、电力机车牵引特性曲线

电力机车牵引电机牵引力由专门试验得出。未经试验的新造机车，可参考由生产厂家提供的通过理论计算得出的预期特性曲线。将牵引电机牵引力和黏着牵引力与速度的关系绘在一张图上，构成电力机车牵引特性曲线。图 7-6 和图 7-7 分别为 SS_4 和 HX_D3(25 t 轴重)型电力机车的牵引特性曲线。

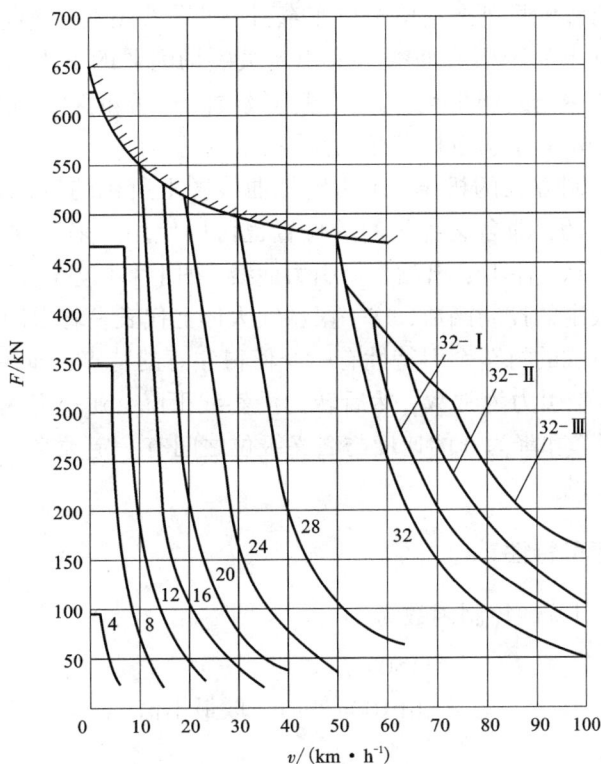

图 7-6　SS_4 型电力机车牵引特性曲线图

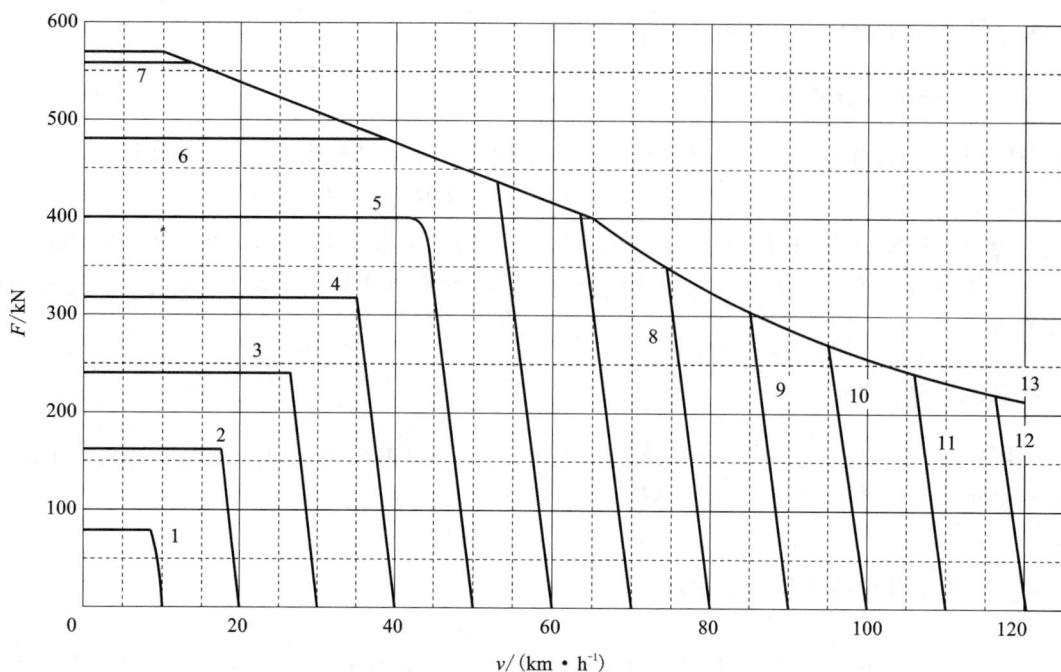

图 7-7　HX_D3 型电力机车 25 t 轴重时牵引特性曲线图

机车牵引特性曲线图中带阴影的是黏着牵引力曲线，另有若干条标明级位的是牵引电机牵引力曲线。在采用有级磁场削弱的电力机车牵引特性曲线图上，满级位的牵引力曲线右上方有三条磁场削弱工况下的牵引力曲线。采用无级磁场削弱的电力机车，其牵引特性曲线图右上方的曲线是最深磁场削弱工况。连接最高级位满磁场和Ⅲ级（最深）磁场削弱牵引力曲线上端的一段曲线表示受牵引电机持续电流限制的牵引力。

采用恒流准恒速控制方式的机车，牵引特性曲线图上所标的级位是"名义级位"。实际上，级位是连续（无级）的，即名义级位间的位置也可以使用。采用这种调速方式的货运机车，其牵引特性曲线图上往往不绘出黏着牵引力曲线，图上"外包线"低速度段的那一条斜直线就是按照黏着限制设定的控制函数，这一段斜线大体上代表黏着限制。

恒流准恒速控制方式的机车牵引特性有一个值得注意的特点，即在某些名义级位下，低速段是一段水平线，即牵引力为常数，然后转为沿斜线下降，到一定速度时，机车牵引力会降为 0。牵引力开始下降和降为 0 的速度与名义级位之间有一定关系，这种关系是由该型机车的特性控制函数决定的。

1. 直流电力机车牵引特性

SS_4 型电力机车牵引特性控制函数为

$$I_d = \begin{cases} 150n \\ 6(100n - 9v) \quad \text{取最小值} \\ 1096 \end{cases} \tag{7-19}$$

式中：I_d 为牵引电机电枢电流，A；n 为级位；v 为机车速度，km/h。

式(7-19)是表示牵引电机电枢电流与级位和运行速度的关系式。当级位和速度一定时，取三者中的最小值。其中，第一个式子决定水平线段的电流值；第二个式子决定斜线段的速度范围；第三个式子是常数，表示牵引电机电枢电流的最大值。

2. 交流电力机车牵引特性

交流传动电力机车的牵引力控制采用恒牵引力、准恒速控制方式，如 HX_D3 型电力机车25 t 轴重的牵引特性控制函数为

$$F = \begin{cases} 570 \\ 600.9 - 3.09v \\ 2600/v \qquad\qquad 取最小值 \\ 640N - 64v \\ 80N \end{cases} \qquad (7-20)$$

式(7-20)中前三个式子为机车的牵引力限制曲线，速度小于 10 km/h 时，机车最大牵引力限制为 570 kN；速度大于 10 km/h 且小于 65 km/h 时，机车牵引力按线段 $F = 600.9 - 3.09v$ 线性限制进入加速区；当速度大于 65 km/h 且小于 120 km/h 时，机车最大牵引力限制按曲线 $F = 2600/v$ 进行限制，此区段为功率限制区。

式(7-20)中后两个式子为机车牵引特性控制曲线，包括恒牵引力起动和准恒速运行阶段。

（1）恒牵引力起动阶段

司机控制器每个级位的牵引力变化为 80 kN。机车按 $F = 80$ kN 关系起动，输出牵引力与级位成正比，司机控制器每增加 1 级位，牵引力增加 80 kN，当级位加到 7 级以上时，输出牵引力受最大牵引力限制，输出 570 kN。

（2）准恒速运行阶段

机车按 $F = 640N - 64v$ 关系运行，牵引力随速度增加线性下降，因牵引力不能为负值，所以当计算结果为负值时，输出牵引力为 0。机车每级速度变化在 10 km/h 以内。当机车速度达 120 km/h 时，机车将进行速度限制。

第四节　内燃机车牵引特性

一、内燃机车电传动装置牵引力

内燃机车电传动有三种传动方式，即直流发电机—直流电机，交流发电机—整流器—直流电机，交流发电机—变流器—交流电机。电传动装置牵引力可根据轮周牵引力的功率与主

发电机传到动轮轮周的功率相等求得。

轮周牵引力功率为

$$N = \frac{Fv}{3.6} \tag{7-21}$$

主发电机传到动轮轮周的功率，直流发电机为

$$N = \frac{U_f I_f}{1000} \eta_d \eta_c' \tag{7-22}$$

交流发电机为

$$N = \frac{\sqrt{3} U_f I_f \cos \varphi}{1000} \eta_{zl} \eta_d \eta_c' \tag{7-23}$$

式中：U_f 为主发电机端电压，V；I_f 为主发电机电流，A；η_{zl} 为整流柜效率；η_d 为牵引电机效率；η_c' 为齿轮传动效率；φ 为功率因素角。

由上述功率表达式的相等关系得出受电传动装置功率限制的轮周牵引力的表达式，直流发电机为

$$F = 0.0036 \frac{U_f I_f}{v} \eta_d \eta_c' \tag{7-24}$$

交流发电机为

$$F = 0.0036 \frac{\sqrt{3} U_f I_f \cos \varphi}{v} \eta_{zl} \eta_d \eta_c' \tag{7-25}$$

若以牵引电机的参数表示，则

$$F = 0.0036 m \frac{U_d I_d}{v} \eta_d \eta_c' \tag{7-26}$$

式中：U_d 为牵引电机端电压，V；I_d 为牵引电机电流，A；m 为牵引电机个数。

在实际运行中，为保持柴油机恒功率工作，机车的功率调节系统使电传动装置的功率（即端电压与电流的乘积）在尽可能大的速度范围内为一常数，所以轮周牵引力与速度大致成反比。

二、内燃机车牵引特性曲线

内燃机车牵引特性指轮周牵引力与速度的关系，由专门试验得出。未经试验的新造机车，也可用预期特性曲线作为参考。

在机车设计时，应充分考虑柴油机牵引力和传动装置牵引力的相互匹配问题，运行中有一系列的调控装置使其相互配合，所以实际上二者并不（也很难）严格区分。通常以不同手柄位数（图 7-8 中 8、12、15、16）或柴油机转速（图 7-9 中 680、840、960、1000）区分为若干条曲线，加上计算黏着牵引力曲线便组成内燃机车牵引特性曲线。图 7-8～图 7-11 是部分内燃机车牵引特性曲线图。

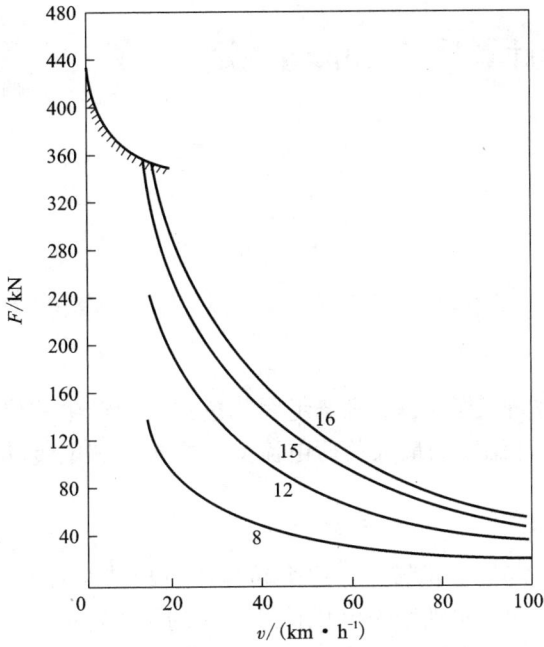

图 7-8　DF₄ 型内燃机车牵引特性曲线图

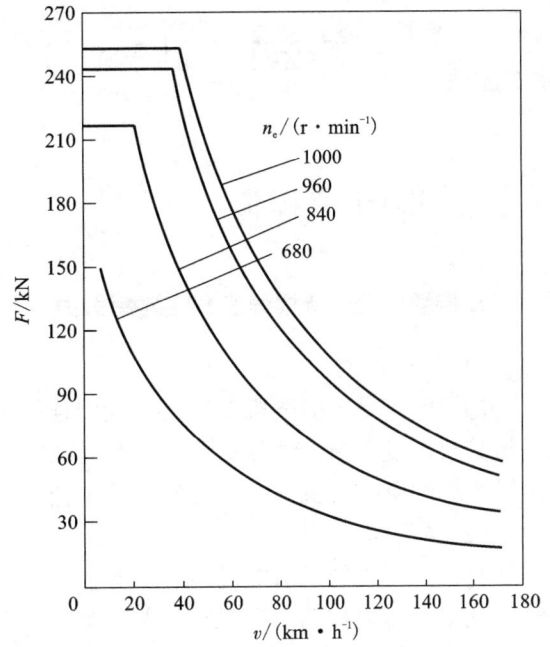

图 7-9　DF₁₁ 型内燃机车牵引特性曲线图

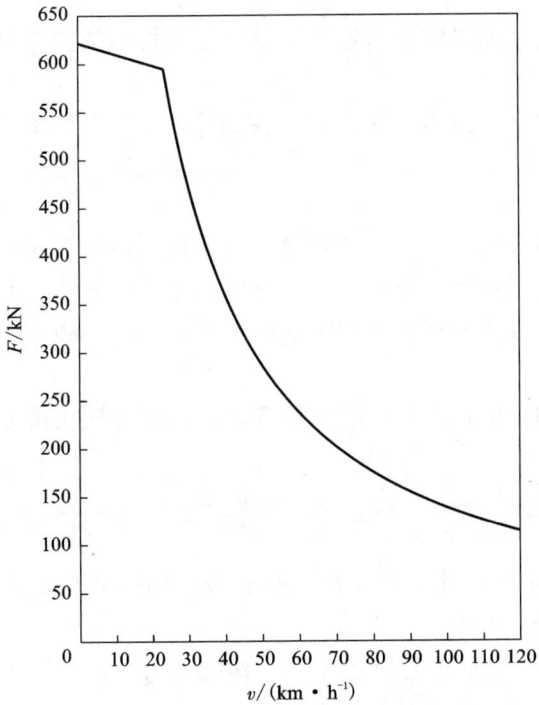

图 7-10　HXₙ3 型内燃机车牵引特性曲线图

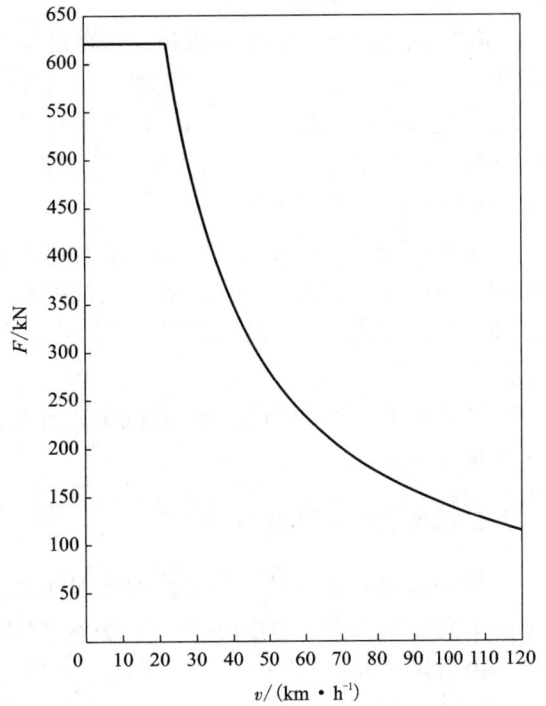

图 7-11　HXₙ5 型内燃机车牵引特性曲线图

第五节　机车牵引力的计算标准和取值规定

一、几个计算标准

1. 持续电流、持续速度、持续牵引力

（1）持续电流

持续电流是牵引电机在型式试验中连续长时间工作时，电机绕组因能量损耗而产生的热量与其散热量平衡，绕组发热温度不超过最高允许温度的最大负荷电流。电力机车和电传动内燃机车的牵引电机都有规定的持续电流。

（2）持续速度

对一定型式的牵引电机，其持续电流对应一定的电机转速，这个转速叫电机持续转速。对应既定的齿轮传动比和机车计算动轮直径，有一个实现牵引电机持续电流的机车速度，称为机车的持续速度。这个速度一般比最高级位（最高柴油机转速）的牵引力曲线与黏着牵引力曲线的交点速度略高，即在这个速度下，机车牵引力一般不会受黏着能力的限制。

（3）持续牵引力

持续速度下电力机车满级位、内燃机车最高柴油机转速的轮周牵引力称为机车的持续牵引力。

做过型式试验的电力及内燃机车的持续速度 v 及持续牵引力 F_c 由铁道行业标准《列车牵引计算　第 1 部分：机车牵引式列车》（TB/T 1407.1—2018）规定，没有做过型式试验的机车可采用生产厂家提供的数据。

机车在限制上坡道上的牵引质量时按持续速度和持续牵引力计算。这样做可以保证计算出的牵引质量在实际运行中不会出现牵引电机过热问题，免去了牵引电机的发热校验。根据运输需要，可以在较平坦的线路上采用比机车持续速度高一些的速度作为计算速度来确定牵引质量。

2018 版《牵规》还规定，内燃机车通过长度 1000 m 以上隧道的最低运行速度应该比持续速度提高 5 km/h。

2. 最大起动牵引力

最大起动牵引力 F_q，是计算列车起动牵引质量所用的牵引力。2018 版《牵规》规定的机车最大起动牵引力是根据限制条件或经过专门试验确定的。

电力机车的轴式、轴重、计算质量、黏着质量、最大起动牵引力、持续速度、持续牵引力、最高速度及全长如表 7-2 所示，内燃机车的相应参数如表 7-3 所示。

表 7-2 电力机车的轴式、轴重、计算质量、黏着质量、最大启动牵引力、持续速度、持续牵引力、最高速度及全长

机型	轴式	轴重 /t	计算质量 P、黏着质量 P_μ /t	最大启动牵引力 F_q /kN	持续速度 v_c /(km·h⁻¹)	持续牵引力 F_c /kN	最高速度 v_{max} /(km·h⁻¹)	全长 L_j /m
SS₃	C_0-C_0	23	138	470.0	48.0	317.8	100	21.4
SS₄	$2(B_0-B_0)$	23	184	649.8	51.5	431.6	100	32.8
SS₉	C_0-C_0	21	126	286.0	99.0	169.0	170	22.2
HX_D1	$2(B_0-B_0)$	23	184	700.0	70.0	493.7	120	35.2
		25	200	760.0	65.0	531.7		
HX_D1C	C_0-C_0	23	138	520.0	70.0	370.3	120	22.7
		25	150	570.0	65.0	398.8		
HX_D1D	C_0-C_0	21	126	420.0	80.0	324.0	160	22.5
HX_D2	$2(B_0-B_0)$	25	200	760.0	62.4	554.0	120	38.2
HX_D2C	C_0-C_0	23	138	520.0	70.0	370.3	120	23.0
		25	150	570.0	65.0	398.8		
HX_D3	C_0-C_0	23	138	520.0	70.0	370.3	120	20.8
		25	150	570.0	65.0	398.8		
HX_D3C	C_0-C_0	23	138	520.0	62.0	371.6	120	20.8
HX_D3D	C_0-C_0	21	126	420.0	80.0	324.0	160	23.0

表 7-3 内燃机车的轴式、轴重、计算质量、黏着质量、最大起动牵引力、持续速度、持续牵引力、最高速度及全长

机型	轴式	轴重 /t	计算质量 P、黏着质量 P_μ /t	最大起动牵引力 F_q /kN	持续速度 v_c /(km·h⁻¹)	持续牵引力 F_c /kN	最高速度 v_{max} /(km·h⁻¹)	全长 L_j /m
DF₄	C_0-C_0	22.5	135	401.7	20	302.1	100	21.1
DF₁₁	C_0-C_0	23	138	253.0	65.6	160.0	170	21.3
HX_N3	C_0-C_0	25	150	620	20.0	598.0	120	22.3
HX_N5	C_0-C_0	25	150	620	25.0	565.0	120	22.3

二、内燃机车牵引力的修正

一般给定的内燃机车柴油机功率、机车牵引力都是标准大气条件下的数据，但在高海拔、高气温条件下，因空气密度小，进入柴油机气缸中的空气量少，燃烧恶化，柴油机功率降低，最终使机车牵引力降低。内燃机车在长隧道内运行时，柴油机的工作条件也比在空旷地带要差，尤其是双机牵引时，前台机车排出的烟气及散热系统排出的热风会严重影响后台机车柴油机的最大功率。在这些条件下，必须对牵引力进行修正。修正的办法是通过专门试验得出海拔修正系数 λ_p、周围空气温度修正系数 λ_h、隧道影响修正系数 λ_s，再乘以正常条件下的牵引力。修正后的牵引力 F_x，按式(7-27)计算

$$F_x = F\lambda_h \lambda_s \lambda_p \qquad (7-27)$$

式中：λ_h 为周围空气温度修正系数，如表 7-4 所示；λ_p 为海拔修正系数，如表 7-5 所示；λ_s 为隧道影响修正系数。

周围空气温度 t_h 按式(7-28)计算

$$t_h = \frac{t_7 + 2\,t_{13} + t_{19}}{4} \qquad (7-28)$$

式中：t_7、t_{13}、t_{19} 分别为每日 7 时、13 时、19 时的平均外温，应根据气象台(站)不少于 5 年测得的最高月份的资料计算，℃。

表 7-4　内燃机车牵引力周围空气温度修正系数 λ_h

机型	周围空气温度/℃					
	30	32	34	36	38	40
DF$_4$	0.979	0.950	0.921	0.891	0.862	0.833
DF$_{11}$	1.000	1.000	1.000	1.000	1.000	1.000

表 7-5　内燃机车牵引力海拔修正系数 λ_p

机型		海拔 H/m							
		700	1000	1500	2000	2500	3000	3500	4000
DF$_4$		1.000	1.000	0.929	0.852	0.775	0.698	0.621	0.544
DF$_{11}$	VTC254-13G 增压器	1.000	1.000	1.000	1.000	0.962	0.909	0.855	0.802
	ZN310-LSA4 增压器	1.000	1.000	1.000	0.984	0.928	0.872	0.816	0.760

以上给出的修正系数是部分机型的，其他机型牵引力的修正系数可根据试验确定。

三、多机牵引时牵引力取值的规定

电力、内燃机车多机牵引使用重联线操纵时，因操纵动作协调，每台机车牵引力均取全

值；分别操纵时，协调性较差，第二台及其以后的每台机车牵引力均取全值的 0.98，推送补机的牵引力均取全值的 0.95。

四、最大牵引力的取值和牵引力使用系数

1.最大牵引力

最大牵引力是指机车牵引特性的"外包线"所表示的牵引力，取值如图 7-12 所示。电力机车和电传动内燃机车的最大牵引力，在低速区，按起动电流所决定的牵引力（图 7-12 中"2"线）、黏着牵引力曲线（图 7-12 中"1"线）中较低者取值。此后，电力机车依次按最高级位满磁场、持续电流限制和最深磁场削弱的牵引力曲线取值，内燃机车按最高手柄位（最高柴油机转速）的牵引力曲线（图 7-12 中"3"线）取值。机车最大牵引力受最高运行速度限制（图 7-12 中"4"线），即当机车达到最高运行速度后，牵引力则取 0。

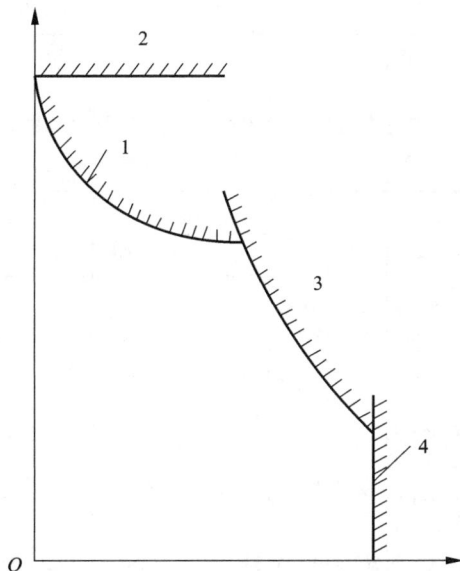

1—受黏着条件的限制；2—受牵引电机允许的最大电流限制；
3—受传动装置功率和性能的限制；4—受机车最高运行速度的限制。

图 7-12　机车牵引特性的有效范围

2.牵引力使用系数

为了对机车功率的使用留有余地，避免出现长时间满负荷运转而降低机车使用寿命，当计算列车在限制坡道上以持续速度运行的机车牵引质量时，机车持续牵引力应乘以"牵引力使用系数 λ_y"，并且规定 λ_y 取 0.9。

在列车起动地点，计算起动条件限制的牵引质量时，对起动牵引力也要乘以"牵引力使用系数 λ_y"，并且规定 λ_y 取 0.9。

当计算较平缓地段的运行时分时，为了避免频繁交替地变换牵引和惰行工况，也可以取

用部分负荷的牵引力。

直流传动电力机车轮周牵引力(外包线)数据如表7-6所示；交流传动电力机车轮周牵引力(外包线)数据如表7-7所示。货运内燃机车轮周牵引力(外包线)数据如表7-8所示；客运内燃机车轮周牵引力(外包线)数据如表7-9所示。

表7-6 直流传动电力机车轮周牵引力数据表

单位：kN

机型	$v/(km \cdot h^{-1})$																	
	0	10	20	30	40	50	60	70	80	90	100	110	120	130	140	150	160	170
SS_3	487.4	415.2/ 387.5	372.7	353.6	340.0	315.0	274.0	200.1	142.2	113.8	96.1	—	—	—	—	—	—	—
SS_4	649.8	554.0	517.0	497.0	484.8	50.0/ 476.0 51.5/ 431.6	57.0/ 394.8 63.0/ 353.8	73.2/ 307.8	242.5	186.5	159.9	—	—	—	—	—	—	—
SS_9、 SS_9(改)	286.0	286.0	275.0	264.5	254.0	243.0	232.0	222.0	211.0	200.0	99.0/ 169.0	153.1	139.1	128.1	119.4	110.9	163.0/ 103.7	93.8

注：带"/"的数据，"/"左边为运行速度，右边为该速度下的轮周牵引力，下同。

表7-7 交流传动电力机车轮周牵引力数据表

单位：kN

机型		$v/(km \cdot h^{-1})$																
		0	10	20	30	40	50	60	70	80	90	100	110	120	130	140	150	160
HX_D1	23 t	0~5.0 /700	684.2	652.5	620.8	589.1	557.4	525.7	493.7	432.0	384.0	345.6	314.2	288.0	—	—	—	—
	25 t	0~5.0 /760	741.0	702.9	664.9	626.8	588.8	65.0/ 531.7	493.7	432.0	384.0	345.6	314.2	288.0	—	—	—	—
HX_D1C	23 t	0~5.0 /520.0	508.5	485.4	462.3	439.2	416.2	393.1	370.3	324.0	288.0	259.2	235.6	216.0	—	—	—	—
	25 t	0~5.0 /570.0	555.8	527.5	499.2	470.8	442.5	65.0/ 398.8	370.3	324.0	288.0	259.2	235.6	216.0	—	—	—	—
HX_D1D		0~5.0 /420.0	413.6	400.8	388.0	375.2	362.4	349.6	336.8	324.0	288.0	259.2	235.6	216.0	199.4	185.1	172.8	162.0
HX_D2		0~5.0 /760.0	742.0	706.0	670.0	634.0	599.0	62.4/ 554.0	493.7	432.0	384.0	345.6	314.2	288.0	—	—	—	—
HX_D2C	23 t	5200	520.0	495.0	470.0	445.0	420.0	395.0	370.3	324.0	288.0	259.2	235.6	216.0	—	—	—	—
	25 t	570.0	570.0	539.1	508.2	477.3	446.4	65.0/ 398.8	370.3	324.0	288.0	259.2	235.6	216.0	—	—	—	—
HX_D3	23 t	520.0	520.0	495.0	470.0	445.0	420.0	395.0	370.3	324.0	288.0	259.2	235.6	216.0	—	—	—	—
	25 t	570.0	570.0	539.1	508.2	477.3	446.4	65.0/ 398.8	370.3	324.0	288.0	259.2	235.6	216.0	—	—	—	—
HX_D3C		520.0	520.0	491.5	462.9	434.4	405.8	62.0/ 371.6	329.1	288.0	256.0	230.4	209.5	192	—	—	—	—
HX_D3D		0~5.0 /420.0	413.6	400.8	388.0	375.2	362.4	349.6	336.8	324.0	288.0	259.2	235.6	216.0	199.4	185.1	172.8	162.0

表 7-8　货运内燃机车轮周牵引力数据表

单位：kN

机型	$v/(\text{km}\cdot\text{h}^{-1})$												
	0	10	20	30	40	50	60	70	80	90	100	110	120
DF_4	401.7	10/356.3 16.5/ 347.7	302.1	216.8	164.8	131.5	108.9	92.2	78.5	65.2	53.0		
HX_N3	620.0	608.5	598.0	23.0/ 593.6	353.4	283.6	235.3	202.0	176.6	156.7	141.8	128.9	116.2
HX_N5	620.0	620.0	22.3/ 620.0	457.8	348.9	281.2	235	201.9	176.6	156.8	140.6	127.2	116.1

表 7-9　客运内燃机车轮周牵引力数据表

单位：kN

机型	$v/(\text{km}\cdot\text{h}^{-1})$																	
	0	10	20	30	40	50	60	70	80	90	100	110	120	130	140	150	160	170
DF_{11}	253.0	253.0	253.0	253.0	38.5/ 253.0	203.1	173.2	150.6	132.9	118.6	106.8	96.9	88.3	81.0	74.6	68.9	63.9	59.4

复习思考题

1. 车钩牵引力与轮周牵引力之间是什么关系？

2. 什么是机车黏着牵引力？

3. 机车的计算速度、计算牵引力、计算起动牵引力、计算质量、构造速度分别指什么？有什么意义？

4. 内燃机车牵引力在不同速度下如何取值？在什么情况下要进行哪些修正？

5. 重载牵引条件下，不同速度下的各型号机车牵引力如何取值？

第八章

列车阻力

本章讲述列车阻力分类、机车车辆的基本阻力和附加阻力的产生及计算方法、加算坡道附加阻力和加算坡道千分数的计算方法，以及线路纵断面化简方法。学习本章要重点掌握加算坡道千分数和列车阻力的计算。

第一节 概 述

一、列车阻力的定义

列车阻力是与列车运行方向相反、阻碍列车运行的、司机不可控制的外力。它的作用是阻止列车发生运动或使列车自然减速。

二、列车阻力分类

1. 按阻力产生原因，列车阻力可分为两类

①基本阻力：运行中（包括起动时）永远存在的阻力。列车在平直道上运行时，只有运行基本阻力。列车在平直道上起动时，只有起动基本阻力。基本阻力通常情况下以阻力符号加下标"0"来表示，如 W'_0 和 W''_0 分别表示机车基本阻力和车辆基本阻力。

②附加阻力：个别情况下发生的阻力称为附加阻力。例如：在坡道运行时有坡道附加阻力，以加下标"i"表示；在曲线运行时有曲线附加阻力，以加下标"r"表示；在隧道内运行时有隧道附加阻力，以加下标"s"表示。

基本阻力与附加阻力合并在一起称为全阻力。

2. 按阻力作用范围，列车阻力也可分为两类

①总阻力：作用在机车、车辆或列车全部质量上的阻力，分别称为机车、车辆或列车总阻力，总阻力用大写英文字母"W"表示，单位是 kN。

②单位阻力：平均到机车、车辆或列车每 kN 重力上的阻力，分别称为机车、车辆或列车单位阻力，单位阻力用小写英文字母"w"表示，单位是 N/kN。

机车阻力和单位阻力的关系是

$$w' = \frac{W' \cdot 10^3}{P \cdot g} \tag{8-1}$$

车辆阻力和单位阻力的关系是

$$w'' = \frac{W'' \cdot 10^3}{G \cdot g} \tag{8-2}$$

列车总阻力 W 和单位阻力 w 的关系是

$$w = \frac{W \cdot 10^3}{(P+G) \cdot g} = \frac{(W'+W'') \cdot 10^3}{(P+G) \cdot g} \tag{8-3}$$

式中：G 为牵引质量，t；P 为机车计算质量，t。

第二节　基本阻力的分析及计算

一、基本阻力的组成和分析

列车的基本阻力由机械阻力和气动阻力组成。

1. 机械阻力

（1）轴承的摩擦阻力（简称轴承阻力）

轮对滚动时，轴颈和滑动轴承之间发生相对运动，接触面处将产生摩擦力，其值等于轴荷重 Q_i 与摩擦系数 φ 的乘积，如图 8-1 所示。该摩擦力对轮轴中心所形成的力矩将阻碍车轮围绕轴心旋转。但这仅是内力作用，该力对列车运行的阻碍作用只有通过它引起的外力才能体现出来，这个外力仍然是由钢轨产生的。由于轴荷重的作用，轮轨间存在着黏着，列车运行时，车辆的轮对正是由于黏着作用才得以在轨面上滚动的，而力阻碍车轮的旋转，试图使轮对在轨面上滑动，于是产生车轮给钢轨的向前的作用力，从而引起钢轨给车轮的反作用力 f_i。对于列车来说，这是外力，也就是由于轴颈和轴承的摩擦作用而产生的那部分列车运行阻力。

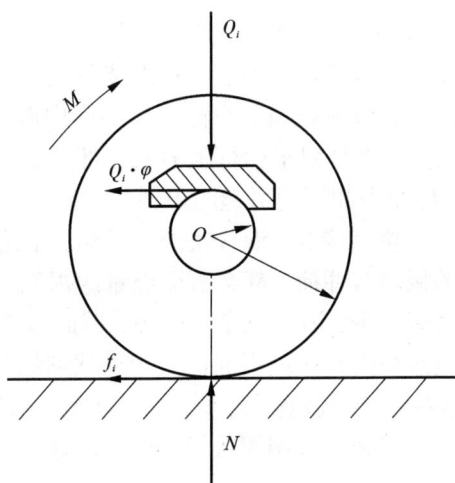

图 8-1　轴承阻力示意图

这种阻力是基本阻力的重要组成部分。轴承的摩擦系数是影响轴承的摩擦阻力的最主要的原因,它受轴承类型、润滑油特性、列车运行速度等方面的影响。

（2）轮轨间滚动摩擦阻力（简称滚动阻力）

钢轨并非绝对刚体,车辆载荷 Q_i 通过车轮压在轨面上时,轨面产生少许凹面变形,如图 8-2 所示。变形程度与轴重、钢轨刚度及表面硬度、轨枕种类和铺设密度、道床质量及列车停留时间的长短有关。车轮在轨面滚动时,轨面因被碾压而产生弹性波。这种弹性波受车轮的推动向前移动,此时,钢轨反作用于车轮踏面的施力点向前移动距离 m 而至 A 点,将此法向反力 F 移到车轮中心,并分为两个分力,N 和 δ。其中一个分力 δ 起着阻碍列车运行的作用,消耗一部分牵引力。δ 即为车轮在钢轨上滚动而引起的列车运行阻力。

采用重型钢轨和整体道床可以降低这部分阻力。

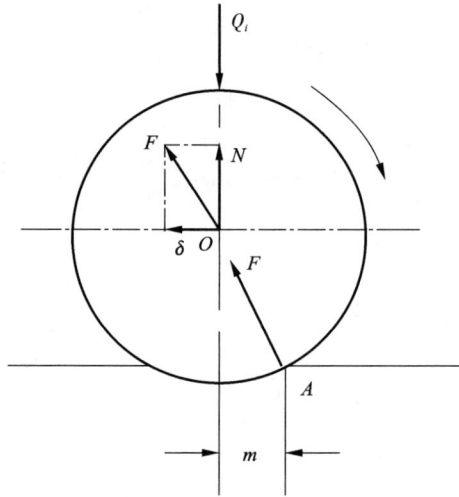

图 8-2　滚动阻力示意图

（3）轮轨间滑动摩擦阻力

车轮的圆锥形踏面、轮对组装不正,同一轮对的车轮直径不等及机车车辆转向架的蛇行运动都会导致轮轨间的纵向滑动和横向滑动,从而形成滑动摩擦阻力。这些摩擦将消耗机车的牵引力,也是列车运行阻力的一部分。

（4）冲击和振动引起的阻力

由于轨道接缝、钢轨轨面不平顺,车轮擦伤引起的冲击及机车车辆弹簧装置、车钩缓冲装置的振动与冲撞,都会造成能量的损耗,其所引起的阻力称为冲击阻力。这些力都将使列车的动能减少,消耗机车牵引力,因此也是列车运行阻力的一部分。

显然冲击和振动引起的阻力受线路质量及机车、车辆状态等因素的影响。随着速度的提高,这些影响也就愈大,所以,改善线路结构对实现铁路高速重载运输具有重要意义,其中最有效的措施是采用焊接长钢轨,最好采用无缝钢轨。

2. 气动阻力,又称空气阻力

列车运行中,列车前面的空气被压缩,而在车辆连接部和列车尾部的空气则造成涡流和部分真空现象,还有列车表皮和空气的摩擦在车辆与空气间造成涡流,都形成运行阻力。空

气阻力与列车最大截面积、空气密度、列车表面形状有关，与相对速度的平方成正比，通常用式(8-4)表示

$$W_a = C_x \cdot \Omega \cdot \frac{\rho v^2}{2} \qquad (8-4)$$

式中：C_x 为空气阻力系数，取决于列车外形；Ω 为列车最大截面积，m^3；ρ 为空气密度，kg/m^3；v 为列车与空气的相对速度，m/s，无风时即为列车速度。

上述引起基本阻力的各种因素所占比例随着列车速度的变化而有所变化。起动时，几乎没有气动阻力，以轴承的摩擦阻力和轮轨间的滚动摩擦阻力为主，滚动轴承的车辆起动要容易得多。低速运行时，轴承的摩擦阻力占较大比例；速度提高后，轮轨间的滑动摩擦阻力、冲击振动和气动阻力的比重逐渐加大；高速运行时，基本阻力则以气动阻力为主，例如高速动车组在速度为 350 km/h 时，气动阻力可占基本阻力的 90% 以上，因此高速列车的外形流线化特别重要。

二、计算基本阻力的公式

影响基本阻力的因素复杂，难以用纯理论公式计算，只能通过大量试验得出的试验公式来计算。这些公式都用单位阻力的形式表达。

1. 机车、车辆单位起动基本阻力

①电力机车和内燃机车的单位起动基本阻力 w_q' 均取 5 N/kN。
②货车的单位起动基本阻力 w_q'' 取 3.5 N/kN。

2. 机车、车辆单位运行基本阻力

在以下的叙述中，说到基本阻力时，除了特别指明，均指运行基本阻力。这些公式都采用单位基本阻力等于列车运行速度的一元二次方程的形式，即

$$w_0 = A + B \cdot v + C \cdot v^2 \qquad (8-5)$$

（1）机车单位基本阻力

早期机车单位基本阻力对牵引和惰行工况曾分别采用不同的阻力公式。为简单起见，从 1999 年起，机车单位基本阻力公式不再区分牵引和惰行两种工况，采用统一公式（按惰行工况），这样，机车基本阻力的试验和计算都比较方便。

一些广泛应用的电力机车单位基本阻力公式如下：

SS_3、SS_4、SS_4(改)型

$$w_0' = 2.25 + 0.0190v + 0.000320v^2 \qquad (8-6)$$

SS_9、SS_9(改)型

$$w_0' = 1.75 + 0.0234v + 0.000184v^2 \qquad (8-7)$$

HX_D1、HX_D1C、HX_D2、HX_D2C、HX_D3、HX_D3C(不分轴重 23 t, 25 t)型

$$w_0' = 1.20 + 0.0065v + 0.000279v^2 \qquad (8-8)$$

HX_D1D、HX_D3D 型

$$w_0' = 1.48+0.0018v+0.00030v^2 \tag{8-9}$$

内燃机车单位基本阻力公式如下：

$\mathrm{DF_4}$ 型

$$w_0' = 2.28+0.0293v+0.000178v^2 \tag{8-10}$$

$\mathrm{DF_{11}}$ 型

$$w_0' = 0.86+0.0054v+0.000218v^2 \tag{8-11}$$

$\mathrm{HX_N}3$ 型

$$w_0' = 0.82+0.0026v+0.000499v^2 \tag{8-12}$$

$\mathrm{HX_N}5$ 型

$$w_0' = 0.95+0.0023v+0.000497v^2 \tag{8-13}$$

式中：w_0' 为机车单位基本阻力，N/kN；v 为运行速度，km/h。

电力机车不同速度下的单位基本阻力数值如表 8-1 所示。内燃机车不同速度下的单位基本阻力数值如表 8-2 所示。

表 8-1　电力机车单位基本阻力数值

单位：N/kN

机　型	$v/(\mathrm{km \cdot h^{-1}})$																
	10	20	30	40	50	60	70	80	90	100	110	120	130	140	150	160	170
$\mathrm{SS_3}$、$\mathrm{SS_4}$、$\mathrm{SS_4}$(改)	2.47	2.76	3.11	3.52	4.00	4.54	5.15	5.82	6.55	7.35	—	—	—	—	—	—	—
$\mathrm{SS_9}$、$\mathrm{SS_9}$(改)	2.00	2.29	2.62	2.98	3.38	3.82	4.29	4.80	5.35	5.93	6.55	7.21	7.90	8.63	9.40	10.20	11.05
$\mathrm{HX_D}1$、$\mathrm{HX_D}2$ 等	1.29	1.44	1.65	1.91	2.22	2.59	3.02	3.51	4.04	4.64	5.29	6.00	—	—	—	—	—
$\mathrm{HX_D}1\mathrm{D}$、$\mathrm{HX_D}3\mathrm{D}$	1.53	1.64	1.81	2.04	2.33	2.68	3.10	3.57	4.10	4.70	5.36	6.07	6.85	7.69	8.59	9.55	—

表 8-2　内燃机车单位基本阻力数值

单位：N/kN

机型	$v/(\mathrm{km \cdot h^{-1}})$																
	10	20	30	40	50	60	70	80	90	100	110	120	130	140	150	160	170
$\mathrm{DF_4}$	2.59	2.94	3.32	3.74	4.19	4.68	5.20	5.76	6.36	6.99	7.66	8.36	9.10	9.87	—	—	—
$\mathrm{DF_{11}}$	0.94	1.06	1.22	1.43	1.68	1.97	2.31	2.69	3.12	3.58	4.10	4.65	5.25	5.89	6.58	7.31	8.08
$\mathrm{HX_N}3$	0.90	1.07	1.35	1.72	2.20	2.77	3.45	4.22	5.10	6.07	7.14	8.32	—	—	—	—	—
$\mathrm{HX_N}5$	1.02	1.19	1.47	1.84	2.31	2.88	3.55	4.31	5.18	6.15	7.22	8.38	—	—	—	—	—

（2）客车单位基本阻力

120 km/h 速度等级

$$w_0'' = 1.66+0.0075v+0.000155v^2 \tag{8-14}$$

140 km/h 速度等级

$$w_0'' = 1.66+0.0075v+0.000155v^2 \tag{8-15}$$

160 km/h 速度等级

$$w_0'' = 1.66+0.0075v+0.000155v^2 \tag{8-16}$$

客车不同速度下的单位基本阻力数值如表 8-3 所示。

表 8-3　客车单位基本阻力数值

单位：N/kN

车型	v/(km·h⁻¹)															
	10	20	30	40	50	60	70	80	90	100	110	120	130	140	150	160
120 km/h 速度等级	1.75	1.87	2.02	2.21	2.42	2.67	2.94	3.25	3.59	3.96	4.36	4.79				
140 km/h 速度等级	1.93	2.08	2.25	2.45	2.68	2.94	3.23	3.55	3.89	4.27	4.67	5.11	5.57	6.06		
160 km/h 速度等级	1.67	1.76	1.90	2.07	2.28	2.52	2.81	3.13	3.48	3.88	4.31	4.78	5.29	5.84	6.42	7.04

（3）货车单位基本阻力

滚动轴承重货车

$$w_0'' = 0.92 + 0.0048v + 0.000125v^2 \tag{8-17}$$

空货车

$$w_0'' = 2.23 + 0.0053v + 0.000675v^2 \tag{8-18}$$

油罐专列

$$w_0'' = 0.53 + 0.0121v + 0.000080v^2 \tag{8-19}$$

空、重货车混编时，车辆的平均单位基本阻力 w_0'' 按空车和重车的质量百分比加权平均计算。

油罐车与其他货车混编时，按普通货车基本阻力公式计算。

货车不同速度下的单位基本阻力数值如表 8-4 所示。

表 8-4　货车单位基本阻力数值

单位：N/kN

车型	v/(km·h⁻¹)									
	10	20	30	40	50	60	70	80	90	100
重车	0.98	1.07	1.18	1.31	1.47	1.66	1.87	2.10	2.36	2.65
空车	2.35	2.61	3.00	3.52	4.18	4.98	5.91	6.97	8.17	9.51
油罐专列	0.66	0.80	0.97	1.14	1.34	1.54	1.77	2.01	2.27	2.54

应用以上机车车辆单位基本阻力公式时应注意以下问题：

①基本阻力的试验一般都是在运行速度不小于 10 km/h、外温不低于-10 ℃、风速不大于 5 m/s 的条件下进行的。因此，当气候条件变化时，计算结果与实际情况有不同程度的误差。计算公式也不适用于速度较低、情况较特殊的调车作业。

②列车低速运行时阻力变化比较复杂，所以当速度小于 10 km/h 时，计算基本阻力，规定按 10 km/h 计算。

③装载轻浮货物的车辆，凡不足标记载重 50% 的可按空车计算，达到标记载重 50% 及以上的可按重车计算。

第三节　附加阻力的分析及计算

一、坡道附加阻力

机车、车辆在坡道上运行时，除了基本阻力之外，还有坡道附加阻力。坡道附加阻力是机车、车辆的重力沿轨道下坡方向的分力。

可以从理论上证明，机车、车辆的单位坡道附加阻力 w_i 在数值上正好等于坡道坡度的千分数 i，如图 8-3 所示。

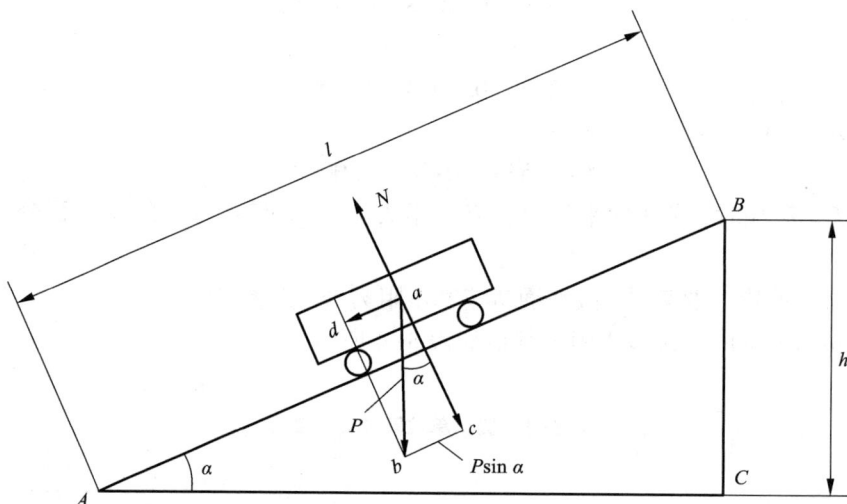

图 8-3　坡道附加阻力示意图

在图 8-3 中，一段线路 AB，长度为 l，B 点与 A 点海拔标高差为 h，AB 与水平线 AC 的夹角为 α，其坡度千分数为

$$i = \frac{BC}{AB} \times 1000 = \frac{h}{l} \times 1000 = 1000\sin\alpha \tag{8-20}$$

坡度千分数 i 上坡时为正值，下坡时为负值。

如果有一车辆在 AB 坡道上运行，其重力为 P，其值按比例用 ab 线段表示。此力可分解成与钢轨方向垂直的 ac 和与钢轨方向平行的 ad 两个分力。与钢轨方向垂直的分力 ac 与钢轨的法向反力 N 平衡。指向下坡方向的分力 ad 就是总坡道附加阻力，用 W_i 表示。

在图 8-3 中，直角三角形 abc 和直角三角形 ABC 是相似三角形，其对应边成比例，则

$$\frac{bc}{ab} = \frac{BC}{AB} = \sin\alpha \tag{8-21}$$

和基本阻力一样，坡道附加阻力也要用单位阻力（平均到每 kN 重力上的阻力）w_i 表示，其值为总坡道附加阻力 $W_i(=ad=bc)$ 与车辆重力 $P(=ab)$ 的比值乘以 1000，则

$$w_i = \frac{1000W_i}{P} = \frac{1000ad}{ab} = \frac{1000bc}{ab} = 1000\sin\alpha \tag{8-22}$$

由此可得

$$w_i = 1000\sin\alpha = i \tag{8-23}$$

即

$$w_i = i \tag{8-24}$$

例如，列车在 6‰ 的坡道上运行，上坡时坡度千分数 $i=6$，单位坡道附加阻力 $w_i=6$ N/kN；下坡时坡度千分数 $i=-6$，单位坡道附加阻力 $w_i=-6$ N/kN。

坡道附加阻力有正负之分。负阻力实际上起牵引力的作用。

二、曲线附加阻力

1. 曲线附加阻力及其产生原因

机车车辆在曲线上运行时的阻力大于同条件下在直线上运行时的阻力，其增大部分叫曲线附加阻力。引起曲线附加阻力的主要原因有：机车、车辆在曲线上运行时，轮轨间的纵向和横向滑动；由未被平衡的离心力或向心力引起的轮缘与钢轨内侧面的摩擦增加；转向架转向和侧向力的作用；上、下心盘部分摩擦加剧；等等。

2. 试验公式

曲线附加阻力的影响因素复杂，难以用理论推导出计算公式，通常用曲线阻力和直线阻力对比的方法，并考虑主要的、易于计算的因素——曲线半径 R，经试验得出试验公式。

2018 版《牵规》规定，在圆曲线上运行的机车车辆，其单位曲线附加阻力试验公式为

$$w_r = \frac{600}{R} \tag{8-25}$$

式中：600 为试验常数；R 为曲线半径，m。

如果已知曲线中心角 α 及所对弧长 l_r，也可以求得曲线附加阻力。根据曲线中心角与所对弧长成正比的几何定理，则

$$\frac{2\pi R}{360} = \frac{l_r}{\alpha} \tag{8-26}$$

$$R = \frac{360 l_r}{2\pi\alpha} = 57.3\frac{l_r}{\alpha} \tag{8-27}$$

将式（8-27）代入式（8-25）得

$$w_r = \frac{10.5\alpha}{l_r} \tag{8-28}$$

式中：α 为曲线中心角（偏角），（°）；l_r 为曲线中心角所对应的弧长，m，又称为曲线计算长度。

以上两个曲线阻力计算公式仅适用于列车长度 L_c 小于或等于曲线长度 L_r 的时候。如果列车长度大于曲线长度，列车不是全部同时位于曲线上，而仅有一部分车辆受到曲线附加阻力，此时，列车平均受到的曲线附加阻力可根据阻力机械功相等的原则计算

$$w_r = \frac{600}{R} \cdot \frac{L_r}{L_c} \qquad (8-29)$$

或者

$$w_r = \frac{10.5\alpha}{L_c} \qquad (8-30)$$

三、隧道附加阻力

列车在隧道内运行时，由于隧道壁的制约，列车在有限的筒状空间运动，形成活塞效应，首车挤压的空气不能全部绕流到尾车之后，部分空气被列车夹持推移、向前流动至隧道出口，这种气流的变化，影响并增大了首车与尾车的压差阻力和列车车身与空气的摩擦力，导致列车在隧道中的气动阻力明显超过列车在明线运行时的气动阻力，两者气动阻力的差值就是隧道附加阻力。

隧道附加阻力与运行速度、隧道长度与净空面积、列车流线化程度及列车长度等因素有关。2018 版《牵规》规定，机车车辆的单位隧道附加阻力 w_s 由试验确定，必要时也可用下面的参考公式进行计算

$$w_s = 0.00013 \cdot L_s \qquad (8-31)$$

式中：L_s 为隧道长度，m。

四、加算坡道附加阻力及其计算

列车附加阻力包括坡道附加阻力、曲线附加阻力、隧道附加阻力，是列车牵引计算的重要参数。由于坡道附加阻力与列车运行速度无关，其单位阻力（N/kN）等于坡度的千分数；曲线附加阻力和隧道附加阻力虽然实际上与列车速度有关，但都是用专门试验得出的试验公式计算，这些试验公式也忽略了速度的影响，故当三种附加阻力同时存在时，曲线和隧道的单位附加阻力可以和单位坡道附加阻力合在一起计算，称为单位加算坡道附加阻力 w_j

$$w_j = w_i + w_r + w_s \qquad (8-32)$$

式中：w_i 为单位坡道附加阻力，N/kN，其值等于坡度千分数 i；w_r 为单位曲线附加阻力，N/kN，其值用试验公式计算（$w_r = 600/R$ 或采用考虑列车长度的修正公式）；w_s 为单位隧道附加阻力，N/kN，其值用试验公式计算（$w_s = 0.00013 \cdot L_s$）。

在数值上与单位加算坡道附加阻力 w_j 相当的坡度千分数称为加算坡度千分数 i_j

$$i_j = w_j = i + i_r + i_s \qquad (8-33)$$

式中：i 为坡道坡度千分数，‰；i_r 为在曲线计算长度范围内曲线附加阻力的折算坡度千分数，$i_r = w_r$；i_s 为在隧道长度范围内隧道附加阻力的折算坡度千分数，$i_s = w_s$。

第四节 列车阻力计算及实例

一、列车起动阻力计算

列车起动时的总全阻力计算式如下

$$W_q = P(w_q' + i_q)g \times 10^{-3} + G(w_q'' + i_q)g \times 10^{-3} \qquad (8-34)$$

或

$$W_q = [P(w_q' + i_q) + G(w_q'' + i_q)]g \times 10^{-3} \qquad (8-35)$$

式中：P、G 分别为机车计算质量、列车牵引质量，t；i_q 为列车起动地点（即列车长度范围内）的化简加算坡度千分数；w_q' 为机车单位起动基本阻力，N/kN；w_q'' 为车辆单位起动基本阻力，N/kN。

对于电力、内燃机车牵引的货车组成的列车，机车单位起动基本阻力为 5 N/kN，车辆单位起动基本阻力为 3.5 N/kN。式（8-34）可写为

$$W_q = P(5 + i_q)g \times 10^{-3} + G(3.5 + i_g)g \times 10^{-3} \qquad (8-36)$$

或

$$W_q = [P(5 + i_q) + G(3.5 + i_q)]g \times 10^{-3} \qquad (8-37)$$

例题 8-1 HX$_D$3 型（轴重 25 t）电力机车牵引一列 5000 t 的货物列车，在 6‰上坡道上的起动总全阻力是多少？

解：已知 $G = 5000$ t，$i_q = 6$，查表 7-2 得 $P = 150$ t，代入得

$$W_q = [150(5 + 6) + 5000(3.5 + 6)] \times 9.81 \times 10^{-3} = 482.2 \text{ (kN)}$$

二、列车运行阻力计算

1. 列车基本阻力

（1）列车总基本阻力

$$W_0 = (Pw_0' + Gw_0'')g \times 10^{-3} \qquad (8-38)$$

式中：w_0'、w_0'' 分别为机车、车辆运行单位基本阻力，N/kN。

例题 8-2 例题 8-1 中的货物列车，以 70 km/h 速度运行时，总基本阻力是多少？

解：已知 $G = 5000$ t，$P = 150$ t，查表 8-1 得 $w_0' = 3.02$ N/kN，查表 8-4 得 $w_0'' = 1.87$ N/kN，代入得

$$W_0 = (150 \times 3.02 + 5000 \times 1.87) \times 9.81 \times 10^{-3} = 96.2 \text{ (kN)}$$

（2）列车单位基本阻力

$$w_0 = \frac{Pw_0' + Gw_0''}{P + G} \qquad (8-39)$$

例题 8-3 例题 8-1 的货物列车，以 70 km/h 速度运行时，单位基本阻力是多少？

解：将上述有关数据代入得

$$w_0 = \frac{150 \times 3.02 + 5000 \times 1.87}{150 + 5000} = 1.90 \ (\text{N/kN})$$

2.列车全阻力

（1）列车总全阻力

$$W = P(w_0' + i_j)g \times 10^{-3} + G(w_0'' + i_j)g \times 10^{-3} \tag{8-40}$$

式中：i_j 为加算坡度千分数(对于化简后的纵断面，即为 i_{hj})。

例题 8-4 例题 8-1 的货物列车，在 6‰上坡道上以 70 km/h 速度运行时，总全阻力是多少？

解：将上述有关数据代入得

$$W = [150(3.02 + 6) + 5000(1.87 + 6)] \times 9.81 \times 10^{-3} = 399.3 \ (\text{kN})$$

（2）列车单位全阻力

$$w = w_0 + i_j \tag{8-41}$$

例题 8-5 例题 8-1 的货物列车，在 6‰上坡道上以 70 km/h 速度运行时，单位全阻力是多少？

解：将上述有关数据代入得

$$w = 1.90 + 6 = 7.90 \ (\text{N/kN})$$

第五节　线路纵断面化简

一、化简的目的

在进行手工牵引计算时把列车当作一个质点，需要把相邻坡度近似的几个实际坡道(包括该地段内的所有曲线和隧道)合并成一个化简坡道，作为计算加算附加阻力的依据。这项作业称为线路纵断面化简。

①在手工进行大量牵引计算作业时，按线路纵断面的特点分组进行化简，以减少坡道单元数目，节省计算时间。

②在用传统方法(手工)计算列车制动距离时，若制动地段有几个坡度、曲线或隧道时，要按制动地段范围进行化简。

③在计算列车起动牵引质量时，列车长度若跨几个坡段或曲线，在确定起动地点的加算坡度千分数时，要按列车长度所覆盖的地段进行化简。

二、化简的方法

（1）用一个假想的化简坡度千分数 i_h 代替几个相邻坡度近似的实际坡度千分数 i，化简

坡度的长度 l_h 等于几个实际坡度的长度 l_i 之和，即

$$i_h = \frac{H_2 - H_1}{l_h} \times 1000 \qquad (8\text{-}42)$$

式中：H_1 和 H_2 分别为简化坡段始点和终点的标高，m；l_h 为简化坡段长度，$l_h = \sum l_i$，m。

为了不把坡度相差过大的几个坡度化简在一起，以免给计算带来较大的误差，2018 版《牵规》规定，每一个实际坡度千分数 i 与化简坡度千分数 i_h 的代数差的绝对值 Δi 和该坡段长度 l_i 的乘积不大于 2000，即必须满足以下条件才允许化简

$$\Delta i \cdot l_i \leq 2000 \qquad (8\text{-}43)$$

式中：$\Delta i = |i - i_h|$；2000 为经验常数。

此外，在化简时还需注意：车站到发线、动能坡道、限制坡道或其他需校验牵引质量的坡道（有关概念见第十二章），不得与其他坡段一起化简。

（2）把化简坡道长度 l_h 范围内的曲线附加阻力和隧道附加阻力平均到化简坡度的全长上，用一个曲线折算坡度千分数 i_r 和一个隧道折算坡度千分数 i_s 代替

①化简坡段内的曲线换算坡度千分数。对于化简坡段内的曲线，按列车阻力所做的机械功相等的原则，将曲线阻力平均分摊在化简后的整个坡段上，转化成曲线换算坡度千分数，并用 i_r 表示。例如，半径为 R、长度为 l_r 的曲线单位附加阻力为 $600/R$，列车通过这段曲线时，克服曲线阻力所做的机械功为 $600l_r/R$；假定列车在长为 l_h 的化简坡段内完成该机械功，于是，曲线附加阻力折算成的坡度千分数为

$$i_r = \frac{1}{l_h} \cdot \sum \left(\frac{600}{R} \cdot l_r \right) \qquad (8\text{-}44)$$

②化简坡段内的隧道换算坡度千分数。化简坡段内的隧道附加单位空气阻力 w_s，按上述理论换算为隧道附加空气阻力的折算坡度千分数 i_s

$$i_s = \frac{\sum (w_s \cdot l_s)}{l_h} \qquad (8\text{-}45)$$

式中：l_s 为化简坡段内各个隧道的长度，m。

③化简坡段的加算坡度千分数。综上所述，线路纵断面化简后的加算坡度千分数为

$$i_{hj} = i_h + i_r + i_s \qquad (8\text{-}46)$$

计算加算坡度千分数 i_{hj} 时，应按列车上、下行分别计算。因为式（8-46）中的 i_h 与列车运行方向有关：上行为正，则下行为负；反之亦然。

三、化简的步骤

图 8-4 上第 2 行到第 5 行是从工务设备综合图中摘下的一段实际纵断面（为清楚起见，格式略有改变），现以该图为例来说明化简的步骤。

1. 对实际纵断面进行分组

对要化简的实际纵断面进行分析，根据坡度分布特点，决定哪些实际坡道可以合并化简在一起。在图 8-4 中，1 号和 15 号实际坡道分别处于甲站和乙站站坪，不与站外的坡道合并化简；2 号~7 号坡道为坡度近似的上坡道，分为一组，称为 2 号化简坡道；8 号~14 号坡道

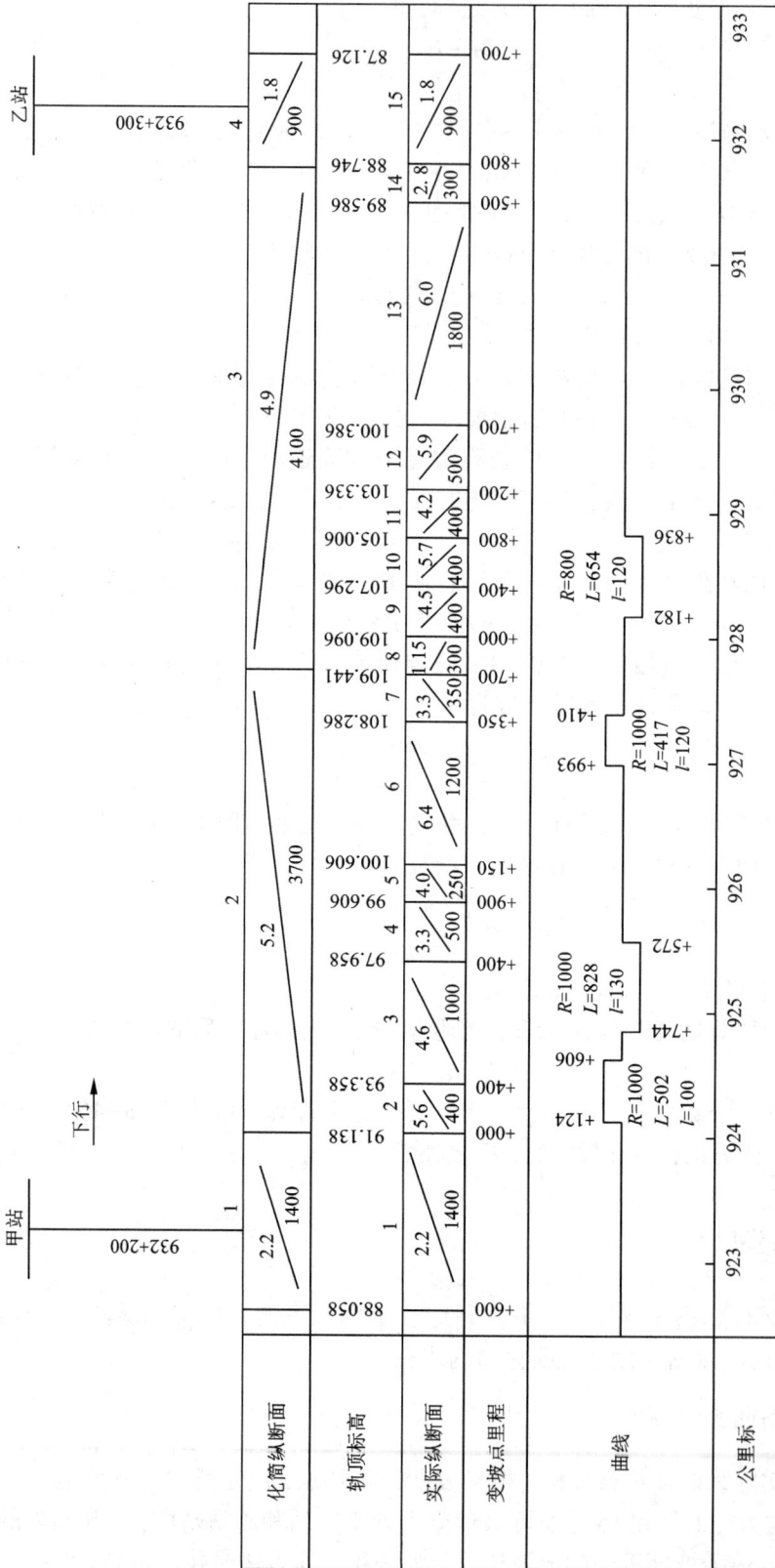

图 8-4　线路纵断面简化示意图

为坡度近似的下坡道，分为一组，称为 3 号化简坡道；15 号实际坡道称为 4 号化简坡道。

大量的线路纵断面化简作业要列表进行。图 8-4 的线路纵断面，列表计算如表 8-5 所示。对于单线区段，线路纵断面化简可以像表 8-5 那样上、下行方向合用一张计算表；而对于复线区段，因为部分地段上、下行线路可能不完全平行等高，即坡度、曲线、隧道可能不完全一样，这就需要上、下行各用一张计算表。

表 8-5　线路纵断面化简计算表

车站	标高 H /m	序号	坡道 坡长 l_i /m	坡道 坡度千分数 i	曲线 半径 R /m	曲线 计算长度 l_r /m	隧道长度 l_s /m	序号	坡长 l_h /m	坡度千分数 i_h	化简检查 $D_i \cdot l_i \leqslant 2000$	曲线折算坡度千分数 i_r	隧道折算坡度千分数 i_s	化简后的加算坡度千分数 $i_{hj}=i_h+i_r+i_s$ 下行 ↑	上行 ↓
	实际纵断面							化简纵断面							
甲站	88.058	1	1400	2.2	—	—	—	1	1400	2.2	—	2.2	—	2.2	-2.2
	91.138														
	93.358	2	400	5.6	1000	402									
	97.958	3	1000	4.6	1000	698					1.7×500				
	99.606	4	500	3.3			—	2	3700	5.0	<2000 1.4×1200	0.2	—	5.2	4.8
	100.606	5	250	4.0							<2000				
	108.286	6	1200	6.4	1000	297									
	109.441	7	350	3.3											
	109.096	8	300	-1.15											
	107.296	9	400	-4.5											
	105.006	10	400	-5.7	800	534					3.9×300				
	103.336	11	400	-4.2			—	3	4100	-5.0	<2000 1×1800	0.1	—	-4.9	5.1
	100.386	12	500	-5.9							<2000				
	89.586	13	1800	-6.0											
	88.746	14	300	-2.8											
乙站	87.126	15	900	-1.8	—	—	—	4	900	-1.8	—	—	—	-1.8	1.8

2. 求化简坡度千分数 i_h

化简坡度千分数 i_h 按式(8-42)计算。

在此例中，对 2 号化简坡道，$H_1 = 91.138$ m，$H_2 = 109.441$ m，$l_h = 3700$ m，$i_h = \dfrac{109.441-91.138}{3700} \times 1000 = 5.0$。

对 3 号化简坡道，$H_1 = 109.441$ m，$H_2 = 88.746$ m，$l_h = 4100$ m，$i_h = \dfrac{88.746-109.441}{4100} \times$

$1000 = -5.0$。

检验化简结果的合理性：在 2 号化简坡道中，$|6.4-5.0| \times 1200 = 1680 < 2000$，$|3.3-5.0| = |3.3-5.0| \times 500 = 850 < 2000$ 等，允许化简；在 3 号化简坡道中，$|-1.15+5.0| \times 300 = 1155 < 2000$，$|-6.0+5.0| \times 1800 = 1800 < 2000$ 等，允许化简。

式(8-43)的物理意义是限制化简坡段内的每一个实际坡道在化简后造成的"虚假标高"不大于 2 m。从这个意义上来讲，不论两个相邻的实际坡度的符号是否相同，只要满足式(8-43)都应当可以化简。

应当注意的是，本节开始所述"化简的目的"中②、③项内容可以不受式(8-43)的限制。

3. 计算曲线折算坡度千分数 i_r

在本例中，2 号化简坡道内有 3 处半径为 1000 m 的曲线，其计算长度 l_r 按 $L-l$ 算出（如果给出 l_r，则无须转换计算），依次为 402 m、698 m 和 297 m，代入式(8-44)，得

$$i_r = \frac{600}{3700} \times \left(\frac{402}{1000} + \frac{698}{1000} + \frac{297}{1000} \right) \approx 0.2$$

3 号化简坡道内有 1 处半径为 800 m 的曲线，其计算长度 l_r 按 $L-l$ 算出，为 534 m，代入式(8-44)，得

$$i_r = \frac{600}{4100} \times \frac{534}{800} = 0.1$$

如果某一曲线跨两个化简坡道，则应根据它所处的具体位置将其计算长度分别列入两个化简坡道内，并据此分别计算其折算坡度千分数。

4. 计算隧道折算坡度千分数 i_s

比照上述原理，可以得出隧道折算坡度千分数 i_s。

5. 计算化简后的加算坡度千分数 i_{hj}

注意，i_{hj} 值不同方向有正负之分。

在本例中，下行方向化简后的加算坡度千分数为

2 号化简坡道 $i_{hj} = 5.0 + 0.2 = 5.2$

3 号化简坡道 $i_{hj} = -5.0 + 0.1 = -4.9$

1 号、4 号化简坡道内没有曲线和隧道，其加算坡度千分数就是实际坡度千分数。

上行方向化简后的加算坡度千分数为

2 号化简坡道 $i_{hj} = -5.0 + 0.2 = -4.8$

2 号化简坡道 $i_{hj} = 5.0 + 0.1 = 5.1$

1 号、4 号化简坡道加算坡度千分数是将实际坡度千分数改变正负号。

化简的最终结果如表 8-5 所示。

复习思考题

1. 何谓"单位阻力"？它的单位是什么？它的取值有何规定？

2. 由轴承摩擦产生的那部分列车运行阻力受哪些因素的影响？

3. 构成基本阻力的各个成分在不同的速度下所占的比例有何不同？应当如何确定不同时期降低基本阻力的主攻方向？

4. 对空重滚滑混编的列车，应如何计算其车辆的单位基本阻力公式的三个系数？

5. 货车单位基本阻力为何要区别空车或重车？

6. 机车单位基本阻力区别牵引或惰行工况与否，有什么影响？

7. 曲线阻力和隧道阻力为什么能折算为坡度？

第九章

列车制动力

第一节　概　述

本章介绍列车制动力的计算方法，讲述空气制动的闸瓦摩擦系数、闸瓦压力的计算、换算摩擦系数、换算闸瓦压力、用换算法计算列车制动力，讨论列车换算制动率的取值等。有关制动力的产生方法和分类等，参见本书上篇第四章制动系统。本章列车制动力计算中，主要以闸瓦制动为重点进行讲解，采用其他形式制动方式时，如闸片制动，要将其换算为闸瓦制动力，因此本章会简要介绍列车制动力的二次换算法。学习本章要重点掌握用换算法计算列车制动力。

一、列车制动力的定义

列车制动力是由制动装置产生的、与列车运行方向相反的、阻碍列车运行的、司机可以根据需要调节的外力。一般情况下，这种人为的阻力比自然产生的列车运行阻力要大得多。所以，在列车制动减速过程中，尽管运行阻力也在起作用，但起主要作用的是列车制动力。

制动的名称和种类很多。在制动操纵上，列车制动按用途有常用制动、紧急制动、非常制动、备用制动之分。在制动方式上，按列车动能转移方法又可分为踏面制动、盘形制动、圆盘涡流制动、电阻制动、再生制动、液力制动、磁轨制动、轨道涡流制动和翼板制动等。有关列车制动的知识可参见本书上篇第四章制动系统。

二、列车制动力的计算

以闸瓦产生的制动力为例进行制动力计算的讲解。设一块闸瓦的压力为 K，轮、瓦的摩擦系数为 φ_k，施行制动时，列车正以速度 v 在惰行，轮对以角速度 ω 在轨面上滚动。如以轮对为隔离体，并且不考虑其他力的影响，则在轮对总闸瓦压力为 $\sum K$ 的作用下，产生的闸瓦摩擦力为 $\sum K \cdot \varphi_k$，如图 9-1 所示。

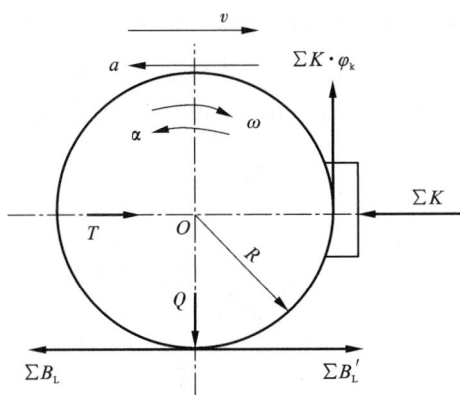

图 9-1　列车力的产生

应注意的是，闸瓦摩擦力 $\sum K \cdot \varphi_k$ 并不能使列车减速，而只能阻止轮对转动。但是，轮对转动一旦被阻，势必引起轮轨间产生相对滑动的趋势，进而产生轮、轨间的相互作用力（车轮对钢轨的作用力 $\sum B_L'$ 和钢轨对车轮的反作用力 $\sum B_L$）。在静摩擦或者说黏着条件下，由于 $\sum B_L$ 的作用，阻止轮对滑动，从而在车辆惯性力 T 的推动下继续滚动。但是，轮对转速 ω 将降低，列车速度 v 亦相应降低。

由此可见，$\sum B_L$ 是由 $\sum K \cdot \varphi_k$ 作用引起的，是钢轨作用在车轮轮周上的、与列车运行方向相反的外力。这个外力才是使列车急剧减速的制动力，其大小可根据图 9-1 将轮对作为隔离体而建立的力矩平衡方程式 $\sum M = 0$ 求得

$$\sum K \cdot \varphi_k \cdot R - \sum B_L \cdot R = I \cdot \alpha \qquad (9-1)$$

式中：R 为车轮半径；K 为每块闸瓦的压力；$\sum K$ 为一个轮对所受闸瓦压力的总和；φ_k 为轮、瓦间滑动摩擦系数；I 为轮对的转动惯量；α 为轮对的角减速度。

可见，闸瓦摩擦力矩可分为两部分（起两种作用）：一部分是 $\sum B_L = R$，其作用是引起钢轨给车轮的纵向水平反作用力 $\sum B_L$，使列车获得线减速 a；另一部分是 $I \cdot \alpha$，其作用是使转动惯量为 I 的各轮对获得角减速度 α。后一部分占的比例不大。为简单起见，在计算制动力时通常将它忽略不计（即假定 $I = 0$），留到计算制动距离或运行时分的时候再加以考虑。这样，制动力在数值上就等于闸瓦摩擦力，即

$$\sum B_L = \sum K \cdot \varphi_k \qquad (9-2)$$

三、制动力的黏着限制

由式（9-2）可见，轮轨间的静摩擦力 $\sum B_L$ 因 $\sum K \cdot \varphi_k$ 而产生，并随它的增大而增大。但是，只有轮对在钢轨上滚动的条件下，$\sum B_L$ 才能等于闸瓦摩擦力 $\sum K \cdot \varphi_k$。所以，与牵引力相似，$\sum B_L$ 也要受到轮轨间黏着条件的限制，即

$$\sum B_{Lmax} = (\sum K \cdot \varphi_k) \leqslant Q \cdot \mu_z \qquad (9-3)$$

式中：Q 为轴荷重，kN；μ_z 为轮轨间的制动黏着系数。

当 $\sum B_{Lmax} > Q \cdot \mu_z$ 时，轮对将发生滑行，即车轮将"抱死"（不转动），制动力变为轮轨间

的滑动摩擦力 $Q \cdot \varphi$，闸瓦摩擦力由动摩擦力变为静摩擦力。φ 是轮轨间的滑动摩擦系数，其值远小于制动黏着系数 μ。因此，轮对一旦滑行，制动力将迅速下降，如图 9-2 所示。这种现象在低速（φ_k 值较大）和空车（Q 值较小）时最易发生。所以，为使制动力增大而施加过大的闸瓦压力 K，反而会降低制动力，使制动距离延长，而且轮对滑行还会导致车轮踏面擦伤。

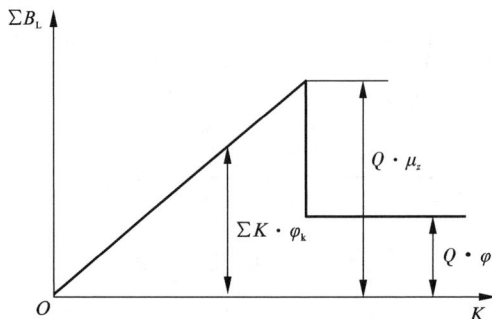

图 9-2　滑行发生的过程

第二节　闸瓦摩擦系数

闸瓦（闸片）与车轮间的摩擦系数直接影响着制动性能的好坏。对闸瓦摩擦系数的要求为：数值要大；要比较稳定。

一、闸瓦摩擦系数的影响因素

闸瓦摩擦系数的影响因素主要有 4 个：闸瓦材质、列车运行速度、闸瓦压强和列车制动初速。

1. 闸瓦材质和列车运行速度对闸瓦摩擦系数的影响

闸瓦材质和列车运行速度对闸瓦摩擦系数的影响非常大。长期以来，机车车辆主要使用铸铁闸瓦，最早使用的是含磷量为 0.3% 的（普通）铸铁闸瓦，很不耐磨，而且其摩擦系数随列车速度的增大而大大降低，所以，其很快被含磷量为 0.7%~1.0% 的中磷（铸铁）闸瓦代替。中磷闸瓦的摩擦系数比普通铸铁闸瓦高约 35%，制动距离可缩短约 16%，在同样的制动条件下，闸瓦温度较低，闸瓦磨损减轻约 30%，车轮踏面磨损也减轻约 47%。含磷量在 2% 以上的高磷（铸铁）闸瓦制动效果更好。但是，随着含磷量的大大增高，闸瓦的脆裂性也变得十分严重，使得高磷（铸铁）闸瓦要以"钢背"来加强，这样又增大了它的成本，不易于推广。

闸瓦材质的另一大类是合成材料。用合成材料制造的闸瓦称为合成闸瓦，它的摩擦系数很大且对运行速度不敏感，特别耐磨，制动时基本没有火花，质量较小，对车轮踏面的磨耗也极小，因此，合成闸瓦的研究和推广受到世界各国的极大重视。

2. 闸瓦压强和列车制动初速对闸瓦摩擦系数的影响

闸瓦压强对闸瓦摩擦系数有一定的负影响。试验研究结果表明，铸铁闸瓦压强越大则摩擦系数越小，压强增大一倍，摩擦系数降低约 27%。所以，实际运用中闸瓦压强一般不要超过 1200 kPa，设计时不要超过 1000 kPa。

对于需要增大制动力的机车车辆，不能一味地增大闸瓦压力。这是因为闸瓦与车轮踏面的接触面积有一定的限制：闸瓦不可能太宽；闸瓦太长时，由于受力沿闸瓦长度的分布不均匀，故起不了多大作用。所以，在闸瓦压强已经不能再增大时，要想办法改进闸瓦材质以增大摩擦系数，或者采用"双侧制动"，用增加闸瓦数量的办法来增大闸瓦面积，从而增大闸瓦压力但不增大闸瓦压强。

我国在 1963 年和 1978 年两次制动参数试验中先后发现和证实列车制动初速对闸瓦摩擦系数也有一定的负影响。如图 9-3 所示，这是 1978 年试验所得的某一组曲线。它表明，在闸瓦材质、闸瓦压强和列车运行速度相同的情况下，列车制动初速越低，摩擦系数越大，而且，随着列车运行速度的降低，列车制动初速对摩擦系数的影响逐渐减小。

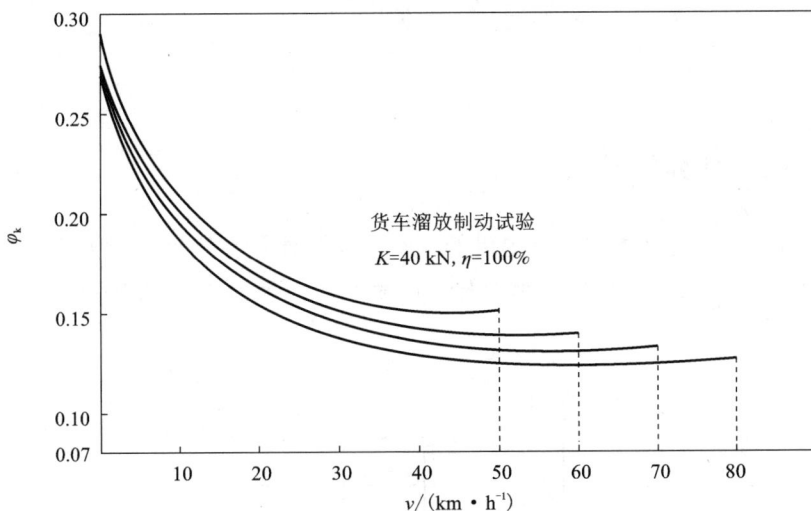

图 9-3　列车制动初速对闸瓦摩擦系数的影响

二、闸瓦实算摩擦系数及其计算

摩擦系数 φ_k 影响因素复杂，不能用理论公式计算，只能用对某一材质的闸瓦通过专门试验得出的试验公式表示。因为在试验过程中有一定假定条件，这些试验公式所表示的摩擦系数称为实算摩擦系数，以区别实际摩擦系数。

2018 版《牵规》规定的各种闸瓦实算摩擦系数的试验公式如下。

（1）铸铁闸瓦

$$\varphi_k = 0.82 \frac{K+100}{7K+100} \cdot \frac{17v+100}{60v+100} + 0.0012(120-v_0) \tag{9-4}$$

189

（2）机车高摩合成闸瓦

$$\varphi_k = 0.391 \frac{K+200}{4K+200} \cdot \frac{2v+150}{3v+150} \qquad (9-5)$$

（3）货车高摩合成闸瓦

$$\varphi_k = 0.481 \frac{K+200}{4K+200} \cdot \frac{2v+150}{3v+150} \qquad (9-6)$$

（4）粉末冶金闸瓦

$$\varphi_k = 0.675 \frac{K+130}{6K+130} \cdot \frac{2v+40}{5v+40} \qquad (9-7)$$

（5）合成闸片

$$\varphi_k = 0.444 \frac{K+200}{4K+200} \cdot \frac{2v+150}{3v+150} \qquad (9-8)$$

式中：K 为一块闸瓦的实算闸瓦压力，kN；v 为运行速度，km/h；v_0 为制动初速，km/h。

第三节　闸瓦压力

一、闸瓦压力计算公式

机车车辆的闸瓦压力是由制动缸提供的。空气压强作用在制动缸活塞上，使活塞杆产生推力，经过杠杆系统的放大，再传递给闸瓦。由制动缸至闸瓦所构成的系统，称为基础制动装置，如图9-4所示。

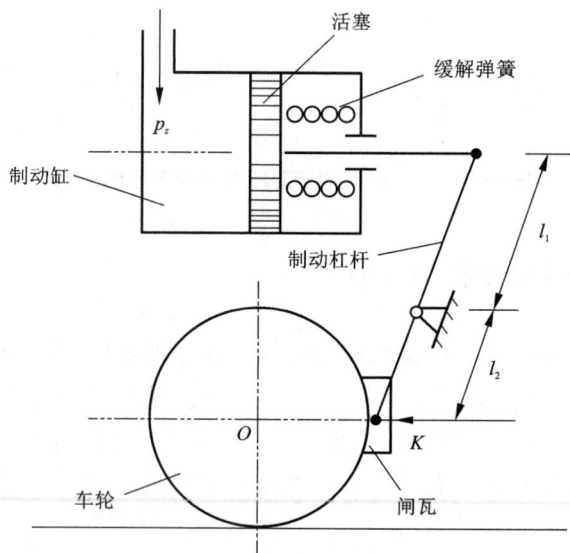

图9-4　基础制动装置示意图

由图9-4可知，机车、车辆每块闸瓦的实算闸瓦压力 K 的计算公式为

$$K = \frac{\pi d_z^2 p_z \eta_z \gamma_z n_z}{4 n_k \cdot 10^6} \tag{9-9}$$

盘形制动每块闸片的实算闸片压力 K' 按式(9-10)进行计算

$$K' = \frac{\pi d_z^2 p_z \eta_z \gamma_z}{4 n_k \cdot 10^6} \tag{9-10}$$

闸片压力 K' 作用在制动盘的平均摩擦半径 r_z 上，为了制动力计算的方便，需要按式(9-9)将它换算成车轮踏面上的压力 K

$$K = \frac{r_z}{R_c} K' \tag{9-11}$$

式中：π 为圆周率，取3.1416；d_z 为制动缸直径，mm；p_z 为制动缸空气压力，kPa；η_z 为基础制动装置的计算传动效率；$\gamma_z = l_1/l_2$ 为制动倍率；n_z 为制动缸个数；n_k 为闸瓦块数；r_z 为制动盘平均摩擦半径，mm；R_c 为车轮半径，mm。

除计算传动效率和制动缸空气压力外，其余参数均为结构参数，与车型有关，无须讨论。下面仅就计算传动效率和制动缸空气压力进行说明。

二、计算传动效率

基础制动装置的计算传动效率是实际闸瓦压力与理论计算压力的比值。实测传动效率与传动装置结构和制动缸压力(亦即闸瓦压力)大小有关，波动范围很大。2018版《牵规》规定在制动计算中不采用实测传动效率，而采用一种规定的假定值，称为计算传动效率，并且规定其取值为：机车及客车闸瓦制动取0.85；盘形制动取0.90；货车闸瓦制动取0.90。

三、制动缸空气压力

空气制动机的制动缸空气压力与制动机类型、列车管压力和制动方式有关。

1.紧急制动

2018版《牵规》规定，运用中的列车施行紧急制动时，制动缸空气压力 p_z 如表9-1所示。

表9-1 紧急制动时制动缸空气压力

单位：kPa

制动机类型		列车管空气压力 P_l	
		500	600
GK型	重车位	360	430
	空车位	190	190
120型 103型	重车位	360	430
	空车位	140	160

续表9-1

制动机类型		列车管空气压力 P_l	
		500	600
F8 型	—	—	480
104 型	—	—	420
机车各型分配阀	HX$_D$2 型	375	375
	其他机型	450	450

2. 常用制动

常用制动时的制动缸压力与列车管减压量 r 有关。其关系式如下。

各型机车制动机

$$p_z = 2.5r \tag{9-12}$$

GK 型、120 型制动机重车位

$$p_z = 3.25r - 100 \tag{9-13}$$

GK 型、120 型制动机空车位

$$p_z = 1.8r - 42 \tag{9-14}$$

103 型制动机重车位、104 型制动机

$$p_z = 2.6r - 10 \tag{9-15}$$

103 型制动机空车位

$$p_z = 1.4r \tag{9-16}$$

例题 9-1 计算 SS$_4$ 型电力机车在紧急制动时的闸瓦压力。基础制动装置制动倍率 $\gamma_z = 3.5$ 的单元制动器 16 个，制动缸直径 $d_z = 178$ mm，每个制动器安装机车高摩合成闸瓦 2 块，紧急制动时制动缸压力 450 kPa。

解：将已知数据代入式(9-9)计算每块闸瓦的实算闸瓦压力

$$K = \frac{3.1416 \times 178^2 \times 450 \times 0.85 \times 3.5 \times 16}{4 \times 32 \times 10^6} = 16.7 \text{ (kN)}$$

全车总的实算闸瓦压力

$$\sum K = 32 \times 16.7 = 534 \text{ (kN)}$$

例题 9-2 C$_{64}$ 型货车，装有 120 型制动机，货车高摩合成闸瓦，$d_z = 254$ mm，$\gamma_z = 9.26$，$n_z = 1$，$n_k = 8$，$\eta_z = 0.9$，计算列车管压力为 500 kPa 时重车位紧急制动的闸瓦压力。

解：按表9-1，120 型制动机列车管空气压力为 500 kPa，重车位紧急制动时制动缸压力 p_z 为 360 kPa，将所给条件分别代入式(9-9)得每块闸瓦实算闸瓦压力。

$$K = \frac{\pi d_z^2 p_z \eta_z \gamma_z n_z}{4 n_k \cdot 10^6} = \frac{3.1416 \times 254^2 \times 360 \times 0.9 \times 9.26 \times 1}{4 \times 8 \times 10^6} = 19 \text{ (kN)}$$

全车总的实算闸瓦压力

$$\sum K = 8 \times 19 = 152 \text{ (kN)}$$

第四节　列车制动力的实算法和换算法

列车中各制动轴产生的制动力的总和,称为列车制动力 B,表达式为

$$B = \sum (K \cdot \varphi_k) \qquad (9\text{-}17)$$

为便利起见,列车制动力也常按单位制动力进行计算,并以 b 表示,即

$$b = \frac{B \times 10^3}{(\sum P + G)g} = \frac{1000 \sum (K \cdot \varphi_k)}{(\sum P + G)g} \qquad (9\text{-}18)$$

式中:P 为机车计算质量,t;G 为机车牵引质量,t。

计算列车制动力 B 或列车单位制动力 b 有两种传统方法:实算法和换算法。下面分别介绍这两种算法。

一、列车制动力的实算法

一块闸瓦产生的制动力为

$$\Delta B = \varphi_k \cdot K \qquad (9\text{-}19)$$

对于一辆客车或一辆货车,或一台机车,可按式(9-9)计算出该辆车的每块闸瓦压力值,在式(9-4)~式(9-8)中选择对应闸瓦材质的实算摩擦系数公式,确定一个对应 K 值的实算摩擦系数 φ_k,然后用实算摩擦系数乘以该辆车实算闸瓦压力的总和 $\sum K$ 算出该辆车的总制动力。

$$B = \varphi_k \sum K \qquad (9\text{-}20)$$

作用在每 kN 重力上的制动力,称为单位制动力。一辆车的单位制动力按式(9-21)计算。

$$b = 1000\varphi_k \frac{\sum K}{q \cdot g} \qquad (9\text{-}21)$$

式中:q 为一辆车的总重,t。

令

$$\vartheta = \frac{\sum K}{q \cdot g} \qquad (9\text{-}22)$$

ϑ 称为一辆(台)车的实算制动率,在闸瓦材质一定的情况下,实算制动率的大小能代表该辆车制动力的强弱,是机车车辆制动机设计和运用的重要参数。

因为实算摩擦系数与实算闸瓦压力有关,如果列车中各辆车的每块闸瓦压力不同,就有不同的实算摩擦系数,要计算列车的总制动力,就要用数值相同的闸瓦压力的总和分别乘以各自对应的实算摩擦系数,然后再累计相加,即

$$B = \varphi_{k1} \sum K_1 + \varphi_{k2} \sum K_2 + \cdots + \varphi_{kn} \sum K_n = \sum (\varphi_k \sum K) \qquad (9\text{-}23)$$

列车单位制动力为

$$b = \frac{B \cdot 10^3}{(P + G) \cdot g} = \frac{\sum (\varphi_k \sum K)}{(P + G) \cdot g} \cdot 10^3 \qquad (9\text{-}24)$$

这种计算方法非常复杂，一般列车制动计算不采用。

二、列车制动力的换算法

列车制动力换算法的实质是假定闸瓦摩擦系数与闸瓦压强无关，用一个不随闸瓦压强变化的换算摩擦系数 φ_h 来代替实算摩擦系数 φ_k，以简化计算。同时，为使计算结果和原结果一致，又将实算闸瓦压力 K 修正成换算闸瓦压力 K_h，修正的原则为

$$K_h \cdot \varphi_h = K \cdot \varphi_k \tag{9-25}$$

式中：K_h 为换算闸瓦压力，kN；φ_h 为换算摩擦系数。

经过换算后，列车制动力可按式（9-26）计算

$$B = \sum(K \cdot \varphi_k) = \sum(K_h \cdot \varphi_h) = \varphi_h \cdot \sum(K_h) \tag{9-26}$$

1. 换算摩擦系数

为了简化列车制动力的计算，不管列车中同一种摩擦材料有多少种实算闸瓦压力值，都采取一个固定实算闸瓦压力的实算摩擦系数作为计算标准，这个摩擦系数称为换算摩擦系数 φ_h。

2018 版《牵规》规定的换算摩擦系数如下：

①铸铁闸瓦取每块闸瓦实算闸瓦压力 K 等于 25 kN 的实算摩擦系数作为换算摩擦系数，即式（9-4）中的 K 固定取 25 kN，得出换算摩擦系数公式

$$\varphi_h = 0.372\frac{17v+100}{60v+100} + 0.0012(120-v_0) \tag{9-27}$$

②机车高摩合成闸瓦、货车高摩合成闸瓦的换算摩擦系数 Q_h 按每块闸瓦的实算闸瓦压力 K 等于 20 kN 分别代入式（9-5）和式（9-6），得

机车高摩合成闸瓦

$$\varphi_h = 0.307\frac{2v+150}{3v+150} \tag{9-28}$$

货车高摩合成闸瓦

$$\varphi_h = 0.378\frac{2v+150}{3v+150} \tag{9-29}$$

③粉末冶金闸瓦的换算摩擦系数 φ_h，式（9-7）中每块闸瓦的实算闸瓦压力 K 按 21.5 kN 计算，得

$$\varphi_h = 0.395\frac{2v+40}{5v+40} \tag{9-30}$$

④盘形制动合成闸片的换算摩擦系数 φ_h，式（9-8）中每块闸片的实算闸片压力 K' 按 20 kN 折算到车轮踏面的 K 值计算，得

$$\varphi_h = 0.382\frac{2v+150}{3v+150} \tag{9-31}$$

式（9-27）~式（9-31）所表示的换算摩擦系数 φ_h 与运行速度 v 及列车制动初速 v_0 的关系列入表 9-2~表 9-6。

表 9-2 铸铁闸瓦换算摩擦系数

v /(km·h^{-1})	v_0/(km·h^{-1})											
	120	110	100	90	80	70	60	50	40	30	20	10
5	0.172	0.184	0.196	0.208	0.220	0.232	0.244	0.256	0.268	0.280	0.292	0.304
10	0.143	0.155	0.167	0.179	0.191	0.203	0.215	0.227	0.239	0.251	0.263	0.275
15	0.132	0.144	0.156	0.168	0.180	0.192	0.204	0.216	0.228	0.240	0.252	—
20	0.126	0.138	0.150	0.162	0.174	0.186	0.198	0.210	0.222	0.234	0.246	—
25	0.122	0.134	0.146	0.158	0.170	0.182	0.194	0.206	0.218	0.230	—	—
30	0.119	0.131	0.143	0.155	0.167	0.179	0.191	0.203	0.215	0.227	—	—
35	0.118	0.130	0.142	0.154	0.166	0.178	0.190	0.202	0.214	—	—	—
40	0.116	0.128	0.140	0.152	0.164	0.176	0.188	0.200	0.212	—	—	—
45	0.115	0.127	0.139	0.151	0.163	0.175	0.187	0.199	—	—	—	—
50	0.1140	0.1260	0.1380	0.1500	0.1620	0.1740	0.1860	0.198	—	—	—	—
55	0.1132	0.1252	0.1372	0.1492	0.1612	0.1732	0.1852	—	—	—	—	—
60	0.1126	0.1246	0.1366	0.1486	0.1606	0.1726	0.1846	—	—	—	—	—
65	0.1121	0.1241	0.1361	0.1481	0.1601	0.1721	—	—	—	—	—	—
70	0.1116	0.1236	0.1356	0.1476	0.1596	0.1716	—	—	—	—	—	—
75	0.1112	0.1232	0.1352	0.1472	0.1592	—	—	—	—	—	—	—
80	0.1108	0.1228	0.1348	0.1468	0.1588	—	—	—	—	—	—	—
85	0.1105	0.1225	0.1345	0.1465	—	—	—	—	—	—	—	—
90	0.1102	0.1222	0.1342	0.1462	—	—	—	—	—	—	—	—
95	0.1100	0.1220	0.1340	—	—	—	—	—	—	—	—	—
100	0.1098	0.1218	0.1338	—	—	—	—	—	—	—	—	—
105	0.1096	0.1216	—	—	—	—	—	—	—	—	—	—
110	0.1094	0.1214	—	—	—	—	—	—	—	—	—	—
115	0.1092	—	—	—	—	—	—	—	—	—	—	—
120	0.1091	—	—	—	—	—	—	—	—	—	—	—

表 9-3 机车高摩合成闸瓦换算摩擦系数

v/(km·h^{-1})	5	10	15	20	25	30	35	40	45	50	55	60
φ_h	0.298	0.290	0.283	0.278	0.273	0.269	0.265	0.262	0.259	0.256	0.253	0.251
v/(km·h^{-1})	65	70	75	80	85	90	95	100	105	110	115	120
φ_h	0.249	0.247	0.246	0.244	0.243	0.241	0.240	0.239	0.238	0.237	0.236	0.235

表 9-4　货车高摩合成闸瓦换算摩擦系数

$v/(\mathrm{km \cdot h^{-1}})$	5	10	15	20	25	30	35	40	45	50	55	60
φ_h	0.367	0.357	0.349	0.342	0.336	0.331	0.326	0.322	0.318	0.315	0.312	0.309
$v/(\mathrm{km \cdot h^{-1}})$	65	70	75	80	85	90	95	100	105	110	115	120
φ_h	0.307	0.305	0.302	0.300	0.299	0.297	0.295	0.294	0.293	0.291	0.290	0.289

表 9-5　粉末冶金闸瓦换算摩擦系数

$v/(\mathrm{km \cdot h^{-1}})$	5	10	15	20	25	30	35	40	45	50	55	60
φ_h	0.304	0.263	0.240	0.226	0.215	0.208	0.202	0.198	0.194	0.191	0.188	0.186
$v/(\mathrm{km \cdot h^{-1}})$	65	70	75	80	85	90	95	100	105	110	115	120
φ_h	0.184	0.182	0.181	0.180	0.178	0.177	0.176	0.176	0.175	0.174	0.173	0.173
$v/(\mathrm{km \cdot h^{-1}})$	125	130	135	140	145	150	155	160				
φ_h	0.172	0.172	0.171	0.171	0.170	0.170	0.170	0.169				

表 9-6　盘形制动合成闸片换算摩擦系数

$v/(\mathrm{km \cdot h^{-1}})$	5	10	15	20	25	30	35	40	45	50	55	60
φ_h	0.370	0.361	0.353	0.346	0.340	0.334	0.330	0.325	0.322	0.318	0.315	0.313
$v/(\mathrm{km \cdot h^{-1}})$	65	70	75	80	85	90	95	100	105	110	115	120
φ_h	0.310	0.308	0.306	0.304	0.302	0.300	0.299	0.297	0.296	0.294	0.293	0.292
$v/(\mathrm{km \cdot h^{-1}})$	125	130	135	140	145	150	155	160	165	170	175	180
φ_h	0.291	0.290	0.289	0.288	0.287	0.287	0.286	0.285	0.284	0.284	0.283	0.282
$v/(\mathrm{km \cdot h^{-1}})$	185	190	195	200								
φ_h	0.282	0.281	0.281	0.280								

2. 换算闸瓦压力

不管实算闸瓦压力 K 为多大，均采用统一的换算摩擦系数 φ_h，这会使制动力的计算大大简化。但如果闸瓦压力不作变化，又会给制动力的计算结果带来误差。这个误差可以再用适当修正闸瓦压力的办法来弥补，即采用式(9-25)进行换算，用换算法得出的制动力与实算法一样。根据式(9-25)，换算闸瓦压力与实算闸瓦压力的关系应为

$$K_\mathrm{h} = \frac{\varphi_\mathrm{k}}{\varphi_\mathrm{h}} K \tag{9-32}$$

按式(9-32)，对于铸铁闸瓦，按 $v_0 = 120 \mathrm{~km/h}$(忽略初速修正项)，导出换算闸瓦压力 K_h 与实算闸瓦压力 K 值的关系为

$$K_{\mathrm{h}} = \frac{0.82 \dfrac{K+100}{7K+100} \cdot \dfrac{17v+100}{60v+100}}{0.372 \dfrac{17v+100}{60v+100}} K \tag{9-33}$$

$$K_{\mathrm{h}} = 2.204 \frac{K+100}{7K+100} K \tag{9-34}$$

同理,可以导出其他几种闸瓦的换算闸瓦压力 K_{h} 与实算闸瓦压力 K 的换算关系。

货车高摩合成闸瓦和机车高摩合成闸瓦

$$K_{\mathrm{h}} = 1.273 \frac{K+200}{4K+200} K \tag{9-35}$$

粉末冶金闸瓦

$$K_{\mathrm{h}} = 1.709 \frac{K+130}{6K+130} K \tag{9-36}$$

盘形制动闸片折算到车轮踏面的换算闸瓦压力

$$K_{\mathrm{h}} = 1.162 \frac{K+200}{4K+200} K \tag{9-37}$$

3. 闸瓦压力的二次等效换算

用换算摩擦系数和换算闸瓦压力计算列车制动力,解决了同一种材质的闸瓦的不同压力值采用同一摩擦系数的问题。这种方法只适用于全列车只有一种摩擦材料的情况。随着我国机车车辆制动技术的发展和新摩擦材料的运用,列车制动力的计算出现了新的情况,即同一列车中的机车、车辆可能采用不同材质的闸瓦,而不同材质闸瓦的换算摩擦系数公式各不相同,相应的换算闸瓦压力不能直接相加,也不能求出列车统一的换算制动率,列车制动力计算仍然很不方便。

为了进一步简化这种情况下的列车制动力的计算,提出了闸瓦压力的二次等效换算法。这种方法实际上是制动力等效处理原则的再次运用。其核心是选择在列车中占主导地位的车辆闸瓦材质品种作为基型,按照制动力等效的原则,将机车和车辆的其他材质闸瓦的换算压力进行二次换算,令列车制动力的计算统一使用基型闸瓦换算摩擦系数,使得各种材质闸瓦的换算压力能直接相加,从而简化列车制动力的计算。

根据二次等效换算原理,《列车牵引计算 第1部分:机车牵引式列车》(TB/T 1407.1—2018)在每台机车紧急制动换算闸瓦压力表(表9-7)中,给出了机车换算闸瓦压力等效为别种闸瓦换算压力的数据,以满足列车中机车和车辆的闸瓦材质品种不同时计算列车制动力的需要。

表9-7中"等效为别种闸瓦换算压力",是指根据制动力等效原理,把机车所用品种的换算闸瓦压力二次换算为车辆所用品种的换算闸瓦压力,以便把机车和车辆的换算闸瓦压力合并在一起,用于计算列车换算制动率或列车制动力。

按照各机型的客、货运分工不同,货运机型的换算闸瓦压力等效换算为货车高摩合成闸瓦的换算压力;客运机型的换算闸瓦压力等效换算为铸铁闸瓦和合成闸片的换算压力。如 SS_4 机车装用高摩合成闸瓦,其换算压力550 kN,等效为货车高摩闸瓦换算压力为440 kN; SS_7 型及 SS_9 型客运机车装用粉末冶金闸瓦,换算压力510 kN,牵引盘形制动客车时,等效为合成闸片换算压力为300 kN,牵引铸铁闸瓦客车时,等效为铸铁闸瓦换算压力为680 kN。

每台机车的换算闸瓦压力如表9-7所示;每辆客、货车的换算闸瓦压力如表9-8所示。进行制动问题计算时，可从表9-7及表9-8中查取机车和客、货车辆紧急制动换算闸瓦压力。

表9-7 每台机车紧急制动换算闸瓦压力

单位：kN

机车类型		闸瓦类别	换算闸瓦压力	等效为别种闸瓦换算压力
电力机车	SS_3	铸铁闸瓦	710	(265)
	SS_4	机车高摩合成闸瓦	550	(440)
	SS_9，SS_9(改)	粉末冶金闸瓦	510	[300]，<680>
	HX_D1	合成闸片	360	(360)
	HX_D1C	合成闸片	300	(300)
	HX_D1D	粉末冶金闸片	340	(340)，<750>
	HX_D2	机车高摩合成闸瓦	580	(470)
	HX_D2C	机车高摩合成闸瓦	400	(320)
	HX_D3，HX_D3C	合成闸片	360	(360)
	HX_D3D	粉末冶金闸片	380	[380]，<850>
内燃机车	DF_4	铸铁闸瓦	600	(225)
	DF_{11}	粉末冶金闸片	590	[350]，<800>
	HX_N3	机车高摩合成闸瓦	400	(320)
	HX_N5	机车高摩合成闸瓦	360	(290)

注：①表中换算闸瓦压力栏为原型闸瓦换算压力。②等效为别种闸瓦换算压力栏中，圆括号内为货车高摩合成闸瓦的换算压力；方括号内为合成闸片换算压力；尖括号内为铸铁闸瓦换算压力。

表9-8 车辆每辆紧急制动换算闸瓦压力

单位：kN

车型			闸瓦类别	每辆换算闸瓦压力		
				列车管压力		人力制动机
				500 kPa	600 kPa	
客车	踏面制动客车		铸铁闸瓦	—	350，[130]	80
	盘形制动客车		合成闸片		160，<480>	13
货车	特快货物班列中的车辆（盘形制动，160 km/h）		合成闸片		180，<540>	13
	快速货物班列中的车辆，（18 t 轴重）	重车位	货车高摩合成闸瓦	—	140	40
		空车位		—	55	40
	普通货车	21 t 轴重 重车位		145	165	40
		21 t 轴重 空车位		60	70	40
		25 t 轴重 重车位		170	195	50
		25 t 轴重 空车位		70	80	50

注：表中每辆换算闸瓦压力栏为原型闸瓦换算压力；方括号内为合成闸片的换算压力；尖括号内为铸铁闸瓦的换算压力。

第五节　列车制动力计算实例

一、紧急制动时列车制动力的计算

1. 列车总制动力 B

列车的总制动力，等于列车中每种材质闸瓦的换算闸瓦压力之和（$\sum K_h$）与该种闸瓦的换算摩擦系数（φ_h）的乘积的总和。

$$B = \sum (\varphi_h \cdot \sum K_h) \tag{9-38}$$

式中：φ_h 为某种材质闸瓦的换算摩擦系数；$\sum K_h$ 为某种材质闸瓦的总换算闸瓦压力，kN。

可以利用二次等效换算法，把列车中多种材质的换算闸瓦压力换算为同一种基型材质的闸瓦换算压力，比如一个列车中车辆装用一种材质闸瓦，机车装用另一种材质闸瓦，从表 9-7 找出机车换算闸瓦压力 $\sum K_h'$ 等效为车辆闸瓦材质的换算压力值，与车辆的换算闸瓦压力 $\sum K_h''$ 相加在一起，得列车总换算闸瓦压力，即

$$\sum K_h = \sum K_h' + \sum K_h'' \tag{9-39}$$

式中：$\sum K_h'$ 为经过二次换算后的机车总换算闸瓦压力，kN；$\sum K_h''$ 为车辆总换算闸瓦压力，kN。

这时，列车总制动力可以写成

$$B = \varphi_h \sum K_h \tag{9-40}$$

2. 列车单位制动力 b

$$b = \frac{1000B}{(\sum P + G)g} = 1000\varphi_h \frac{\sum K_h}{(\sum P + G)g} \tag{9-41}$$

令

$$\vartheta_h = \frac{\sum K_h}{(\sum P + G)g} \tag{9-42}$$

则

$$b = 1000\varphi_h \vartheta_h \tag{9-43}$$

式中：ϑ_h 为列车换算制动率。其物理意义是列车总换算闸瓦压力与列车重力的比值，即平均分配到每 kN 列车重力上的换算闸瓦压力数。

考虑到计入和不计入机车的质量和机车闸瓦压力，对货物列车换算制动率数值影响甚微，《列车牵引计算　第 1 部分：机车牵引式列车》（TB/T 1407.1—2018）规定，解算货物列车制动问题时，列车换算制动率允许不计入机车的质量和机车闸瓦压力，即把按车辆计算的换算制动率当作列车的换算制动率，这时式（9-42）变为

$$\vartheta_h = \frac{\sum K_h''}{G \cdot g} \tag{9-44}$$

计算列车换算制动率时不计入机车的质量和机车换算闸瓦压力，不完全是为了简化计算，在许多情况下也是必须的，比如制定列车制动限速表等解算一般性的制动问题，因为不是特指具体机车类型编组的列车，也就无法计入机车质量及其闸瓦压力。

二、常用制动时列车单位制动力 b_c

当列车施行不同减压量的常用制动时，列车单位制动力 b_c 小于（或等于）紧急制动时的列车单位制动力 b。二者的比值称为常用制动系数 β_c，即

$$\beta_c = \frac{b_c}{b} \tag{9-45}$$

由此可得

$$b_c = \beta_c b = 1000\,\varphi_h \vartheta_h \beta_c \tag{9-46}$$

常用制动系数 β_c 与常用制动减压量有关，不同减压量的常用制动系数 β_c 由 2018 版《牵规》给出，如表 9-9 所示。

表 9-9　常用制动系数 β_c

列车管减压量 γ/kPa		50	60	70	80	90	100	110	120	130	140	150	160	170
旅客列车	$p_l = 600$ kPa	0.19	0.29	0.39	0.47	0.55	0.61	0.69	0.76	0.82	0.88	0.93	0.98	1.00
货物列车	$p_l = 600$ kPa	0.19	0.32	0.42	0.52	0.60	0.68	0.75	0.82	0.89	0.95	—	—	—
	$p_l = 500$ kPa	0.17	0.28	0.37	0.46	0.53	0.60	0.67	0.73	0.78	0.83	0.88	0.93	0.96

紧急制动时，常用制动系数取 1.0；计算进站制动时，取 0.5；计算固定信号间距离时，取 0.8。在计算列车运行速度和时间时，可以根据需要灵活掌握，比如一般区间调速的常用制动系数可以取 0.4~0.5，在计算长大下坡道的运行速度和时间时则可取 0.5~0.7。计算固定信号机间距离时，常用制动系数的取值，带有设计规范的性质，应严格遵守。

例题 9-3　HX_D2C 型电力机车（采用机车高摩合成闸瓦）牵引 5000 t 的货物列车，编组 60 辆，装用高摩合成闸瓦，轴重 21 t 货车制动机重车位 56 辆，空车位 1 辆，制动关门车 3 辆。列车管压力 600 kPa。计算速度为 80 km/h 施行紧急制动时的列车总制动力和单位制动力，以及同样条件下常用制动减压量 100 kPa 的单位制动力。

解：（1）紧急制动列车总制动力

从表 9-7 查出 HX_D2C 型电力机车高摩合成闸瓦的换算闸瓦压力为 400 kN，等效为货车高摩合成闸瓦换算压力为 320 kN。

从表 9-8 查出车辆换算闸瓦压力，轴重 21 t 货车重车位每辆 165 kN，空车位每辆 70 kN。列车总换算闸瓦压力为

$$\sum K_h = 320 + 56 \times 165 + 70 = 9630 \text{（kN）}$$

货车高摩合成闸瓦换算摩擦系数按式(9-29)计算，或查表 9-4 得

$$\varphi_h = 0.378\frac{2\times80+150}{3\times80+150} = 0.300$$

列车总制动力按式(9-40)计算为

$$B = \varphi_h \sum K_h = 0.300\times9630 = 2889\ (kN)$$

(2)紧急制动列车单位制动力

列车换算制动率按式(9-42)计算为

$$\vartheta_h = \frac{9630}{(150+5000)\times9.81} = 0.191$$

列车单位制动力按式(9-43)计算为

$$b = 1000\,\varphi_h\vartheta_h = 1000\times0.300\times0.191 = 57.3\ (N/kN)$$

(3)常用制动单位制动力按式(9-46)计算,其中常用制动系数由表9-9查出为0.68。

$$b_c = 1000\,\varphi_h\vartheta_h\beta_c = 1000\times0.300\times0.191\times0.68 = 39\ (N/kN)$$

例题 9-4　HX_D3D 型电力机车牵引 18 辆盘形制动的单层客车,总重 1000 t。计算当速度 $v_0 = 140$ km/h 时施行紧急制动和减压量 100 kPa 的常用制动的单位制动力。

解:(1)计算列车换算制动率

从表9-7查出 HX_D3D 型电力机车用粉末冶金闸瓦的换算闸瓦压力为 380 kN,因为要与客车的盘形制动合成闸片换算闸片压力合并计算,应以合成闸片为基型,机车的粉末冶金闸瓦的换算闸瓦压力合成闸片换算压力也是 380 kN,从表9-8查出每辆单层客车的粉末冶金闸片换算压力 160 kN。该列车以合成闸片为基型的换算制动率按式(9-42)计算。

$$\vartheta_h = \frac{380+18\times160}{(126+1000)\times9.81} = 0.295$$

(2)紧急制动单位制动力的计算

合成闸片换算摩擦系数按式(9-31)计算(或从表9-6中查出)得

$$\varphi_h = 0.382\times\frac{2\times140+150}{3\times140+150} = 0.288$$

按式(9-43)计算紧急制动单位制动力。

$$b = 1000\times0.288\times0.295 = 85.0\ (N/kN)$$

(3)常用制动单位制动力的计算

从表9-9中查出常用制动系数为 0.61,按式(9-46)计算常用制动单位制动力。

$$b_c = \beta_c b = 0.61\times85.0 = 51.9\ (N/kN)$$

计算列车制动力换算法的要点可以归纳为:用换算摩擦系数代替实算摩擦系数,用换算闸瓦压力代替实算闸瓦压力,是为了简化同一列车中同一种摩擦材料有多种每块闸瓦压力数值时列车制动力的计算,即不管每块闸瓦实算闸瓦压力值为多大,都可把它换算成换算闸瓦压力,计算列车制动力时可以共用一个换算摩擦系数。闸瓦压力的二次换算是为了简化同一列车中有多种摩擦材料时列车制动力的计算,即不管列车中的闸瓦有多少种摩擦材料,都将其换算闸瓦压力折算成同一种基型摩擦材料的换算闸瓦压力,计算列车制动力时可以共用基型摩擦材料的换算摩擦系数。

复习思考题

1. 铁路列车制动有哪些种类？

2. 闸瓦摩擦系数受哪些因素的影响？

3. 列车管减压量与制动缸空气压强有何关系？前者的有效范围是怎么确定的？

4. 列车制动力换算法的实质是什么？换算的原则是什么？

5. 简化的换算摩擦系数在使用上有何限制？为什么要有这些限制？

6. "列车换算制动率"和"常用制动系数"是什么参数？后者的取值有何规定？它与列车管减压量有什么关系？

7. 不同材质闸瓦混编列车的制动力计算与单一材质闸瓦列车有什么不同之处？等效二次换算的原则和方法是什么？

8. 与踏面(闸瓦)制动性能相比，动力制动的性能有什么不同之处？其适用性如何？使用时要注意什么？

第十章
列车运动方程式及其应用

本章讲述作用在列车上的合力、合力图的绘制及应用、列车运动方程式、计算列车运行时间和距离的公式、计算列车运行速度和时间的分析法及图解法。学习本章要着重掌握合力图的应用，特别是用合力图确定列车均衡速度和判定列车运动趋势，用分析法和图解法计算区间运行时分及用图解法计算区间运行时分标准的确定。

第一节　单位合力曲线和应用

一、作用在列车上的合力

在列车运行中，作用在列车上的总合力 C 是机车牵引力 F、列车总全阻力 W 和列车总制动力 B 的代数和，即

$$C = F - W - B \tag{10-1}$$

平均到列车每 kN 重力上的合力，称为单位合力 c，其单位是 N/kN。

$$c = \frac{C \times 10^3}{(P+G)g} = \frac{F - W - B}{(P+G)g} \times 10^3 \tag{10-2}$$

$$c = f - w - b \tag{10-3}$$

式中：f、w、b 分别为列车单位牵引力、单位全阻力、单位制动力，N/kN。

这三种力并不是同时作用在列车上的，考虑到单位全阻力 w 包括单位基本阻力 w_0 和单位加算坡道阻力 w_i（用加算坡度千分数 i_j 表示），单位合力的组成可按机车工况分为几种情况，分别用以下方程式表示：

①牵引运行：$c = f - w = f - w_0 - i_j$。

②惰力运行：$c = -w = -(w_0 + i_j)$。

③空气紧急制动：$c = -w - b = -(w_0 + b + i_j)$。

④空气常用制动：$c = -w - \beta_c b = -(w_0 + \beta_c b + i_j)$。

式中：β_c 为常用制动系数，根据减压量查表 9-9 可得。

考虑到列车在平直道上运行时，$i_j = 0$，上述各式分别变为

①牵引运行：$c = f - w_0$。

②惰力运行：$c = -w_0$。

③空气紧急制动：$c = -(w_0 + b)$。

④空气常用制动：$c = -(w_0 + \beta_c b)$。

以上列车在平直道上运行时的单位合力表达式有重要意义，它使列车单位合力计算得到了极大的简化。因为加算坡道阻力与速度无关，而且正好等于加算坡度千分数，只要找出单位牵引力、单位基本阻力和单位制动力组成单位合力（也就是平直道上的单位合力）与速度的关系，作出单位合力和速度的关系曲线，即平直道上的单位合力曲线，简称合力曲线图。有了平直道上的单位合力图，之后用于任何坡度的坡道上，只要再加上对应的加算坡度，就有了该加算坡道上的单位合力。

二、单位合力曲线图

单位合力曲线图是表示机车各种工况下作用在列车上的单位合力与速度的关系的坐标图。图 10-1 是 HX_N5 型交流传动内燃机车牵引 5000 t 货物列车的单位合力图。图中有 4 条曲线分别为：

①牵引运行合力曲线：$(f - w_0) = f(v)$。

②惰力运行合力曲线：$-w_0 = f(v)$。

③空气常用制动合力曲线：$-(w_0 + 0.5b) = f(v)$。

④机车电制动合力曲线：$-(w_0 + bd) = f(v)$。

本节仅对除机车电制动情况下的单位合力外的其他三条曲线进行讨论和分析。

三、单位合力曲线图的绘制

为绘制合力图，需要借助合力表计算出各工况下不同速度的单位合力值。表 10-1 是 HX_N5 型内燃机车牵引 5000 t 货物列车的单位合力计算表。

编制合力计算表应注意以下问题：

①关于速度。$v = 0$ km/h 和 $v = 10$ km/h 必须列入，然后每隔 $10 \sim 20$ km/h，直到机车最大速度或按实际需要确定合力图的最高速度（本例取 80 km/h）。机车牵引力和电制动力转折点的速度必须列入。如 HX_N5 型内燃机车，牵引力曲线转折点的速度为 22.3 km/h。列入这些转折点是为了使合力曲线的变化规律符合牵引力曲线和电制动力曲线的变化规律，但这些转折点速度可以只作该转折点所属的机车工况。

②第 1 栏，机车最大牵引力，按牵引力"外包线"取值，也可根据需要取部分负荷的牵引力值。部分负荷的牵引力可以从 2018 版《牵规》中机车牵引力曲线或牵引力数据表中查取。

$v = 0$ 一栏中的机车牵引力按 $v = 0$ km/h 或 $v = 10$ km/h 取值。

③第 2、3 栏，分别为机车、车辆单位基本阻力，按规定的单位基本阻力公式计算或查有关数据表。$v = 0$ km/h 时的机车、车辆单位基本阻力均按 $v = 10$ km/h 取值。

④第 4 栏，列车总基本阻力

$$W_0 = (P w_0' + G w_0'') g \times 10^{-3}$$

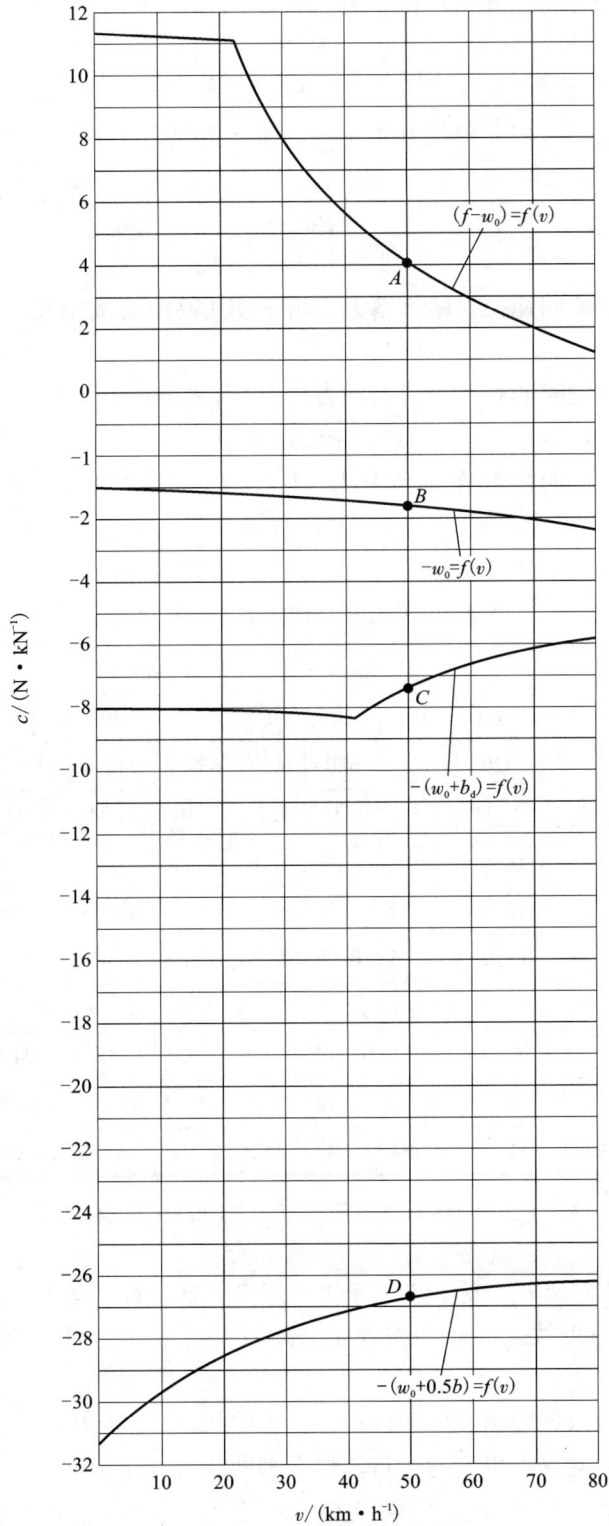

图 10-1　列车单位合力曲线图

⑤第5栏，牵引运行时的列车单位合力（平直道上）

$$f-w_0=\frac{F-W_0}{(P+G)g}\times10^3$$

⑥第6栏，惰力运行时列车单位基本阻力，即平直道上惰力运行时的列车单位合力（绝对值）

$$w_0=\frac{Pw_0'+Gw_0''}{P+G}$$

⑦第7栏，货车高摩闸瓦换算摩擦系数。由于使用高摩合成闸瓦，可根据式（9-29）计算或从表9-4查出。

⑧第8栏，紧急制动时的列车单位制动力（此处取$\vartheta_h=0.16$）
$$b=1000\varphi_h\vartheta_h$$

⑨第9栏，常用制动时的列车单位合力（平直道上，绝对值）。其值为$\omega_0+0.5b$，其中0.5是常用制动系数。

表 10-1　货物列车单位合力计算

工况	栏	项目	$v/(\mathrm{km\cdot h^{-1}})$									
			0	10	20	22.3	30	40	50	60	70	80
牵引运行	1	F/kN	620	620	620	620	457.8	348.9	281.2	235	201.9	176.6
	2	$w_0'/(\mathrm{N\cdot kN^{-1}})$	1.02	1.02	1.19	1.25	1.47	1.84	2.31	2.88	3.55	4.31
	3	$w_0''/(\mathrm{N\cdot kN^{-1}})$	0.98	0.98	1.07	1.09	1.18	1.31	1.47	1.66	1.87	2.10
	4	W_0/kN	50.53	50.53	55.28	56.37	61.20	68.26	76.96	87.32	98.82	111.46
	5	$f-w_0/(\mathrm{N\cdot kN^{-1}})$	11.05	11.05	10.96	10.94	7.70	5.45	3.96	2.86	2.00	1.26
惰行	6	$w_0/(\mathrm{N\cdot kN^{-1}})$	0.98	0.98	1.07	1.09	1.19	1.33	1.49	1.70	1.92	2.16
常用制动	7	φ_h	0.378	0.357	0.342	0.339	0.331	0.322	0.315	0.309	0.305	0.300
	8	$b/(\mathrm{N\cdot kN^{-1}})$	60.48	57.12	54.72	54.24	52.92	51.52	50.40	49.48	48.72	48.07
	9	$w_0+0.5b/(\mathrm{N\cdot kN^{-1}})$	31.22	29.54	28.43	28.21	27.65	27.09	26.69	26.44	26.28	26.19

注：$\mathrm{HX_N5}$型内燃机车，$P=150$ t，$G=5000$ t，使用高摩合成闸瓦，$\vartheta_h=0.16$，$\beta_c=0.5$。

合力表做好后，还需定好坐标（横坐标代表速度，纵坐标代表单位合力）。如果该合力图要用于图解法绘制速度线，则必须按规定选定比例尺（该比例尺会在本章第四节介绍）绘制。

根据表中第5栏的数据绘出牵引运行单位合力曲线$(f-w_0)=f(v)$。

根据表中第6栏的数据绘出惰力运行单位合力曲线$-w_0=f(v)$。

根据表中第9栏的数据绘出空气常用制动单位合力曲线$-(w_0+0.5b)=f(v)$。

第6、9栏的数据按合力的定义都是负值，在合力表中省略负号，但在绘制合力图时必须注意这三条曲线都要绘在横坐标的下方，如图10-1所示。

四、单位合力曲线图的应用

合力图是手工牵引计算的基本资料。不会使用合力图，就不能全面理解和掌握列车牵引计算的基本知识和技能。

1. 确定合力值

（1）在平直道上——按原坐标

在合力计算表中，只计算了基本阻力，没有计算附加阻力。所以按合力表中的数据绘制的合力图，如果合力坐标的零点（坐标原点）不变，四条曲线只能表示列车在平直道上运行时不同工况各速度下的单位合力。如列车以 50 km/h 的速度在平直道上，则

牵引运行：由曲线 1 上 A 点查出单位合力为 4.0 N/kN。

惰力运行：由曲线 2 上 B 点查出单位合力为−1.6 N/kN。

空气常用制动：由曲线 4 上 D 点查出单位合力为−26.8 N/kN。

（2）在加算坡道上——按加算坡度千分数移动合力坐标零点（原点），上坡向上移动 i_j 个单位，下坡向下移动 $|i_j|$ 个单位

加算坡道阻力（包括坡道阻力、曲线阻力和隧道阻力）的取值与速度无关。在坡度千分数为 i_j 的坡道上运行时，列车的单位合力与平直道上在各速度下均相差 i_j N/kN，所以只要将合力图的零点，即合力的基准线，根据 i_j 值上下移动。上坡时，合力坐标零点向上移动 i_j 个单位，就等于将各速度下的单位力减去 i_j N/kN；下坡时，合力坐标零点向下移动 $|i_j|$ 个单位，就等于将各速度下的单位合力加上 $|i_j|$ N/kN，原来的几条合力曲线即可表示在坡度千分数为 i_j 的加算坡道上的单位合力。

若 $i_j=2$，零点向上移动 2 个单位到原来的"2"处，此处作为合力图新的坐标原点，单位合力值由此算起，几条曲线均表示在 $i_j=2$ 坡道上的单位合力值，各速度下的单位合力值（代数值）都比平直道上小 2 N/kN。此时：

A 点的单位合力值为 2.0 N/kN。

B 点的单位合力值为−3.6 N/kN。

D 点的单位合力值为−28.8 N/kN。

若 $i=-2$，则坐标原点向下移动到"−2"处，几条曲线均表示在 $i_j=-2$ 坡道上的单位合力值，各速度下的单位合力值（代数值）都比平直道上大 2 N/kN 等。

2. 确定均衡速度

合力图的基准线与合力曲线的交点速度称为均衡速度（v_{jun}），在此速度下单位合力 $c=0$，列车做等速运行。它是判定列车运行趋势的重要依据。如在平直道上：

牵引运行时，$i_j=4$，$v_{jun}=50$ km/h。

惰力运行时，$i_j=-2$，$v_{jun}=71$ km/h。

空气常用制动时，$i_j=-27$，$v_{jun}=42$ km/h。

有些机型电制动工况的合力曲线形状比较复杂（比如直流传动机车的"双峰电制动"），会有多个转折点，在某些坡道上均衡速度会不止一个。

3. 判定列车运行趋势

用合力图判断列车运动趋势的方法有以下两种。

（1）按合力值判断（这是基本的方法）

$c>0$，列车加速运行。

$c=0$，列车等速运行。

$c<0$，列车减速运行。

（2）按均衡速度判断

在有均衡速度的情况下，可以利用均衡速度来判断列车运动趋势。

在牵引与惰行工况下，合力曲线随着速度的提高而下降，在有均衡速度的某一坡度上，当列车运行速度 $v<v_{jun}$ 时，单位合力 $c>0$，列车加速运行，直到均衡速度为止；若 $v>v_{jun}$ 时，单位合力 $c<0$，列车减速运行，直到均衡速度为止。所以，在牵引与惰行工况下，列车运动趋势总是趋向均衡速度的。

根据一定的机型和牵引质量绘制的合力曲线，能表示该列车在各种坡道上不同机车工况下的运动状态，因此合力曲线又称为列车动态曲线。

第二节　列车运动方程及衍生的时分距离算式

一、列车加速度与单位合力的关系

作用在列车上的合力使列车加速（当单位合力为负值时，加速度为负值，使列车减速），合力又称加速力（或减速力）。

由牛顿第二定律可知，物体的加速度与加速力成正比。

众所周知，自由落体加速度为 $g \approx 9.81 \text{ m/s}^2$，它所受的加速力为其自身的重力，即单位加速力为 1 kN/kN。由此推断，列车上有 1 N/kN 的单位合力时，其加速度应为 $\dfrac{g}{1000}$ m/s^2。当单位合力为 c N/kN 时，加速度为

$$a' = \frac{g}{1000}c \tag{10-4}$$

如果列车没有回转质量，式（10-4）所表示的加速度与单位合力的关系则完全正确。但列车是有回转质量的，包括轮对及驱动装置的回转部分和制动盘等。运行的列车中，回转质量除了随着列车做整体的平动外，还有自身的转动要另行消耗部分能量。也就是说，列车作用力所做的机械功要分别转化为列车整体平动的动能和回转部分转动的动能，而牵引计算是求解列车整体平动的相关参数，为了简化处理，引入了一个比列车质量稍大的纯平动的列车换算质量 M_t，设 M 为列车质量，M_0 为列车中回转部分的当量质量，列车换算质量可用式（10-5）表示

$$M_t = M + M_0 = (1+\gamma)M \tag{10-5}$$

式中：γ 称为回转质量系数。

$$\gamma = \frac{M_0}{M} = \frac{\sum\limits_{i=1}^{n} \dfrac{I_i}{R_i^2}}{M} \tag{10-6}$$

式中：I 为回转部分的转动惯量；R 为回转部分的回转半径。

这实质上也是一种"等效处理"，也可以视为稍减列车作用力的类似处理。列车实际的平移加速度 a 要小于 a'，即

$$a = \frac{1+\gamma} = \frac{g}{1000(1+\gamma)}c \tag{10-7}$$

较为精确地分步计算相应回转部分的回转半径与转动惯量并非易事。由于计算不便，回转质量系数可以通过专门试验测出。无论如何，机车（或动车）的 γ 值大于车辆（或拖车）的 γ 值，空货车的 γ 值大于客车的 γ 值，而客车的 γ 值大于重货车的 γ 值。回转质量系数 γ 值与机车（动车）、车辆（拖车）的走行部结构有关，其取值范围如表 10-2、表 10-3 所示。

表 10-2　机车（动车）、车辆（拖车）回转质量系数 γ 值

类别	电力机车（或动力车）	内燃机车（或动力车）	客车（或拖车）	重货车	空货车
γ 值	0.15~0.25	0.10~0.15	0.04~0.06	0.03~0.04	0.08~0.10

表 10-3　列车（动车组）回转质量系数 γ 值

类别	旅客列车与重货物列车	空货物列车	动车组	
			动力集中式	动力分散式
γ 值	0.06	0.10	0.06~0.08	0.08~0.11

一般计算时，对旅客列车（包括动力集中式动车组）和重货物列车取 $\gamma=0.06$，这样一来，就有

$$a = \frac{g}{1000(1+\gamma)}c = \frac{0.00981}{1+0.06}c \approx \frac{1}{108}c \ (\text{m/s}^2)$$

把加速度单位中的速度因子改为列车牵引计算中的常用单位（km/h），得

$$a = 3.6 \times \frac{1}{108}c = \frac{1}{30}c \ [\text{km/(h·s)}] \tag{10-8}$$

把加速度单位中的时间单位改为（min），得

$$a = 60 \times \frac{1}{30}c = 2c \ [\text{km/(h·min)}] \tag{10-9}$$

把加速度单位中的时间因子改为（h），得

$$a = 60 \times 2c = 120c \ (\text{km/h}^2) \tag{10-10}$$

式（10-8）~式（10-10）表示列车加速度与单位合力的具体关系，称作列车运动方程式。如 $c=1$ N/kN，列车速度每分钟增加 2 km/h，若当时速度为 40 km/h，则 1 min 后速度增加到 42 km/h。

二、列车运行时间、距离与速度和单位合力的关系

1. 合力曲线用阶梯线代替

列车运动方程式给出了列车加速度与单位合力的关系，而计算许多实际问题时需要有时间、距离与速度和单位合力的关系。这些关系与列车运动性质有关。列车运行有下列三种情况。

①当合力 $c=0$ 时，列车做等速运动。距离 S 等于速度 v 与时间 t 的乘积。

$$S = vt \tag{10-11}$$

②当合力 c 为常数时，列车做等加速运动。加速度 a 等于速度增量 Δv 与时间增量 Δt 的比值。

$$a = \frac{\Delta v}{\Delta t} \tag{10-12}$$

而时间增量 Δt 等于速度增量 Δv 除以加速度 a。

$$\Delta t = \frac{\Delta v}{a} = \frac{v_2 - v_1}{a} \tag{10-13}$$

其距离增量 ΔS 等于平均速度 v_p 与时间增量 Δt 的乘积。

$$\Delta S = v_p \cdot \Delta t = \frac{v_2 + v_1}{2} \Delta t \tag{10-14}$$

③当合力 c 为变数时，列车做变加速运动，加速度 a 也是变数。列车做变加速运动时，其时间、距离与速度之间的相互关系很难用简单的方法求得，而这又是比较普遍的情况。

为了简化计算，将合力曲线 $c=f(v)$ 简化成阶梯线，即在一个速度间隔 $(v_1 \sim v_2)$ 内假设合力 c 是不随速度变化的常数，并取为平均速度 $v_p = (v_1 + v_2)/2$ 下的合力值。这样就把变加速运动变成等加速运动。速度间隔取得越小，计算越准确。每隔 10 km/h 取一个间隔就可满足精度要求，但不要跨合力曲线转折点取速度间隔。因为合力曲线转折点两侧合力曲线的变化规律不同，平均速度的合力不能代表该速度间隔内合力对加速度的确切影响。不跨合力曲线转折点的速度间隔可以取得稍大一些，但不要超过 15 km/h。

图 10-2 是某列车牵引运行的合力图，图中，$v=0 \sim v_8$ 的速度分为 $0 \sim v_1$、$v_1 \sim v_2$、$v_2 \sim v_3$、$v_3 \sim v_4$、$v_4 \sim v_5$、$v_5 \sim v_6$、$v_6 \sim v_7$、$v_7 \sim v_8$ 8 个速度间隔，每个间隔取平均速度的瞬时合力作为该间隔内的平均合力。在每个速度间隔内认为合力保持此值不变，列车做等加速运动，就可以用等加速运动的规律来描述列车运行时间、距离与速度和单位合力的关系。

2. 当单位合力 c 为常数时，列车运行时间、距离与速度和单位合力的关系

设 Δt 和 ΔS 分别为速度间隔 v_1（初速）$\sim v_2$（末速）在平均合力 c 作用下列车的运行时间和距离，它们与速度和单位合力之间有如下关系。

（1）运行时间与速度和单位合力的关系

把式（10-11）~式（10-13）代入式（10-14），得出运行时间计算公式为

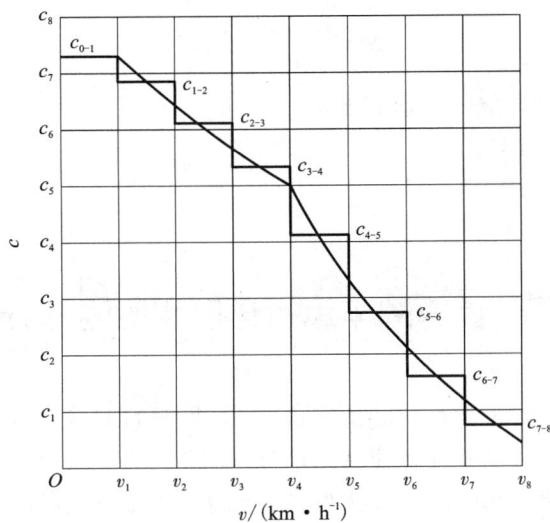

图 10-2 合力曲线用阶梯线代替

$$\Delta t = \frac{30(v_2 - v_1)}{c} \ (\text{s}) \tag{10-15}$$

或

$$\Delta t = \frac{v_2 - v_1}{2c} \ (\text{min}) \tag{10-16}$$

或

$$\Delta t = \frac{v_2 - v_1}{120c} \ (\text{h}) \tag{10-17}$$

(2)距离与速度和单位合力的关系

将式(10-17)代入式(10-14)得

$$\Delta S = v_p \cdot \Delta t = \frac{v_2 + v_1}{2} \cdot \frac{v_2 - v_1}{120c} \tag{10-18}$$

由此得出距离计算公式为

$$\Delta S = \frac{v_2^2 - v_1^2}{240c} \ (\text{km}) \tag{10-19}$$

或

$$\Delta S = \frac{4.17(v_2^2 - v_1^2)}{c} \ (\text{m}) \tag{10-20}$$

(3)运行时间与速度和距离的关系

如果已知 v_1、v_2 及 ΔS(km),也可以用式(10-14)计算运行时间。

$$\Delta t = \frac{\Delta S}{v_p} = \frac{\Delta S}{\frac{v_1 + v_2}{2}} = \frac{2\Delta S}{v_1 + v_2} \ (\text{h}) \tag{10-21}$$

或

$$\Delta t = \frac{120\Delta S}{v_1 + v_2} \quad (\text{min}) \tag{10-22}$$

式中：v_1 和 v_2 分别为速度间隔的初速和末速，km/h。

计算时间常用式(10-16)。

计算距离常用式(10-20)。

第三节　计算列车运行速度和时间的分析法

区间运行时分是编制列车运行图的基本资料，区间运行时分可以通过牵引计算或运行试验获得。运行时分的计算必须和运行速度的计算同时进行。

手工计算列车运行速度和时间的方法很多，大致分为分析法和图解法两大类。图解法也有好几种，本章只讲垂直线法，因为手工计算工作量大，特别烦琐，即使采用图解法也相当费工费时，故最好采用电算法。电算法是分析法和图解法的结合，电算结果的输出方式可以是数据表，也可以是列车运行速度线和时间线。所谓列车牵引计算的电算，主要是指列车运行速度和时间的计算，并附带计算机车能耗量，也可计算牵引质量、制动距离等。

用分析法计算列车运行速度和时间，必须掌握按指定列车编组绘制的合力图和经过化简的线路纵断面等资料。下面以一个例子说明分析法的计算过程。

DF_4(货)型内燃机车双机重联(使用重联线操纵)牵引重货物列车，牵引质量为 5040 t，换算制动率为 0.36。车列编组为：标记载重 64 t 的重货车 60 辆；车辆自重 20 t。车辆全是滚动轴承，闸瓦全是中磷铸铁闸瓦。在牵引工况条件下，不同速度下的单位合力计算结果如表 10-4 所示。

表 10-4　DF_4(货)型内燃机车双机重联牵引重货物列车单位合力计算表

单位：N/kN

工况	项目	$v/(\text{km}\cdot\text{h}^{-1})$										
		0	10	16.5	20	30	40	50	60	70	80	90
牵引运行	单位合力 c	14.36	12.63	12.24	10.43	7.04	4.89	3.44	2.36	1.50	0.72	-0.06

列车运行 A 站至 B 站间的线路纵断面图如图 10-3 所示。

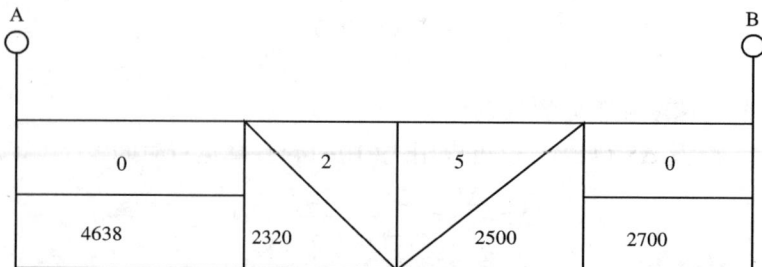

图 10-3　分析法例题的线路纵断面

试求列车自 A 站发车到(不停车)通过 B 站时所需的运行时分。

(1)列车在第一坡段运行所需的时分

先计算列车自 A 站出发至速度达到 10 km/h 的运行时分和运行距离,按单位合力表计算或绘制出的单位合力曲线,可以得到 $i_j=0$, $v=(10+0)/2=5$ km/h 所对应的列车单位合力 c_p 为 13.45 N/kN,代入式(10-20)和式(10-16)得

$$\Delta S_{0\sim10}=\frac{4.17\times(10^2-0^2)}{13.45}\approx31 \text{（m）}$$

$$\Delta t_{0\sim10}=\frac{10-0}{2\times13.45}\approx0.37 \text{（min）}$$

由此表明:列车在平直道上起动后行驶了 31 m,车速达到 10 km/h,所消耗时间为 0.37 min。继而取速度间隔为 10~16.5 km/h,16.5 km/h 为 DF$_4$(货)型内燃机车牵引力曲线的转折点,在单位合力曲线上查得 $v=(16.5+10)/2=13.25$ km/h 所对应的单位合力 c_p 为 12.43 N/kN,代入式(10-20)和式(10-16)得

$$\Delta S_{10\sim16.5}=\frac{4.17\times(16.5^2-10^2)}{12.43}\approx58 \text{（m）}$$

$$\Delta t_{10\sim16.5}=\frac{16.5-10}{2\times12.43}\approx0.26 \text{（min）}$$

取 10~16.5 km/h 为速度间隔,意在强调应将单位合力曲线上的转折点取为速度间隔的分界点,而不要包含在间隔内,这样可减小平均速度下的单位合力的误差。

继续取速度间隔 16.5~20 km/h、20~30 km/h、30~40 km/h、40~50 km/h、50~60 km/h、60~70 km/h,相应得到下列结果

$$\Delta S_{16.5\sim20}=\frac{4.17\times(20^2-16.5^2)}{11.34}\approx47 \text{（m）}$$

$$\Delta t_{16.5\sim20}=\frac{20-16.5}{2\times11.34}\approx0.15 \text{（min）}$$

$$\Delta S_{20\sim30}=\frac{4.17\times(30^2-20^2)}{8.74}\approx239 \text{（m）}$$

$$\Delta t_{20\sim30}=\frac{30-20}{2\times8.74}\approx0.57 \text{（min）}$$

$$\Delta S_{30\sim40}=\frac{4.17\times(40^2-30^2)}{5.97}\approx489 \text{（m）}$$

$$\Delta t_{30\sim40}=\frac{40-30}{2\times5.97}\approx0.84 \text{（min）}$$

$$\Delta S_{40\sim50}=\frac{4.17\times(50^2-40^2)}{4.17}\approx901 \text{（m）}$$

$$\Delta t_{40\sim50}=\frac{50-40}{2\times4.17}\approx1.20 \text{（min）}$$

$$\Delta S_{50\sim60}=\frac{4.17\times(60^2-50^2)}{2.90}\approx1580 \text{（m）}$$

$$\Delta t_{50\sim60}=\frac{60-50}{2\times2.90}\approx1.72\ (\text{min})$$

$$\Delta S_{60\sim70}=\frac{4.17\times(70^2-60^2)}{1.93}\approx2802\ (\text{m})$$

检查列车在第一坡段上从发车至速度为 70 km/h 所行驶的距离

$$S_1=31+58+47+239+489+901+1580+2802=6147\ (\text{m})>4368\ (\text{m})$$

这说明列车速度尚未到 70 km/h 就已行驶到第一坡段终点。至于列车驶至该坡段终点时的速度为多大，这个问题要用试凑法才能解决，也就是说要对终点速度进行多次假定试算，直到计算出的行驶距离与该坡段长度相等时为止（允许有一定误差）。本算例省略了这个过程，只列出最后试凑成功的一次计算。对于第一坡段，最后假定列车驶至该坡段终点时的速度为 65.3 km/h（速度规定取至一位小数），于是

$$\Delta S_{60\sim65.3}=\frac{4.17\times(65.3^2-60^2)}{2.17}\approx1295\ (\text{m})$$

$$\Delta t_{60\sim65.3}=\frac{65.3-60}{2\times2.17}\approx1.24\ (\text{min})$$

列车在第一坡段所行驶的累计距离为

$$S_1=\sum\Delta S=31+58+47+239+489+901+1580+1295=4640\ (\text{m})$$

其比该坡段长度大 2 m，作为允许误差，认为最后这个假定是正确的，即试凑已完成。而列车行驶完第一坡段所需时分为

$$t_1=\sum\Delta t=0.37+0.26+0.15+0.57+0.84+1.20+1.72+1.24=6.35\ (\text{min})$$

（2）列车在第二坡段运行所需的时分

列车以速度 65.3 km/h 驶入第二坡段，该坡段 $i_j=-2$，单位合力曲线图速度坐标轴应下移 2 N/kN，此时对应的单位合力仍为正值，列车继续加速，分别取速度间隔 65.3~70 km/h 和 70~80 km/h 进行计算，得

$$\Delta S_{65.3\sim70}=\frac{4.17\times(70^2-65.3^2)}{3.70}\approx716\ (\text{m})$$

$$\Delta t_{65.3\sim70}=\frac{70-65.3}{2\times3.70}\approx0.63\ (\text{min})$$

$$\Delta S_{70\sim80}=\frac{4.17\times(80^2-70^2)}{3.01}\approx2011\ (\text{m})$$

检查列车速度达到 80 km/h 时所行驶的距离

$$S_2=\sum\Delta S=716+2011=2727\ (\text{m})>2320\ (\text{m})$$

算得的距离比坡道长度超出 407 m，实际上列车行驶至第二坡段终点的速度应低于 80 km/h。终点速度的确定仍采用试凑法，假定列车行驶至第二坡段终点的速度为 78.2 km/h，代入计算，于是得

$$\Delta S_{70\sim78.2}=\frac{4.17\times(78.2^2-70^2)}{3.18}\approx1593\ (\text{m})$$

$$\Delta t_{70\sim78.2}=\frac{78.2-70}{2\times3.18}\approx1.29\ (\text{min})$$

此时列车在第二坡段所行驶的累计距离为

$$S_2 = \sum \Delta S = 716 + 1593 = 2309 \text{ （m）} < 2320 \text{ （m）}$$

其比该坡段长度只小 11 m，也作为允许误差，认为试凑已成功。

驶完第二坡段所需时分为

$$t_2 = \sum \Delta t = 0.63 + 1.29 = 1.92 \text{ （min）}$$

（3）列车在第三坡段运行所需的时分

列车以速度 78.2 km/h 驶入第三坡段，该坡段 $i_j = 5$，通过单位合力曲线图可知作用在列车上的单位合力已变成负值，列车将做减速运动。

取速度间隔 78.2~70 km/h 和 70~60 km/h，计算得到单位合力 c_p 分别为 −3.82 N/kN 和 −3.07 N/kN，计算得

$$\Delta S_{78.2 \sim 70} = \frac{4.17 \times (70^2 - 78.2^2)}{-3.82} \approx 1327 \text{ （m）}$$

$$\Delta S_{70 \sim 60} = \frac{4.17 \times (60^2 - 70^2)}{-3.07} \approx 1769 \text{ （m）}$$

当列车在此坡道上速度降低至 60 km/h 时，行驶距离已达到 1327 + 1769 = 3096 m，与该坡道实际长度 2500 m 比较，算得的距离太长，说明速度降不到 60 km/h。设行驶至该坡道终点时的速度为 63.3 km/h，计算得到 c_p 为 −3.21 N/kN，得

$$\Delta S_{70 \sim 63.3} = \frac{4.17 \times (63.3^2 - 70^2)}{-3.21} \approx 1161 \text{ （m）}$$

此时列车在第三坡段所行驶的累计距离为

$$S_3 = \sum \Delta S = 1327 + 1161 = 2488 \text{ （m）} < 2500 \text{ （m）}$$

其比该坡段长度只小 12 m，认为是允许误差，即试凑已成功。

$$\Delta t_{78.2 \sim 70} = \frac{70 - 78.2}{2 \times (-3.82)} \approx 1.07 \text{ （min）}$$

$$\Delta t_{70 \sim 63.3} = \frac{63.3 - 70}{2 \times (-3.21)} \approx 1.04 \text{ （min）}$$

驶完第三坡段所需时分为

$$t_3 = \sum \Delta t = 1.07 + 1.04 = 2.11 \text{ （min）}$$

（4）列车在第四坡段运行所需的时分

列车以速度 63.3 km/h 驶入第四坡段，该坡段 $i_j = 0$，作用在列车上的单位合力为正值，列车将做加速运动。取速度间隔 63.3~70 km/h，计算得到单位合力 c_p 为 1.79 N/kN，计算得

$$\Delta S_{63.3 \sim 70} = \frac{4.17 \times (70^2 - 63.3^2)}{1.79} \approx 2080 \text{ （m）} < 2700 \text{ （m）}$$

显然，列车行驶至该坡段终点的速度应高于 70 km/h，终点速度仍需要试凑，假定为 71.5 km/h，于是

$$\Delta S_{70 \sim 71.5} = \frac{4.17 \times (71.5^2 - 70^2)}{1.44} \approx 615 \text{ （m）}$$

此时列车在第四坡段所行驶的累计距离为

$$S_4 = \sum \Delta S = 2080 + 615 = 2695 \text{ （m）} < 2700 \text{ （m）}$$

比该坡段长度小 5 m，可认为试凑已成功。

$$\Delta t_{63.3\sim70} = \frac{70-63.3}{2\times1.79} \approx 1.87 \text{（min）}$$

$$\Delta t_{70\sim71.5} = \frac{71.5-70}{2\times1.44} \approx 0.52 \text{（min）}$$

驶完第四坡段所需时分为

$$t_4 = \sum \Delta t = 1.87+0.52 = 2.89 \text{（min）}$$

将以上计算结果汇总记于表 10-5 中（距离按坡段累计，时分按区间累计），从而得到列车由 A 站发车通过 B 站所需的运行时分为 13.67 min。按规定，区间时分计算取值至一位小数，故取值为 13.7 min。

表 10-5　计算结果汇总表

坡度千分数 i_j	坡段长度/m	工况	速度区间/(km·h^{-1})	距离/m		时间/min	
				ΔS	$\sum \Delta S$	Δt	$\sum \Delta t$
0	4638	牵引	0~10	31	31	0.37	0.37
			10~16.5	58	89	0.26	0.63
			16.5~20	47	136	0.15	0.78
			20~30	239	375	0.57	1.35
			30~40	489	864	0.84	2.19
			40~50	901	1765	1.20	3.39
			50~60	1580	3435	1.72	5.11
			60~65.3	1295	4640	2.14	7.25
-2	2320	牵引	65.3~70	716	716	0.63	7.88
			70~78.2	1593	2309	1.29	9.17
5	2500	牵引	78.2~70	1327	1327	1.07	10.24
			70~63.3	1161	2488	1.04	11.28
0	2700	牵引	63.3~70	2080	2080	1.87	13.15
			70~71.5	615	2695	0.52	13.67

第四节　计算列车运行速度和时间的图解法

图解法以往一直是解算列车运行速度和运行时分的常用方法。即使在电子计算机已得到广泛应用的条件下，在某些特定的环境中，有时还是要用图解法。即使用计算机按分析法算出了结果，也要仿照图解法绘制相应的速度时分曲线图，因为这样做比较直观。所以，2018 版《牵规》还是保留了这种方法。图解法的种类较多，比较常用的是垂直线法。

用垂直线法绘制速度曲线，是依据列车单位合力曲线 $c=f(v)$，并假定在一定的速度间隔内单位合力为常数，用画垂直线的方法，绘制列车速度与运行距离的关系曲线 $v=f(S)$，从 $v=f(S)$ 曲线可以看出列车在区间运行的速度变化情况。

　　然后，根据 $v=f(S)$ 曲线，再用垂直线法，绘制运行时分与运行距离的关系曲线 $t=f(S)$。由 $t=f(S)$ 曲线可得出列车在区间运行所花费的时间。

一、速度线 $v=f(S)$ 的绘法和原理

1.基本资料

①为指定编组的列车绘制的合力图。
②经过化简的线路纵断面。

2.绘法

　　图 10-4 为已知合力图的牵引运行合力曲线。此图由原来位置逆时针方向转动了 90°。将合力图分为若干个速度间隔 $0\sim v_1$、$v_1\sim v_2$、$v_2\sim v_3$、$v_3\sim v_4$ 等，按每个速度间隔的平均速度，在合力曲线上找到 A'、B'、C'、D' 等各点，它们分别代表各该速度间隔的平均合力。

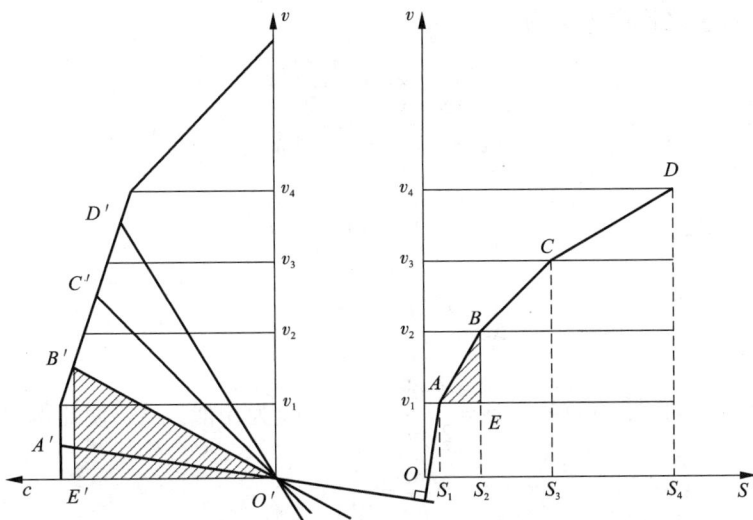

图 10-4　速度线 $v=f(S)$ 的绘法示例

　　在合力图的右方设置一个直角坐标，横轴为距离 S，纵轴为速度 v。若列车在平直道上起车，合力 $c>0$，列车加速运行，取第一个速度间隔 $0\sim v_1$，由合力曲线上平均速度的 A' 点向合力图坐标原点 O' 连线 $A'O'$，再由 S-v 坐标中速度的起点 O 作射线 $A'O'$ 的垂直线，与末速 v_1 的水平线交于 A 点，则 OA 为此速度间隔的速度线段，它在 S 轴上的投影 OS_1 即为列车在此速度间隔内所走的距离。也就是说，列车速度增加到 v_1 时，列车中心到达 S_1 处。列车速度继续增加，取下一个速度间隔 $v_1\sim v_2$，过 B' 点向坐标原点 O' 连射线 $B'O'$，这个速度间隔的速度线的起点应是上一段速度线终点 A 点，过 A 点作射线 $B'O'$ 的垂直线与末速 v_2 的水平线交于 B 点，得第二个速度线段 AB。对其他速度间隔连续作图，便可得到连续的速度线 $OABCD\cdots\cdots$

它表示列车运行速度与距离的关系 $v = f(S)$。

合力图上的坐标原点必须按加算坡度千分数确定，坡度变化时，应重新按加算坡度选定坐标原点。

3. 证明

任取一段速度线段 AB 证明如下。

在 $v = f(S)$ 图上的三角形 AEB 和合力图 $c = f(S)$ 上的三角形 $B'E'O'$ 对应边互相垂直，是一对相似三角形，对应边互成比例

$$\frac{AE}{BE} = \frac{B'E'}{O'E'}$$

用下列符号代表各个坐标的比例尺：k 代表 1 N/kN 合力的毫米数；m 代表 1 km/h 速度的毫米数；y 代表 1 km 距离的毫米数。则各边的长度（毫米数）可以写成

$$AE = S_1 S_2 \cdot y = \Delta S \cdot y$$
$$BE = (v_2 - v_1) m$$
$$B'E' = \frac{v_2 + v_1}{2} m$$
$$O'E' = c \cdot k$$

两个三角形长度之比可表示为

$$\frac{\Delta S \cdot y}{(v_2 - v_1) \cdot m} = \frac{\frac{v_2 + v_1}{2} m}{c \cdot k}$$

由此得出

$$\Delta S = \frac{(v_2 + v_1)(v_2 - v_1) m^2}{2c \cdot k \cdot y}$$

$$\Delta S = \frac{v_2^2 - v_1^2}{2c} \cdot \frac{m^2}{ky} \quad (\text{km})$$

此式与前面导出的式（10-19）$\left[\Delta S = \dfrac{v_2^2 - v_1^2}{240c} \ (\text{km}) \right]$ 极为相似，只要使比例尺符合以下关系

$$\frac{m^2}{ky} = \frac{1}{120}$$

则两式完全相同，即用图解法所得到的结果与分析法计算的结果完全一样。

二、时间线 $t = f(S)$ 的绘法和原理

1. 基本资料

绘制时间线时必须有已经绘好的速度线 $v = f(S)$。

2. 绘法

图 10-5 的右方是已经绘好的速度线 $v = f(S)$。此图的纵坐标兼作时间轴 t，横坐标 S 轴

为速度线和时间线共用，构成 S-t 坐标。在其左方放置一个辅助坐标，纵轴为速度 v，横轴上自 O' 点向右取一个固定长度 $\Delta = O'M$。M 点称为"极点"。

　　在辅助坐标纵轴上找出每个速度间隔的平均速度，标以 F'、G'、H'、I' 等，对第一个速度间隔，连射线 $F'M$，过 S-t 坐标中时间线的起点 O 作 $F'M$ 的垂直线，与速度线段 QA 的终点 A 的铅垂线交于 F 点，则 OF 为此间隔内的时间线段，它在纵轴 t 上的投影 Ot_1 为列车在此速度间隔内的运行时间。过第二个速度间隔平均速度的 G' 点连射线 $G'M$，过 F 点作它的垂直线，与相应的速度线段 AB 的终点 B 的铅垂线交于 G 点，则线段 FG 为此速度间隔内的时间线段。用同样的方法可以作出时间线段 GH、HI 等，连续的折线段 $OFGHI$⋯⋯就是时间线，它表示运行时间与距离的关系 $t = f(S)$。

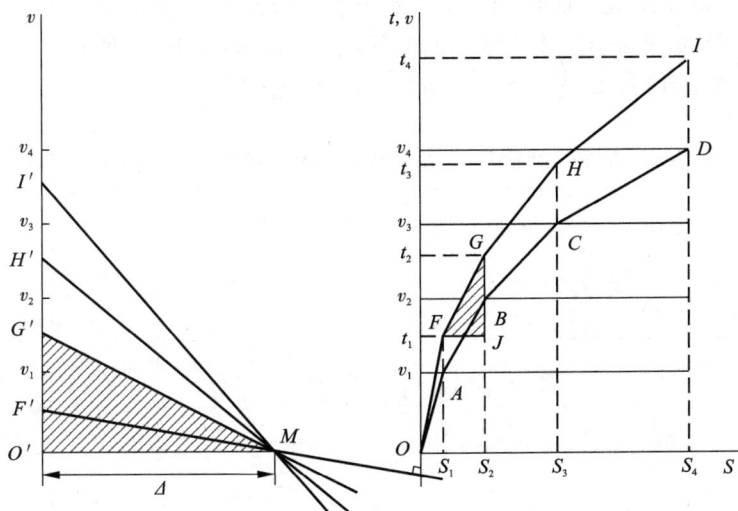

图 10-5　时间线 $t = f(S)$ 的绘法示例

3. 证明

任取一段时间线段 FG 证明如下：

图 10-5 中两个三角形 GJF 和 $MO'G'$ 对应边互相垂直，是相似三角形，对应边互成比例。

$$\frac{GJ}{FJ} = \frac{MO'}{G'O'}$$

用下列符号表示各个坐标的比例尺：m 代表 1 km/h 速度的毫米数，y 代表 1 km 距离的毫米数，x 代表 1 min 时间的毫米数，Δ 为固定长度毫米数。则各边长度(毫米数)可以写成

$$GJ = (t_2 - t_1) \cdot x = \Delta t \cdot x$$
$$FJ = S_1 S_2 \cdot y = \Delta S \cdot y$$
$$MO' = \Delta$$
$$G'O' = \frac{v_1 + v_2}{2} m$$

两个三角形长度之比可表示为

$$\frac{\Delta t \cdot x}{\Delta S \cdot y} = \frac{\Delta}{\dfrac{v_1 + v_2}{2} m}$$

由此得

$$\Delta t = \frac{2 \cdot \Delta S}{v_1 + v_2} \cdot \frac{\Delta \cdot y}{m \cdot x} \ (\text{min})$$

此式与前面导出的式

$$\Delta t = \frac{120 \cdot \Delta S}{v_1 + v_2} = \frac{2 \cdot \Delta S}{v_1 + v_2} \cdot 60 \ (\text{min})$$

极为相似，只要使比例尺符合关系式

$$\frac{\Delta \cdot y}{m \cdot x} = 60$$

则两式完全相同，即用图解法所得到的结果与分析法计算的结果完全一样。

2018 版《牵规》推荐的绘制速度线和时间线的比例尺如表 10-6 所示。表中序号 2 比例尺建议用于最高速度 160 km/h 及其以上的列车，以避免图纸幅面过大，并使时间线显示明显。

表 10-6　图解法比例尺(适用于回转质量系数 γ 值取 0.06 的列车)

序号	项目	单位	比例	关系式	一般计算		制动计算
					1	2	3
1	合力	N/kN	k (mm·N^{-1}·kN^{-1})	$k = \dfrac{120 m^2}{y}$	6	1.5	1
2	速度	km/h	m (mm·km^{-1}·h^{-1})	$m = \sqrt{\dfrac{ky}{120}}$	1	0.5	1
3	距离	km	(mm·km^{-1})	$y = \dfrac{120 m^2}{k}$	20	20	120
4	时间	min	x (mm·min^{-1})	$x = \dfrac{2m\Delta}{k}$	10	20	
5	固定长度	min	—	$\Delta = \dfrac{xk}{2m}$	30	30	

三、用图解法计算列车运行速度和时间案例

现举例说明用图解法绘制速度线和时间线，并计算区间列车运行速度和时间的方法。

已知条件：HX$_N$5 型电力机车牵引 5000 t 货物列车，列车使用高摩合成闸瓦，换算制动率为 0.16，列车长度 1000 m，列车在如图 10-6 所示的甲-乙区间运行，线路纵断面已经过化简。甲站侧向道岔限速按 45 km/h，乙站侧向道岔限速按 30 km/h。试用图解法计算从甲站起车到乙站通过及停车的运行时间。

1. 速度线 $v = f(S)$ 的绘制

此列车的合力图此前已经绘好，如图 10-1 所示。将该图逆时针方向转动 90°，绘于图 10-6 甲-乙区间线路纵断面的左侧(这里因受图纸幅面限制，合力图与纵断面重叠一部分)。绘图所用的比例尺是表 10-6 中的序号 1 比例尺，即 $m = 1$ mm/(km/h)，$k = 6$ mm/(N/kN)，$y = 20$ mm/km。

列车自甲站起车，速度线的起点应是甲站中心。线路纵断面的第 1 号坡道为平直道，所

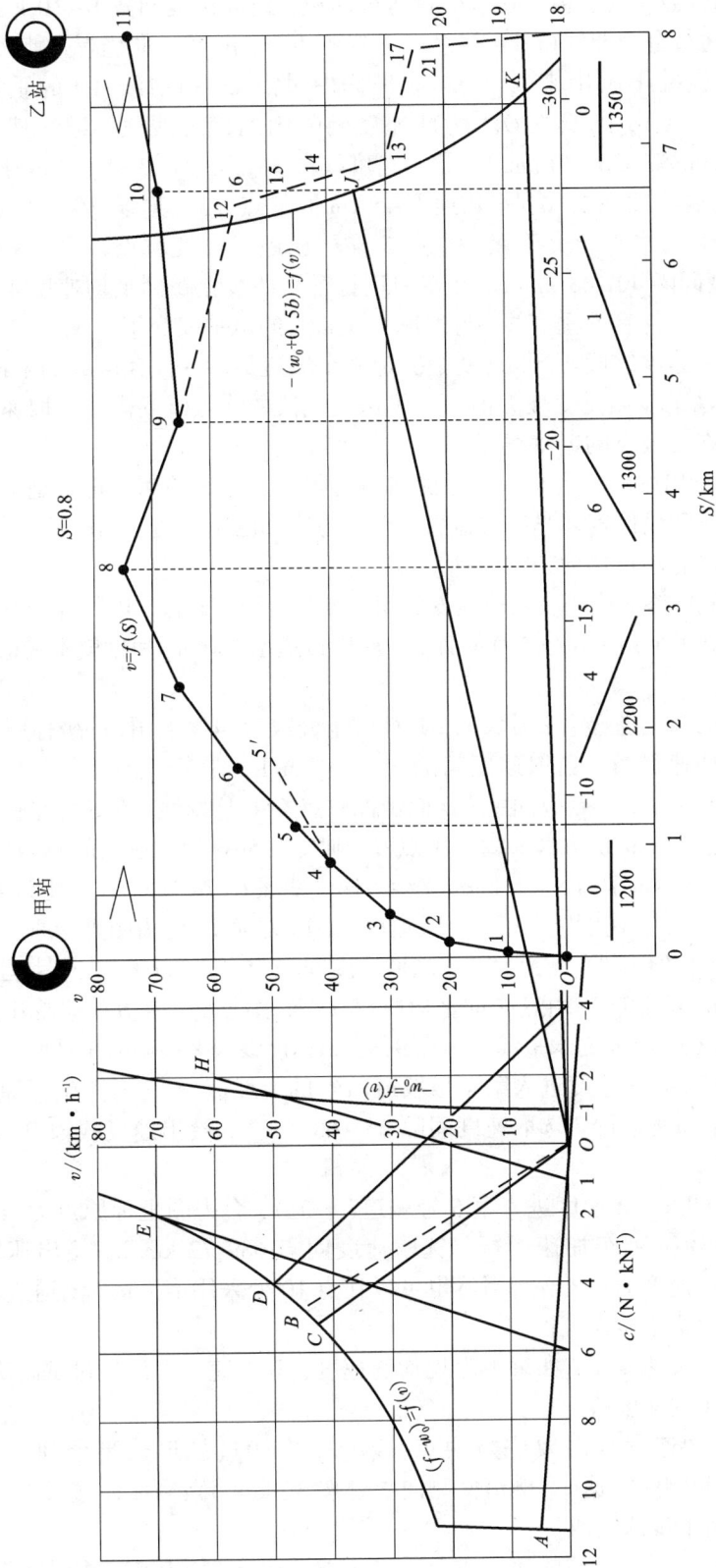

图10-6　甲—乙区间列车运行速度线 $v=f(S)$ 的绘制

有速度下牵引运行的合力均为正值，故起车后列车加速，选取速度间隔 0~10 km/h，按平均速度 5 km/h 在牵引运行合力曲线 $(f-\omega_0)=f(v)$ 上找到点 A，由点 A 向坐标原点 O 连射线 AO（实际绘图时这些射线并不画出来），在 S-v 坐标中过点 O_1 引射线 AO 的垂直线与末速 10 km/h 的水平线交于点 1，则线段 $O_1$1 为此速度间隔内的速度线段。继续选取速度间隔 10~20 km/h、20~30 km/h、30~40 km/h，绘出速度线段 1-2、2-3、3-4。选取速度间隔 40~50 km/h，在牵引运行合力曲线上找到平均速度 45 km/h 的点 B，连射线 BO，过点 4 作它的垂直线，与末速 50 km/h 的水平线交于点 5'，点 5' 显然已超过了变坡点许多，说明末速小于 50 km/h，再试取速度间隔 40~45 km/h，在牵引运行合力曲线上找到平均速度 42.5 km/h 的点 C，连射线 CO，过点 4 作它的垂直线，与末速 45 km/h 的水平线交于点 5，此点正好落在变坡点的铅垂线上，得到速度线段 4-5，这就是决定一个坡道最后一段速度线的末速的试凑法。

绘制速度线试凑法的实质是变坡点前的一段速度线段的终点既要落在所取速度间隔末速的水平线上，又要落在变坡点的铅垂线上。

此时还要注意列车出站的速度是否超过侧向道岔限速。点 5 的速度正好是甲站侧向道岔限速 45 km/h。因为速度线代表列车中心位置，点 5 的位置已越过道岔 600 m，此时列车尾部已过出站道岔，列车没有超过侧向道岔限速。

速度线受限速限制的终点应当是限速地点后面再加半个列车长度，以保证列车尾部过限速地段不超过限速。此处半个列车长按 500 m 计算，所以过道岔 500 m，速度就不受道岔限速的限制。

列车以 45 km/h 的速度进入第 2 号坡道，其坡度千分数为-4，合力图的坐标原点移到"-4"处，列车在点 5 继续加速运行。选取速度间隔 45~55 km/h，在牵引运行合力曲线 $(f-\omega_0)=f(v)$ 上按平均速度 50 km/h 找到点 D，由点 D 向坐标原点"-4"连射线，在 S-v 坐标中过点 5 引该射线的垂直线与末速 55 km/h 的水平线交于点 6，则线段 5-6 为此速度间隔内的速度线段。继续选取速度间隔 55~65 km/h、65~75 km/h，绘出速度线段 6-7、7-8，正好把该坡道走完。

在点 8，列车以 75 km/h 速度进入第 3 号坡道(6‰的上坡道)，合力图坐标原点移到"6"处，此时牵引运行的合力为负值，列车减速运行。选取速度间隔 75~65 km/h，在牵引运行合力曲线上按平均速度 70 km/h 找到点 E，由点 E 向坐标原点"6"连射线 E6，在 S-v 坐标中过点 8 引射线 E6 的垂直线与末速 65 km/h 的水平线交于点 9，绘出速度线段 8-9。第 3 号坡道走完。

在点 9，列车以 65 km/h 速度进入第 4 号坡道(1‰的上坡道)，合力图坐标原点移到"1"处，合力为正值，列车加速运行。选取速度间隔 65~68 km/h，绘出速度线段 9-10。第 4 号坡道走完。

在点 10，列车以 68 km/h 速度进入第 5 号坡道(平道)，合力图坐标原点为"O"，仍然采用牵引运行，合力为正值，列车加速运行。选取速度间隔 68~72 km/h，绘出速度线段 10-11。列车以 72 km/h 的速度通过乙站，当然也可以在点 10 处采用惰力运行，通过乙站后根据后面的线路纵断面情况决定机车工况。

每个坡道末端的一段速度线，如果不出现均衡速度，其末速一般要经过试凑决定。

再来绘制乙站停车的速度线。

绘制在车站停车的速度线时要注意两点：第一，在距进站道岔半个列车长度时(图 10-6 上点 13)降到道岔侧向限速(本例道岔侧向限速按 30 km/h)；第二，速度要在车站中心处降为 0。这要分为两个步骤完成。

第一步：首先在列车通过乙站的速度线上适当选取一个点(如点 9)，从点 9 惰力运行一段距离，因为下面的坡度是1‰，惰力运行列车将减速，选取速度间隔65~55 km/h，从合力坐标轴上的"1"到惰力运行合力曲线上速度60 km/h的点 H 连射线，通过点9作它的垂线9-12，速度降到55 km/h。

现在的问题是，在哪一点开始改绘常用制动的速度线能保证在点13把速度降到30 km/h，为此要采用由低速向高速倒绘制动线的方法，即从点13开始，选取速度间隔30~40 km/h，在制动合力曲线上找到平均速度35 km/h的点 J，点13地处平道，从合力图的点 O 向点 J 连一条射线，过点13作该射线的垂直线，与速度40 km/h的水平线相交于点14，绘出制动减速的速度线段13-14，再取速度间隔40~50 km/h，用同样的方法绘出速度线段14-15，此时正好到达平道的始点，再向左坡度千分数是"1"，合力图坐标原点改为"1"，选取速度间隔50~55 km/h，倒绘出制动的速度线段15-16。点16落在原有的惰行速度线段9-12的点12上，并且速度正好为55 km/h，这里也存在速度线末速的终点要经过试凑（而且是双向试凑）的问题，故初学者可能要经过多次试绘，比较麻烦，但做得多了自然会有一定经验，就顺利得多。

第二步：在道岔前半个列车长度30 km/h速度的点13，向后绘制停车的速度线，采用惰力运行，根据合力曲线判断，在平道上列车减速运行，选取速度间隔30~25 km/h，绘出速度线段13-17，点17附近用停车的常用制动，为了使列车正好停在车站中心，也要采用倒绘制动速度线的方法，即从乙站中心速度为0的点18开始绘制停车制动的速度线。

选取速度间隔0~10 km/h，在制动合力曲线上找到平均速度5 km/h的点 K，从坐标原点向该点连射线 OK，过点18作它的垂直线与10 km/h的水平线交于点19，线段18-19即为此速度间隔内的速度线段。继续选取速度间隔10~20 km/h、20~25 km/h，顺次绘出速度线段19-20、20-21，与前面画好的惰行的速度线相接，并且点21要正好落在点17上。相差较多时要重新试凑。

到此乙站停车的速度线绘制完毕。

（1）绘制速度线的要点归纳如下

①按线路坡度千分数确定合力图的坐标原点。

②合理确定操纵方法，选定对应的合力线。

③判定列车运动趋势，确定取速度间隔的方向。

④选取速度间隔，绘制速度线。

（2）绘制速度线的注意事项

①合力曲线上的转折点要作为速度间隔的分界点，不能跨越转折点选取速度间隔。

②在一个坡道上，若有均衡速度，不能跨越均衡速度选取速度间隔，要把均衡速度作为最后一个速度间隔的末速。如达到均衡速度，画一条均衡速度的水平线直到坡道末端；如达不到均衡速度，坡道末端的速度要试凑确定。

③在指定地点要求降到规定速度时，速度线可以倒画。

④在指定地点不许超过规定速度时，在某些情况下（坡度千分数适合）可以采用"部分牵引"或"部分电制动"的办法按限速（也可以稍低一些）画一条水平线。

2. 时间线 $t=f(S)$ 的绘制

速度线 $v=f(S)$ 绘好后，即可以速度线为基本资料绘制时间线 $t=f(S)$。绘制时间线的根据只有速度线，与合力曲线及线路纵断面都没有关系。

这里为了清楚起见，将图 10-6 的速度线移到图 10-7 上。这时 $v=f(S)$ 图的速度坐标 v 轴兼作时间坐标 t 轴，横坐标 S 轴共用，构成 $S-t$ 坐标。时间坐标的比例尺按规定采用 $x=10\ mm/min$。

在图 10-7 的左方放置一个辅助坐标。纵坐标为速度 v，在横坐标上截取固定长度 $\Delta=30\ mm$，得一个极点 M。

绘制时间线的速度间隔采用速度线上已有的速度间隔，如对速度线段 $O_1 1$ 的速度间隔 $0\sim10\ km/h$，在辅助坐标纵坐标上取平均速度 $5\ km/h$ 的点 A，连射线 AM，过 $S-t$ 坐标中时间线起点 O_1 作其垂直线，与对应速度线段终点 1 的铅垂线交于 $1'$ 点，$O_1 1'$ 即为时间线段。它在 t 轴上的投影即为此速度间隔内的运行时间。用同样的方法继续选取速度间隔 $10\sim20\ km/h$、$20\sim30\ km/h$、$30\sim40\ km/h$、$40\sim45\ km/h$，按各自的平均速度在辅助坐标的速度轴上站找到 B、C、D、E 各点，顺次作出 $1'2'$、$2'3'$、$3'4'$、$4'5'$ 几个时间线段，第一个坡段的时间线完成。接着用同样的方法作出乙站通过的时间线 O，$1'2'……11'$。

时间线一直是上升的，可能越出图界，但可以在任意地方将其断开，另起一条。如时间线 $9'10'$ 的终点正好在 $t=8\ min$ 的水平线上，可在此处断开，再从与点 $10'$ 位于同一铅垂线上点 a 开始。最后一段时间线到点 $11'$ 为止。

时间线画到右面部分时，仍然用左面的辅助坐标会感到不便，但此坐标简单，可以随时定在任意位置。

对于乙站停车的时间线并不需要从甲站画起，因为停车的速度线从点 9 岔开，停车的时间线相应地从点 $9'$ 处分开，根据停车的速度线画出时间线 $9'……17'$。

乙站停车的时间线在 $t=8\ min$ 的点 b 断开，再从与点 b 位于同一铅垂线上 $t=0$ 的点 c 开始，绘到终点 $18'$ 为止。

绘制时间线时要特别注意，每一段时间线的终点不是落在相应速度线段末端的水平线上，而是落在相应速度线段末端的铅垂线上。

甲–乙区间运行时分：

乙站通过时甲–乙区间（起通）运行时分为 $8+1.2=9.2\ min$。

乙站停车时甲–乙区间（起停）运行时分为 $8+3.5=11.5\ min$。

说明乙站停车的附加时分为 $2.3\ min$。

四、绘制速度线、时间线的注意事项

在绘制速度线、时间线时要注意遵守以下规定。

①使用规定的比例尺和绘图标志。

对不同工况的速度线要用不同线型表示：牵引运行用实线；部分牵引运行或限速牵引运行用实线加阴影线；惰力运行用虚线；空气制动运行用点划线；电制动运行用实线加上小圆圈；电制动与空气制动并用运行时，用点划线加小圆圈表示，如表 10-7 所示。

②单线区段应有均不停车和均停车两种速度线和时间线。复线区段除有技术作业的车站外，可按均不停车绘制。

③列车到发时列车中心应对准到发场（线）中心。

用手工进行牵引计算时把列车当成一个质点，其质量全部集中在列车重心（中心），忽略

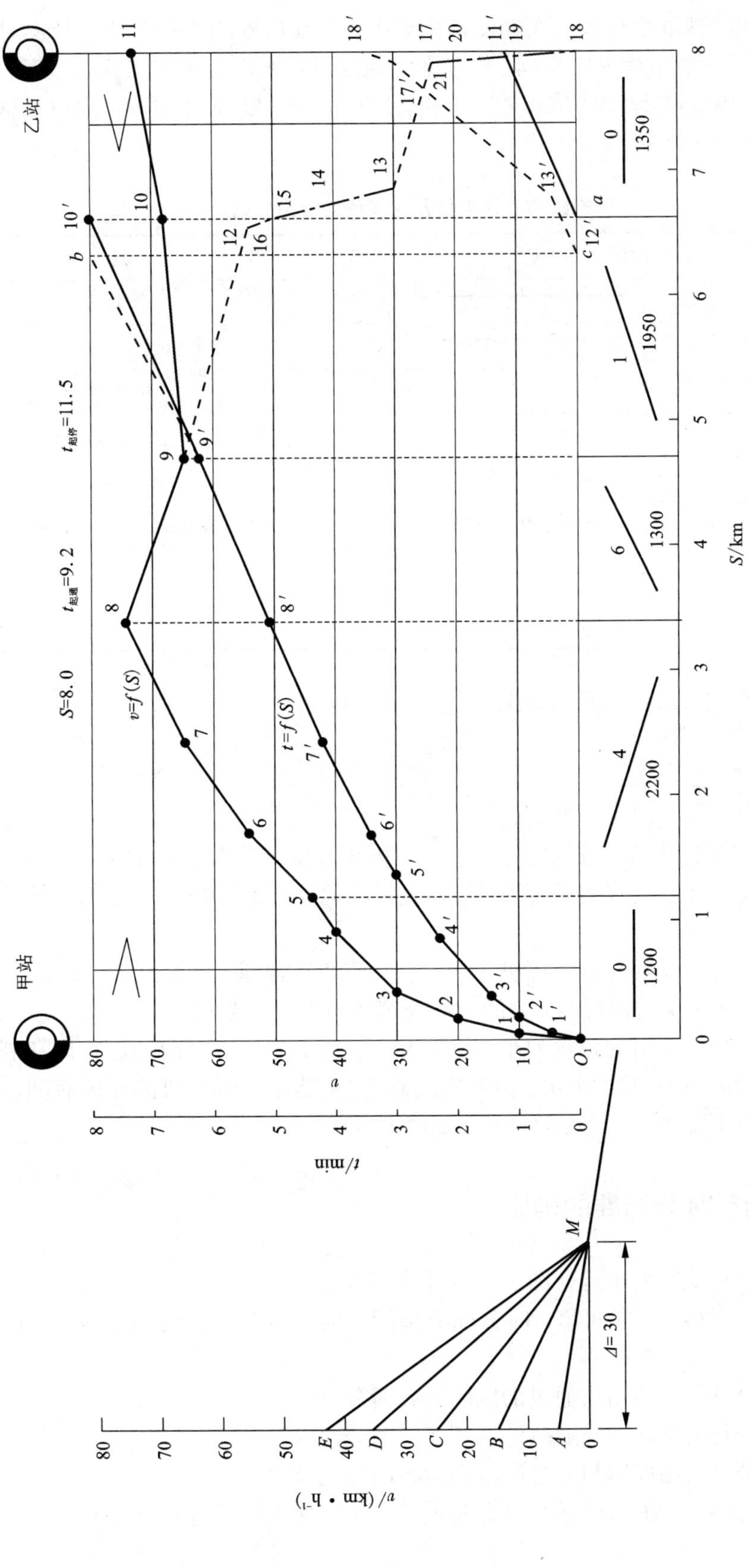

图10-7 甲—乙区间列车运行时间线 $t=f(S)$ 的绘制

图10-7 甲—乙区间列车运行时间线 $t=f(S)$ 的绘制

了列车长度。因此，速度线代表列车速度与列车中心所在位置的关系。列车到发时应对准到发场(线)中心。这一点与操纵图不同，操纵图上速度线代表机车所在位置的速度。用图解法绘制的速度线作为编制操纵图的依据时，绘好后应相对于纵断面(公里标)向右平移半个列车长度的距离。

表 10-7　速度线及时间线的绘图标记

标记		意义
速度线	————————	牵引运行
	/////////	部分牵引运行或限速牵引运行
	— — — — — —	惰力运行
	— · — · — · —	空气制动运行
	—○——○——○—	电制动运行
	—○——○—·—○—	电制动与空气制动并用
时间线	╱	—

④列车速度不得超过下列限制速度：

a. 机车车辆的最高速度。

b. 线路的允许速度。

c. 列车计算制动距离限制的最高速度。

d. 通过道岔和慢行地段要按规定速度并考虑列车长度，即在慢行地段始点(道岔)前半个列车长度的地方把列车速度降到慢行限速；越过慢行地段终点(道岔)半个列车长度后再提高列车速度。

⑤机车工况的使用既要充分发挥机车功率，又要经济合理，比如由牵引运行转为制动运行，或由制动运行转为牵引运行时，中间应有合理的惰力运行距离。

⑥无电制动的机车牵引的货物列车，在长大下坡道上使用空气制动进行周期制动时，由缓解到再制动的时间(即增速时间 t_z，由时间线确定)不能小于制动机的充风时间(t_c)。货物列车的充风时间见下篇第十二章的图 12-2 或图 12-3。

五、区间运行时分标准的确定

区间运行时分标准是列车运行图的基本技术标准之一。

在运行图技术资料中，区间运行时分标准包括通通运行时分，起、停车附加时分和慢行附加时分。

通通运行时分是相邻两站均通过的区间运行时分。

起车附加时分是某站起车与通过的区间运行时分之差。

停车附加时分是某站停车与通过的区间运行时分之差。

慢行附加时分是慢行的区间运行时分与该区间正常速度的运行时分之差。

　　区间运行时分标准通过牵引计算或实际试验获得,必要时征求先进司机的意见。

　　计算的区间运行时分取至分钟的一位小数。

　　列车运行图的区间运行时分,货物列车可取为 0.5 min 的整倍数,旅客列车可取为 0.25 min 的整倍数。

　　区间运行时分取整不一定采取四舍五入的办法,要根据计算或试验时机车功率发挥情况和各种限速利用情况具体分析。

　　起、停车附加时分一般规定为分钟的整数,也有规定为取 0.25 min 的整倍数的。

　　起、停车附加时分与机车性能、牵引质量、线路纵断面特征及正常运行速度的关系很大,不能一概规定所有车站的起、停车附加时分都一样。

　　起车附加时分与机车加速性能和线路纵断面特征及正常运行速度都有极大关系,一般需要 3 min,速度不高的客车可以取 2 min;牵引定数不高的货物列车,或双机牵引的货物列车在出站后不是大上坡的车站起车的附加时分,可取 2 min;进站是上坡、出站是大下坡时起的车附加时分较少;进站是下坡道,而出站是大上坡的车站,其起车附加时分最多,直流传动电力牵引需要 4~5 min,内燃牵引需要 5~6 min,甚至更多。交流传动电力机车起车加速性能好,起车附加时分可少些。

　　停车附加时分和机车性能关系不大,和线路纵断面特征、正常运行速度及正线、侧线停车的关系较大。一般客货车侧线停车的附加时分为 2 min;进站方向为大上坡的车站,内燃机车牵引的货物列车的停车附加时分可能 1 min 就够用;最高速度 100 km/h 以下的旅客列车正线停车的停车附加时分也可取 1 min。

　　起、停车附加时分的精确数据应当由计算或试验确定。

　　慢行附加时分由慢行速度、慢行距离、列车的长度、正常运行速度、线路纵断面和机车性能及牵引质量所决定的加速难易程度决定。在最不利的情况下可能需要 8~10 min,在最有利的情况下甚至可以为 0 min,比如持续速度较低的内燃机车牵引货物列车,在限制坡道上以持续速度运行的地段,对限速不低于 25 km/h 的慢行,可能就不需要慢行附加时分。

　　慢行附加时分的精确数据应当根据列车编组和具体的线路纵断面通过牵引计算或试验确定。

复习思考题

　　1. 绘制单位合力曲线图时为什么可不考虑附加阻力?

　　2. 为什么说根据单位合力曲线图可判断列车速度在各种坡道和不同工况下的动态(加速、减速还是匀速)?

　　3. 为什么说常用制动的均衡速度实质上是一种限速? 常用制动的单位合力与速度的关系曲线 $c=f(v)$ 是否可看成常用制动的限速与线路坡度千分数的关系曲线? 为什么?

　　4. 分段累计"分析法"的速度间隔应如何取值? 为什么说取得太小也没有多大的实际意义? 间隔太大又有何坏处? 最大允许值是多少?

　　5. 速度时分计算为什么会变成求 ΔS 和 Δt? 为什么要进行"换坡试凑"? 试凑的误差应如何处理?

　　6. 分段累计"图解法"对各变量的比例有什么要求? 为什么?

　　7. 列车进站停车的情况下,应该如何计算列车运行时分?

第十一章

列车制动问题的解算

本章讲述机车牵引式列车的制动问题的解算，主要内容包括列车制动的空走时间、空走距离的计算、有效制动距离计算的实算法和等效法。列车制动问题的解算主要涉及列车换算制动率、列车运行速度和制动距离三者之间的关系，其中制动距离的计算是关键，厘清三者之间的关系将有助于列车制动限速表的理解和列车最小换算制动率的解算。

第一节 概　述

在铁路设计和运营管理中，列车制动问题相当重要，因为它不但关系到行车安全，而且关系到运输能力。随着铁路提速和重载的发展，列车制动问题越发显得重要。

解算列车制动问题的重点是制动距离的计算。

列车制动距离是指从制动（移动闸把或列车速度监控装置"放风"）到停车（或缓解）列车所走的距离。

我国《铁路技术管理规程》早期规定，列车在任何线路坡道上的紧急制动距离为 800 m。《铁路技术管理规程》规定的紧急制动距离又称为计算制动距离。

计算制动距离的规定，应该与列车运行速度和机车车辆制动技术的发展水平相适应。计算制动距离 800 m，早已不能适应铁路发展的要求。为适应列车提速的需要，第 10 版《铁路技术管理规程》规定，列车在任何线路上的紧急制动距离限值如表 11-1 所示。

表 11-1　列车紧急制动距离限值

列车种别	最高运行速度/$(km \cdot h^{-1})$	紧急制动距离限值/m	列车种别	最高运行速度/$(km \cdot h^{-1})$	紧急制动距离限值/m
旅客列车（动车组列车除外）	120	800	货物列车（轴重≥25 t）	100	1400
	140	1100	货物列车（轴重<25 t，快速货物班列除外）	90	800
	160	1400		120	1400
特快货物班列	160	1400			
快速货物班列	120	1100			

　　紧急制动距离限值的用途主要有四个：一是用于信号机等固定设备的布置；二是据此规定各类列车的紧急制动限速；三是据此规定线路封锁施工时移动防护信号设置的安放位置；四是作为制定有关安全行车规章的依据。

　　在列车制动计算中，制动距离 S_z 分为空走距离 S_k 和有效制动距离 S_e，即

$$S_z = S_k + S_e \qquad (11-1)$$

　　决定空走距离 S_k 的两个要素是制动初速 v_0 和空走时间 t_k。空走时间 t_k 与列车编组辆数和制动方式(紧急制动或常用制动)有关，常用制动时还与列车管的减压量 r 有关。

　　决定有效制动距离 S_e 的几个要素如下：

①列车换算制动率 ϑ_h。

②制动地段的加算坡度千分数 i_j。

③制动初速 v_0。

④制动末速 v_m(制动停车时 $v_m = 0$)。

　　后两个要素决定了列车在制动过程中的动能损失。前两个要素加上列车基本阻力构成了制动过程中的减速力。减速力与有效制动距离 S_e 的乘积是减速力所做的机械功。制动过程中列车损失的动能(和位能)与减速力所做的机械功相等，体现了制动过程中的能量转换关系。

　　所谓列车制动问题的解算，就是在制动距离、列车换算制动率、坡度千分数、制动初速、制动末速等五个要素中已知其中四个而求解另外一个。对有些要素进行直接求解有困难，需要借助多次求解制动距离来试凑，所以求解制动距离是解算制动问题的关键。

第二节　空走时间和空走距离

一、空走时间的概念

　　在列车空气制动初期，列车中各辆车的制动缸开始充气和压力达到最大值是从前到后逐辆发生的，如图 11-1 所示。相应地，全列车总闸瓦压力上升情况如图 11-2 中曲线 $OABC$ 所示。

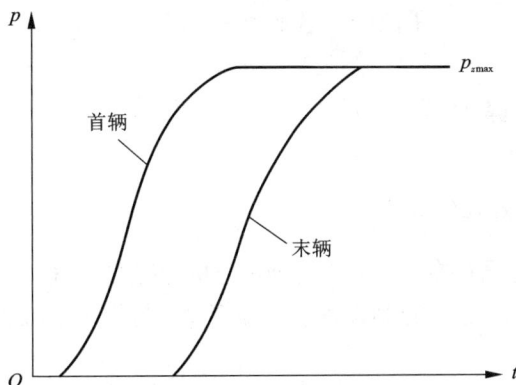

图 11-1　列车中各车辆的制动缸充气和压力上升过程

按照图 11-2 所示的闸瓦压力上升曲线,列车闸瓦压力的计算分为三个阶段:

① OA 一段时间内,列车闸瓦压力 $\sum K = 0$。

② AB' 一段时间内,列车闸瓦压力 $\sum K$ 由 0 逐渐增加到最大值 $\sum K_{max}$。

③ 在 B' 以后直到停车(缓解)的一段时间内,列车闸瓦压力一直保持最大值 $\sum K_{max}$。

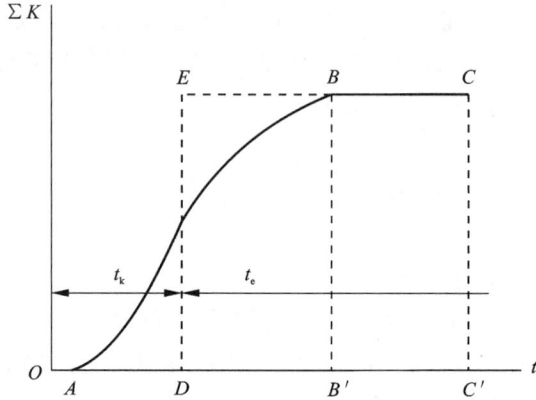

图 11-2　全列车总闸瓦压力上升情况和空走时间概念

在第 1 段及第 3 段时间内,闸瓦压力分别为 0 和最大值,很好处理。而在第 2 段时间内,每个瞬间闸瓦压力都在变化,计算起来就很复杂。为了简化闸瓦压力的计算,我们假设全列车闸瓦压力不是沿 $OABC$ 线变化,而是沿 $ODEC$ 变化,即在 D 点突然同时达到最大值。这样,闸瓦压力变化可简化为两个阶段,即

① 在 OD 一段时间内,$\sum K = 0$。

② 在 D 点以后,$\sum K = \sum K_{max}$。

假定的一段时间 OD 就叫空走时间。或者说,从制动开始到全列车闸瓦同时突然以最大压力压紧车轮的假定瞬间,这一段时间叫空走时间。它是为计算方便而假定的一个概念。常用制动时空走时间与列车管排风时间有关,但二者不是一回事,不能把空走时间和列车管的排风时间混为一谈。

空走时间内列车所走的距离叫空走距离。

D 点以后的一段时间称为有效制动时间 t_2。

有效制动时间内列车所走的距离叫有效制动距离。

二、空走时间的计算公式

1. 确定空走时间计算公式的原则

空走时间的计算公式是通过专门试验结合理论分析确定的。确定空走时间计算公式原则为:

① 闸瓦压力沿 $ODEC$ 线变化的制动距离(计算值)与沿 $OABC$ 线变化的制动距离(试验值)相等,即

$$S_{ODEC} = S_{OABC} \qquad (11-2)$$

②空走距离按等速运行计算。

2. 我国 2018 版《牵规》规定的空走时间计算公式

旅客列车紧急制动

$$t_k = 3.5 - 0.08 i_j \qquad (11-3)$$

旅客列车常用制动

$$t_k = (4.1 + 0.002 r \cdot n)(1 - 0.03 i_j) \qquad (11-4)$$

货物列车紧急制动

$$t_k = (1.6 + 0.065 n)(1 - 0.028 i_j) \qquad (11-5)$$

货物列车常用制动

$$t_k = (3.6 + 0.00176 r \cdot n)(1 - 0.032 i_j) \qquad (11-6)$$

式中：t_k 为空走时间，s；n 为牵引辆数；r 为列车管减压量，kPa；i_j 为制动地段加算坡度千分数，上坡道取 $i_j = 0$。

上坡道的制动空走时间按平道取值。

单机不分类型，紧急制动空走时间均按 2.5 s 计算。

空走时间计算公式中有加算坡度修正值的原因为：在较大的下坡道上，制动初期，列车是加速运行的，而计算空走距离时是按等速运行的，如不修正，算出的空走距离将偏小。为了使空走距离计算符合实际，根据下坡度大小将空走时间适当延长，以弥补空走距离按等速计算造成的误差。

三、空走距离的计算公式

空走距离按空走时间内列车作等速运行计算。

$$S_k = \frac{v_0 t_k}{3600} \times 1000 = \frac{v_0 t_k}{3.6} \qquad (11-7)$$

式中：S_k 为空走距离，m；v_0 为制动初速，km/h；t_k 为空走时间，s。

第三节　有效制动距离的计算

一、有效制动距离计算的分析法

有效制动距离的计算方法分为手工计算法、图解法、图算法、电算法等。本节介绍手工计算法，又叫分析法。用分析法计算有效制动距离，实际上就是用式(10-20)分速度间隔计算出每个间隔的距离 $\Delta S(m)$

$$\Delta S = \frac{4.17(v_2^2 - v_1^2)}{c} \qquad (11-8)$$

然后再累加, 所以又称为速度间隔法或分段累加法。

制动工况下的列车单位合力 c 是单位制动力、单位基本阻力和单位附加阻力(用加算坡度千分数表示)的代数和

$$c = -(1000\varphi_h\vartheta_h\beta_c + \omega_0 + i_j) \tag{11-9}$$

式中: φ_h 为换算摩擦系数; ϑ_h 为列车换算制动率; β_c 为常用制动系数, 紧急制动时 $\beta_c = 1$, 常用制动时根据减压量查表9-9; ω_0 为列车单位基本阻力, N/kN; i_j 为制动地段的加算坡度千分数。

于是可得

$$\Delta S = \frac{4.17(v_2^2 - v_1^2)}{-(1000\varphi_h\vartheta_h\beta_c + \omega_0 + i_j)} \tag{11-10}$$

等号右面分子中初速平方和末速平方交换位置, 分母去掉负号得

$$\Delta S = \frac{4.17(v_1^2 - v_2^2)}{1000\varphi_h\vartheta_h\beta_c + \omega_0 + i_j} \tag{11-11}$$

由于

$$S_e = \sum \Delta S \tag{11-12}$$

有效制动距离的计算公式的最后形式可写成

$$S_e = \sum \frac{4.17(v_1^2 - v_2^2)}{1000\varphi_h\vartheta_h\beta_c + \omega_0 + i_j} \tag{11-13}$$

计算有效制动距离时, 要分成若干个速度间隔, 通常每个速度间隔取 10 km/h 左右(在本章第五节将证明, 当只要求一次制动终了的制动距离, 不需要中间减速过程时, 速度间隔取大些, 甚至整个制动过程按一个速度间隔计算也是可以的), 换算摩擦系数 φ_h 和列车单位基本阻力 ω_0 均按各个速度间隔的平均速度取值。

在针对具体编组的列车作制动计算时, ϑ_h 和 ω_0 按具体列车编组计算, 在不针对具体列车编组进行一般计算时, ϑ_h 可取通用值或指定值, 列车单位基本阻力 ω_0 可以用车辆基本阻力 ω_0'' 代替。

二、有效制动距离计算的等效法

为了简化有效制动距离计算, 假定闸瓦换算摩擦系数和制动时的单位基本阻力在制动过程中都不随速度而变, 用等效的常量 φ_s 和 w_s。这样, 式(11-13)可改为

$$S_e = \frac{4.17v_0^2}{1000\vartheta_h \cdot \varphi_s + w_s + i_j} \tag{11-14}$$

式中: φ_s 为距离等效摩擦系数; w_s 为距离等效单位基本阻力, N/kN。

这种方法称为等效一次计算法(简称等效法)。它比分段累计的分析法简单得多, 其关键是如何求出等效值 φ_s 和 w_s。

由式(11-13)和式(11-14), 并忽略坡度和阻力的影响, 可得

$$\sum \frac{4.17(v_1^2 - v_2^2)}{1000\vartheta_h \cdot \varphi_h} = \frac{4.17(v_0^2 - v_z^2)}{1000\vartheta_h \cdot \varphi_s} \tag{11-15}$$

式中: v_z 为制动终速, km/h, 紧急制动时 $v_z = 0$。经过整理后, 可得

$$\varphi_s = \frac{v_0^2 - v_z^2}{\sum \dfrac{v_1^2 - v_2^2}{\varphi_h}} \tag{11-16}$$

用同样的方法，并忽略坡度和制动力的影响，可得

$$w_s = \frac{v_0^2 - v_z^2}{\sum \dfrac{v_1^2 - v_2^2}{w_0}} \tag{11-17}$$

不同初速和不同终速下各种闸瓦的 φ_s 值及旅客列车和货物列车(重车)的 w_s 的值分别列于表 11-2 ~ 表 11-6 中。

表 11-2　铸铁闸瓦的距离等效摩擦系数 φ_s

v_z /(km·h^{-1})	v_0/(km·h^{-1})											
	120	110	100	90	80	70	60	50	40	30	20	10
0	0.112	0.125	0.137	0.150	0.163	0.177	0.190	0.205	0.220	0.238	0.261	0.304
10	0.112	0.124	0.137	0.150	0.163	0.176	0.189	0.203	0.218	0.234	0.252	—
20	0.111	0.124	0.137	0.149	0.162	0.175	0.188	0.201	0.215	0.230	—	—
30	0.111	0.124	0.136	0.149	0.161	0.174	0.187	0.200	0.214	—	—	—
40	0.111	0.123	0.136	0.148	0.161	0.173	0.186	0.199	—	—	—	—
50	0.111	0.123	0.135	0.148	0.160	0.173	0.185	—	—	—	—	—
60	0.110	0.123	0.135	0.147	0.160	0.172	—	—	—	—	—	—
70	0.110	0.122	0.135	0.147	0.159	—	—	—	—	—	—	—
80	0.110	0.122	0.134	0.147	—	—	—	—	—	—	—	—
90	0.110	0.122	0.134	—	—	—	—	—	—	—	—	—
100	0.109	0.122	—	—	—	—	—	—	—	—	—	—
110	0.109	—	—	按 $\varphi_h = 0.372 \times \dfrac{17v+100}{60v+100} + 0.0012(120-v_0)$ 求得								

表 11-3　高磨合成闸瓦的距离等效摩擦系数 φ_s($v_0 = 160$ km/h)

v_z/(km·h^{-1})	0	10	20	30	40	50	60	70
φ_s	0.230	0.230	0.229	0.228	0.227	0.226	0.225	0.223
v_z/(km·h^{-1})	80	90	100	110	120	130	140	150
φ_s	0.222	0.221	0.220	0.218	0.217	0.216	0.215	0.214

表 11-4　盘形制动高磨合成闸瓦的距离等效摩擦系数 φ_s($v_0 = 160$ km/h)

v_z/(km·h^{-1})	0	10	20	30	40	50	60	70
φ_s	0.256	0.255	0.255	0.254	0.253	0.251	0.250	0.248
v_z/(km·h^{-1})	80	90	100	110	120	130	140	150
φ_s	0.247	0.246	0.244	0.243	0.241	0.240	0.239	0.237

表 11-5　客车的距离等效单位基本阻力 w_s

v_z /(km·h⁻¹)	v_0/(km·h⁻¹)															
	160	150	140	130	120	110	100	90	80	70	60	50	40	30	20	10
0	4.23	4.02	3.82	3.62	3.42	3.24	3.06	2.89	2.73	2.58	2.44	2.31	2.18	2.07	1.97	1.87
10	4.25	4.04	3.84	3.64	3.44	3.26	3.08	2.91	2.76	2.60	2.46	2.33	2.21	2.10	2.00	—
20	4.31	4.10	3.89	3.69	3.50	3.31	3.14	2.97	2.81	2.66	2.52	2.38	2.27	2.16	—	—
30	4.40	4.18	3.98	3.78	3.58	3.39	3.22	3.05	2.89	2.73	2.59	2.46	2.35	—	—	—
40	4.51	4.30	4.09	3.88	3.69	3.50	3.32	3.15	2.99	2.83	2.69	2.56	—	—	—	—
50	4.65	4.43	4.22	4.01	3.81	3.62	3.44	3.27	3.10	2.95	2.81	—	—	—	—	—
60	4.81	4.59	4.37	4.16	3.96	3.77	3.58	3.40	3.24	3.08	—	—	—	—	—	—
70	4.99	4.76	4.54	4.32	4.12	3.92	3.73	3.55	3.39	—	—	—	—	—	—	—
80	5.18	4.95	4.72	4.50	4.29	4.09	3.90	3.72	—	—	—	—	—	—	—	—
90	5.38	5.15	4.92	4.69	4.48	4.27	4.08	—	—	—	—	—	—	—	—	—
100	5.60	5.36	5.12	4.90	4.68	4.47	—	—	—	—	—	—	—	—	—	—
110	5.83	5.58	5.34	5.11	4.89	—	—	—	—	—	—	—	—	—	—	—
120	6.07	5.82	5.57	5.34	—	—	—	—	—	—	—	—	—	—	—	—
130	6.32	6.06	5.81	—	—	—	—	—	—	—	—	—	—	—	—	—
140	6.58	6.32	—	—	—	—	—	—	—	—	—	—	—	—	—	—
150	6.85	—	—	—	—	按 $w_0 = 1.66+0.0075v+0.000125v^2$ 求得										

表 11-6　重货车的距离等效单位基本阻力 w_s

v_z /(km·h⁻¹)	v_0/(km·h⁻¹)											
	120	110	100	90	80	70	60	50	40	30	20	10
0	1.98	1.85	1.73	1.61	1.50	1.40	1.30	1.21	1.13	1.06	1.00	0.95
10	2.00	1.87	1.75	1.63	1.52	1.41	1.32	1.23	1.15	1.08	1.02	—
20	2.04	1.91	1.78	1.67	1.55	1.45	1.35	1.27	1.19	1.12	—	—
30	2.10	1.97	1.85	1.73	1.61	1.51	1.41	1.32	1.24	—	—	—
40	2.19	2.05	1.92	1.80	1.69	1.58	1.48	1.39	—	—	—	—
50	2.29	2.15	2.02	1.89	1.77	1.66	1.56	—	—	—	—	—
60	2.40	2.26	2.12	1.99	1.87	1.76	—	—	—	—	—	—
70	2.53	2.38	2.24	2.11	1.98	—	—	—	—	—	—	—
80	2.66	2.51	2.37	2.23	—	—	—	—	—	—	—	—
90	2.81	2.65	2.50	—	—	—	—	—	—	—	—	—
100	2.96	2.80	—	—	—	—	—	—	—	—	—	—
110	3.13	—	—	—	按 $w_0 = 0.92+0.0048v+0.000125v^2$ 求得							

空重混编列车的 w_s 值可将从表11-6(重车)中查得的数值乘以系数 α

$$\alpha = \frac{G_重 + 2G_轻}{G_重 + G_轻} \tag{11-18}$$

式中：$G_重$ 为混编列车中重车的总重，t；$G_轻$ 为混编列车中空车的总重，t。

列车中全是空车时，$\alpha = 2$，即空车单位基本阻力按重车的一倍计算，全是重车时，$\alpha = 1$。

第四节　列车制动距离计算示例

例题 11-1　HX_D3C 型电力机车牵引一列编组65辆，5000 t的货物列车，车辆使用高摩合成闸瓦，列车换算制动率为 $\vartheta_h = 0.16$，运行在 $i_j = -6$ 坡道上，速度 $v_0 = 80$ km/h 时施行紧急制动，求制动距离。

解：(1) 求空走距离

空走时间按式(11-5)计算。

$$t_k = (1.6 + 0.065 \times 65)[1 - 0.028 \times (-6)] = 6.80 \text{ (s)}$$

空走距离按式(11-7)计算。

$$S_k = \frac{80 \times 6.80}{3.6} = 151.1 \text{ (m)}$$

(2) 求有效制动距离

有效制动距离按式(11-8)列表计算，计算结果为580.3 m，如表11-7所示。

表 11-7　有效制动距离计算

速度间隔 $v_1 \sim v_2$/(km·h^{-1})	80~70	70~60	60~50	50~40	40~30	30~20	20~10	10~0
平均速度 v_p/(km·h^{-1})	75	65	55	45	35	25	15	5(10)
列车单位基本阻力 ω_0(用车辆单位基本阻力 ω_0''代替)/(N·kN^{-1})	1.98	1.76	1.56	1.39	1.24	1.12	1.02	0.98
闸瓦换算摩擦系数 φ_h	0.302	0.307	0.312	0.318	0.326	0.336	0.349	0.367
紧急制动列车单位制动力 $b = 1000\varphi_h\vartheta_h$/(N·kN^{-1})	48.38	49.09	49.92	50.93	52.18	53.76	55.83	58.65
紧急制动列车单位合力 $c = 1000\varphi_h\vartheta_h\beta_c + \omega_0 + i_j$/(N·kN^{-1})	44.36	44.85	45.48	46.32	47.42	48.88	50.85	53.63
$\Delta S = \dfrac{4.17(v_1^2 - v_2^2)}{1000\varphi_h\vartheta_h + \omega_0 + i_j}$/m	141.0	120.9	100.9	81.0	61.6	42.7	24.6	7.8
有效制动距离 $S_e = \sum \Delta S$/m	580.3							

(3) 求总制动距离

$$S_z = S_k + S_e = 151.1 + 580.3 \approx 731.4 \text{ (m)}$$

例题 11-2 计算例题 11-1 的列车在同样坡道上以同样的制动初速，常用制动减压量 100 kPa，减速到 30 km/h 的制动距离。

解：（1）求空走距离

空走时间按式（11-6）计算。

$$t_k = (3.6 + 0.00176 \times 100 \times 65)(1 + 0.032 \times 6) = 17.9 \ (\text{s})$$

空走距离按式（11-7）计算。

$$S_k = \frac{80 \times 17.9}{3.6} = 397.8 \ (\text{m})$$

（2）求有效制动距离

有效制动距离按式（11-8）列表计算，如表 11-8 所示。常用制动系数由表 9-9 查出，$\beta_c = 0.68$。有效制动距离计算结果为 778.1 m。

表 11-8　例 11-2 有效制动距离计算

速度间隔 $v_1 \sim v_2 /(\text{kN} \cdot \text{h}^{-1})$	80~70	70~60	60~50	50~40	40~30
平均速度 $v_p /(\text{kN} \cdot \text{h}^{-1})$	75	65	55	45	35
列车单位基本阻力 ω_0（用车辆单位基本阻力代替）$/(\text{N} \cdot \text{kN}^{-1})$	1.98	1.76	1.56	1.39	1.24
闸瓦换算摩擦系数 φ_h	0.302	0.307	0.312	0.318	0.326
紧急制动列车单位制动力 $b = 1000\varphi_h\vartheta_h /(\text{N} \cdot \text{kN}^{-1})$	48.38	49.09	49.92	50.93	52.18
常用制动列车单位制动力 $b_c = 1000\varphi_h\vartheta_h\beta_c /(\text{N} \cdot \text{kN}^{-1})$	32.90	33.38	33.95	34.63	35.48
常用制动列车单位合力 $c = 1000\varphi_h\vartheta_h\beta_c + \omega_0 + i_j /(\text{N} \cdot \text{kN}^{-1})$	28.88	29.14	29.51	30.02	30.72
$\Delta S = \dfrac{4.17(v_1^2 - v_2^2)}{1000\varphi_h\vartheta_h\beta_c + \omega_0 + i_j} /\text{m}$	216.6	186.0	155.5	125.0	95.0
有效制动距离 $S_e = \sum \Delta S /\text{m}$	778.1				

（3）求总制动距离

$$S_z = S_k + S_e = 397.8 + 778.1 \approx 1176 \ (\text{m})$$

例题 11-3 设某货物列车由 55 辆滚动轴承重车编组而成，全是铸铁闸瓦，换算制动率为 $\vartheta_h = 0.30$，在加算坡度为 $i_j = 10$ 的坡道以 $v_0 = 60$ km/h 速度下坡运行时实施紧急制动。试按分析法和等效法分别计算其紧急制动距离。

解：（1）求空走距离

由式（11-5）可得货物列车紧急制动空走时间

$$t_k = (1.6+0.065\times55)[1-0.028\times(-10)] = 6.6 \text{（s）}$$

由式（11-7）可得相应的空走距离

$$S_k = \frac{60\times6.6}{3.6} = 110 \text{（m）}$$

（2）按分析法求有效制动距离

从制动初速到零,划分为六个速度间隔,然后按表11-9进行计算。由该表最下面一栏各个 ΔS 可得

$$S_e = \sum \Delta S = 97.5+79+60.5+42.3+24+6.5 \approx 310 \text{（m）}$$

（3）按等效法求有效制动距离

由表11-2可查得 $\varphi_s = 0.190$,由表11-6可查得 $w_s = 1.30$ N/kN,代入式（11-14）,可得

$$S_e = \frac{4.17\times(60^2-0^2)}{1000\times0.190\times0.30+1.30+(-10)} \approx 311 \text{（m）}$$

与分段累计法相比,有效制动距离相差不大,本例只相差1 m。

（4）求总制动距离

按分析法:

$S_z = 110+310 = 420$ （m）

按等效法:

$S_z = 110+311 = 421$ （m）

表 11-9　有效制动距离分段计算表

速度间隔 $v_1 \sim v_2$/(kN·h^{-1})	60~50	50~40	40~30	30~20	20~10	10~0
平均速度 v_p/(kN·h^{-1})	55	45	35	25	15	5(10)
列车单位基本阻力 ω_0 (用车辆单位基本阻力代替)/(N·kN^{-1})	1.56	1.39	1.24	1.12	1.02	0.98
闸瓦换算摩擦系数 φ_h	0.185	0.187	0.190	0.194	0.204	0.244
紧急制动列车单位制动力 $b = 1000\varphi_h\vartheta_h$/(N·kN^{-1})	55.5	56.1	57	58.2	61.2	73.2
紧急制动列车单位合力 $c = b+w_0+i_j$/(N·kN^{-1})	47.06	47.49	48.24	49.32	52.22	64.18
$\Delta S = \dfrac{4.17\times(v_1^2-v_2^2)}{c} = \dfrac{8.34\Delta v \cdot v_p}{c}$/m	97.5	79	60.5	42.3	24	6.5
有效制动距离 $S_e = \sum \Delta S$/m	310					

第五节　紧急制动限速和列车最小换算制动率的解算

一、列车紧急制动限速的解算

1. 列车紧急制动限速的解算方法

在下篇第十章第一节讲列车均衡速度时已提及，列车制动限速有两种：常用制动限速和紧急制动限速。两者之中的较低值才是真正的制动限速。在普通机车车辆设计要求中历来有一个规定：在无隧道的空旷平直道上以构造速度运行时施行紧急制动，必须保证制动距离不超过计算制动距离即紧急制动距离限值。因此，一般情况下，平道和上坡道应当是不存在制动限速问题的。但在下坡道，由于坡道附加阻力变成负值，成了坡道下滑力，制动距离比平道和上坡道要长。下坡道越陡，制动距离越长。为了保证制动距离不超过紧急制动距离限值，列车在下坡道的运行速度必须限制得比机车车辆构造速度低。对于一定的坡度和一定的制动距离来说，这个限速取决于列车的制动能力——列车制动率。

由于闸瓦摩擦系数和单位基本阻力都是速度的函数，因此解算紧急制动限速需要采用试凑的办法。即先假定一个制动限速，变"求制动初速"为"求制动距离"。如果求得的制动距离正好等于限值，则该速度即紧急制动限速；如果求得的制动距离比限值长，说明初速取高了，可取较低的初速再试算；如果求得的制动距离比限值短得多，说明初速取低了，这不是紧急制动限速，初速还可再高些。如此反复试算，直到求得的制动距离等于或略小于限值为止（也可用速度误差掌握，例如按 70 km/h 算超过限值，按 65 km/h 算又小于限值，说明紧急制动限速为 65~70 km/h。如果速度误差允许在 5 km/h 之内，则紧急制动限速可以取为 65 km/h）。

例题 11-4　设紧急制动距离限值为 800 m，求例题 11-3 中的货物列车在 $i_j=10$ 的下坡道的紧急制动限速（按等效法计算）。

解：由例题 11-3 的解算中已知，该列车在 60 km/h 时的紧急制动距离按等效法为 421 m。由此可知，紧急制动限速肯定比 60 km/h 高得多。先取制动初速 v_0 为 80 km/h 进行试算。

由表 11-2 查得 $\varphi_s=0.163$，由表 11-6 查得 $w_s=1.5$ N/kN，计算 $t_k=6.6$ s，故

$$S_b=S_k+S_e=\frac{80\times6.6}{3.6}+\frac{4.17\times80^2}{1000\times0.3\times0.163+1.5+(-10)}=146.7+660.6\approx807\ (\text{m})$$

S_b 已经超过 800 m，所以，初速还应再取低些。假定 v_0 为 70 km/h，并查出 $\varphi_s=0.177$，$w_s=1.4$，故

$$S_e=\frac{4.17\times70^2}{1000\times0.3\times0.177+1.4-10}\approx459.2\ (\text{m})$$

$$S_k = \frac{70 \times 6.6}{3.6} \approx 128.3 \text{(m)}$$

$$S_b = 128.3 + 459.2 \approx 588 \text{(m)}$$

显然，v_0 又取低了，再取 v_0 为 75 km/h，按插值法求得 $\varphi_s = \dfrac{0.163 + 0.177}{2} = 0.170$，$w_s = \dfrac{1.5 + 1.5}{2} = 1.45$（N/kN），故

$$S_e = \frac{4.17 \times 75^2}{1000 \times 0.3 \times 0.170 + 1.45 - 10} \approx 459.2 \text{(m)}$$

$$S_k = \frac{75 \times 6.6}{3.6} \approx 137.5 \text{(m)}$$

$$S_b = 137.5 + 552.6 \approx 690 \text{(m)}$$

S_b 值只比 800 m 小 34 m，这说明 $S_b = 800$ m 的紧急制动限速应当在 75 km/h 至 80 km/h 之间，为适当留有余地，紧急制动限速计算可以取为 75 km/h。

2. 列车的制动限速表及其编制和应用

为应用方便，事先用电子计算机将平道、各种下坡道的坡度千分数、各种换算制动率的制动限速求出来，并列成表格，即编成"列车制动限速表"。

表 11-10 为空气、踏面制动高磨合成闸瓦的货物列车制动限速表。表中加粗上方的 $100\vartheta_h$ 为每百千牛列车重力的换算闸瓦压力（kN）值，该值与工程单位制的每百吨力列车重力的换算闸瓦压力相等。表中的阶梯线为紧急制动与常用制动限速的分界线：分界线以上为紧急制动限速（因为常用制动限速都比它高，不起限制作用）；分界线以下为常用制动限速（紧急制动限速都比它高，不起限制作用）。表中右上部的空白区是两个制动限速都等于或大于其他因素的限速，即制动限速不超限制作用的区域。

常用制动限速是按常用制动的单位合力等于零求出来的，即

$$\beta_c b + w_0 + i_j = 0 \tag{11-19}$$

式中：β_c 为常用制动系数，货车取为 0.5，客车取为 0.6；b 为单位换算制动力，N/kN，$b = 1000\varphi_h\vartheta_h$；$w_0$ 为列车单位基本阻力，N/kN；i_j 为加算坡度千分数的代数值。

表 11-10　空气、踏面制动高磨合成闸瓦的货物列车制动限速表

单位：km/h

$100\vartheta_h$ i_j	22	23	24	25	26	27	28	29	30	31	32	33	34
0	93	96	97	99	—	—	—	—	—	—	—	—	—
−1	93	94	97	98	—	—	—	—	—	—	—	—	—
−2	92	93	95	97	99	—	—	—	—	—	—	—	—
−3	91	93	94	96	97	99	—	—	—	—	—	—	—
−4	89	92	93	95	97	98	—	—	—	—	—	—	—

续表11-10

$100\vartheta_h\ i_j$	22	23	24	25	26	27	28	29	30	31	32	33	34
−5	89	91	93	94	96	97	99	—	—	—	—	—	—
−6	88	89	92	93	95	97	98	—	—	—	—	—	—
−7	87	89	90	93	94	96	97	99	—	—	—	—	—
−8	86	88	89	91	93	95	97	98	99	—	—	—	—
−9	85	87	89	90	92	93	95	97	98	—	—	—	—
−10	84	86	88	89	91	93	94	96	97	99	—	—	—
−11	83	85	87	89	90	92	93	95	97	98	—	—	—
−12	82	84	86	88	89	91	93	94	96	97	99	—	—
−13	82	83	85	87	89	90	92	93	95	97	98	99	—
−14	80	82	84	86	88	89	91	93	94	96	97	98	—
−15	79	82	83	85	87	89	90	92	93	95	96	97	99
−16	78	81	82	84	86	88	89	91	93	94	95	97	98
−17	78	79	82	83	85	86	89	90	92	93	94	96	97
−18	77	78	81	82	84	86	87	89	90	92	93	95	97
−19	75	78	79	82	83	85	86	88	89	91	93	94	96
−20	74	77	78	81	82	84	86	87	89	90	92	93	95
−21	74	76	78	79	82	83	85	86	88	89	91	93	94
−22	73	74	77	78	81	82	84	86	87	89	90	92	93
−23	72	74	76	78	80	82	83	85	86	88	89	91	83
−24	71	73	75	77	78	81	82	84	86	87	89	90	92
−25	70	72	74	76	78	80	82	83	85	86	88	89	91
−26	69	71	73	75	77	78	81	82	84	86	87	89	90
−27	68	70	72	74	76	78	80	82	83	85	86	88	89
−28	67	69	71	73	75	77	78	81	82	84	86	87	88
−29	64	68	71	72	74	76	78	80	82	83	85	86	87
−30	46	67	69	71	74	75	77	78	81	82	84	86	86
−31	35	50	68	71	72	74	76	78	80	82	83	85	86
−32	25	38	54	70	71	74	75	77	78	81	82	84	85
−33	17	28	42	59	71	73	74	76	78	79	82	82	84
−34	11	21	32	45	63	71	74	75	77	78	80	82	83

注：①紧急制动距离计算值为800 m；②常用制动系数取为0.5；③滚动轴承 $w_0'' = 0.92 + 0.0048v + 0.000125v^2$ ，60辆编组；④其他因素的限速为100 km/h。

二、列车最小换算制动率的解算

在列车制动问题解算中，有时是已知某长大下坡道的最高允许速度，需要知道列车至少具有多大的制动能力（换算制动率），才能保证在这个最高允许速度下的紧急制动距离不大于限值。

根据已知的制动初速 v_0 和计算制动距离 S_{bj}（限值），可以先按式（11-20）求出应保证的有效制动距离 S_e。

$$S_e = S_{bj} - S_k = S_{bj} - \frac{v_0 t_k}{3.6} \tag{11-20}$$

然后，由已知的 v_0 查出 φ_s 和 w_s 值，再按式（11-21）求至少必须的列车换算制动率 ϑ_h。

$$\vartheta_h = \frac{\dfrac{4.17 v_0^2}{S_e} - (w_s + i_j)}{1000 \varphi_s} \tag{11-21}$$

如果不用等效法而用分析法，则不能直接解算 ϑ_h，仍需进行试凑，方法是先假定一个 ϑ_h 值，变"求制动率"为"求制动距离"。若求出的 S_{bj} 大于限值，则表明 ϑ_h 太小，应再取一个较大的 ϑ_h 值，再求制动距离；若求出的 S_{bj} 小于限值，则表明 ϑ_h 太大，应将 ϑ_h 再取小一些；若算得的 S_{bj} 等于限值，则该 ϑ_h 值正是至少必须的换算制动率。实际上，很少有这么巧的情况，通常只要算得的 S_{bj} 比限值小不了太多就可以了。

例题 11-5 某货物列车由 55 辆滚承重货车编组而成，全是铸铁闸瓦。如果希望列车在 $i = 20$ 的下坡道紧急制动限速为 75 km/h，问该列车至少必须有多大的换算制动率？

解：

$$t_k = (1.6 + 0.065 \times 55) \times [1 - 0.028 \times (-20)] \approx 8.07 \text{ (s)}$$

$$S_k = \frac{75 \times 8.07}{3.6} \approx 168 \text{ (m)}$$

$$S_e = 800 - 168 = 632 \text{ (m)}$$

用插值法，由表 11-2 和表 11-6 分别查出和求得 $v_0 = 75$ km/h 和 $v_z = 0$ km/h 时

$$\varphi_s = \frac{0.163 + 0.177}{2} = 0.170$$

$$w_s = \frac{1.5 + 1.4}{2} = 1.45 \text{ (N/kN)}$$

故

$$\vartheta_h = \frac{\dfrac{4.17 \times 75^2}{632} - 1.45 + 20}{1000 \times 0.170} \approx 0.33$$

复习思考题

1. 为什么列车制动过程要分为假定的"空走过程"和"有效制动过程"两部分？在什么条件下这个假定可以成立？

2. 空走时间与列车编组辆数和列车管减压量有什么关系？为什么有的空走时间经验公式没有这两个因素或缺其中之一？

3. 空走时间为什么会与线路坡度有关？在什么情况下它会"溢出"？

4. 有效制动距离计算的等效法的实质是什么？其等效值 φ_s 和 w_s 是根据什么条件得到的？它与列车制动力计算的等效法有什么不同之处？

5. 为什么《铁路技术管理规程》的"列车制动限速表"上 i_j 只列到 -20？

第十二章

牵引质量及牵引定数

第一节　概　述

牵引质量和运行速度是铁路运输工作中两个最重要的指标。它们标志着铁路生产能力和科学技术的发展水平，决定着铁路的通过能力和运输成本。因此，正确地确定牵引质量和运行速度对国民经济的发展具有重要意义。

在机车车辆和线路条件不变的情况下，牵引质量和运行速度相互影响。牵引质量增加，列车运行速度自然降低。要想提高列车运行速度，则牵引质量必须减少。最有利的牵引质量和运行速度的确定，与许多技术因素和经济因素有关，而这里所讨论的内容，仅根据机车车辆的性能和线路条件，从技术上计算或验算牵引质量的方法。

从技术上讲，除机车功率外，限制牵引质量的因素还有：

①限制坡道的加算坡度(限制坡度)。

②平直道上达到最高运行速度时的保有加速度(或称剩余加速度)。

③起动地段的加算坡度。

④车站到发线的有效长度。

⑤小半径曲线的"黏降"。

⑥动能闯坡的坡顶速度。

⑦长大下坡道列车缓解充风时间和制动空走时间。

⑧内燃机车通过长大隧道的最低限速。

前5项可较简单地直接求出一个牵引质量的数值，后3项比较复杂，通常只作验算用。故本书将前5项归纳为"牵引质量的计算"，将后3项归纳为"牵引质量的验算"。实际上，如果牵引质量为已知数，则按以上因素进行的计算均为验算；如果牵引质量为未知数，则可先按前四项中任一项计算出一个牵引质量，然后再进行其他7个因素的验算。若其中有些因素明显不起限制作用或根本不存在，则不必计算或验算。

在牵引质量验算中如有任一项不合格，则应降低牵引质量或采取其他相应的技术措施。

第二节 牵引质量的计算

一、按限制坡度计算

限制坡道指的是某个区间或区段内对牵引质量起限制作用的坡道，例如，区间或区段内坡度最大而又很长的上坡道，列车进入这个坡道后，由于坡道阻力很大，速度将连续下降，直至机车计算速度 v_j，列车仍未驶出这个坡道。此时，如果速度仍继续下降，则表明牵引质量太大，因为列车以低于 v_j 的速度运行是不合理的，甚至可能导致"坡停事故"。

计算坡道上牵引质量的计算公式，可按照列车在计算坡道上以机车持续速度等速运行时列车的总全阻力和机车持续牵引力（乘以机车牵引力使用系数）相等的原则推导出来。其表达式为

$$G(w_0''+i_x)g\times10^{-3}+P(w_0'+i_k)g\times10^{-3}=\lambda_yF_c \tag{12-1}$$

由此得牵引质量的计算公式为

$$G=\frac{\lambda_yF_c-P(w_0'+i_x)g\times10^{-3}}{(w_0''+i_x)g\times10^{-3}} \tag{12-2}$$

式中：G 为牵引质量，t；F_c 为机车持续牵引力，kN；λ_y 为机车牵引力使用系数，按 2018 版《牵规》规定，取 $\lambda_y=0.9$；w_0'、w_0'' 分别为持续速度下机车、车辆单位基本阻力，N/kN；i_x 为计算坡道的加算坡度千分数。

例题 12-1 计算 HX_D3 型（轴重 25 t）电力机车在 $i_x=6$ 限制坡道上的货物列车牵引质量。

解： 由表（7-2）查出，HX_D3 型（轴重 25 t）电力机车 $P=150$ t，$v_j=65$ km/h，$F_j=398.8$ kN，机车的单位基本阻力按式（8-8）算出。

$$w_0'=1.20+0.0065\times65+0.000279\times65^2=2.80 \ (\text{N/kN})$$

滚动轴承货车的单位基本阻力按式（8-17）算出。

$$w_0''=0.92+0.0048\times65+0.000125\times65^2=1.76 \ (\text{N/kN})$$

已知 $i_x=6$，将以上数据代入式（12-2），得

$$G=\frac{0.9\times398.8-150(2.80+6)\times9.81\times10^{-3}}{(1.76+6)\times9.81\times10^{-3}}=4546 \ (\text{t})$$

当使用多机牵引时，牵引质量按式（12-3）计算

$$G=\frac{0.9\sum F_c-\sum P(w_0'+i_x)g\times10^{-3}}{(w_0''+i_x)g\times10^{-3}} \tag{12-3}$$

当多机牵引的机型持续速度不一致时，应以较高持续速度机型的持续速度为计算依据，即所有机车的牵引力和单位基本阻力及车辆单位基本阻力都按较高持续速度取值。

第二台及其以后的机车的牵引力还应乘以多机牵引的牵引力修正系数，即重联机车无重联线时乘以 0.98，后部补机时乘以 0.95。

内燃机车通过长度 1000 m 以上隧道的最低运行速度应比最低持续速度高 5 km/h。

如果长隧道在等速运行的限制坡道上，计算牵引质量时应将持续速度提高 5 km/h。

二、按平直道最高运行速度下的保有加速度计算

快速化、高速化是当代铁路技术发展的重要标志。近几年来，高速铁路和高速列车迅猛发展。2018 版《牵规》规定列车在平直道上以最高速度运行仍有加速度时牵引质量的计算，正是为了适应客货列车提速的需要，这一要求对旅客列车尤为重要。

为使列车在运行过程中有一定的加速能力，列车在平直道上达到某一确定的速度目标值（即最高运行速度）时，机车牵引力除了克服相应的运行基本阻力外，还要有一定的加速余力。这就要求列车在平直道上以最高速度运行仍有一定的加速度。满足这一要求的牵引质量计算公式，按列车在平直道上以最高速度运行时，机车、车辆的基本阻力与加速阻力之和等于机车最高速度的最大牵引力。

由此可得

$$G\left[w_0''g\times10^{-3}+(1+\gamma)a\right]+P\left[w_0'g\times10^{-3}+(1+\gamma)a\right]=F_g \tag{12-4}$$

即

$$G=\frac{F_g-P\left[w_0'g\times10^{-3}+(1+\gamma)a\right]}{w_0''g\times10^{-3}+(1+\gamma)a} \tag{12-5}$$

式中：F_g 为列车最高运行速度时的机车最大牵引力，kN；w_0'、w_0'' 分别为列车最高运行速度时的机车、车辆单位基本阻力，N/kN；γ 为列车回转质量系数，常速客车和重货物列车，$\gamma=0.06$，高速列车和空货物列车，建议取 $\gamma=0.10$；a 为列车在平直道上以最高速度运行时的保有加速度，m/s^2。

加速度值的选取与速度目标值、牵引功率、起动加速度及运营指标的要求有关。如果加速度取值过大，则牵引质量偏小，功率储备偏大；反之，加速度取值过小，则牵引质量偏大，功率储备偏小。

2018 版《牵规》对列车剩余加速度的取值规定如下：

旅客列车 $a\geq0.03$ m/s^2；货物列车 $a\geq0.01$ m/s^2。

例题 12-2　计算 DF_{4B} 单机牵引情况下在平直道上以 80 km/h 运行时的牵引质量。

解：通过查表可知，机车的质量为 $P=138$ t，当运行速度为 $v=80$ km/h 时，机车牵引力为 $F_g=78$ kN，重载货运列车 $\gamma=0.06$，$a=0.01$ m/s，计算或者查表可知机车的单位基本阻力和滚动轴承货车的单位基本阻力分别为 $w_0'=5.76$ N/kN 和 $w_0''=2.1$ N/kN，代入式（12-5）可求得

$$G=\frac{F_g-P\left[w_0'g\times10^{-3}+(1+\gamma)a\right]}{w_0''g\times10^{-3}+(1+\gamma)a}=2203\ (t)$$

按式（12-5）计算出旅客列车以最高速度运行时，仍有一定加速度的牵引质量，如表 12-1、表 12-2 所示。

表 12-1　电力机车牵引的旅客列车在平直道上以最高速度运行仍有加速度时的牵引质量

机型	SS$_9$、SS$_9$（改）		HX$_D$3C	HX$_D$1D、HX$_D$3D
机车功率/kW	4800		6400	7200
V_{max}/(km·h^{-1})	160		120	160
F_g/kN	105		190	162
a/(m·s^{-2})	0.02	0.03	0.05	0.05
G/t	990	870	1880	1180
折合辆数	18	16	33	21

由表 12-1 可见，功率达 7200 kW 的 HX$_D$1D、HX$_D$3D 交流电力机车，牵引客车在平直道上以最高运行速度 160 km/h 运行，要求有 0.05 m/s^2 的加速度时，其牵引质量也能达到 1180 t，约 21 辆。而 HX$_D$3C 电力机车，要求加速度达到 0.05 m/s^2 可以牵引 33 辆，这是因为该型机车最高速度只有 120 km/h，而功率较大（牵引功率 6400 kW）。直流传动的客运电力机车功率偏小，当以机车的最高运行速度牵引客车在平直道上要求有 0.02 m/s^2 的加速度时，只有 SS$_9$ 型机车能牵引 18 辆，而要求有 0.03 m/s^2 的加速度时，只能牵引 16 辆。

表 12-2　内燃机车牵引的旅客列车在平直道上以最高速度运行仍有加速度时的牵引质量

机型	DF$_{11}$	HX$_N$3	HX$_N$5
机车功率/kW	3040	4000	4000
V_{max}/(km·h^{-1})	160	120	120
F_g/kN	63.9	110.4	116.1
a/(m·s^{-2})	0.02	0.03	0.03
G/t	560	920	980
折合辆数	10	16	17

由表 12-2 可以看出，由于直流传动内燃机车的功率更小，即使要求有 0.02 m/s^2 的加速度，其牵引质量或辆数也很少。如果用交流传动的 HX$_N$3 及 HX$_N$5 型内燃机车牵引客车，在最高速度 120 km/h 仍有 0.03 m/s^2 时，其牵引辆数可达 16 辆、17 辆。

按式(12-5)计算出货物列车在平直道上以最高速度运行仍有一定加速度时的牵引质量如表 12-3 所示。

表 12-3　货物列车在平直道上以最高速度运行仍有加速度时的牵引质量

单位：t

	机型		SS$_3$	SS$_4$	—	—
直流电力机车	轮周功率/kW		4320	6400	—	—
	牵引质量	V_{max} = 100 km/h	2310	3950	—	—
		V_{max} = 90 km/h	3070	5120	—	—

续表12-3

交流电力机车	机型		HX$_D$1	HX$_D$3 HX$_D$1C	HX$_D$2	HX$_D$2C HX$_D$3C
	轮周功率/kW		9600	7200	10000	7200
	牵引质量	$V_{max}=120$ km/h	6380	4780	6650	4830
		$V_{max}=100$ km/h	9150	6850	9530	6880
内燃机车	机型		DF$_{4B}$	HX$_N$3	HX$_N$5	—
	标称功率/kW		1990	4000	4000	—
	牵引质量	$V_{max}=100$ km/h	849	3587	3551	—
		$V_{max}=80\ km/h$	2203	5074	5410	—

由表 12-3 可以看出，当要求货物列车在平直道上以 90 km/h 最高速度运行，仍有 0.01 m/s^2 的剩余加速度时，8 轴直流电力机车牵引质量可以超过 5000 t；6 轴直流电力机车牵引质量不足 5000 t。若以 100 km/h 最高速度运行，仍有 0.01 m/s^2 的剩余加速度时，8 轴直流电力机车牵引质量可以达到或接近 4000 t；6 轴直流电力机车牵引质量不足 4000 t。

当要求货物列车在平直道上以 120 km/h 最高速度运行，仍有 0.01 m/s^2 的剩余加速度时，轮周功率 9600 kW 交流电力机车牵引质量可以超过 6000 t；轮周功率 7200 kW 交流电力机车牵引质量不足 5000 t。

内燃机车相比电力机车，由于功率悬殊，按 100 km/h 的最高速度，仍有 0.01 m/s^2 的剩余加速度时，牵引质量很小。交流传动的 HX$_N$3 和 HX$_N$5 型内燃机车按 100 km/h 的最高速度，仍有 0.01 m/s^2 的剩余加速度时，牵引质量可以超过 3000 t；而按 80 km/h 的最高速度，仍有 0.01 m/s^2 的剩余加速度时，牵引质量可以达到 5000 t。

综上所述，可见列车在平直道上以最高速度运行，仍有一定的剩余加速度时，其牵引质量主要取决于机车牵引功率。或者当牵引质量一定时，仍有一定的剩余加速度的最高速度主要取决于机车牵引功率。

三、按起动地段的坡道计算

为使列车在坡度较大的车站或区间困难坡道上停车后能够起动，应当进行牵引质量的起动校验。列车受起动条件限制的最大牵引质量 G_g，应满足起动时的列车总全阻力等于机车最大起动牵引力乘以牵引力使用系数。

$$G_q(w''_q+i_q)g\times10^{-3}+P(w'_q+i_q)g\times10^{-3}=\lambda_y F_q \qquad (12-6)$$

由此可得

$$G_q=\frac{\lambda_y F_q-P(w'_q+i_q)g\times10^{-3}}{(w''_q+i_q)g\times10^{-3}} \qquad (12-7)$$

式中：F_q 为机车最大起动牵引力，kN；i_q 为起动地点(列车所覆盖的地段)加算坡度千分数；ω'_q 为机车单位起动基本阻力，电力、内燃机车 $\omega'_q=5$ N/kN；ω''_q 为车辆单位起动基本阻力，滚

动轴承货车 $\omega''_q = 3.5N/kN$。

对于电力、内燃机车牵引的滚动轴承货物列车,式(12-7)可写成

$$G_q = \frac{\lambda_y F_q - P(5+i_q)g \times 10^{-3}}{(3.5+i_q)g \times 10^{-3}} \qquad (12-8)$$

如果牵引质量 G 已定,可以根据式(12-9)计算出能够起动的加算坡度千分数

$$i_q = \frac{\lambda_y F_q - (5P+3.5G)g \times 10^{-3}}{(P+G)g \times 10^{-3}} \qquad (12-9)$$

例题 12-3 HX$_D$3 型轴重 25 t 电力机车在加算坡度千分数 $i_q = 6$ 的坡道上的起动牵引质量。

解: 由表(7-2)查出,HX$_D$3 型轴重 25 t 电力机车 $P = 150$ t,$F_q = 570$ kN,已知 $i_q = 6$。

将以上数据代入式(12-8),得

$$G_q = \frac{0.9 \times 570 - 150(5+6) \times 9.81 \times 10^{-3}}{(3.5+6) \times 9.81 \times 10^{-3}} = 5330 \text{ (t)}$$

当使用多机牵引时,计算起动牵引质量式(12-8)可写成

$$G_q = \frac{0.9 \sum F_q - \sum P(5+i_q) \times g \times 10^{-3}}{(3.5+i_q)g \times 10^{-3}} \qquad (12-10)$$

计算能够起动的加算坡度千分数的式(12-9)可写成

$$i_q = \frac{0.9 \sum F_q - (3.5G + 5 \sum P)g \times 10^{-3}}{(G + \sum P)g \times 10^{-3}} \qquad (12-11)$$

第二台及其以后的机车的起动牵引力还应乘以多机牵引的牵引力修正系数,即重联机车无重联线时乘以 0.98,后部补机时乘以 0.95。

列车的牵引质量必须保证在列车可能停车的地方都能起动,如果不能起动,必须采取技术组织措施。如站内停车不能起动的,规定为"必须通过站";进站信号机外停车不能起动的,规定为"不宜机外停车站";自动闭塞区段通过信号机外停车不能起动的,在该通过信号机上装设容许信号等。

旅客列车一般不需要进行起动校验。

四、按车站到发线有效长计算

车站到发线有效长是指由出站信号机到同一条股道进站端警冲标之间的距离。包括机车长度在内的列车长度,不得超过区段内最短到发线有效长减去附加制动距离后的长度。

列车运行图中货物列车长度按计长规定取值。列车计长即列车中货车车辆的总换算长度(不含机车)。换算长度简称换长,1 个换长等于 11 m。已知区段内最短到发线有效长 l_e,列车最大计长为

$$l_{max} = \frac{l_e - \sum l_j - l_f}{11} \qquad (12-12)$$

式中:l_e 为到发线有效长,m;l_j 为机车全长,m;l_f 为附加制动距离,m。

《铁路技术管理规程》规定："列车长度应根据运行区段内各站到发线的有效长，并预留30 m 的附加制动距离确定。"按此规定确定的列车长度，给司机掌握站内停车的制动距离的富余量只有 30 m。附加制动距离 30 m 的规定是沿用新中国成立初期的数据，那时牵引定数为 1000 t 左右，站内停车位置比较好掌握。现在主要线路的牵引定数已经提高到 5000～6000 t，停车位置掌握起来难度要大得多，至少要给司机预留 50 m 的制动距离的富余量。现在机车上都装有速度监控装置，该装置监控软件的站内紧急制动停车的制动模式曲线预留的安全保护距离为制动初速的一半加 20 m，这就是说，不论以怎样低的速度进站，列车头部至少要停在距出站信号 20 m 处，加上给司机在制动模式曲线的停车目标前预留 50 m 的制动距离余量，则按站线有效长计算列车长度的附加距离最少需要 70 m，否则势必造成货物列车进站二次停车。若仍然采用 30 m 的附加距离，虽然能稍微提高牵引定数，减少站场基建投资，但货物列车进站二次停车（拉二钩），必然大大降低通过能力，打乱运行秩序，可能得不偿失。因此，解决货物列车进站二次停车的根本办法是将《铁路技术管理规程》规定的附加制动距离延长。

按区段内最短到发线有效长计算的最大牵引质量为

$$G_e = G_c \frac{l_e - \sum l_j - l_f}{L_c} \tag{12-13}$$

式中：G_e 为每辆货车的平均总重，t；L_c 为每辆货车的平均长度，m。

若 $G_e > G$（已知值），则列车长度不受到发线有效长限制。否则，牵引质量应取 G_e，或规定在该车站禁止该列车停车会让。

例题 12-4　某车站的最长到发线长 750 m，由一台 SS₃ 型货运机车牵引 50 辆货车组成的编组共计 3500 t 进站，已知每辆货车平均总重为 70 t 和平均车长为 14.3 m。试问这趟列车能否在该车站停车？

解：查表（7-2）可知 SS₃ 机车长度 21.4 m，车辆长度 14.3 m，由

$$G_e = G_c \frac{L_e - \sum L_j - 30}{L_c}$$

得

$$G_e = 70 \times \frac{750 - 21.4 - 30}{14.3} + 0 \approx 3420 \text{（t）}$$

因为 $G = 3500$ t，$G_e < G$，所以此线路需要进行改造。

或：共有货车 50 辆，长度为 14.3×50＝715 m。

列车占用线路长为 715+21.4+30＝766.4 m。

大于车站到发线长 750 m，故需进行线路改造。

五、小半径曲线机车黏着牵引力降低对列车牵引质量的限制

在计算牵引质量的限制坡道范围内有半径小于 600 m（对于电力机车牵引）或小于 550 m（对于内燃机车牵引）的曲线时，按 2018 版《牵规》规定，黏着牵引力要按公式进行折减。

电力机车

$$F_{\mu r} = F_\mu (0.67 + 0.00055R) \tag{12-14}$$

内燃机车

$$F_{\mu r} = F_{\mu}(0.805 + 0.000355R) \tag{12-15}$$

式中：$F_{\mu r}$ 为机车在小半径曲线上黏着系数降低(简称黏降)后的黏着牵引力，kN；F_{μ} 为机车黏着牵引力，kN；R 为曲线半径，m。

2018 版《牵规》规定计算牵引质量时所用的持续牵引力 F_c 要乘以牵引力使用系数 λ_y，$\lambda_y F_c$ 和持续速度下小半径曲线黏降后的黏着牵引力 $F_{\mu r}$ 对比，若 $F_{\mu r}$ 小于 $\lambda_y F_c$，则以 $F_{\mu r}$ 代入式(12-2)计算牵引质量，即

$$G_{\mu r} = \frac{\sum F_{\mu r} - [\sum (P \cdot w_0') + \sum P \cdot i_j] \cdot g \times 10^{-3}}{(w_0'' + i_j) \times 10^{-3}} \tag{12-16}$$

若 $G_{\mu r} > G$(已知值)，则牵引质量不受黏降限制。否则，牵引质量应取 $G_{\mu r}$。

各型直流电力机车受小半径曲线黏降限制的牵引质量对曲线半径的敏感程度不同，这主要与各型机车的持续牵引力 F_c 与持续速度下的 $F_{\mu r}$ 的比值有关。各型机车有一个固有的牵引质量受黏降限制的曲线半径，这个曲线半径可以称为临界半径，它是牵引质量受不受曲线黏降限制的曲线半径值的分界点，当曲线半径大于临界半径时，牵引质量不受曲线黏降限制；曲线半径小于临界半径时，牵引质量受黏降限制。临界半径应当是持续牵引力乘以牵引力使用系数与黏降后的黏着牵引力相等的曲线半径，对直流传动电力机车，应满足条件

$$0.9F_c = F_{\mu}(0.67 + 0.00055R) \tag{12-17}$$

诸如 SS_3、SS_4 型等直流传动电力货运机车受黏降限制的临界半径小于 300 m。我国运营线路小于 300 m 的曲线半径极为少见，所以可以说这些机型的牵引质量不存在小曲线半径黏降的限制。

可以仿照式(12-17)的方法推导出直流传动内燃货运机车牵引质量受黏降限制的临界半径值的表达式，计算出我国直流传动货运内燃机车牵引质量受黏降限制的临界半径均小于300 m，可以说采用牵引力使用系数 0.9 计算出来的货运内燃机车牵引质量不受 300 m 以上半径曲线黏降的限制。

目前，交流传动电力、内燃机车尚缺计算黏着系数公式和小半径曲线上的黏着系数公式，其小半径曲线上受黏降限制的牵引质量还无法计算。

第三节　牵引质量的验算

一、按动能闯坡验算

列车在短而陡的坡道上运行时，可以利用机车牵引力和坡前储存的动能，使列车不低于机车持续速度闯过坡顶，这种坡道称为动能坡道。

动能坡道上的牵引质量与坡前运行速度、坡道的坡度和长度等因素有关。坡前运行速度取决于坡前线路纵断面特征和距离列车起动或限速地点的远近。动能闯坡地段的牵引质量不能用简单的公式计算，通常用试凑法确定。

试凑的原则是欲求的牵引质量通过坡顶的速度恰好是机车持续速度。

试凑的步骤如下：

①选取稍小于区段内最陡坡度的坡度作为限制坡度千分数 i_x（可以选用次陡坡道的坡度千分数，也可以凭经验假定），按式（12-2）求出牵引质量 G_1，绘制列车在最近车站起动或自规定限速地点从限速开始的速度线 $v_{G1}=f(S)$，如果列车恰好以机车持续速度通过坡顶，G_1 就是欲求的牵引质量。

②如果试算的牵引质量 G_1 通过坡顶的速度高于机车持续速度，可适当提高牵引质量到 G_2，再绘制速度线 $v_{G2}=f(S)$。如果牵引质量 G_2 的坡顶速度低于机车持续速度，则应适当减少牵引质量到 G_3，G_3 应大于 G_1，再绘制速度线 $v_{G3}=f(S)$。

③如果第三次试算的结果，坡顶速度仍不等于机车持续速度，则不用再继续试凑下去，可根据三次试算牵引质量 G_1、G_2、G_3 的三条速度线上的三个坡顶速度 v_1、v_2、v_3，绘出坡顶速度与牵引质量的关系线 $v=f(G)$ 曲线，如图 12-1 所示。图中对应机车持续速度 v_c 的牵引质量 G 就是欲求的动能闯坡的牵引质量。

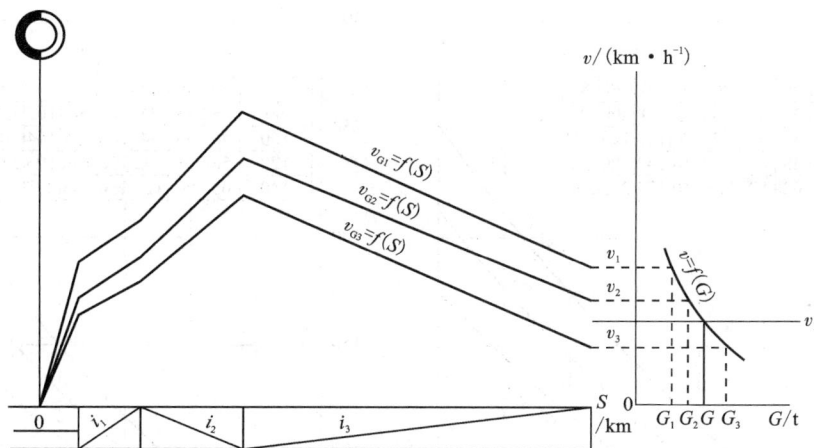

图 12-1　动能闯坡验算

这个牵引质量所对应的按机车持续速度等速运行的限制坡度千分数 i_x 可按式（12-18）求出。

$$i_x = \frac{0.9F_c - (P\omega_0' + G\omega_0'')g \times 10^{-3}}{(P+G)g \times 10^{-3}} \qquad (12-18)$$

如果在同一牵引区段既有计算坡道，又有动能坡道，则应先按计算坡道计算牵引质量，然后按该牵引质量绘制动能闯坡地段的速度线，若动能坡道坡顶速度等于或高于计算速度，则该牵引质量就是欲求的牵引质量。若动能坡道坡顶速度低于计算速度，则应适当降低牵引质量，用上述方法绘制动能闯坡地段的速度线，按动能坡道确定合适的牵引质量。

应当注意，动能闯坡速度线的最高速度不能超过各种限制速度。

在自动闭塞区段，列车在通过信号机前有可能减速运行或停车。若列车在动能坡道内的通过信号机前停车后不易起动，或起动后、减速运行后很难达到机车持续速度，则应根据具体情况确定能否采用动能闯坡法计算牵引质量。设计自动闭塞新线时，不应设动能坡道。

在既有自动闭塞线路上，若按动能闯坡规定牵引定数，在动能闯坡地段有施工慢行时，应当规定必须降低牵引质量。

按动能闯坡条件确定牵引质量的方法，主要用于货物列车，旅客列车一般不存在动能闯坡问题。

二、按长大下坡道上缓解充风时间及制动空走时间验算

列车在长大下坡道上运行时，为了不使运行速度超过规定速度，没有电制动装置的机车牵引的货物列车，需要用空气制动的周期制动调速，即制动、缓解、再制动、再缓解……直至驶出长大下坡道。周期制动时，在每次制动前，车辆制动机的副风缸空气压力应当恢复到规定压力（可以比列车管定压低 20 kPa），恢复到规定压力所需的时间称为充风时间 t_g。充风时间与牵引辆数和减压量有关，列车管压力 500 kPa 和 600 kPa 的货物列车副风缸充风时间分别如图 12-2、图 12-3 所示。

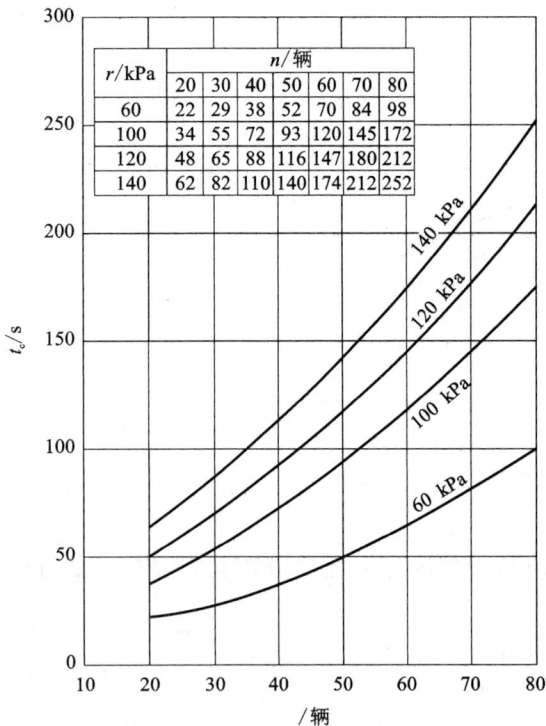

图 12-2 货物列车不同列车管减压量
副风缸的充风时间（列车管定压为 500 kPa）

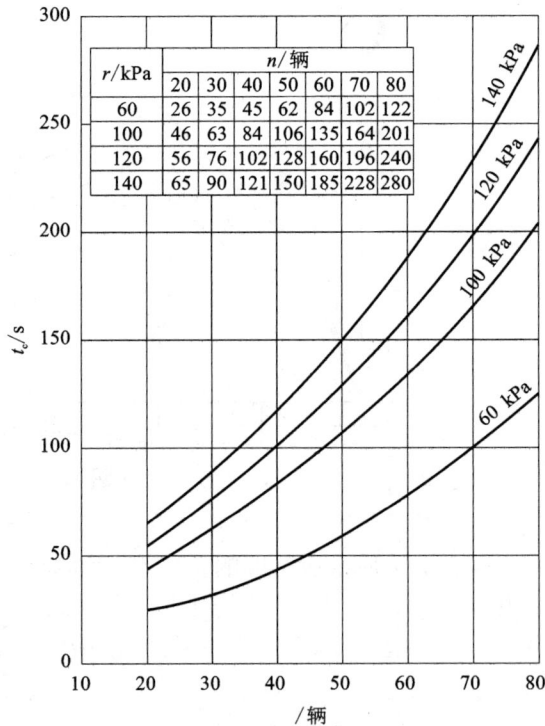

图 12-3 货物列车不同列车管减压量
副风缸的充风时间（列车管定压为 600 kPa）

列车缓解后到再制动的时间称为增速时间 t_z，这段时间内应当满足充风的需要。以前的做法是要求增速时间 t_z 应大于或等于充风时间 t_c 与空走时间 t_k 之和，即

$$t_z \geqslant t_c + t_k \tag{12-19}$$

这里忽略了一个重要因素，即列车缓解开始时充风已经开始，因制动缸排风也需要一段

时间，这时列车并不立即开始增速，甚至还会继续减速，待制动缸压力降到一定程度才开始加速。从制动缓解开始速度继续降低，到恢复至缓解速度这一段滞后的时间大体与空走时间相当，因此，作为一般计算，可以不考虑空走时间 t_k，式(12-19)可简化为

$$t_z \geqslant t_c \qquad\qquad (12-20)$$

增速时间 t_z 可按式(12-21)近似计算

$$t_z = \frac{30(v_0 - v_h)}{-(1.3 + i_j)} \qquad\qquad (12-21)$$

式中：v_0 为再制动时的速度，km/h；v_h 为缓解时的速度，km/h；i_j 为增速地段的平均加算坡度千分数，下坡取负值；1.3 为滚动轴承货物列车(重车)在长大下坡道上增速阶段列车平均单位基本阻力。

式(12-21)中分母是在下坡道上惰力运行时作用于每 kN 列车重力上的"下滑力"，即单位加速力。

按式(12-21)求得的增速时间，当作制动机充风时间，结合列车管定压和使用的减压量，在图 12-2 或图 12-3 上找到相应的辆数，再乘以每辆平均总质量，就可得到相应的牵引质量。

旅客列车和有电制动的机车牵引的货物列车，一般不需要进行此项校验。

例题 12-5 试确定在 20‰ 的长大下坡道上货物列车受充风时间限制的牵引辆数。最高速度 68 km/h，缓解速度 15 km/h，列车管定压 500 kPa，减压量 100 kPa。

解：先按式(12-21)算出增速时间

$$t_z = \frac{30(68-15)}{-(1.3-20)} = 85 \ (\text{s})$$

再从图 12-2 上按减压 100 kPa 查出充风时间 85 s 的辆数约为 47 辆，重货车的牵引质量约为 3800 t。如果列车管定压为 600 kPa，从图 12-3 上按减压 100 kPa 查出充风时间 85 s 的辆数约为 41 辆，重货车的牵引质量约为 3300 t。可见，在长大下坡道区段把列车管压力定为 600 kPa 对提高受制动机充风时间限制的牵引辆数是不利的，因为它延长了长大下坡道上周期制动的再充风时间。

如果在长大下坡道上周期制动地段配合使用电制动，特别是交流传动电力机车的电制动，在周期制动的制动减速阶段，施加电制动力会减小空气制动机的减压量，而在周期制动的缓解加速阶段，电制动不缓解，空气制动机会有更充分的时间向副风缸充风。这就延长了制动周期，可以明显提高周期制动限制的牵引辆数，从而提高列车牵引质量。长大下坡道上动力制动和空气制动联合使用时，可能达到的牵引辆数或牵引质量可以通过试验确定。

三、按机车"隧道最低运行限速"验算

内燃机车通过隧道时所排出的高温燃气，对乘务员正常作业和身体健康有很大影响。当列车在隧道内的运行速度过低时，司机室内的温度和烟气浓度急剧上升，乘务员有被熏倒以致使列车失去控制的危险。因此 2018 版《牵规》规定：内燃机车通过长度 1000 m 以上隧道的最低速度 v_{smin}，不得低于 $(v_{\text{ymin}} + 5)$ km/h。当隧道内的机车运行速度低于 v_{smin} 时，应以 v_{smin} 作为计算速度来确定牵引质量。

第四节　列车牵引定数的确定

牵引定数是牵引区段内的牵引质量标准。为了减少直通货物列车在区段站或编组站的改编作业，提高铁路运输能力，加速车辆周转，需要把一条或几条线路同方向的牵引质量作一个统一的规定，这叫作确定牵引定数。牵引定数应根据计算结果，结合具体情况和运输需要在运行图中规定。确定牵引定数应根据下述原则：

①结合运量大小、设备条件和市场需求等，统筹兼顾，合理安排。

②考虑列车种别、性质，区段站、编组站的编组能力，尽量减少直通货物列车在区段站、编组站的作业，以提高铁路通过能力，加速机车车辆周转。对一条或几条线路同方向的牵引定数应尽可能统一。

③考虑上、下行列车数的平衡及空重车流的合理安排。

④因严寒或季节性大风列车运行阻力增大而影响运输秩序时，允许将牵引定数降低10%～20%，但是区间运行时间和机车用电和燃料等消耗量不变。如果原牵引定数是在机车功率未完全发挥的条件下制定的，当遇到严寒天气或季节性大风，机车能够发挥储备功率以克服增大的列车阻力时，可以不降低牵引定数，但机车能耗量则应按原计算值增加10%～20%。

跨铁路局的牵引定数由铁路总公司统一规定，或经铁路总公司批准。此处仅讨论如何分析线路纵断面和绘制吨-公里图，以及如何采取技术措施，统一区段内的牵引质量，为制定更大范围的牵引定数提供基本资料。

一、分析线路纵断面

分析区段内各区间线路纵断面的实质是在充分发挥机车功率和列车动能的情况下，确定限制坡道、计算牵引质量，现在举例说明。

设 AG 区段共有 6 个区间，其线路纵断面如图 12-4 所示。

AB 区间：最大上坡道为 10‰，但其长度只有 1500 m，而且其坡前有下坡和平道，线路条件并不困难，列车可以动能闯坡。区间内次陡的上坡道坡度为 7‰，长度为 3500 m，该坡道紧接 10‰的动能坡道后，速度已经降低，故可认为 7‰的坡道就是限制坡道。

BC 区间：最大上坡道的坡度为 9‰，长度为 2000 m，但其坡前条件较好，可以认为是动能坡道。次陡的 7‰上坡道较长，而且列车闯过 9‰坡道后速度已降低，虽然它前方有一平道，但长度只有 500 m，列车速度来不及提高，所以 7‰的坡道即为限制坡道。

CD 区间：该区间的限制坡道为 10‰，因为列车出 C 站后就有 7‰和 3‰两个上坡道。其后虽有一平道，但长度只有 500 m，列车速度达不到可以动能闯坡通过 10‰坡道的程度。

用同样的分析方法，可确定 DE 区间、EF 区间、FG 区间的限制坡道分别为 4‰、7.8‰、6‰。

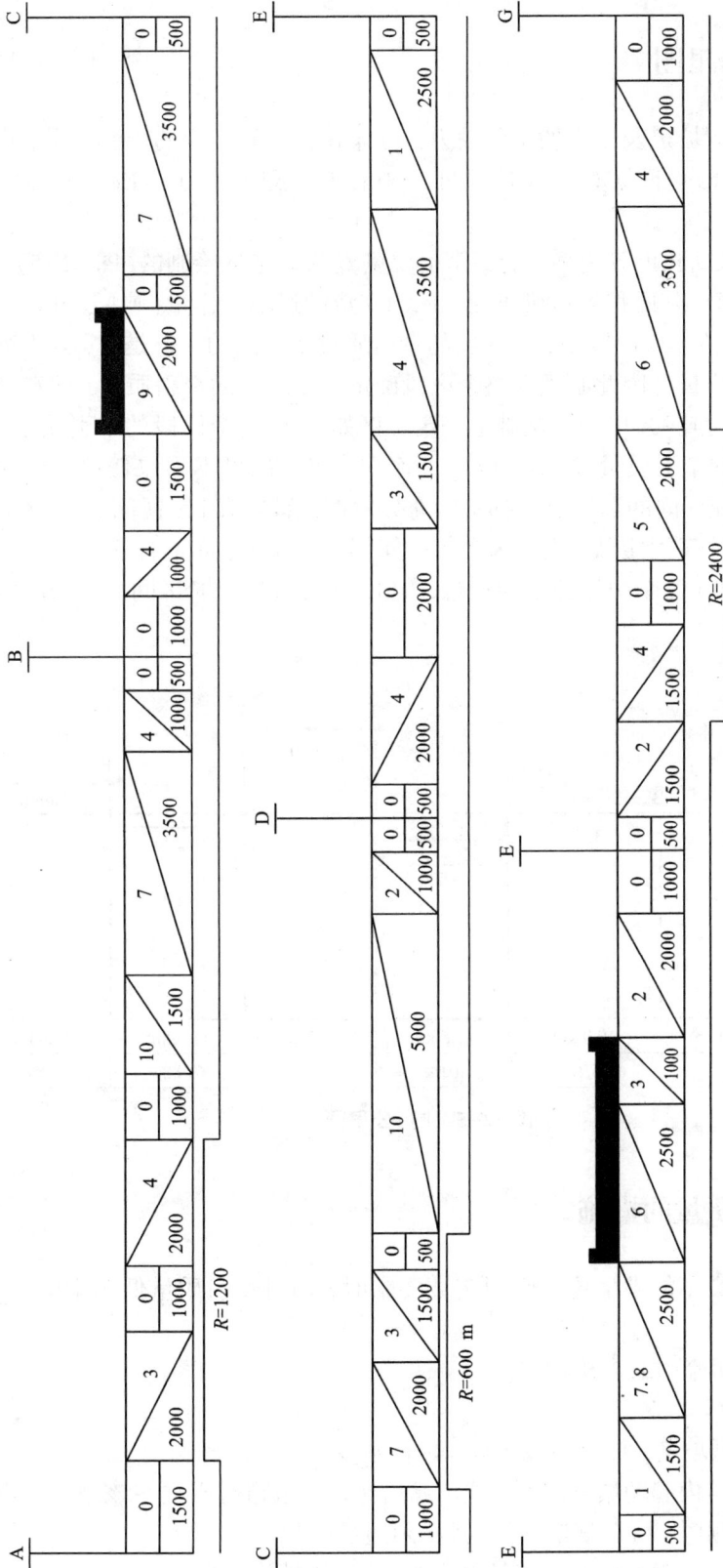

图12-4　线路纵断面图

二、绘制吨-公里图

根据各区间的限制坡道及给定的牵引动力，可计算各区间相应的牵引质量，设计算结果为：AB 区间 3500 t；BC 区间 3500 t；CD 区间 2600 t；DE 区间 5000 t；EF 区间 3300 t；FG 区间 4000 t。

吨-公里图是以区间长度 S 为横坐标，牵引质量 G 为纵坐标绘制的（图 12-5），每一区间的吨-公里图为一矩形。其面积表示机车在该区间完成的运输工作量（吨-公里）。

由图 12-5 可见，在 AG 区段中，各区间的牵引质量是不同的。但是，实际上列车不可能在每个区间变更牵引质量。因此必须在整个区段确定一个统一的牵引质量，即牵引定数。

牵引定数应在分析吨-公里图的基础上确定。例如，AG 整个区段的牵引质量以 CD 区间为最低，若取该区间的牵引质量 $G = 2600$ t 作为牵引定数，虽可不采取任何措施而顺利地通过全区段，但所有其他区间的运输能力都不能充分发挥，如果取 DE 区间、FG 区间的牵引质量 5000 t 或 4000 t 作为牵引定数，则因为多数区间都无法通过，亦不合适。因此，统筹兼顾，选定牵引质量 $G = 3500$ t 为牵引定数最为理想，但对 CD 区间和 EF 区间必须采取措施。

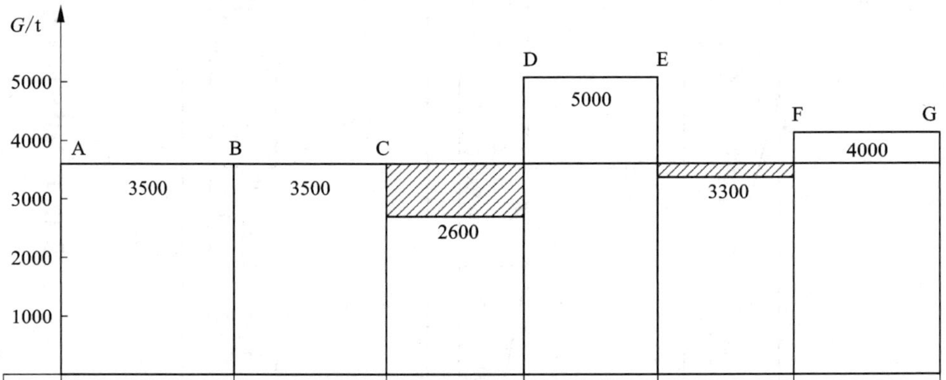

S	14.0 km	10.0 km	11.5 km	12.5 km	11.5 km	13.0 km
i_x	7‰	7‰	10‰	4‰	7.8‰	6‰

图 12-5 吨-公里图

三、统一牵引质量的措施

当区段内牵引定数不能满足统一牵引定数要求时，即对牵引质量低于牵引定数的区间，可采取以下措施：

①采用补机、双机牵引或多机牵引。

②配置大功率机车。

③改造线路，降低坡度，加大曲线半径，延长站线等。

④当牵引质量受站内起动坡度限制，或出站后是动能坡道且必须在该站通过以提高坡前速度才能顺利通过坡顶时，可以规定该站为"必须通过站"。

⑤进站信号机外停车起动困难的车站规定为"不宜机外停车站"。

　　旅客列车的牵引定数按直达特快、快速、直快、普客等列车等级，根据运输需要规定编组辆数，当机车功率不足时则调整机型或采用补机、双机牵引。

复习思考题

1. 从技术上讲，限制牵引质量的各个因素为什么能起限制作用？
2. 为了统一牵引质量，可以采取的措施有哪些？
3. 制定统一的牵引定数时，还要考虑哪些因素？

第十三章

列车能耗计算及节能技术

第一节　电力机车耗电量的计算

一、区段耗电量

电力机车区段耗电量，分为直流传动电力机车耗电量和交流传动电力机车耗电量。

直流传动电力机车耗电量 Q_1 按式(13-1)计算。

$$Q_1 = Q_y + Q_0 + Q_t + Q_d \tag{13-1}$$

交流传动电力机车耗电量 Q_2 按式(13-2)计算。

$$Q_2 = Q_y + Q_0 + Q_t - Q_z \tag{13-2}$$

式中：Q_y 为电力机车牵引运行耗电量，kW·h；Q_0 为电力机车惰行、空气制动及停站耗电量，kW·h；Q_t 为电力机车出入段及途中调车作业耗电量，kW·h；Q_d 为电力机车电阻制动耗电量，kW·h；Q_z 为电力机车再生制动运行发电量，kW·h。

二、牵引运行耗电量

电力机车牵引运行耗电量 Q_y 按式(13-3)计算。

$$Q_y = \frac{U_w \sum (I_p \cdot t_y)}{60} \tag{13-3}$$

式中：U_w 为电力机车受电弓处网压，kV；I_p 为电力机车牵引运行某一速度间隔的平均有功电流，A，按表13-1、表13-2查取；t_y 为电力机车牵引运行某一速度间隔的机车牵引运行时间，min。

表 13-1　直流电力机车有功电流数据表

单位：A

机型	$v/(\mathrm{km \cdot h^{-1}})$																	
	0	10	20	30	40	50	60	70	80	90	100	110	120	130	140	150	160	170
SS₃	10.8	61.8	114.8	157.3	193.3	219.7	213.7	190.1	160.1	145.9	137.6	—	—	—	—	—	—	—
SS₄	7.0/69.5	15.0/126.7	19.5/139.60	210.8	50.0/325.5	57.0/300.9	63.6/295.5	73.2/287.5	241.5	205.5	188.5	—	—	—	—	—	—	—
SS₉	13.3	46.5	79.7	114.2	144.4	172.2	197.6	220.5	240.9	253.9	232.4	232.4	232.4	232.4	232.4	232.4	232.4	219.9

表 13-2　交流电力机车有功电流数据表

单位：A

机型		$v/(\mathrm{km \cdot m^{-1}})$																
		0	10	20	30	40	50	60	70	80	90	100	110	120	130	140	150	160
HX_D1	23 t	28.6	116.2	193.2	260.8	319.9	371.7	417.1	457.6	457.6	457.6	457.6	457.6	457.6	—	—	—	—
	25 t	26.1	129.3	212.5	280.1	336.6	386.7	65.0/457.6	457.6	457.6	457.6	457.6	457.6	457.6	—	—	—	—
HX_D1C	23 t	27.7	91.9	149.7	201.0	246.1	284.6	316.7	344.0	344.0	344.0	344.0	344.0	344.0	—	—	—	—
	25 t	27.7	107.6	171.6	222.0	263.3	298.2	65.0/344.0	344.0	344.0	344.0	344.0	344.0	344.0	—	—	—	—
HX_D1D		25.0	78.9	128.6	174.3	215.9	253.4	286.8	316.1	343.0	343.0	343.0	343.0	343.0	343.0	343.0	343.0	343.0
HX_D2		25.0	121.0	206.0	281.0	248.0	407.0	460.0	470.0	470.0	470.0	470.0	470.0	470.0	—	—	—	—
HX_D2C	23 t	33.9	93.0	151.5	202.9	248.1	287.0	319.7	346.0	346.0	346.0	346.0	346.0	346.0	—	—	—	—
	25 t	33.9	100.4	159.4	211.4	256.8	296.4	65.0/346.0	346.0	346.0	346.0	346.0	346.0	346.0	—	—	—	—
HX_D3	23 t	20.3	85.4	144.0	196.0	241.5	280.4	312.7	336.0	336.0	336.0	336.0	336.0	336.0	—	—	—	—
	25 t	20.3	89.6	151.4	205.7	252.5	291.7	65.0/336.0	336.0	336.0	336.0	336.0	336.0	336.0	—	—	—	—
HX_D3C		33.7	91.6	144.1	190.8	231.4	265.6	62.0/297.0	297.0	297.0	297.0	297.0	297.0	297.0	—	—	—	—
HX_D3D		24.4	78.2	128.1	174.2	216.5	254.9	289.5	320.4	347.0	347.0	347.0	347.0	347.0	347.0	347.0	347.0	347.0

三、电阻制动耗电量

电力机车电阻制动耗电量 Q_d 按式（13-4）计算。

$$Q_d = \frac{U_w \sum (I_{pd} \cdot t_d)}{60} \tag{13-4}$$

式中：I_{pd} 为电力机车电阻制动自用电有功电流，取 10 A；t_d 为电力机车电阻制动运行时间，min。

四、惰行、空气制动及停站耗电量

电力机车惰行、空气制动及停站耗电量 Q_0 按式（13-5）计算。

$$Q_0 = \frac{U_w \sum (I_{p0} \cdot t_0)}{60} \tag{13-5}$$

式中：I_{p0} 为电力机车惰行、空气制动及停站时，机车自用电有功电流，取 2A；t_0 为电力机车惰行、空气制动及停站时间，min。

五、再生制动运行发电量

交流传动机车再生制动运行发电量 Q_z 按式（13-6）计算。

$$Q_z = \frac{U_w \sum (I_z \cdot t_z)}{60} \tag{13-6}$$

式中：I_z 为交流传动电力机车再生制动发电有功电流，A，按表 13-3 查取；t_z 为交流传动电力机车再生制动运行时间，min。

表 13-3　交流传动电力机车再生制动发电有功电流数据

单位：A

机型		$v/(\text{km} \cdot \text{h}^{-1})$															
		0	10	20	30	40	50	60	70	80	90	100	110	120	130	140	150	160
HX$_D$1		0~1.6 /0.0	41.7	90.9	140.0	189.3	238.5	287.6	75.0/ 362.4	362.4	362.4	362.4	362.4	362.4	—	—	—	—
HX$_D$1C	23 t	0~2.4 /0.0	29.6	68.9	108.2	147.5	186.8	226.1	265.7	265.7	265.7	265.7	265.7	265.7	—	—	—	—
	25 t	0~3.4 /0.0	28.3	71.4	114.5	157.6	200.7	65.0/ 265.7	265.7	265.7	265.7	265.7	265.7	265.7	—	—	—	—
HX$_D$1D		0~2.1 /0.0	17.6	40.1	62.5	85.0	107.4	129.8	152.3	174.7	197.2	219.6	242.0	264.5	123.0/ 270.0	270.0	270.0	270.0
HX$_D$2		0.0	42.0	98.0	153.0	209.0	264.0	320.0	364.0	364.0	364.0	364.0	364.0	364.0	—	—	—	—
HX$_D$2C	23 t	0~4.6 /0.0	21.7	62.1	102.5	143.0	183.4	223.8	265.0	265.0	265.0	265.0	265.0	265.0	—	—	—	—
	25 t	0~4.0 /0.0	26.1	69.7	113.3	156.9	200.5	65.0/ 265.0	265.0	265.0	265.0	265.0	265.0	265.0	—	—	—	—
HX$_D$3	23 t	0~2.6 /0.0	28.5	67.2	105.9	144.6	183.2	221.9	261.0	261.0	261.0	261.0	261.0	261.0	—	—	—	—
	25 t	0~2.6 /0.0	30.6	72.4	114.1	155.9	197.7	65.0/ 260.5	260.5	260.5	260.5	260.5	260.5	260.5	—	—	—	—
HX$_D$3C		0~2.9 /0.0	28.0	67.5	107.0	146.5	186.0	225.5	62.3/ 235.0	235.0	235.0	235.0	235.0	235.0	—	—	—	—
HX$_D$3D		0~6.0 /0.0	10.8	37.9	65.1	92.2	119.3	146.5	173.6	200.7	227.9	255.0	103.7/ 266	266.0	266.0	266.0	266.0

六、出入段及途中调车作业耗电量

电力机车出入段及途中调车作业耗电量 Q_t 按下列规定计算：
①出入段每小时 100 kW·h。
②途中调车作业每小时 250 kW·h。

七、单位耗电量

电力机车每总重万吨公里耗电量 $q[\text{kW·h}/(10^4\ \text{t·km})]$ 按式(13-7)计算。

$$q = \frac{Q \times 10^4}{G \cdot L} \tag{13-7}$$

式中：L 为牵引区段长度，km。

第二节　内燃机车燃油消耗量的计算

一、区段燃油消耗量

内燃机车区段燃油消耗量 E(单位为 kg)包括：
①内燃机车牵引运行燃油消耗量 E_y(单位为 kg)。
②内燃机车柴油机最低空转燃油消耗量 E_0(单位为 kg)。
③内燃机车电阻制动工况燃油消耗量 E_d(单位为 kg)。
④内燃机车出入段及途中调车作业燃油消耗量 E_t(单位为 kg)。

$$E = E_y + E_0 + E_d + E_t \tag{13-8}$$

二、牵引运行燃油消耗量

内燃机车牵引运行燃油消耗量 E_y 按式(13-9)计算。

$$E_y = \sum (e_y \cdot t_y) \tag{13-9}$$

式中：e_y 为内燃机车牵引运行单位时间燃油消耗量，kg/min，根据牵引运行所采用的柴油机转数或手柄位数按表13-4查取，t_y 为牵引运行时间，min。

表 13-4 内燃机车最高柴油机转数牵引运行单位时间燃油消耗量

单位：kg/min

机型	DF_4	DF_{11}	HX_N3	HX_N5	
e_y	8.33	12.31	15.5	16.62（排放优先模式）	15.33（油耗优先模式）

内燃机车采用修正后的牵引力 F_x 时，单位时间燃油消耗量 e_y 亦应进行修正。周围空气温度的修正系数 λ_{he} 如表 13-5 所示。海拔高度的修正系数 λ_{pe} 如表 13-6 所示。

表 13-5 内燃机车燃油消耗量周围空气温度修正系数 λ_{he}

机型	周围空气温度 t_h/℃					
	30	32	34	36	38	40
DF_4	0.980	0.956	0.932	0.906	0.882	0.856
DF_{11}	1.000	1.002	1.004	1.006	1.008	1.010

表 13-6 内燃机车燃油消耗量海拔高度修正系数 λ_{pe}

机型		海拔高度 H/m							
		700	1000	1500	2000	2500	3000	3500	4000
DF_4		1.000	1.001	0.945	0.875	0.804	0.732	0.657	0.582
DF_{11}	VTC254-13G 增压器	1.000	1.001	1.002	1.003	0.978	0.937	0.895	0.854
	ZN310-LSA4 增压器	1.000	1.001	1.002	0.994	0.955	0.915	0.876	0.836

三、柴油机空转燃油消耗量

内燃机车的惰行、空气制动及停站燃油消耗量 E_0，按柴油机最低空转燃油消耗量计算，即

$$E_0 = \sum (e_0 \cdot t_0) \tag{13-10}$$

式中：e_0 为内燃机车柴油机最低空转单位时间燃油消耗量，kg/min，按表 13-7 查取；t_0 为内燃机车柴油机最低空转时间，min。

四、电阻制动工况燃油消耗量

内燃机车电阻制动工况的燃油消耗量 E_z 按式（13-11）计算。

$$E_z = \sum (e_d \cdot t_d) \tag{13-11}$$

式中：e_d 为内燃机车电阻制动单位时间燃油消耗量，kg/min，按表 13-7 查取；t_d 为内燃机车电阻制动运行时间，min。

表13-7 内燃机车柴油机空转单位时间燃油消耗量 e_0 和电阻制动工况单位时间燃油消耗量 e_d

机型	DF$_4$	DF$_{11}$	HX$_N$3	HX$_N$5
e_0	0.35	0.37	0.25	0.33
e_d	—	1.24	0.31	0.51

五、出入段及途中调车作业燃油消耗量

内燃机车出入段及途中调车作业燃油消耗量 E_t 由铁路局查定。

六、单位燃油消耗量

内燃机车每总重万吨公里燃油消耗量 $e[\text{kg}/(10^4 \text{ t·km})]$ 按式(13-12)计算。

$$e = \frac{E \times 10^4}{G \cdot L} \qquad (13-12)$$

第三节 列车节能技术的发展概述

随着能源环境问题的日益突出、交通拥堵日益严重，通过科技创新，大力发展绿色、安全智能的交通技术对国家经济发展与社会民生的改善有重要意义。由于轨道交通相对于其他公共交通而言，具有安全舒适、快速环保、运能大和能源消耗少的特点，已逐步成为国民经济的大动脉和现代交通运输的主体框架。但由于轨道交通运量大，使得总耗电量相当大，仍具有较高节能潜力。列车节能技术发展过程和未来展望可概括如下。

一、列车节能技术发展过程

从过去的以煤为主的蒸汽机车到目前以用电和用油为主的内燃、电力机车，铁路发展初期的节能主要体现在能源消耗结构变革上。国家"十一五"计划以来，大力推广电力机车的使用，合理降低内燃机车的使用，逐步淘汰蒸汽机车，实现"以电代油"，从煤到油再到电的转变使列车能耗结构已经得到优化，提高了能源利用效率。

在石油资源日益枯竭、交通拥堵日益严重的今天，通过科技自主创新，大力发展绿色、安全、智能化的轨道交通技术，既是国家经济发展与社会民生的迫切需求，也是全面支撑"一带一路"倡议、"新型城镇化"战略和中国制造"走出去"战略的重要保障，具有重大学术意义和实际应用价值。

目前，列车能耗主要由动力照明系统和牵引系统两部分构成，分别占轨道交通系统总能耗的1/3和1/2，节能潜力也相对最大。动力照明系统能耗主要用于列车运行辅助系统供电，其节能主要方向为硬件设备优化，牵引能耗主要用于列车运行速度的调整保持，其节能主要

考虑在既有约束的情况下（运行时分、加减速度、工况转换时间等）充分利用列车动能，减少牵引能耗。

在动力照明系统节能设计方面，使用分级供电的原则，简化供电系统，节约配电设备；采用集中无功自动补偿和分散无功补偿措施，提高功率因数，降低线路损耗；在照明产品的选择上，选择更高效、节能、寿命长、显色性较好的光源、灯具，增加 LED 节能灯的使用数量；在通风空调系统使用上，采用有效的空调风管、冷媒管等保温措施，减少冷量运输能耗，通过开启表冷器降低能耗，其设计为门式，两侧设轴，可以在通风季节电控延轴开启，降低系统的通风阻力和能耗。

在牵引系统节能设计中，应用调频调压控制的交流牵引系统，该系统通过变频调速的方式节约了列车调速时由附加电阻消耗掉大量的电能，也不会因附加电阻的发热提高隧道内的温度而要求增加通风量和制冷电能，同时该系统能有效利用再生制动，可较多地回收车辆制动能量；采用自动驾驶系统，利用微机控制列车速度曲线根据坡道、弯道及列车载重实时调整速度曲线，减少列车能耗；牵引供电系统节能设计，合理设置中压供电网络接线形式，既减少系统电缆的长度，也可以减少开关设备数量，降低设备损耗和线路损耗，从而达到节能的效果；合理设置各种类型变电所，牵引网采用导电率较高的钢铝复合接触轨，牵引网电能损失较少，减少变电所的空载能耗，牵引变电所预留设置车辆再生储能设备安装条件，如果每座变电所均设置该设备，每年可降低牵引用电量约 5%。安装车载储能系统（ESS），车载储能系统允许机车车辆暂时存储自己的制动能，并在下一个加速阶段重新使用。反之，轨道侧车载储能系统可以从附近区域的任何制动列车上收集能量，并在其他加速车辆需求时释放能量。该技术主要使用电化学双层电容器，具有高功率密度、快速响应、高循环效率和长寿命周期的特点，目前在城市交通中有广泛的应用。

二、列车节能技术未来展望

随着节能算法的不断成熟，人工智能、大数据等新技术的不断进步，学者们又提出了更多节能方法，以实现列车运行过程各个环节的节能降耗。列车节能技术可以大体分为以下几个方面：

①对供电系统的控制策略和能量优化的研究，通过对变电站的分析建模，引入控制策略，降低变电站能耗，合理配置电气化铁路用电容量，提升牵引变压器的使用效率；开发具有分布式发电的供电网络和智能电网有效管理网络中的所有资源；通过寻找合理的速度距离曲线，实现整条线路的能耗最低。

②采用新型算法优化列车运行曲线降低列车能耗，如使用差分进化算法、遗传算法、模糊算法、多目标粒子群算法等建立列车运行节能模型，得到列车目标速度曲线最优解；与传统方法相比，智能算法不需要对约束条件和优化对象进行准确的建模，适应性强，解决了传统方法的多目标问题求解困难的问题。

③建立再生制动能量模型，进行再生制动能量优化，通过多车协同算法实现列车间能量共享来减少变电站供能，使来自制动列车的再生制动能量被用于向加速列车输送能量，减少列车从供电网络吸收的能量，实现节能。

④发展节能操纵技术，相关研究表明，因驾驶员操纵技术水平引起的列车能耗差异可达

30%，当机车牵引运行的输出功率远低于机车的额定功率时，其运行效率就较低，如果机车长时间处在低效率区运行，就会消耗相当多的非生产性能耗。可以通过安装轨道信息系统以建议最佳运行速度和惰行点位置或通过优化列车手柄位，充分利用列车惰行降低能耗，实现较低的投资成本。

⑤车体轻量化。较轻的车辆具有较低的机械阻力并且需要较少的动能以达到相同的性能水平。因此，最小化铁路车辆的总质量将减少其牵引能量消耗，主要方法为引入轻质材料，如复合材料，用减少夹层结构代替现有的地板；使用先进的复合夹层材料开发防撞驾驶室等。

⑥发展永磁电机技术降低车载牵引设备能量损失，通过降低列车质量和体积来减少能耗，单个牵引电机质量在 1 t 左右。与传统异步牵引电机相比较，永磁同步电机因其结构的特殊性，具有功率密度高、转化效率高、响应速度快的特点，在提升电机效率的同时，降低了质量和体积。

⑦高频大功率 DC-DC 辅助变流技术应用，随着大功率 DC-DC 软开关技术的发展，与传统辅助电源电路拓扑相比，该拓扑在三相逆变器前增加一级带高频变压器隔离的 DC-DC 变换器，采用高频逆变器、高频隔离变压器、高频整流滤波器的结构，将网侧输入电压降压斩波为所需要的直流电压，具有效率高、体积小、质量小的优点。

综上所述，列车节能技术的发展已经取得一定的成果，但仍有一些问题亟待解决。比如永磁同步电机的设计与控制技术尚未验证成熟，针对牵引系统的节能优化往往只考虑系统的很小一部分等。今后应该从这些方面着手，逐步对列车运行的全过程环节进行优化。

复习思考题

1. 机车能耗与运用中的哪些因素有关？各按什么方法计算？
2. 何谓"万吨公里燃油消耗量"和"万吨公里电能消耗量"？
3. 除本章提到的列车节能方法外，还可以采用哪些措施开展节能研究？

参考文献

[1] 严隽耄, 傅茂海. 车辆工程[M]. 北京：中国铁道出版社, 2008.

[2] 马军强. 铁道机车车辆[M]. 成都：西南交通大学出版社, 2019.

[3] 王伯铭. 城市轨道交通车辆工程[M]. 成都：西南交通大学出版社, 2007.

[4] 鲍维千. 机车总体及转向架[M]. 北京：中国铁道出版社, 2010.

[5] 张曙光. HXD3 型电力机车[M]. 北京：中国铁道出版社, 2009.

[6] 《和谐型交流传动机车技术丛书》编委会. HXN5 型内燃机车[M]. 北京：中国铁道出版社, 2019.

[7] 王颜明, 尹凤伟. 铁道机车转向架[M]. 北京：中国铁道出版社, 2015.

[8] 罗利锦. 电力机车制动机系统[M]. 北京：北京交通大学出版社, 2022.

[9] 饶忠. 列车制动[M]. 北京：中国铁道出版社, 2010.

[10] 程迪. 列车制动系统[M]. 郑州：郑州大学出版社, 2006.

[11] 许大勇. 铁道机车制动机[M]. 北京：北京交通大学出版社, 2021.

[12] 樊运新. 我国重载电力机车发展历程及思考[J]. 机车电传动, 2019(1)：9-12, 22.

[13] 何静, 刘建华, 张昌凡. 重载机车轮轨黏着利用技术研究综述[J]. 铁道学报, 2018, 40(9)：30-39.

[14] 王宇强, 魏玉光. 我国铁路重载铁路单元式列车组合模型研究[J]. 铁道运输与经济, 2018, (6)：23-28.

[15] 胡亚东. 我国铁路重载运输技术体系的现状与发展[J]. 中国铁道科学, 2015, 36(2)：1-10.

[16] 钱立新. 世界重载铁路运输技术的最新进展[J]. 机车电传动, 2010, (1)：3-7.

[17] 王东, 闫平, 乔延洪, 等. 铁路重载运输效益评价研究[J]. 中国铁路, 2008, (10)：13-16.

[18] 耿志修. 大秦线开行 2 万吨重载组合列车系统集成与创新[J]. 中国铁路, 2007, (9)：25-29.

[19] 张中央. 列车牵引计算[M]. 2 版. 北京：中国铁道出版社, 2019.

[20] 饶忠. 列车牵引计算[M]. 3 版. 北京：中国铁道出版社, 2010.

[21] 马国忠. 轨道交通运载工具与列车牵引计算[M]. 成都：西南交通大学出版社, 2011.

[22] 孙中央. 列车牵引计算实用教程[M]. 3 版. 北京：中国铁道出版社, 2019.

[23] 孙杰. 南昆线货运列车节能降耗的建议[J]. 铁道运营技术, 2016, 22(3)：6-7.

[24] 王勇. 列车牵引传动系统节能技术实现与研究[D]. 北京：北京交通大学, 2017.

[25] 缪弘程. 城市轨道交通列车节能问题及方案研究[J]. 建筑工程技术与设计, 2018, 000(36)：3793.

[26] 刘广欢, 刘兰, 陈广赞, 等. 基于超级电容储能的列车制动节能技术[J]. 大功率变流技术, 2017(2)：47-50, 71.

[27] 孙帮成, 李明高, 安超, 等. 高速列车节能降耗关键技术研究[J]. 中国工程科学, 2015, 000(4)：69-82.

[28] 付印平, 李克平. 列车运行节能操纵优化方法研究[J]. 科学技术与工程, 2009(5)：1337-1340.